Soziale Innovationen in Deutschland

Hartmut Kopf · Susan Müller · Dominik Rüede
Kathrin Lurtz · Peter Russo
(Hrsg.)

Soziale Innovationen in Deutschland

Von der Idee zur gesellschaftlichen Wirkung

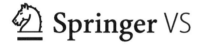

Herausgeber
Hartmut Kopf
Susan Müller
Dominik Rüede
Kathrin Lurtz
World Vision Center for Social
Innovation, EBS Business School
Oestrich-Winkel
Deutschland

Peter Russo
Institute for Transformation in
Business and Society (INIT)
EBS Business School
Oestrich-Winkel
Deutschland

ISBN 978-3-658-02347-8
DOI 10.1007/978-3-658-02348-5

ISBN 978-3-658-02348-5 (eBook)

Die Deutsche Nationalbibliothek verzeichnet diese Publikation in der Deutschen Nationalbibliografie; detaillierte bibliografische Daten sind im Internet über http://dnb.d-nb.de abrufbar.

Springer VS
© Springer Fachmedien Wiesbaden 2015
Das Werk einschließlich aller seiner Teile ist urheberrechtlich geschützt. Jede Verwertung, die nicht ausdrücklich vom Urheberrechtsgesetz zugelassen ist, bedarf der vorherigen Zustimmung des Verlags. Das gilt insbesondere für Vervielfältigungen, Bearbeitungen, Übersetzungen, Mikroverfilmungen und die Einspeicherung und Verarbeitung in elektronischen Systemen.

Die Wiedergabe von Gebrauchsnamen, Handelsnamen, Warenbezeichnungen usw. in diesem Werk berechtigt auch ohne besondere Kennzeichnung nicht zu der Annahme, dass solche Namen im Sinne der Warenzeichen- und Markenschutz-Gesetzgebung als frei zu betrachten wären und daher von jedermann benutzt werden dürften.

Lektorat: Andreas Beierwaltes, Yvonne Homann

Springer VS ist eine Marke von Springer DE. Springer DE ist Teil der Fachverlagsgruppe Springer Science+Business Media
www.springer-vs.de

Vorwort

Mit dem Begriff „Innovation" werden meist technische Neuerungen assoziiert: verbrauchsärmere Autos, energiesparende Haushaltsgeräte, größere Flachbildschirme oder neue Technologien, die in unser tägliches Leben Einzug halten, wie mobile Apps oder Tablet-PCs.

Mit diesem Herausgeberband möchten wir dazu beitragen, eine weitere, noch nicht im gesellschaftlichen Bewusstsein verankerte Form der Innovation in den Vordergrund zu rücken: die soziale Innovation. Soziale Innovationen können eine wichtige Rolle bei der Lösung gesellschaftlicher Probleme spielen – und erfüllen diese Aufgabe bereits vielfach und erfolgreich: Man denke nur an Innovationen wie Mikrokredite und Mikroversicherungen zur Reduzierung von Armut, Mehrgenerationenhäuser, Bürgerwindparkprojekte, die Urban-Gardening-Bewegung (landwirtschaftliche Nutzung städtischer Flächen) oder die „Share Economy", die Wohlstandsmehrung durch Teilen verspricht – ganz gleich, ob es sich dabei um Autos, Musik oder andere Dinge handelt. Die genannten Beispiele zeigen auch, wie groß der Lösungsraum für soziale Innovationen ist. Die Grundlage für eine soziale Innovation kann eine neue Form der Interaktion oder des Zusammenlebens sein, ein neues Geschäftsmodell, ein neues Gesetz, ein neues Programm zur Prävention gegen Krankheiten oder eine Schule mit einem neuen pädagogischen Ansatz. Einige dieser Innovationen nutzen oder beruhen auf (neuen) Technologien – andere nicht.

Das Thema „Soziale Innovation" hat in den letzten Jahren in der Forschung, im zivilgesellschaftlichen Diskurs und auf politischer Ebene an Bedeutung gewonnen. An Hochschulen wird dazu geforscht und gelehrt, Stiftungen und Institute schenken dem Thema Aufmerksamkeit, die Europäische Union hatte in ihrem 7. Rahmenprogramm gleich mehrere Forschungsprojekte zum Thema ausgeschrieben. Auch das Bundesministerium für Bildung und Forschung (BMBF) hat mit der Finanzierung des Forschungsprojekts „Soziale Innovationen in Deutschland" – das unter anderem die Erstellung dieses Herausgeberbands ermöglicht – signalisiert, dass das Thema auch und gerade für Deutschland relevant ist. In den USA richtete Barack Obama gleich zu Beginn seiner ersten Amtszeit sogar ein „Büro für Soziale Innovationen und Bürgerbeteiligung" sowie einen „Fonds für Soziale Innovationen" ein.

In der Breite ist das Thema jedoch noch nicht angekommen – weder in der Forschung noch in der Praxis. Ein Beispiel aus dem Bereich der Betriebswirtschaft, die sich ja schon länger mit dem Thema Innovation auseinandersetzt: Die weltweit größte Management-Konferenz, die Academy of Management, findet jedes Jahr in Nordamerika statt. Im Jahr 2013 nahmen über 8.000 Wissenschaftler aus fast 90 verschiedenen Ländern daran teil, die sich in über 1.600 Veranstaltungen wie Workshops, Symposien oder wissenschaftlichen Präsentationen ausgetauscht haben. Die Themen „Social Entrepreneurship", „Social Business", „Ökologische Innovation" oder eben auch „Soziale Innovationen" (wobei letzteres Stichwort fast gar nicht verwendet wurde) wurden dabei in lediglich 25 Veranstaltungen behandelt. Damit hat sich die Anzahl der Veranstaltungen, die sich mit dem Thema beschäftigten, im Vergleich zum Jahr 2008 zwar verfünffacht, klassische Innovationsthemen (z. B. „Technologische Innovationen", „Geschäftsmodellinnovationen", „Open Innovation") lagen mit über 100 Veranstaltungen jedoch weiterhin klar vorne.

Ein anderes Beispiel aus der deutschen Sozialwirtschaft belegt: Insbesondere die Gründerväter der deutschen Diakonie, die Ahnväter der heutigen „Wohlfahrtskonzerne"[1], gingen die Lösung der sozialen Frage im 19. Jahrhundert tatkräftig und innovativ an, indem sie neben den verfassten Strukturen von Staat und Kirche proaktiv eigene „Rettungswerke" in Gestalt von Vereinen und Stiftungen gründeten. Ihre heutigen Kolleginnen und Kollegen nähern sich in den Vorständen der großen Träger sozialer Einrichtungen in Deutschland erst in jüngster Zeit und eher zögerlich-abwartend dem Thema „Diakonie als Social Business"[2] oder setzen sich auf Verbandsebene eher reaktiv mit dem Thema „Soziale Innovation und soziales Unternehmertum. Entwicklungen in Deutschland und Europa"[3] auseinander. Schließlich die Politik: In den Wahlprogrammen zur Bundestagswahl 2013 findet sich der Begriff „soziale Innovation" bzw. „sozial-innovative Gründungen" lediglich bei den Grünen und der SPD. Und selbst die ansonsten immer nach vorne blickenden Unternehmen bringen den Begriff häufig eher mit „Corporate Social Responsibility" in Verbindung anstatt mit der Chance, sich mit der Lösung gesellschaftlicher Probleme neue Kundengruppen und Märkte zu erschließen. Kurz: Es gibt noch viel zu tun, um das Thema „Soziale Innovation" Wissenschaftlern, NGOs (Non-Governmental Organisations), Politikern und Unternehmen zugänglich zu machen.

Was aber macht eine soziale Innovation aus? Und warum liegt es uns am Herzen, dass dem Thema mehr Bedeutung zukommt? Nach unserem Verständnis sind soziale Innovationen neue *soziale* Praktiken (z. B. Lebensstile, Verhaltensweisen, Verfahren, Ak-

---

[1] Mittlerweile ist die Diakonie mit rund 450.000 hauptamtlich Beschäftigten der zweitgrößte Anbieter sozialer Dienstleistungen und einer der größten Arbeitgeber in Deutschland überhaupt. http://www.diakonie.de/zahlen-und-fakten-9056.html.

[2] Thema eines im Sommer 2013 gestarteten Forschungsprojekts am Institut für Diakoniewissenschaft und Diakoniemanagement der Kirchlichen Hochschule Wuppertal/Bethel.

[3] Christian Dopheide, Vorstandsvorsitzender des Verbands Diakonischer Dienstgeber Deutschlands, 28.05.2013.

teurskonstellationen etc.), die zielgerichtet entwickelt und verbreitet werden, um eine positive Wirkung in der Gesellschaft zu erzielen. Um eine *Innovation* handelt es sich, wenn die Lösung für den jeweiligen Kontext neu ist und sie bereits Verbreitung gefunden hat. Das Team des *World Vision Centers for Social Innovation* der *EBS Business School* hat deshalb den Begriff „soziale Innovation" wie folgt definiert:

> „Soziale Innovationen sind neue soziale Praktiken, die gesellschaftliche Herausforderungen kontextbezogen, zielgerichtet und das Gemeinwohl fördernd adressieren."[4]

Darüber hinaus sollte die Lösung nach Möglichkeit eine Verbesserung mit sich bringen, weil sie ein gesellschaftliches Problem besser löst als ein vorheriges Angebot. Dabei kann „besser" bedeuten, dass eine Lösung effizienter, effektiver, nachhaltiger oder fairer ist.[5]

In Deutschland gibt es immer mehr soziale Innovationen, die von engagierten Menschen ins Leben gerufen wurden und werden. In diesem Buch werden insgesamt 18 soziale Innovationen vorgestellt. Dabei handelt es sich um Lösungen für fünf gesellschaftliche Problembereiche, die für Deutschland von zentraler Bedeutung sind: Die sozialen Innovationen kümmern sich darum, *Langzeitarbeitslosigkeit* zu verhindern oder Betroffenen Auswege aufzuzeigen. Sie möchten *Bildungsgerechtigkeit* herstellen, den *Ressourcenverbrauch* verringern, die Verbreitung von *Zivilisationskrankheiten* verhindern oder deren Auswirkungen schmälern und dem *Fachkräftemangel* in Deutschland entgegenwirken. Diese Themen wurden im Rahmen der Studie „Deutschland 2030: Herausforderungen als Chancen für Soziale Innovationen"[6] identifiziert, die ebenfalls im Rahmen des vom BMBF finanzierten Forschungsprojektes „Soziale Innovationen in Deutschland" erstellt wurde. Dabei handelt es sich um gesellschaftliche Herausforderungen, die laut Expertenmeinung in den nächsten Jahren für Deutschland von höchster Relevanz sein werden, weil sie sich weiter verschärfen könnten und ihr Einfluss auf den Zusammenhalt unserer Gesellschaft als sehr hoch einzuschätzen ist.

Wir hoffen, dass dieser Herausgeberband dazu beträgt, das Thema „Soziale Innovation" bekannter zu machen, sowie als Inspiration und Wissensquelle für (zukünftige) Sozialinnovatoren dient und ihnen so den oft mühsamen Weg von der bloßen Idee zur gesellschaftlichen Wirkung erleichtert.

---

[4] Damit lehnen wir uns eng an die Definition von Howaldt und Schwarz an, die soziale Innovationen wie folgt definieren: „Eine soziale Innovation ist eine von bestimmten Akteuren (…) ausgehende intentionale (…) Neukonfiguration sozialer Praktiken in bestimmten Handlungsfeldern mit dem Ziel, Probleme oder Bedürfnisse besser zu lösen (…) als dies auf der Grundlage etablierter Praktiken möglich ist." (Howaldt, J., Schwarz, M. (2010) *„Soziale Innovation" im Fokus. Skizze eines* gesellschaftstheoretisch inspirierten Forschungskonzepts. Bielefeld: Transcript Verlag). Im Unterschied zu Howaldt/Schwarz gehen wir davon aus, dass soziale Innovationen eine normative Komponente beinhalten und eine positive Wirkung in der Gesellschaft angestrebt wird. Selbstverständlich kann aber auch eine soziale Innovation – trotz positiver Absichten – negative Konsequenzen haben.

[5] Phills, J. A., Deiglmeier, K., & Miller, D. T. (2008). Rediscovering Social Innovation. *Stanford Social Innovation Review* 6(4), 34–43.

[6] Müller, S., Rüede, D., Lurtz, K., Kopf, H., & Russo, P. (2013). *Deutschland 2030: Herausforderungen als Chancen für Soziale Innovationen*. Oestrich Winkel: World Vision Center for Social Innovation, EBS Universität für Wirtschaft und Recht.

Auch nach über 150 Jahren gilt der Leitsatz des Diakoniepioniers und Industriegründers Gustav Werner unverändert: „Was nicht zur Tat wird, hat keinen Wert!"[7]

Wiesbaden, im September 2013

Dr. Hartmut Kopf
Dr. Susan Müller
Dominik Rüede
Kathrin Lurtz
Prof. Dr. Peter Russo

Word Vision Center for Social Innovation am Institute for Transformation in Business and Society (INIT)

---

[7] Der evangelische Theologe Gustav Werner (1809–1887) kann als einer der ersten Sozialinnovatoren Deutschlands bezeichnet werden. Bereits Mitte des 19. Jahrhunderts gründete er parallel zur „Kinderrettungsanstalt" in Reutlingen mehrere Fabriken, um auf diese unternehmerisch-innovative Art und Weise erfolgreich das im buchstäblichen Sinn not-wendige Geld zu verdienen, welches erst die soziale Arbeit mit Kindern und behinderten Menschen im „Bruderhaus" (heute „Bruderhaus-Diakonie") ermöglichte. Kopf, H., Pytlik, A. (2006). *Bildung Investition Zukunft, 150 Jahre Wilhelm Maybach im Bruderhaus.* www.bruderhausdiakonie.de.

Inhaltsverzeichnis

1 **Aufbau des Buches** 1
Hartmut Kopf, Susan Müller, Dominik Rüede, Kathrin Lurtz und
Peter Russo

Teil I Herausforderung Bildungsgerechtigkeit

2 **Einführung: „Weitgehend abgehängt?" Bildungsgerechtigkeit ist
Grundlage einer offenen Gesellschaft** 9
Hartmut Kopf, Susan Müller, Dominik Rüede, Kathrin Lurtz und
Peter Russo

3 **Die START-Stiftung: Schülerstipendien für Jugendliche mit
Migrationshintergrund** 13
Andrea Bartl

4 **Impuls Deutschland gGmbH: Lernort Familie – Chancen des
gemeinsamen Lernens** 29
Birte Henrich

5 **Chancenwerk e. V.: Studenten helfen Schülern, Schüler helfen Schülern –
Lernen auf Augenhöhe** 45
Galina Gostrer

Teil II Herausforderung Fachkräftemangel

6 **Einführung: Made in Germany? Fachkräftemangel gefährdet den
Wirtschaftsstandort Deutschland** 61
Hartmut Kopf, Susan Müller, Dominik Rüede, Kathrin Lurtz und
Peter Russo

7 **Kinderzentren Kunterbunt: Vereinbarkeit von Familie und Beruf
durch abgestimmte Kinderbetreuung** 65
Stefanie Franz

8	Haus der Kleinen Forscher: Bessere Bildungschancen für alle Kinder im Bereich der Naturwissenschaften	77
	Peter Rösner	
9	Der MINT EC: Schulentwicklung und Begabungsförderung für starke MINT-Schulen	93
	Niki Sarantidou	
10	Berufsparcours: Verbesserung der Berufsorientierung – mit allen Sinnen Berufe erfahren	105
	Karin Ressel	

Teil III Herausforderung Langzeitarbeitslosigkeit

11	Einführung: Recht auf Arbeit? Langzeitarbeitslosigkeit als Dauerproblem ist bekämpfbar	123
	Hartmut Kopf, Susan Müller, Dominik Rüede, Kathrin Lurtz und Peter Russo	
12	discovering hands®: „Einfach sicher fühlen" – der Tastsinn Blinder verbessert die medizinische Diagnostik	127
	Frank Hoffmann	
13	AfB: Gebrauchte IT-Hardware schafft neue Perspektiven für Unternehmen, Umwelt und Gesellschaft	141
	Paul Cvilak und Nathalie Ball	
14	JOBLINGE: Ein Social Franchise zur bundesweiten Bekämpfung der Jugendarbeitslosigkeit	155
	Ulrike Garanin	
15	myself e. V.: Von der Transfergesellschaft zur Selbsthilfeorganisation mit arbeitspolitischem Anspruch	171
	Walter Häcker	

Teil IV Herausforderung Zivilisationskrankheiten

16	Einführung: Zum Wohl! Soziale Innovationen bieten Chancen zur Vermeidung und zum Umgang mit Zivilisationskrankheiten	191
	Hartmut Kopf, Susan Müller, Dominik Rüede, Kathrin Lurtz und Peter Russo	
17	Kinderturnstiftung Baden-Württemberg: Wir bringen Kinder in Schwung!	195
	Susanne Heinichen	

Inhaltsverzeichnis

18 Irrsinnig Menschlich: „Verrückt? Na und! Seelisch fit in Schule und Ausbildung" – Der Weg einer Idee aus der Tabuzone in die Mitte der Gesellschaft 209
Manuela Richter-Werling

19 Kulina e. V.: Ernährungsbildung in gesellschaftlichen Randgruppen 229
Florence Klement

20 McMöhre: Schüler gründen Pausenladen für gesunde Ernährung 245
Birgit Eschenlohr

21 „Ilses weite Welt": Filme für Menschen mit Demenz 259
Claudia Sterrer-Pichler

Teil V Herausforderung Ressourcenverbrauch

22 Einführung: Wir haben nur eine Welt! Ressourcenverbrauch ist auch eine Frage der Verhaltensänderung 273
Hartmut Kopf, Susan Müller, Dominik Rüede, Kathrin Lurtz und Peter Russo

23 EWS Schönau: Die Schönauer Stromrebellen – Energiewende in Bürgerhand 277
Sebastian Sladek

24 TerraCycle: Abfall abschaffen – Recyclingkreislauf anstatt Müllhalde 291
Wolfram Schnelle

25 Schlusswort: „Was nicht zur Tat wird, hat keinen Wert." 307
Hartmut Kopf, Susan Müller, Dominik Rüede, Kathrin Lurtz und Peter Russo

Abbildungsverzeichnis

Abb. 1.1	Übersicht über die Beiträge	2
Abb. 3.1	Rasantes Wachstum zu einer stabilen Größe	15
Abb. 3.2	START-Bildungsprogramm	17
Abb. 3.3	Tragfähiges Netzwerk in der Betreuung	18
Abb. 3.4	Vielfalt auch in den Studienfächern	20
Abb. 7.1	Kindertagesstätte „KiKu Kinderland" in Nürnberg	69
Abb. 8.1	Beim Forschen lernen die Kinder ihre Umwelt besser verstehen und kommen dabei regelmäßig ins Staunen	78
Abb. 8.2	Selbst ausprobieren, Ideen sammeln und zum Forscher werden – die Erzieherinnen und Erzieher lassen sich gerne mit dem Forscherfieber anstecken	82
Abb. 8.3	Wie Kitas, Horte und Grundschulen zu „Häusern der kleinen Forscher" werden – der Bauplan der Initiative	83
Abb. 8.4	Forschen in der Grundschule: Grundschulkinder präsentieren ihre Fantasiemaschine	87
Abb. 9.1	Leidenschaft Chemie? Berufsorientierung an der Schule erleichtert die Studienwahl	98
Abb. 9.2	Bau eines Rennofens auf dem MINT-Camp in Bochum, September 2012, zum Thema „Pulsschlag aus Stahl"	100
Abb. 10.1	Musterstation mit acht Plätzen	110
Abb. 10.2	Typische Tätigkeit als Systeminformatiker/in	111
Abb. 10.3	Typischer Ort eines Berufsparcours	111
Abb. 10.4	Die Büroklammer wird zum Delphin	114
Abb. 12.1	discovering hands® setzt blinde Frauen als Tastuntersucherinnen in der Brustkrebsfrüherkennung ein	130
Abb. 12.2	Die MTU findet kleinere Tumoren	131
Abb. 12.3	Der patentierte „Orientierungsstreifen" von discovering hands®	134
Abb. 12.4	MTU erhalten für ihre Arbeit Anerkennung und Respekt	138
Abb. 14.1	Das JOBLINGE-Programm	160
Abb. 14.2	Die JOBLINGE-Organe und Struktur	162

Abb. 14.3	Die Akteure der gAG	164
Abb. 14.4	Die Vision 2020	168
Abb. 15.1	Mitglieder des myself e. V. zur gegenseitigen Förderung am Arbeitsmarkt	173
Abb. 15.2	„Ich habe einen neuen Arbeitsplatz!"	176
Abb. 15.3	Arbeitsgruppen und Organisation des myself e. V.	181
Abb. 17.1	Lebenslanges Sporttreiben als strategische Herausforderung für den Verein	198
Abb. 17.2	Kinderturnen on Tour	201
Abb. 17.3	Kinderturn-Welt in der Wilhelma	204
Abb. 18.1	Übersicht der Organisation	212
Abb. 18.2	Gründung von Regionalgruppen	212
Abb. 18.3	Das Schulprojekt „Verrückt? Na und!" macht mit psychischer Gesundheit gute Schule	219
Abb. 20.1	Schülerfirma: „McMorz" aus Zell im Wiesental	246
Abb. 20.2	Förderschule Wolfach	248
Abb. 20.3	Die verschiedenen Abteilungen der Schülerfirma	251
Abb. 20.4	Gründungsfeier Freie Schule Brigach	252
Abb. 20.5	Gründungsfeier „Die Gesundarbeiter" in Berlin	254
Abb. 24.1	Wie TerraCycle Abfall sammelt	295
Abb. 24.2	Hierarchie von Lösungen für Abfälle	296

Aufbau des Buches

1

Hartmut Kopf, Susan Müller, Dominik Rüede, Kathrin Lurtz
und Peter Russo

Das Besondere an diesem Herausgeberband *von Praktikern für Praktiker*: Wir lassen in achtzehn Beiträgen die Sozialinnovatoren selbst zu Wort kommen. *Sie* erklären, welche Idee hinter ihrer sozialen Innovation steckt und wie sie funktioniert.

Die Gliederungslogik des Buches, der Kapitel und der jeweiligen Beiträge ist eine dreifache (vgl. Abb. 1.1):

Zum Ersten haben wir die fünf gesellschaftlichen Problembereiche sowohl dramaturgisch als auch chronologisch in eine Reihe – eine Art „gesellschaftlichen Lebenszyklus" – gebracht. Mit *Bildungsgerechtigkeit* legt eine offene und sozial gesunde Gesellschaft die Basis, auf der die späteren *Fachkräfte* heranwachsen können. Wenn hierbei, aus welchen Gründen auch immer, etwas nicht richtig läuft, werden Menschen unter Umständen *arbeitslos*. Dieses gesellschaftliche „Nicht-gebraucht-Werden" wiederum macht in nicht wenigen Fällen *zivilisationskrank* – mit z. T. erheblichen gesamtgesellschaftlichen Folgen. Und die gefährlichste „Weltkrankheit", der zu hohe *Ressourcenverbrauch*, ist *das* globale Problemfeld schlechthin, für dessen Lösung wir alle dringend auf die Impulse möglichst vieler und nachhaltiger sozialer Innovationen angewiesen sind.

Zum Zweiten werden in den Beiträgen wichtige Aspekte und Vorgehensweisen erwähnt, die für die Gestaltung der drei Phasen des Innovationsprozesses – der Entstehung, Implementierung und Verbreitung der sozialen Innovation – von Bedeutung sind. Alle drei Phasen bringen Besonderheiten und Herausforderungen mit sich. Falls Sie selbst Sozialinnovatorin oder Sozialinnovator sind: In welcher Phase befindet sich Ihre soziale

---

H. Kopf · S. Müller (✉) · D. Rüede · K. Lurtz
EBS Business School, World Vision Center for Social Innovation,
Oestrich-Winkel, Deutschland
E-Mail: susan.mueller@gmx.com

P. Russo
EBS Business School, Institute for Transformation in Business and Society (INIT),
Oestrich-Winkel, Deutschland

1. Entstehung der Idee	2. Umsetzung der Sozialen Innovation	3. Verbreitung der Sozialen Innovation	Schwerpunkt des Beitrags
Herausforderung Bildungsgerechtigkeit			
START-Stiftung: Chancen auf Integration und gesellschaftliche Teilhabe für engagierte und leistungsstarke Schüler mit Migrationshintergrund verbessern.			
Die START-Stiftung wurde von der Gemeinnützigen Hertie-Stiftung ins Leben gerufen.	Die START-Stiftung vergibt Schülerstipendien an engagierte Jugendliche mit Migrationshintergrund und ermöglicht ihnen eine höhere Schulbildung.	Die Verlässlichkeit der Gemeinnützigen Hertie-Stiftung und die enge Kooperation mit Partnern (z. B. Schulen, Kultusministerien) ermöglichte eine kontinuierliche Ausweitung. Landeskoordinatoren – ein oder mehrere Lehrkräfte – koordinieren die Betreuung der Jugendlichen im jeweiligen Bundesland.	Institutionalisierung und Professionalisierung: kontinuierliche Verbesserung interner Strukturen und Prozesse.
IMPULS Deutschland gGmbH: Gleichberechtigte Bildungschancen für alle Kinder schaffen – unabhängig von ihrer Herkunft.			
HIPPY wurde als Forschungsprojekt in Israel entwickelt, um die Effekte von Hausbesuchsprogrammen für Eltern und ihre Vorschulkinder zu untersuchen. Dann als Lizenzprogramm international verbreitet. Opstapje steht in der Tradition der HEAD-Start-Programme aus USA und des HIPPY-Programms aus Israel. Aus diesen Vorläufern heraus in den Niederlanden entwickelt.	Zwei kindergartenergänzende Hausbesuchsprogramme – HIPPY und Opstapje – machen Eltern zu kompetenten Lehrern ihrer Kinder und stärken sie in ihrem täglichen Erziehungshandeln. Zielgruppe sind Familien mit Migrationshintergrund.	Vergabe von Lizenzen an freie Träger (z. B. Wohlfahrtsverbände, Städte, Kommunen, Migrantenorganisationen).	Weiterentwicklung der beiden pädagogischen Programme HIPPY und Opstapje vor dem Hintergrund der aktuellen gesellschaftlichen Situation und unter Einbeziehung verschiedenster Akteure.
Chancenwerk e. V.: Potenzialentfaltung für Kinder und Jugendliche ermöglichen.			
Der Gründer hatte in seiner Jugend selbst erlebt, welche Hürden Kinder mit Migrationshintergrund im deutschen Schulsystem zu überwinden haben.	Studenten helfen Schülern, Schüler helfen Schülern: Ein Student, der auf Honorarbasis arbeitet, unterstützt ältere Schüler nachmittags in einem Problemfach oder bei der Abiturvorbereitung. Ältere Schüler müssen nichts bezahlen, helfen als Gegenleistung jedoch ihren jüngeren Mitschülern durch Hausaufgabenbetreuung und Nachhilfe.	Ein Standortentwickler kümmert sich um die Erschließung neuer Regionen. Stiftungen und Unternehmen werden hierfür als Förderer gewonnen. Hat sich Chancenwerk in Kommunen etabliert, können teilnehmende Schüler z. T. über das „Bildungspaket" finanziert werden.	Einbezug der Zielgruppe in die Leistungserstellung: das „Geben-und-Nehmen-Prinzip".
Herausforderung Fachkräftemangel			
Kinderzentren Kunterbunt: Vereinbarkeit von Familie und Beruf durch bedarfsgerechte Möglichkeiten der Kinderbetreuung steigern.			
Dem Sozialinnovator war das Problem aus seinem Bekannten- und Freundeskreis bekannt.	Kinderbetreuungseinrichtungen (Kinderkrippen, Kindergärten und Hortbetreuungen) mit konsequenter Ausrichtung auf die Bedürfnisse der Eltern. Die Einrichtungen befinden sich häufig am Arbeitsplatz der Eltern.	Sozialinvestoren und Pro-bono-Partnerschaften unterstützten das Wachstum der Organisation.	Ermöglichung der Expansion eines wirtschaftlich nachhaltigen Modells durch Sozialinvestoren.

Abb. 1.1 Übersicht über die Beiträge

1 Aufbau des Buches

Haus der kleinen Forscher: Begeisterung für naturwissenschaftliche Phänomene und technische Fragestellungen früh wecken und Nachwuchs in den entsprechenden Berufsfeldern sichern.			
Die Idee basiert auf einer McKinsey-Studie, die zeigte, dass es zukünftig zu wenig Naturwissenschaftler und Fachkräfte geben wird und Kinder möglichst früh die Möglichkeit erhalten sollten, ihre Talente und Begabungen zu entdecken.	Mit Fortbildungsangeboten und Materialien werden pädagogische Fachkräfte dabei unterstützt, gemeinsam mit Kindergartenkindern die Welt und Phänomene des Alltags zu entdecken und zu erforschen.	Multiplikatorenstruktur zur Gewährleistung kontinuierlicher Fortbildungen und dauerhafter Begleitung.	Entwicklung der Stiftung: die Stiftung als lernende Organisation.
MINT-EC: Schülern spannende Einblicke in MINT-Themen geben als Entscheidungshilfe für ein naturwissenschaftliches Studium.			
Initiiert durch die Bundesvereinigung der Deutschen Arbeitgeberverbände (BDA), um dem drohenden Fachkräftemangel entgegenzuwirken.	Schulen mit vorhandenem MINT-Schwerpunkt können sich bei MINT-EC bewerben und profitieren bei Aufnahme in das Netzwerk von gemeinsam durchgeführten Workshops und Camps für Schüler, von Weiterbildungsveranstaltungen für Lehrer und von Workshops für Schulleiter.	Das MINT-EC-Netzwerk ist attraktiv: Teilnehmende Schulen profitieren von der Mitgliedschaft im Netzwerk und sind stolz darauf, Teil des Netzwerkes sein zu dürfen. Daher gehen bei MINT-EC ausreichend Bewerbungen ein.	Qualitätssicherung: Unterstützung und Motivation der Schulen, ihr MINT-Profil zu schärfen.
Berufsparcours: Durch haptischere und praktischere Gestaltung der Berufsorientierung Jugendlichen einen realistischen Einblick in die Berufswelt geben.			
Ursprünglich hatte sich eine Gruppe von Frauen zusammen gefunden, um sich darum zu kümmern, wieder in Beschäftigung zu kommen. Bald darauf ergab sich die Chance, sich dem Thema Jugendarbeitslosigkeit zu widmen.	An mehreren Stationen – dem Berufsparcours – können Jugendliche verschiedene Berufe praktisch erleben, indem kleine Aufgaben bewältigt werden, die zu dem jeweiligen Arbeitsgebiet passen.	Neue Nachfragen ergeben sich durch Weiterempfehlung. Ziel: Ausweitung auf alle 16 Bundesländer sowie in das europäische Ausland mithilfe von Lizenzen.	Auf das *Wie* kommt es an: Qualität durch Detailgenauigkeit und Begeisterung der Schüler durch Emotionen.
Herausforderung Langzeitarbeitslosigkeit			
discovering hands®: Brustkrebsfrüherkennung verbessern und sehbehinderte Menschen in den ersten Arbeitsmarkt bringen.			
Ein niedergelassener Frauenarzt hatte die Idee, den optimal geschulten Tastsinn Sehbehinderter in der Brustkrebsvorsorge zu nutzen, um Brustkrebs möglichst früh zu entdecken.	Blinde Frauen arbeiten in den Praxen von Frauenärzten als ausgebildete Medizinische Tastuntersucherinnen und steigern damit die Chancen, Brustkrebs möglichst früh zu erkennen.	discovering hands® setzt sich dafür ein, dass zunehmend mehr Krankenkassen die Kosten für die Untersuchung übernehmen und die Ausbildung zur Medizinischen Tastuntersucherin zu einer primären Ausbildung nach Berufsbildungsgesetz weiterentwickelt wird.	Vielfältige Entwicklungsmöglichkeiten für discovering hands® wie die Entwicklung neuer Diagnostikfelder für Tastuntersuchungen oder die Internationalisierung des verfügbaren Angebots.
AfB Arbeit für Menschen mit Behinderung: 500 Menschen mit Behinderung in eine angemessene und nachhaltige Beschäftigung bringen und IT-Geräte ökologisch recyceln.			
Der Gründer war in der IT-Branche tätig und kannte den Bedarf von Unternehmen und öffentlichen Einrichtungen an professioneller und **kostengünstiger** Datenlöschung. Die Nähe zu einer Behindertenwerkstatt brachte ihn schließlich auf die Idee, Menschen mit Behinderung einzustellen, um diese Dienstleistungen anzubieten.	Das IT-Service-Unternehmen entsorgt für seine Kunden ausrangierte Computer und schafft so Arbeitsplätze für Menschen mit Behinderung.	Wann immer sich ein weiteres großes Unternehmen dazu entschließt, den Service für die Entsorgung alter IT-Geräte zu nutzen, kann ein neuer Standort eröffnet werden, wodurch weitere Arbeitsplätze für Menschen mit Behinderung geschaffen werden.	Die Entwicklung von AfB zum CSR-Partner großer Unternehmen für sozialen und grünen IT-Einsatz.

Abb. 1.1 (Fortsetzung)

JOBLINGE gAG: Übergang von gering qualifizierten Jugendlichen in den Arbeitsmarkt vereinfachen.			
Die Unternehmensberatung The Boston Consulting Group und die Eberhard von Kuenheim Stiftung der BMW AG schlossen sich zusammen und entwickelten gemeinsam mit vielen Experten ein Programm, das gering qualifizierte Jugendliche besser in den Arbeitsmarkt integrieren soll.	Durch das gemeinsame Engagement von Wirtschaft, Staat und Zivilgesellschaft wird den JOBLINGEN ein sechsmonatiges Programm ermöglicht, in dem sie sich in der Praxis beweisen und sich ihren Ausbildungsplatz selbst erarbeiten können.	Der Franchisegeber JOBLINGE e.V. kümmert sich um die Planung und Gründung neuer Standorte.	Social Franchising: Aufbau, Organisationsentwicklung und Wachstum.
myself e.V.: Hilfe zur Selbsthilfe leisten und der Vereinzelung bei Erwerbslosigkeit entgegenwirken.			
Um sich gegenseitig zu unterstützen und wieder „Kollegen" zu finden, gründeten einige Hundert Erwerbslose aus einer Transfergesellschaft ihres insolventen Arbeitgebers heraus den Verein myself.	Ein vielseitiges Arbeitsgruppenangebot, das von den Mitgliedern selbst gestaltet wird, sowie Kontaktmöglichkeiten stärken das Selbstbewusstsein der Mitglieder.	Im weiteren Verlauf der sozialen Innovation ist die Genossenschaft ARBEIT ZUERST eG mit 70 Mitgliedern entstanden – ein „Schutzdach" für Kooperationen von Selbstständigen und die Entwicklung von Projekten, für Personaldienstleistungen, inkl. Arbeitnehmerüberlassung, sowie für die Inklusion von behinderten Menschen durch Vermittlung angepasster Arbeitsplätze.	Selbstorganisation, Weiterentwicklung vom Verein zur Genossenschaft.

Herausforderung Zivilisationskrankheiten

Kinderturnstiftung Baden-Württemberg: Kindern in Baden-Württemberg ermöglichen, ihren Bewegungsdrang auszuleben.			
Nach der EnBW Turn-WM™ 2007 in Stuttgart gründeten die Sparda-Bank Baden-Württemberg eG sowie der Badische und der Schwäbische Turnerbund die Kinderturnstiftung Baden-Württemberg, um das Thema Kinderturnen in der Öffentlichkeit zu stärken.	Kinder zwischen 0 und 10 Jahren werden durch unterschiedliche, leicht zugängliche Angebote (z.B. Bewegungsstationen in der Stuttgarter Wilhelma) zum Turnen angeregt.	Mit den Angeboten „Kinderturn-Welt in der Wilhelma" und „Kinderturnen on Tour" werden jährlich Tausende von Kindern erreicht.	Konkrete Umsetzung der Vision.
Irrsinnig menschlich e.V.: Einsatz gegen Stigmatisierung, Ausgrenzung und Diskriminierung von Menschen mit seelischen Gesundheitsproblemen und junge Menschen mit dem Projekt „Verrückt? Na und!" sensibilisieren.			
Im Rahmen eines Forschungsprojektes sollte untersucht werden, welche Interventionen und Maßnahmen Stigma reduzieren und Einstellungen gegenüber Menschen mit psychischen Krankheiten verbessern.	Es werden Workshops an Schulen angeboten, die den Workshopteilnehmern das Thema „Seelische Gesundheit" näherbringen und den Austausch mit Menschen ermöglichen, die seelische Krisen gemeistert haben.	Regionalgruppen setzen das Konzept vor Ort um. Sie werden dabei durch Weiterbildungen und Materialien von Irrsinnig menschlich unterstützt. Als Träger der Regionalgruppen kommen Wohlfahrtsverbände, Ministerien, Kommunen, Schulen, Studentenwerke und Unternehmen infrage.	Entwicklung eines Forschungsprojekts zu einem dauerhaften Sozialunternehmen.
Kulina e.V.: Ernährung zu einem gesellschaftlichen Thema machen und Menschen befähigen, sich und ihr Essverhalten zu reflektieren.			
Die Gründerin arbeitete in ihrer Jugend als Sprachförderin für Kinder im Vorschulalter mit ausländischen Eltern und sah, dass in diesen Haushalten viele – nicht gerade gesundheitsfördernde – Fertigprodukte konsumiert wurden.	Ehrenamtliche bieten Kochkurse an, um die Teilnehmer dazu anzuregen, über sich und ihr Essverhalten nachzudenken und selbst zu kochen.	Diffusion der Ideen durch öffentliche Auftritte und Presseartikel sowie Beratung von Privatpersonen und Initiativen, die sich mit Ernährungsfragen beschäftigen.	Die Entwicklung von Kulina e.V. hinsichtlich Zielgruppe, Angebot, Netzwerk und Professionalisierung.

Abb. 1.1 (Fortsetzung)

McMöhre – ein Projekt des BUND und BUNDjugend in Baden-Württemberg: Schülern eine gesunde und bewusste Ernährung durch eigenes unternehmerisches Handeln ermöglichen.			
Die Idee wurde von einem BUND-Mitarbeiter entwickelt.	McMöhre unterstützt Schüler und Lehrer dabei, überwiegend eigenverantwortlich einen kleinen Schulkiosk zu gründen und zu betreiben, in dem regionale, saisonale und fair gehandelte Produkte verkauft werden.	Interessierte Schulen werden bei allen Aspekten des Projektaufbaus durch eine Regionalberaterin des BUND beraten und unterstützt.	Partizipation und Eigenverantwortung der Schüler.
Ilses weite Welt: Angebote für demenziell veränderte Menschen schaffen und Kommunikation zwischen Pflegenden und demenziell veränderten Menschen verbessern.			
Eigene Erfahrung mit einer demenziell veränderten Angehörigen.	Entwicklung von Filmen und Begleitmaterial für demenziell veränderte Menschen sowie Durchführung von Schulungen für Betreuungseinrichtungen.	Die Produkte werden über das Internet vertrieben. Durch Schulungen, Aus- und Fortbildungen wird die Idee in Pflegeeinrichtungen verbreitet.	Begegnung mit demenziell veränderten Menschen auf der Gefühlsebene.
Herausforderung Ressourcenverbrauch			
Elektrizitätswerke Schönau: Eine atomstromlose, klimafreundliche und bürgereigene Energieversorgung schaffen.			
In Reaktion auf den Reaktorunfall von Tschernobyl im Jahr 1986 formierte sich in Schönau eine Bürgerinitiative, aus der später die EWS als bundesweiter Ökostromanbieter hervorgehen sollte.	Die Elektrizitätswerke Schönau bieten als Ökostromanbieter bundesweit atomstromlosen und klimafreundlichen Strom an.	Aufgrund der Strommarktliberalisierung können die EWS Kunden in ganz Deutschland beliefern.	Aktiver Teil einer politischen Bewegung sein – ohne parteipolitisch zu sein.
TerraCycle: Abfall abschaffen – Abfall, der bisher als nicht recycelbar galt, einem Recyclingkreislauf zuführen.			
Die Idee, Abfall in neue Produkte zu verwandeln, entstand, nachdem der Sozialinnovator Freunde in Montreal besucht hatte, die ihre Bioabfälle an Kompostwürmer verfütterten. Die Freunde hatten die Wurmexkremente als Pflanzendünger verwendet, womit sie eine Pflanze, die er in die Obhut seiner Freunde gegeben hatte, gesund gepflegt hatten.	Verbraucher können in Recyclingprogrammen Abfälle wie leere Stifte oder Trinkpacks sammeln und an TerraCycle schicken, wo sie durch Recycling oder Upcycling zu neuen, nachhaltigen Produkten verarbeitet werden.	TerraCycle kooperiert mit Konsumgüterherstellern in verschiedenen Ländern, um Sammelprogramme für deren jeweilige Produkte anzubieten. Sammelteams können sich auf der Webseite registrieren und werden für ihre Sammeltätigkeiten belohnt.	Erfolg durch den Aufbau von Kooperationen und die Veränderung des Geschäftsmodells.

Abb. 1.1 (Fortsetzung)

Innovation derzeit und in welchem Bereich sind Sie tätig? Vielleicht geben Ihnen die passenden Beiträge wichtige Impulse für Ihre eigene Arbeit.

Zum Dritten haben wir alle Autorinnen und Autoren gebeten, einen Aspekt besonders hervorzuheben, von dem andere (potenzielle) Sozialinnovatoren möglichst viel lernen können. Darunter finden sich beispielsweise Themen wie Professionalisierung, Qualitätsentwicklung oder die Positionierung der Organisation als politische, aber nicht parteipolitische Organisation.

Abbildung 1.1 gibt Ihnen einen schnellen Überblick über alle 18 soziale Innovationen und das jeweilige Schwerpunktthema des Beitrags. Wir hoffen das Sie sich damit schneller und leichter im Buch zurechtzufinden. Der Überblick will und kann auf keinen Fall ein eigenständiges „Ent-decken" der sozialen Innovationen ersetzen. Vielmehr will er in erster Linie „neu-gierig" machen. In diesem Sinn wünschen wir Ihnen viele gute Erfahrungen und Erkenntnisse von Praktikern für Praktiker – *als Anregungen zum Nach- und Selbermachen!*

Teil I
Herausforderung Bildungsgerechtigkeit

2 Einführung: „Weitgehend abgehängt?" Bildungsgerechtigkeit ist Grundlage einer offenen Gesellschaft

Hartmut Kopf, Susan Müller, Dominik Rüede, Kathrin Lurtz und Peter Russo

Zusammenfassung

Die World Vision Kinderstudie erschien im November 2013 zum dritten Mal. Wie bereits bei den beiden ersten Kinderstudien, die in den Jahren 2007 und 2010 von World Vision herausgegeben wurden, kommen die Autoren auch in dieser Studie zum Schluss, dass die Herkunft der Kinder ihre Lebenssituation und ihre Chancen massiv beeinflusst und dass „vor allem der Teil der Kinder, der der untersten Herkunftsschicht entstammt, weitgehend abgehängt" ist [1].

„Weitgehend abgehängt" – für Kinder bedeutet das, dass sie ihre Potenziale und Entwicklungschancen nur zum Teil werden nutzen können. Dies macht sich auch in groß angelegten Bildungsstudien bemerkbar. So zeigten die im Jahr 2001 veröffentlichten Ergebnisse der ersten PISA-Studie, dass die Leistungen deutscher Schülerinnen und Schüler im Rechnen, Lesen und den Naturwissenschaften unterdurchschnittlich waren und dass der Zusammenhang zwischen Elternhaus und Testergebnissen in keinem anderen teilnehmenden Land so groß war wie in Deutschland. Laut den PISA-Ergebnissen aus den Jahren 2003, 2006 und 2009 ist dieser Zusammenhang mittlerweile nicht mehr ganz so deutlich und Deutschland befindet sich diesbezüglich im OECD-Durchschnitt. Handlungsbedarf besteht jedoch nach wie vor. So geht aus der Sozialerhebung des Deutschen Studenten-

---

[1] World Vision Deutschland e. V. (Hrsg.) (2013). *Kinder in Deutschland 2013 – 3. World Vision Kinderstudie.* Weinheim: Beltz.

H. Kopf · S. Müller (✉) · D. Rüede · K. Lurtz
World Vision Center for Social Innovation, EBS Business School, Oestrich-Winkel, Deutschland
E-Mail: susan.mueller@gmx.com

P. Russo
Institute for Transformation in Business and Society (INIT), EBS Business School, Oestrich-Winkel, Deutschland

werks hervor, dass von 100 Kindern von Akademikern 77 ein Studium aufnehmen, bei Kindern von Nichtakademikern sind es lediglich 23.[2]

Es gibt Dutzende von Initiativen, die versuchen, allen Kindern die Chance auf einen guten Bildungsabschluss und damit mehr Möglichkeiten zur Entfaltung ihrer Potenziale zu bieten. Allein auf der Engagementplattform www.bildungsstifter.de[3] wird eine stetig wachsende Zahl ausgewählter Bildungsinnovationen gezeigt, die mit Geld oder Engagement unterstützt werden können. Mitunter haben soziale Innovatoren überzeugende Konzepte entwickelt, die multiplizierbar sind und die es verdient hätten, in ganz Deutschland umgesetzt zu werden. Die föderalen Strukturen in Deutschland machen es Sozialinnovatoren jedoch fast unmöglich, ihre Ideen wirklich in die Breite zu tragen. Es gibt keine Bildungsinstitution, die gute Ideen evaluiert, um anschließend die wirkungsvollsten in alle Kindergärten und Schulen Deutschlands zu tragen. Die Innovatoren lassen sich davon jedoch nicht entmutigen. Stattdessen suchen sie nach Mitteln und Wegen, um ihre Lösungen – trotz föderaler Strukturen – zu möglichst vielen Kindern und Jugendlichen zu bringen.

So sorgt beispielsweise das von der Gemeinnützigen Hertie-Stiftung ins Leben gerufene START-Schülerstipendienprogramm dafür, dass in mittlerweile 14 Bundesländern 700 Schülerinnen und Schüler mit Migrationshintergrund bessere schulische und berufliche Entwicklungschancen erhalten. Der Artikel über die START-Stiftung zeigt auf, wie aus einem kleinen Projekt, das vor circa zehn Jahren mit 25 Schülerinnen und Schülern begann, durch konsequente Professionalisierung und Institutionalisierung eine Organisation dieser Größenordnung werden konnte.

Um Bildungsgerechtigkeit für Kinder mit ausländischen Eltern kümmern sich auch die beiden Programme der IMPULS Deutschland gGmbH: das kindergartenergänzende Hausbesuchsprogramm HIPPY für Familien mit vier- bis siebenjährigen Kindern sowie das Programm Opstapje, ein Programm der Frühen Bildung für Familien mit Kindern unter drei Jahren. Beiden Programmen liegt ein fundiertes pädagogisches Konzept zugrunde, das unter anderem die Lebenswirklichkeiten der Kinder und Eltern widerspiegelt und die neuesten pädagogischen und entwicklungspsychologischen Erkenntnisse berücksichtigt. Der Beitrag über IMPULS geht insbesondere darauf ein, wie die Aktualisierung und Weiterentwicklung der Programme und damit letztlich die Qualitätsverbesserung unter Einbeziehung verschiedener Zielgruppen vorangetrieben wird. Beide Programme, HIPPY

---

[2] Middendorff E., Apolinarski, B., Poskowsky, J., Kandulla, M., & Netz, N. (2013). Die wirtschaftliche und soziale Lage der Studierenden in Deutschland 2012. 20. Sozialerhebung des Deutschen Studentenwerks durchgeführt durch das HIS-Institut für Hochschulforschung. Bonn/Berlin: Bundesministerium für Bildung und Forschung.

[3] Das GENISIS Institute for Social Innovation and Impact Strategies und der Versicherungskonzern ERGO waren 2011 die Initiatoren von Bildungsstifter e. V. Von Anfang an sollte die Plattform auf einem breiten Fundament zahlreicher Partner stehen. Seit 2012 wurden daher weitere Mitträger aufgenommen. Ende 2013 waren dies neben dem GENISIS Institute und ERGO folgende Organisationen: PHINEO, das Education Innovation Lab der Humboldt-Viadrina School of Governance, World Vision Deutschland, BildungsCent, Sparda Bank, Earthrise Society und Vision Entrepreneurs.

2 Einführung: „Weitgehend abgehängt?"

und Opstapje, unterstützen Eltern in ihrem täglichen Erziehungshandeln und tragen so dazu bei, dass Kinder bessere Startchancen erhalten.

Auch Chancenwerk e. V. setzt sich für bessere Bildungschancen von Kindern ein. Der Verein ist mittlerweile an 34 Schulen aktiv und sorgt dort dafür, dass Schülerinnen und Schüler Zugang zu einer intensiven Nachmittagsbetreuung erhalten. Für einen Beitrag von nur zehn Euro pro Monat erhalten Schülerinnen und Schüler an zwei Nachmittagen in der Woche Unterstützung von älteren Schülern sowie einer Studentin oder eines Studenten. Zehn Euro – das können sich auch Eltern leisten, die über wenig Geld verfügen. Ermöglicht wird der niedrige Preis durch die intelligente Implementierung des Prinzips „Studenten helfen Schülern und Schüler helfen Schülern", das auf die Tauschwährung „Wissen und Zeit" setzt anstatt auf Geld. Der Artikel geht vor allem darauf ein, wie das Modell des Gebens und Nehmens erfolgreich umgesetzt wird.

Die START-Stiftung: Schülerstipendien für Jugendliche mit Migrationshintergrund

Andrea Bartl

Inhaltsverzeichnis

Zusammenfassung 13
Die Organisation in Kürze 14
Die Idee und ihre Umsetzung 16
    Funktionsweise der sozialen Innovation 16
    Schwerpunkt: Das Geheimnis des Erfolges? Institutionalisierung und Professionalisierung . 20
    Perspektivenwechsel: Potenziale fördern anstatt Benachteiligungen ausgleichen 25
Fazit: START – Kompetenz und soziale Verantwortung 26

Zusammenfassung

Als das START-Schülerstipendienprogramm 2002 von der Gemeinnützigen Hertie-Stiftung ins Leben gerufen wurde, hatte es zum Ziel, die schulischen und damit auch die beruflichen Entwicklungschancen engagierter und motivierter Schülerinnen und Schüler mit Migrationshintergrund zu verbessern. Ausgangspunkt der Bildungsinitiative war die Überlegung, dass ein möglichst hoher schulischer Bildungsabschluss die Chancen auf einen erfolgreichen Berufseinstieg erhöht und eine unabdingbare Voraussetzung für eine mögliche akademische Karriere darstellt. Darüber hinaus waren und sind die Initiatoren davon überzeugt, dass gerade unter dem Aspekt der Chancengerechtigkeit Bildung der Schlüssel für eine erfolgreiche Integration von Migranten in die Gesellschaft ist.

Was mit rund 25 Schülerinnen und Schülern als kleines Projekt im Schuljahr 2002/2003 in Hessen und der Stadt Leipzig begann, entwickelte sich schnell zu einem fast bundesweiten Programm mit heute 700 Schülerinnen und Schülern und 1.100 Ehemaligen in

---

A. Bartl (✉)
START-Stiftung, Friedrichstraße 34, 60323 Frankfurt am Main, Deutschland
E-Mail: andrea.bartl@start-stiftung.de

14 Bundesländern. Angelegt als Kooperationsprojekt war diese Entwicklung nur möglich dank der mehr als 120 Partner (Ministerien, Unternehmen, Stiftungen, Vereine, Privatpersonen), die START finanziell und inhaltlich unterstützen. Neben der materiellen Förderung der Stipendiatinnen und Stipendiaten mit Geld und Sachleistungen liegt der Schwerpunkt auf dem breiten Bildungsangebot. Es besteht aus Pflicht- und Wahlseminaren, vielfältigen persönlichen, schulischen und beruflichen Beratungsangeboten sowie Netzwerktreffen.

Das START-Stipendienprogramm ist seit dem Zeitpunkt seiner Einführung einmalig in Deutschland – sowohl in der inhaltlichen Konzeption als auch in der Umsetzung als Kooperationsprojekt. Vor allem das Bildungsangebot hat sich seitdem weiterentwickelt, um den heutigen und zukünftigen Anforderungen der Gesellschaft gerecht zu werden.

Die Organisation in Kürze

Initiator: Gemeinnützige Hertie-Stiftung

Das START-Stipendienprogramm begann als klassisch organisiertes, kleines Projekt im Jahr 2002 buchstäblich unter dem Dach der Gemeinnützigen Hertie-Stiftung. Das Projekt sollte aber von Anfang an finanziell und personell nicht ausschließlich von der Initiatorin abhängen. Daher wurde intensiv in den Schul- und Kultusministerien der Länder wie auch bei Stiftungen, Unternehmen und Privatpersonen um Kooperationspartner geworben.

Die Idee, mit Schülerstipendien bereits zu einem frühen Zeitpunkt eine kleine Gruppe von Jugendlichen mit Migrationshintergrund auf dem Weg zu einer beruflichen Karriere zu begleiten, öffnete sowohl in der Politik als auch bei Finanzpartnern sämtliche Türen. Im ersten Jahrgang, im Schuljahr 2002/2003, wurden rund 25 Schülerinnen und Schüler aufgenommen. Wie Abb. 3.1 zeigt, konnte sich die Anzahl der Stipendiatinnen und Stipendiaten dank der Vielzahl an gewonnenen Unterstützern bis zum Schuljahr 2006/2007 jährlich fast verdoppeln.

Diesem Wachstum und der damit erreichten Größe konnte eine kleine Projektorganisation nicht mehr gerecht werden. Daher wurde das Projekt im Jahr 2007 in eine eigene Gesellschaft überführt. Die Gemeinnützige Hertie-Stiftung gründete als Tochtergesellschaft die START-Stiftung gGmbH. Im Jahr 2013 beschäftigt die START-Stiftung gGmbH aktuell 16 Mitarbeiterinnen und Mitarbeiter.

Die Zielgruppe von START ist auch nach mehr als zehn Jahren praktisch unverändert. Noch immer sehen wir, dass Jugendliche mit Migrationshintergrund unter dem Aspekt der Chancengerechtigkeit in Bildungsfragen häufig benachteiligt sind. Kommen Faktoren wie soziale, wirtschaftliche und/oder familiäre Schwierigkeiten hinzu, ist der Weg zu einer Integration in die Gesellschaft, zu einer Teilhabe am gesellschaftlichen Leben gleich in mehrfacher Hinsicht erschwert. Das START-Stipendienprogramm richtet sich daher nach wie vor an Jugendliche mit Migrationshintergrund aus allen Schulformen, die aus wirtschaftlich schwierigen Verhältnissen kommen und noch drei Jahre bis zum (Fach-)Abitur

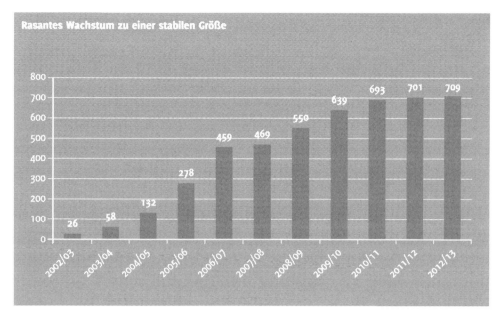

Abb. 3.1 Rasantes Wachstum zu einer stabilen Größe

vor sich haben. Wir bewerten bei der Auswahl der Stipendiatinnen und Stipendiaten ganz besonders ihr bisheriges gesellschaftliches Engagement.

Auch das Stipendium selbst blieb in seiner Grundstruktur erhalten. Es besteht aus zwei Säulen: einer materiellen Unterstützung und einem umfassenden Bildungsprogramm mit Pflicht- und freiwilligen Veranstaltungen, Beratungsangeboten und vielfältigen Möglichkeiten zur Netzwerkbildung.

Ein wesentlicher Bestandteil des Stipendienprogramms ist die persönliche und individuelle Betreuung der Stipendiatinnen und Stipendiaten vor Ort in den Bundesländern. Sie erfolgt in erster Linie durch Lehrkräfte, die von den Schul- und Kultusministerien eigens für START abgeordnet wurden.

Den über 120 Kooperationspartnern bei START kommen in ihrer Vielfalt unterschiedliche Rollen zu. Ob die Betreuung der Stipendiatinnen und Stipendiaten, die Finanzierung des Programms oder die Inhalte der Bildungsangebote in den Fokus genommen werden – an jeder Stelle sind Kooperationspartner involviert, die das Programm mitgestalten können und mit ihrer teilweise langjährigen Unterstützung zur Stabilität, Kontinuität und Weiterentwicklung des Programms beitragen.

Dieses sehr erfolgreiche Zusammenspiel aus fachkundig konzipierten Inhalten, nachhaltiger Finanzierung und professioneller Durchführung des START-Stipendienprogramms trägt Früchte: Mehr als 97 % der START-Stipendiatinnen und Stipendiaten legen erfolgreich die (Fach-)Abiturprüfung ab, 95 % beginnen ein Studium und rund die Hälfte dieser Studentinnen und Studenten erhält ein Studienstipendium bei einem Studienförderwerk. Aus den ersten START-Jahrgängen gibt es bereits Berufseinsteiger in den Bereichen Jura, Pharmazie und Bankwesen. Sie leben den START-Gedanken weiter und tragen ihn in die Gesellschaft hinein.

Die Idee und ihre Umsetzung

Funktionsweise der sozialen Innovation

Die *Zielgruppe* von START ist klar definiert: Jugendliche

- von denen ein Elternteil oder beide Großeltern eines Elternteils zugewandert ist bzw. sind,
- die noch drei Jahre vom (Fach-)Abitur entfernt sind,
- in einem der 14 Bundesländer, in denen START aktiv ist, zur Schule gehen,
- sich intensiv gesellschaftlich engagieren und
- einen Notendurchschnitt von 2,5 oder besser aufweisen,

können sich um ein Stipendium bewerben. START kontaktiert vor Beginn der jährlichen Ausschreibung die relevanten Schulen und verschickt Informationsmaterial bzw. stellt es online zur Verfügung. An den Schulen gehen in der Regel die Lehrkräfte auf die Schülerinnen und Schüler zu, die sie für aussichtsreiche Kandidatinnen und Kandidaten halten.

In einem dreistufigen Verfahren erfolgt die *Auswahl* der neuen Stipendiatinnen und Stipendiaten. Im ersten Schritt wird eine Online-Kurzbewerbung auf formale Kriterien überprüft. Auf persönliche Aufforderung hin erfolgt eine ausführliche Bewerbung, die Aufschluss darüber geben soll, inwieweit der Bewerber oder die Bewerberin zu den Zielen des Programms passt und qualitative Anforderungen, wie z. B. das gesellschaftliche Engagement, erfüllt. Schließlich dient das direkte, persönliche Auswahlgespräch dazu, den Eindruck aus der schriftlichen Bewerbung zu vertiefen.

Nach erfolgreicher Auswahl erhalten die START-Stipendiatinnen und Stipendiaten während der Förderdauer eine materielle *Unterstützung*, die aus einem monatlichen sogenannten „Bildungsgeld" und einer EDV-Ausstattung besteht. Darüber hinaus können sie weitere finanzielle Unterstützung, z. B. für Nachhilfe, Vereinsbeiträge oder Sprachkurse, beantragen. Die schulische und persönliche Entwicklung wird während dieser Zeit unterstützt durch ein intensives und abwechslungsreiches Bildungsprogramm. Es hat zum Ziel, wichtige Qualifikationen zu erwerben, die eigene Persönlichkeit weiterzuentwickeln und Netzwerke aufzubauen, um mit erfolgreich bestandenem Abitur den Übergang zum Studium zu ermöglichen und den Eintritt in die Berufswelt zu erleichtern. Das Programm besteht aus Pflichtseminaren, die zweimal jährlich an einem Wochenende besucht werden, und Wahlveranstaltungen, deren Teilnahme freiwillig ist. Ergänzt wird dies durch regionale Angebote, die in den jeweiligen Bundesländern von den dortigen Betreuerinnen und Betreuern, den sogenannten Landeskoordinatoren, durchgeführt werden. Die Bausteine des START-*Bildungsprogramms* mit thematischen Beispielen zeigt Abb. 3.2

Eine wichtige aktuelle inhaltliche Weiterentwicklung im Bildungsprogramm ist das Thema *„Lernen durch Engagement"*. Bereits zum Bewerbungszeitpunkt ist das gesellschaftliche Engagement der Schülerinnen und Schüler von zentraler Bedeutung für ihre mögliche

3 Die START-Stiftung: Schülerstipendien für Jugendliche mit Migrationshintergrund

	Pflichtprogramm	Wahlprogramm	Regionales Programm
Ziel	Persönlichkeitsbildung	Horizonterweiterung Berufsorientierung	Horizonterweiterung regionales Netzwerk
Format	Zwei Wochenend-Seminare pro Schuljahr	Ferienakademien Seminare, Workshops	Exkursionen, Workshops Aufbau lokaler Kontakte und Netzwerke
Inhalte	Kommunikation Persönlichkeitsentwicklung gesellschaftspolitische Inhalte	Naturwissenschaft und Technik Kunst und Kultur, Wirtschaft Individuum und Gesellschaft	Naturwissenschaft und Technik Kunst und Kultur, Wirtschaft Individuum und Gesellschaft
Beispiele Seminare	Rede und Präsentation Bewerbungstraining Interkulturelle Kompetenzen Demokratie	Assessment-Center-Training Basketballturnier Studienorientierung Neurowissenschaften	Deeskalationstraining Bionik-Seminar Opern-Workshop Museums- und Theaterbesuche

Abb. 3.2 START-Bildungsprogramm

Auswahl. Während des Stipendienprogramms werden nun ab dem Schuljahr 2013/2014 Bildungsveranstaltungen angeboten, die den theoretischen Unterbau für das ehrenamtliche Engagement vermitteln (Fakten- und Methodenwissen, Persönlichkeitsbildung), eine Reflexionsmöglichkeit bieten und ein Netzwerk zum Erfahrungsaustausch für die Stipendiatinnen und Stipendiaten schaffen sollen. Dies wird ergänzt um praktische Angebote von Kooperationspartnern für ein gesellschaftliches Engagement der Stipendiatinnen und Stipendiaten. Ziel ist es, ihre sozialen Kompetenzen weiter zu verbessern und ihnen ein stärkeres Bewusstsein ihrer gesellschaftlichen Verantwortung und ihrer Möglichkeiten zur politischen Partizipation zu vermitteln.

Die START-Stipendiatinnen und Stipendiaten sind folglich stark gefordert. Halbjährliche Nachweise über die Verwendung des Bildungsgeldes und ihre schulischen Leistungen müssen erbracht werden. Zusätzlich erwarten wir ein ausgeprägtes gesellschaftliches Engagement in Einrichtungen, Vereinen, Initiativen oder selbst aufgebauten und/oder durchgeführten Projekten.

Eine ganz entscheidende Rolle spielt in der Durchführung des Programmes die *Betreuung* der START-Stipendiatinnen und Stipendiaten. Ihre Familien stammen aus über 80 Nationen. Die damit verbundene kulturelle Vielfalt sowie die individuellen Lebensgeschichten der Stipendiatinnen und Stipendiaten machen eine fachkompetente und individualisierte Begleitung, Unterstützung und Beratung notwendig. Sie wird gewährleistet durch erfahrene Lehrkräfte, die von unseren Kooperationspartnern, den Schul- oder Kultusministerien der jeweiligen Bundesländer, für START abgeordnet wurden. Diese Lehrkräfte sind erste Ansprechpartner der Stipendiatinnen und Stipendiaten und stehen darüber hinaus in engem Kontakt mit dem Elternhaus und – bei Bedarf – mit der jeweiligen

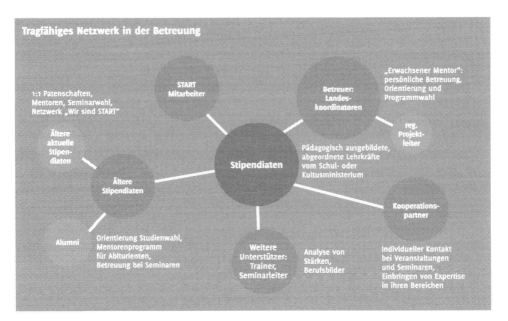

Abb. 3.3 Tragfähiges Netzwerk in der Betreuung

Schule. Aber auch ältere Stipendiatinnen und Stipendiaten, die START-Alumni, Trainer, Kooperationspartner von START und natürlich die START-Stiftung selbst ergänzen die Landeskoordinatoren in ihrer Arbeit und bilden gemeinsam mit ihnen ein stabiles und tragfähiges Netzwerk, in dessen Mittelpunkt die Jugendlichen stehen, wie Abb. 3.3 zeigt.

Nach Erreichen des Abiturs bleibt der Kontakt zu den Jugendlichen erhalten. Die START-Stiftung unterstützt sie weiter, zum Beispiel mit Gutachten für Studienförderwerke, um die Finanzierung eines Studiums sicherzustellen. Außerdem können sie Mitglied im START-Alumni-Verein werden, der mit eigenen Veranstaltungen und Strukturen ein wichtiges Netzwerk für die ehemaligen Stipendiatinnen und Stipendiaten darstellt.

Für ein Stipendienprogramm dieser Größenordnung stellt die *Finanzierung* eine besondere Herausforderung dar. Als Kooperationsprojekt ist START auf die Unterstützung durch Dritte angewiesen. Über 120 Ministerien, Städte, Kommunen, Unternehmen, Stiftungen, Vereine, Clubs und auch Privatpersonen konnten bisher als aktive Partner gewonnen werden und leisten ganz unterschiedliche Beiträge zum Gelingen des Programms. So wird rund ein Drittel des jährlichen Budgets von den Partnern getragen. Sie verpflichten sich bisweilen über mehrere Jahre, ein oder mehrere Stipendien mit 5.000 € pro Jahr und Stipendium zu finanzieren. Speziellen Förderschwerpunkten der Partner wie zum Beispiel regionalen Bezügen oder thematischen Ausrichtungen (Kunst, Musik, MINT-Fächer) kann dabei Rechnung getragen werden. Manche der Kooperationspartner beteiligen sich inhaltlich und/oder finanziell am Bildungsprogramm des Stipendienprogramms. Teilweise binden wir sie mit eigenen Modulen in bestehende Seminarreihen ein. Sie stellen uns Trainer oder Veranstaltungsräume zur Verfügung. Des Öfteren organisieren und konzipieren sie gemeinsam mit uns eigene Veranstaltungsformate für START oder für und mit dem START-Alumni-Verein.

Ein sehr wichtiger Beitrag ist darüber hinaus die personelle Unterstützung seitens der Schul- und Kultusministerien. In allen 14 Bundesländern, in denen START angeboten wird, werden die Stipendiatinnen und Stipendiaten von erfahrenen Lehrkräften betreut, sogenannten Landeskoordinatoren, die von den Ministerien speziell für diese Tätigkeit abgeordnet wurden. Etliche Stiftungen und Städte stellen ihrerseits zusätzliches Personal (regionale Projektleiter) für die Betreuung zur Verfügung.

Vonseiten der START-Stiftung wird über ein hohes Maß an Prozesstransparenz und eine intensive Kommunikation mit den Kooperationspartnern versucht, eine dauerhafte Identifikation mit dem Programm und seinen Zielen zu etablieren. Über die Jahre ist so eine starke Bindung an START entstanden. Die aktive Teilnahme am Programm, zum Beispiel an den jährlichen Auswahlgesprächen, den Aufnahmefeiern in den Bundesländern oder der Verabschiedung der Abiturienten, bietet die Möglichkeit zum direkten und meistens sehr emotionalen Kontakt zu den Jugendlichen. Die Kooperationspartner erhalten außerdem regelmäßig einen Newsletter oder können auch an kleineren regionalen Veranstaltungen gemeinsam mit den Stipendiatinnen und Stipendiaten oder Alumni teilnehmen. Selbstverständlich profitieren sie auch von der Pressearbeit im Zusammenhang mit dem START-Stipendienprogramm und können das Engagement ihrer Institution für eigene Publikationen oder Veranstaltungen nutzen.

Die *Organisation* des START-Stipendienprogramms ist im Laufe der Jahre den Kinderschuhen entwachsen und die Strukturen und Prozesse wurden professionalisiert. Waren zu Beginn des Projektes noch eher „Allround-Manager" mit Improvisationsgeschick und Überzeugungskraft gefragt, so stehen heute Fachkräfte aus dem Bildungswesen, der Projektorganisation, dem Finanzmanagement und dem Fundraising für ihre Bereiche in der Verantwortung. Neben der gewonnenen Fachexpertise hat START aber den Charme des gemeinsamen „Wir packen an" behalten. Ohne das herausragende, bereichsübergreifende Engagement und die hohe Identifikation jedes Einzelnen mit dem Programm – ob in der START-Stiftung, als Betreuer oder als ehrenamtlicher Helfer und Kooperationspartner – wäre die Durchführung auf einem qualitativ so hohen Niveau nicht zu leisten.

Wie lässt sich nun messen, ob START *Erfolg* hat? Das ist keine leichte Aufgabe, denn naturgemäß gibt es keine belastbaren, wissenschaftlichen Vergleichsstudien. Allerdings sprechen einige Zahlen für den Erfolg des Programms: 97 % unserer Stipendiatinnen und Stipendiaten absolvieren erfolgreich das Abitur, viele von ihnen mit sehr guten Noten. Das erklärte Ziel, die Jugendlichen auf dem Weg zu diesem erfolgreichen Abschluss umfassend und individuell zu begleiten, ist damit erreicht. Wir möchten sie aber darüber hinaus auch motivieren, den eingeschlagenen Weg weiterzugehen und trotz möglicherweise widriger persönlicher Umstände ein Studium aufzunehmen – 95 % tun dies! Die Hälfte von ihnen mithilfe eines Stipendiums eines Studienförderwerkes. START möchte außerdem die Jugendlichen ermutigen, sich durch die Bildungsangebote neue Erlebniswelten und Wissensbereiche zu erschließen, die ihnen in der Regel über Schule und Elternhaus nicht zugänglich sind, und auch bislang vielleicht unerkannt gebliebene Talente zu entdecken. START möchte sie in Zeiten von G8 und PISA inspirieren zu Leistung *und* Kreativität, über die traditionellen und sicherlich imageträchtigen Berufs- und Lebensvorstellungen hinaus. Die Vielfalt der eingeschlagenen Studienrichtungen unserer START-Alumni dokumen-

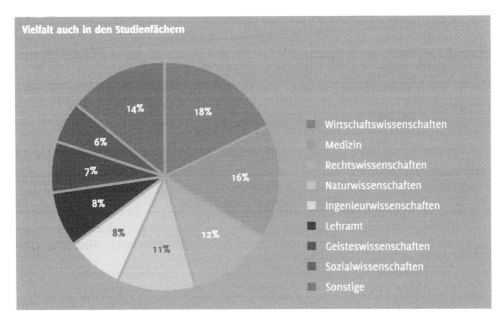

Abb. 3.4 Vielfalt auch in den Studienfächern

tiert, dass START neue Möglichkeiten eröffnen kann: Neben Betriebswirtschaft, Jura und Medizin werden auch die Ingenieur- oder Geisteswissenschaften gewählt. Abbildung 3.4 zeigt die Verteilung der Studienfächer.

START möchte die Stipendiatinnen und Stipendiaten zudem mobilisieren. Die Übernahme von gesellschaftlicher Verantwortung und damit die aktive Teilhabe und Teilnahme an der Gesellschaft liegen uns als wichtiger Indikator einer gelungenen Integration für die START-Stipendiatinnen und Stipendiaten am Herzen. So wurde von den Jugendlichen eine Vielzahl an Projekten gegründet: „InteGREATer" für Schulen in Hessen, „you-manity" von Medizinstudenten als Hilfsprojekt für Flüchtlinge, „Sahat" von afghanischen Studenten in Hamburg oder „Young United Cultures" für Schulen in Niedersachsen, um nur einige Beispiele zu nennen. START – ein ehemals kleines Projekt – erzielt eine große und nachhaltige Wirkung!

Schwerpunkt: Das Geheimnis des Erfolges? Institutionalisierung und Professionalisierung

Wie ist uns dies gelungen? Es gibt drei Faktoren, die vermutlich in hohem Maße dafür verantwortlich sind: die Langlebigkeit des Projektes, seine konsequente Institutionalisierung und die Professionalität in Aufbau und Durchführung. START sollte als Projekt langfristig etwas in der Gesellschaft bewegen. Dazu braucht es starke Partner und eine klare Wahrnehmbarkeit in der Öffentlichkeit. Und START selbst muss Seriosität und Verlässlichkeit verkörpern und zu einer professionell geführten Institution heranwachsen.

3 Die START-Stiftung: Schülerstipendien für Jugendliche mit Migrationshintergrund

START war von Beginn an auf *Langlebigkeit* ausgerichtet. Dies war eine von der Gemeinnützigen Hertie-Stiftung getroffene, bewusste Entscheidung. Ein großer Vorteil von Stiftungsarbeit ist es, ungeachtet von Legislaturperioden oder trendgetriebenen öffentlichen Diskussionen langfristige Projekte aufsetzen zu können. Diese Projekte können sich wiederum inhaltlich an die sich möglicherweise ändernden Erfordernisse der gewählten Zielgruppe anpassen und sich weiterentwickeln, ohne ihre Grundidee aufzugeben. Sicherlich spielt hierbei auch die gesicherte finanzielle Ausstattung durch die Muttergesellschaft eine wesentliche Rolle. Diese verleiht einem Projekt wie START die notwendige Stabilität und auch das Durchhaltevermögen.

Die inhaltliche Idee eines Schülerstipendienprogramms für Zuwandererkinder war von Anfang an getragen vom Gedanken einer Kooperation, die viele Partner, Ebenen und Interessen vereinen sollte. Sie war eingebettet in eine bildungspolitische Diskussion, die noch von einer starken Defizit- oder Problemorientierung geprägt war. Integration wurde vor zehn Jahren noch in einem Atemzug mit Deutschsprachkursen genannt. Eine steigende Zahl von Kindern mit Migrationshintergrund bei gleichzeitigen Übertrittquoten auf Gymnasien im unteren einstelligen Prozentbereich alarmierten Politik und Öffentlichkeit gleichermaßen. START griff diese Problemlage auf und verfügte mit der finanziellen Unterstützung und seinem Bildungsprogramm über ein Instrumentarium, das es ermöglichte, zumindest einen Teil der Benachteiligungen aufzufangen. Darüber hinaus gab es keinen Anlass, anzunehmen, dass sich diese Benachteiligung von Migrantenkindern „auf die Schnelle" lösen lassen würde. Alle Beteiligten richteten sich auf ein langfristiges Projekt ein, das sich nicht alle drei Jahre würde neu erfinden müssen.

Mit seiner einfachen Struktur überzeugte START die zu gewinnenden Partner. Es war und ist unkompliziert, bei START mitzumachen. Die Größenordnung und Dauer des Engagements lassen sich individuell auf die Bedürfnisse jedes Kooperationspartners anpassen. Die Idee war inhaltlich überzeugend und die Gemeinnützige Hertie-Stiftung stand für Verlässlichkeit – sowohl für die Zielgruppe der Jugendlichen mit Migrationshintergrund als auch für die Kooperationspartner. Das Signal wurde verstanden: Hier übernimmt eine Stiftung zielgerichtet Verantwortung und gibt diese nicht nach drei oder vier Jahren an eine staatliche Institution ab.

Das START-Stipendienprogramm konnte mit seiner langfristigen Konzeption darüber hinaus auch dem Kritikpunkt der fraglichen Überprüfbarkeit der Ergebnisse etwas entgegenhalten. Je länger das Programm läuft, umso eher wird sichtbar, ob sich die einst geförderten Jugendlichen später in der Gesellschaft positiv hervorheben werden. Die Frage, ob eine Projektidee an und in einer Gesellschaft etwas verändern kann, lässt sich nicht nach drei Jahren beantworten. Aber vermutlich nach zehn, ganz sicher nach fünfzehn Jahren. Gerade Integration ist nichts, was sich „mal eben nebenbei erledigen" lässt, weder durch die zugewanderten Menschen noch durch die aufnehmende Gesellschaft.

Durch die enge Zusammenarbeit mit den Schulen einerseits und den Schul- oder Kultusministerien andererseits gelang es, START als *Institution* zu etablieren. Es wurde als Projekt nicht neben die staatlichen Institutionen des Bildungssystems gestellt oder agierte parallel, sondern es bestand eine konsequente, bereits im Konzept verankerte Verzahnung.

Ein recht anschauliches Beispiel für diese Verzahnung bieten die als Betreuer der Stipendiatinnen und Stipendiaten eingesetzten Landeskoordinatoren. Die Kooperationsvereinbarungen mit den Schul- und Kultusministerien beinhalten in der Regel die Abordnung von einer oder sogar mehreren Lehrkräften als Landeskoordinatoren für die Betreuung der Jugendlichen im jeweiligen Bundesland. Die Ministerien werden auf diese Art zur Mitwirkung bei der praktischen Umsetzung des Programmes aufgefordert. Im Gegenzug bleibt START mit den relevanten Akteuren auf politischer Ebene in Kontakt und regem Austausch.

Ein anderes Beispiel ist die Zusammenarbeit mit den Schulen bzw. den Lehrkräften. Bereits zu Beginn des Auswahlprozesses werden die Schulen gemeinsam von START und den Schul- und Kultusministerien schriftlich kontaktiert und auf das Programm aufmerksam gemacht. Entsprechendes Informationsmaterial geht an die Lehrkräfte, die sich ihrerseits an geeignete Schülerinnen und Schüler wenden und sie zur Bewerbung motivieren. Dank jährlicher Umfragen unter den Bewerberinnen und Bewerbern wissen wir, dass rund drei Viertel von ihnen durch die Lehrkräfte auf START hingewiesen wurden. START hätte ohne den Kontakt in die Schulen nicht diesen großen Zulauf an hoch qualifizierten Jugendlichen. Darüber hinaus stellt ein Empfehlungsschreiben einer Lehrkraft einen wichtigen Bestandteil der Bewerbungsunterlagen dar. Dass die Lehrkräfte diesen Aufwand – auch wiederholt – nicht scheuen, ist für uns ein Indikator dafür, dass sie einerseits an die Potenziale der Schülerinnen und Schüler glauben und andererseits dem START-Programm eine wichtige Förderfunktion zuschreiben.

Auch auf höherer Ebene, nämlich aus Sicht von Politik und Gesellschaft, kann START nach nunmehr elf Jahren als wichtiger „Player" und damit als Institution in Sachen Integration bezeichnet werden. START wird wahrgenommen: durch 1.800 geförderte Jugendliche, die in der Öffentlichkeit in Erscheinung treten, durch die aktive Teilnahme an der öffentlichen Diskussion sowie die Präsenz in relevanten Netzwerken. So sind die START-Alumni zum Beispiel gesuchte Gesprächspartner und Teilnehmer beim Jugendintegrationsgipfel der Bundeskanzlerin Angela Merkel. Die START-Stiftung gGmbH ist beispielsweise Mitglied im Hessischen Stiftungsnetzwerk Integration, welches durch das Hessische Ministerium der Justiz, für Integration und Europa ins Leben gerufen wurde. START konnte sich einen großen Erfahrungsschatz im Bereich Bildung und Integration aneignen und leistet gemeinsam mit den Alumni eine wichtige Netzwerkarbeit.

Im Themenreport „Brücken bauen – Integration junger Migranten durch Bildung" von PHINEO wird START für seine besonders wirkungsvolle Integrationsarbeit gelobt: „Das START-Stipendienprogramm ist ausgereift, vorbildlich strukturiert und etabliert. PHINEO schätzt das Wirkungspotenzial als herausragend ein. Daher ist das Programm für Soziale Investoren besonders empfehlenswert. Auch die START-Stiftung als Projektträger ist überdurchschnittlich gut aufgestellt."[1] Dies war im Jahr 2010 eine ermutigende Auszeichnung und gleichzeitig ein Beleg für die *Professionalität* unserer Arbeit.

---

[1] PHINEO Berlin (2010). Projektporträt zum START-Stipendienprogramm: „START-Stiftung – ein Projekt der Gemeinnützigen Hertie-Stiftung – gemeinnützige GmbH", Seite 2. http://www.phineo.org/uploads/tx_phineoprojects/PHINEO_Integration_START_Porträt_04.pdf. Zugegriffen: 05. August 2013.

Nun ist Professionalität ein recht weit fassbarer Begriff. Was verstehen wir darunter? Ganz klassisch verstanden geht es um Prozesse und Strukturen, deren Weiterentwicklung mit einer Steigerung der Effizienz einhergeht. Es werden häufig Qualitätsverbesserungen erreicht und Standardisierungen von Abläufen vorgenommen. Es werden Regeln geschaffen, die den Projektalltag erleichtern sollen. Das Projekt wird in seiner Durchführung auf einem qualitativ gleichbleibend hohen Niveau skalierbar, Prozesse sind mit gleichem oder sogar besserem Ergebnis wiederholbar.

Dieses Verständnis von Professionalität war für START enorm wichtig und hat in hohem Maße zu seiner erfolgreichen Entwicklung beigetragen. Die einfache Projektstruktur in Verbindung mit einem überzeugenden Konzept als eine mögliche Antwort auf eine gesellschaftlich relevante Fragestellung führte dazu, dass rasch weitere Kooperationspartner gewonnen wurden und START innerhalb von wenigen Jahren in 14 Bundesländern etabliert werden konnte. Das Stipendienprogramm nahm schnell immer mehr Jugendliche auf – was sehr erfreulich ist, aber von einer entsprechenden internen Organisation begleitet werden muss.

Die Strukturen und Prozesse mussten der Entwicklung des Programmes angepasst werden. Entscheidungsstrukturen und -hierarchien wurden gebildet. Interne Dokumentationen und Prozesse wurden anfangs mit vergleichsweise einfachem Handwerkszeug erledigt. Ein erster Schritt in Richtung Professionalisierung war die durch zunehmende Spezialisierung in den Kenntnissen und Fähigkeiten der Mitarbeiterinnen und Mitarbeiter sinnvoll und möglich gewordene interne Teambildung. Ein Team beschäftigte sich mit allen Fragen zum Bildungsprogramm, einem zweiten Team oblag die Verantwortung der Projektorganisation, d. h., die Teammitglieder waren für alle Abläufe und Prozesse, Veranstaltungen und Verfahren im Stipendienprogramm verantwortlich.

Rein räumlich und gesellschaftsrechtlich agierte START bis zum Sommer 2007 noch – auch buchstäblich – unter dem Dach der Gemeinnützigen Hertie-Stiftung. Diese hatte jedoch für START eine zunehmende Verselbstständigung als Ziel vor Augen, auch im rechtlichen Sinne. So war es nur der konsequente nächste Schritt, eine Tochtergesellschaft zu gründen: die START-Stiftung gGmbH. Fortan leiteten zwei Personen in der Geschäftsführung das Stipendienprogramm, die beiden bereits genannten Teams wurden ergänzt um ein kaufmännisches Team und ein Aufsichtsrat übernahm die Kontrollfunktion. Nach und nach wurde die Zahl der Mitarbeiter aufgestockt, insbesondere in der Projektorganisation und dem kaufmännischen Bereich, um gerade in den Bereichen mit einer hohen Außenwirkung auch eine Professionalität im Sinne von Verlässlichkeit, Stabilität und Transparenz sicherstellen zu können. So erforderte die wachsende Anzahl von Bewerberinnen und Bewerbern standardisierte, später onlinebasierte Verfahren. Die Leistungen im Rahmen der Betreuung, die beispielsweise von einem Landeskoordinator vor Ort erwartet wurden, nahmen angesichts von mehr als 100 Stipendiatinnen und Stipendiaten in einzelnen Bundesländern ganz andere Dimensionen an. Veranstaltungen wie Aufnahmefeiern oder Jahrestreffen wurden immer größer. Viele Prozesse wurden entsprechend in Handbüchern exakt dokumentiert, um die Einarbeitungszeit neuer Betreuer oder Mitarbeiter zu verkürzen und Handlungsleitlinien im Alltag zu bieten. Die Kooperationspartner wollten ihrerseits, zu Recht, bis auf den letzten Cent genau wissen, wo ihr Geld geblieben ist und was aus „ihrem" Stipendiaten geworden ist. Die START-Stiftung selbst musste darüber im Bilde sein, wie lange die Mittel für welchen Stipendiaten reichen wurden. Dies brachte in Summe ganz andere Anforderungen an die Buchhaltung und das Controlling mit sich, denen mit moderner Software und ausgebildeten Mitarbeiterinnen und Mitarbeitern begegnet werden konnte. Darüber hinaus wurde das interne und externe Informations- und Berichtswesen sehr umfangreich und pflegeintensiv. Die sogenannte Partnerbetreuung gewann immer mehr an Bedeutung. Es wurde deutlich, dass die für das wachsende Programm notwendigen Finanzmittel nicht mehr nur auf informellen Wegen („Ich kenn' da jemanden...") akquiriert werden konnten. In der Folge hielt das professionelle Fundraising zur Akquise von Spenden Einzug bei der START-Stiftung gGmbH. Um darüber hinaus noch andere Zielgruppen von Unterstützern zu gewinnen, wurde im Herbst 2012 die START-Förderstiftung errichtet, die es ermöglicht, nun auch Zustiftungen entgegenzunehmen.

Eine weitere wichtige Facette der Professionalität ist und bleibt der Gedanke der „lernenden Organisation". Dies gilt für START in doppelter Hinsicht. Zum einen lieferte die Kontinuität des Programmes einen entscheidenden Baustein zur Stabilität. Andererseits machen geänderte Bedarfe Anpassungen notwendig. Durch jährlich wiederkehrende Prozesse war eine Lernkurve mit selbstkritischen Rückkopplungsmöglichkeiten entstanden, die sehr hilfreich war. Das START-Stipendienprogramm muss sich nicht jedes Jahr neu erfinden. Aber gerade im Bildungsprogramm ist es wesentlich, dass die Angebote nicht in Konkurrenz, sondern in Ergänzung zum schulischen Angebot durchgeführt werden und inhaltlich den aktuellen Erfordernissen entsprechen. START hat hier hohe Standards gesetzt. So erfreuten sich zu Beginn des Programmes die sogenannten „Knigge"-Seminare allseits hoher Beliebtheit. In der Zwischenzeit ist die Vermittlung dieses kulturellen Basiswissens Seminaren zur Steigerung der Medienkompetenz gewichen. Die bereits erläuterte aktuelle Ergänzung des Programmes um den Baustein „Lernen durch Engagement" ist ebenso ein Ergebnis aus dem Erkenntnisprozess zu zukünftigen gesellschaftlichen Notwendigkeiten.

Die Liste der Beispiele ließe sich beliebig fortsetzen. Sicher war der Weg vom kleinen Projekt zum Unternehmen mitunter holprig. Nicht alles war durch Planung und professionelle Organisation aufzufangen. Die Herausforderung konnte jedoch dank des ungeheuren Einsatzes aller Beteiligten gut gemeistert werden. Die Identifikation mit unserer Idee war auf allen Seiten außerordentlich hoch. Und ein Quäntchen Glück hatte START sicherlich auch.

Unsere Bemühungen auf den geschilderten Gebieten der Langlebigkeit, Institutionalisierung und Professionalität wurden in den letzten Jahren belohnt: START hat einige *Auszeichnungen* erhalten. So wurde START beispielsweise 2009 von der Standortinitiative „Deutschland – Land der Ideen" als „Ausgewählter Ort der Bildung" ausgezeichnet. Der schon erwähnte Themenreport „Brücken bauen – Integration junger Migranten durch Bildung" von PHINEO aus dem Jahr 2010 ist eine weitere Auszeichnung, die uns sehr motiviert hat. Anlässlich unseres zehnjährigen Jubiläums im Jahr 2012 beschrieb Bundespräsident Joachim Gauck im Rahmen des Festaktes in der Frankfurter Paulskirche das Programm: „START, das sind 1.500 Lebensgeschichten, die uns reicher machen ... START ist mehr als ein Bildungserfolg. Es ist ein lebendiger Beweis für ein gelungenes Miteinander."

Perspektivenwechsel: Potenziale fördern anstatt Benachteiligungen ausgleichen

Das START-Stipendienprogramm hat sich aus einer Initiative der Gemeinnützigen Hertie-Stiftung heraus entwickelt. In dieser existieren noch weitere Förderprogramme, die andere Zielgruppen als Schwerpunkt haben. Die sich wandelnde öffentliche Diskussion um Integration hat auch bei der Gemeinnützigen Hertie-Stiftung dazu geführt, ihre großen und kleinen Projekte im Bildungsbereich zukünftig stärker unter der „Lupe" der Chancengerechtigkeit zu betrachten und einzuordnen. START wird hier weiterhin eine wichtige Rolle spielen. Weniger als ein Projekt, das versucht, spezifische Benachteiligungen auszugleichen, sondern als ein individuelles Förderprogramm, das das Ergreifen von Chancen ermöglicht und eigene Potenziale entdecken lässt. Die Jugendlichen werden ermutigt und darin unterstützt, herauszufinden, was in ihnen steckt und was für sie möglich ist. Ihre Fähigkeiten hinsichtlich Leistung und Wirkung können in der gemeinsamen Arbeit aktiviert werden. Durch den Fokus auf die Zielgruppe der Jugendlichen mit Migrationshintergrund aus schwierigen wirtschaftlichen Verhältnissen wird bei START eine spezielle Gruppe sehr intensiv gefördert, bei der gleich mehrere Risikolagen zusammenkommen und sich eventuell gegenseitig verstärken.

Mehr als ein Drittel der in Deutschland lebenden Kinder, die unter fünf Jahre alt sind, haben einen Migrationshintergrund (Statistisches Bundesamt 2010). Die künftigen Berufsanfänger gehen heute schon zur Schule. Darunter sind viele, die einen Migrationshintergrund haben und die ohne Unterstützung keinen Schul- oder Ausbildungsabschluss erhalten werden. Diese Fakten machen den fortwährenden Bedarf einer Individualförderung bei der von START gewählten Zielgruppe deutlich. Aber auch der Erfolg dieser Unterstützung wird bereits spürbar: Zwischen 2005 und 2010 erreichte ein Drittel mehr Migranten einen (Fach-)Hochschulabschluss (Integrationsbericht 2012). Das gibt Hoffnung.

START konnte sich über Jahre intensiv mit dem Thema Integration auseinandersetzen und hat viel zur Weiterentwicklung der öffentlichen Diskussion beigetragen. In der Folge hat sich ein Paradigmenwechsel ergeben. Vor zehn Jahren noch war die Sicht auf Fragestellungen der Integration eher problemorientiert. Sprachförderunterricht stand hoch im Kurs. Die Integrationsdiskussion dreht sich heute eher um Chancen und Potenziale sowie um Teilhabe und Partizipation. Denn mittlerweile wird deutlich, dass die Gesichter einer erfolgreichen Integration nicht allein dank Mathematik- oder Deutschnachhilfe so überzeugen, sondern durch ihre Potenziale, die durch individuelle Förderung erkannt, unterstützt und zur Geltung gebracht werden können.

Viele der Bausteine des Bildungsangebotes bei START tragen genau dieser Betrachtungsweise Rechnung. Die Jugendlichen können sich neue Themengebiete erschließen, ihre Stärken entdecken und weiterentwickeln und sich am Ende des Stipendienprogramms mit neuen Ideen und einer positiven Zukunftsaussicht ihren Berufsvorstellungen zuwenden. Gerade die öffentliche Debatte um Teilhabe und Partizipation als Indikatoren der gelungenen Integration hat START darin bestärkt, dass der Ansatz, das gesellschaftliche Engagement der Stipendiatinnen und Stipendiaten – das schon immer eines der Aufnahmekriterien darstellte – noch stärker in den Fokus zu nehmen und ihm ein eigenes Bildungsangebot, „Lernen durch Engagement", zu widmen, richtig ist. Wer zukünftig an der Gesellschaft teilhaben will, wer mitgestalten will, muss in der Lage und willens sein, für sich und andere Verantwortung zu übernehmen. Dies wird jedoch in der Regel nicht im klassischen Schulunterricht gelehrt. Institutionen wie START bieten hier zusätzliche Lernorte und Entfaltungsmöglichkeiten.

Um gerade diesem Anspruch gerecht zu werden und gleichzeitig realitätsnah agieren zu können, ist es notwendig, START zukünftig noch besser mit der kommunalen Ebene zu verzahnen. Entsprechende Akteure kennen vor Ort den Bedarf und können die Aktivitäten der Stipendiatinnen und Stipendiaten kanalisieren helfen. Integration findet nicht zuletzt vor Ort statt und ist ein Weg – kein Ziel. Meilensteine auf diesem Weg sind eine möglichst hohe Schulbildung, eine gute persönliche Vernetzung und das Bewusstsein der eigenen Verantwortungsübernahme. START kann hierfür erfolgreich Freiräume schaffen, Möglichkeiten eröffnen und Unterstützung anbieten.

Fazit: START – Kompetenz und soziale Verantwortung

Das START-Stipendienprogramm konnte in über zehn Jahren fast 2.000 Schülerinnen und Schüler mit Migrationshintergrund erfolgreich begleiten. Der Anspruch von START, in Politik und Gesellschaft als philanthropischer Akteur in dieser Zeit etwas zu bewegen, konnte eingelöst werden. START ist ein gelungenes Beispiel dafür, dass gemeinnützige Organisationen den staatlichen Bildungs- und Integrationsauftrag unterstützen können. Gerade in der Individualförderung sind staatlichen Institutionen in mehrfacher Hinsicht Grenzen gesetzt, die eine Stiftung nicht kennt. Als wesentliche Erfolgsfaktoren für die Arbeit haben sich die Langlebigkeit des Projektes, die gelungene Institutionalisierung und die Professionalität in der Durchführung herausgestellt. Um im Bildungsbereich als Partner und Akteur dauerhaft ernst genommen zu werden, sind diese drei Faktoren wesentlich.

Sie dürfen jedoch nicht einhergehen mit inhaltlicher Trägheit und Kritikresistenz. Eine Anpassung der Angebote im Bildungsbereich an veränderte oder ganz neue Gegebenheiten (zum Beispiel im Bereich Medienkompetenz: Wer ahnte schon vor zehn Jahren, was „Facebook" mit sich bringen würde?) ist wichtig. Das Programm bleibt damit in der Lebenswirklichkeit der Schülerinnen und Schüler verankert und bereitet sie gemeinsam mit staatlichen Bildungsinstitutionen adäquat auf eine eigenverantwortliche Existenz vor.

Ebenso greift die Fokussierung auf das soziale Engagement der Stipendiatinnen und Stipendiaten gesellschaftliche Entwicklungen auf und versucht aktiv, mit der Mobilisierung des eigenen Verantwortungsbewusstseins diese wichtige Facette der Integration besser zu fördern.

Trotz aller Begeisterung für die Erfolge des Stipendienprogramms und des Stolzes über Lob und Anerkennung machen wir uns nichts vor: Jede Art von Förderung kommt in Einzelfällen an ihre Grenzen. Beenden eine Zwangsehe oder eine Abschiebung die Teilnahme am Programm, taucht ein Jugendlicher mit oder ohne Familie plötzlich unter, oder entscheiden Eltern überraschend, dass ihr Kind nicht mehr am Programm teilnehmen darf, so sind dies keine Rückschläge, aber Grenzen unserer Bemühungen. Wir, besonders die regionalen Betreuer, stehen im engen Kontakt mit den Familien. Manchmal lässt sich eine Situation klären, eventuell noch einmal ändern, manchmal nicht. Je größer der Elan und die Identifikation sind, mit denen ein Projekt betrieben wird, umso schwerer ist es, diese Grenzen zu akzeptieren. Aber auch dieser Aspekt gehört zu einer lernenden Organisation.

Das Motto von START ist heute „Kompetenz und soziale Verantwortung". Wir versuchen, dies unseren Stipendiatinnen und Stipendiaten über die Bildungsangebote zu vermitteln. Wir als Team stehen aber auch selbst in der Pflicht, kompetent und verantwortungsbewusst die Jugendlichen auf ihrem Weg zu unterstützen. Und wir tun es immer noch mit großer Begeisterung, jeden Tag – auch nach mehr als zehn Jahren!

Autorin und Geschäftsführerin
Die Autorin des Beitrags, Andrea Bartl, wurde 1970 in Reutlingen geboren. Dem betriebswirtschaftlichen Studium an der European Business School in Oestrich-Winkel, der University of California, Berkeley/USA, und der Ecole Supérieure de Commerce, La Rochelle/Frankreich, folgten Stationen im kaufmännischen Bereich in der freien Wirtschaft – in der Mergers & Acquisition-Beratung, in der Papierindustrie und in einem Kinder- und Jugendbuchverlag. Neugier und purer Zufall führten sie anschließend dank einer Zeitungsanzeige in den Non-Profit-Bereich. Seit 2007 arbeitet sie als kaufmännische Geschäftsführerin bei der START-Stiftung gGmbH.

Weiterführende Informationen
- www.start-stiftung.de
- über die Gemeinnützige Hertie-Stiftung: www.ghst.de
- über die START-Alumni: Geiger, R.-E. (2008). *Ihr seid Deutschland, wir auch. Junge Migranten erzählen.* Frankfurt a. M.: Suhrkamp Verlag.
- Geiger, R.-E. (2012). *Deutschland – meine Option? Junge Migranten am Start.* Berlin: Suhrkamp Verlag.

Impuls Deutschland gGmbH: Lernort Familie – Chancen des gemeinsamen Lernens

Birte Henrich

Inhaltsverzeichnis

Zusammenfassung	29
Die Organisation in Kürze	30
Die Idee und ihre Umsetzung	31
Funktionsweise der sozialen Innovation	31
Schwerpunkt: Qualitätsentwicklung der Programme Opstapje und HIPPY	36
Die Bedeutung von Qualitäts- und Programmentwicklung	41
Fazit: Thematische Verknüpfungen nach innen und nach außen	43

Zusammenfassung

Wir, die Mitarbeiterinnen und Mitarbeiter der IMPULS Deutschland gGmbH, machen Eltern zu Lehrern. Wir sind uns der Bedeutung des Einflusses von Eltern auf den Bildungserfolg ihrer Kinder bewusst und bieten deshalb zwei Programme für die Frühe Bildung an, bei denen den Eltern eine entscheidende Rolle zukommt:

- HIPPY ist ein kindergartenergänzendes Hausbesuchsprogramm der Frühen Bildung für Familien mit Kindern im Alter von vier bis sieben Jahren. Das Programm stärkt die Eltern-Kind-Interaktion und bereitet Eltern und Kinder auf den Schuleinstieg vor.
- Opstapje ist ein Programm der Frühen Bildung für Familien mit Kindern unter drei Jahren. Das Programm unterstützt die Eltern in ihrem täglichen Erziehungshandeln, stärkt und fördert die Elternkompetenzen und trägt zu mehr Sicherheit und Selbstvertrauen bei.

B. Henrich (✉)
IMPULS Deutschland gGmbH, Bremen, Deutschland
E-Mail: birte.henrich@impuls-familienbildung.de

Wir stellen Ihnen beide Programme hinsichtlich ihres Ablaufs und ihrer Ziele vor. Dabei werden wir insbesondere die Inhalte und Ziele der Überarbeitung und Aktualisierung des Programms HIPPY sowie die Weiterentwicklung von Opstapje für Familien mit Kindern im Alter von sechs Monaten hervorheben.

Die beiden Programme haben ein gemeinsames Ziel: Zusammen mit den Eltern schaffen wir förderliche Bedingungen für eine gute Entwicklung und Bildung ihrer Kinder.

Die Organisation in Kürze

Geschäftsführer: Peter Weber

Die IMPULS Deutschland gGmbH setzt sich dafür ein, dass alle Kinder und ihre Familien – Mütter, Väter oder andere Erziehungspersonen – unabhängig von ihrer Herkunft gleichberechtigte Bildungschancen erhalten. Diesem Ziel wollen die Mitarbeiterinnen und Mitarbeiter der IMPULS Deutschland gGmbH mit zwei Projekten näherkommen, mit HIPPY und Opstapje. Beide Projekte werden von der IMPULS Deutschland gGmbH. *Frühe Bildung in der Familie* durchgeführt.

Die Verbreitung der beiden Programme kann sich sehen lassen: Im Jahr 2012 wurde HIPPY an rund 38 Standorten bundesweit durchgeführt und erreichte ungefähr 1.760 Familien. Seit dem Start des Projekts im Jahr 1991 wurden fast 8.000 Familien in Deutschland erreicht. Auch das Projekt Opstapje ist ein Erfolg: Im Jahr 2012 wurde das Programm an rund 55 Standorten durchgeführt und erreichte ungefähr 1.000 Familien.

Das ursprünglich in Israel entwickelte Programm HIPPY wurde 1991 in Deutschland im Rahmen eines Modellprojektes in Bremen und Nürnberg getestet und an die Bedürfnisse in Deutschland angepasst. Im Jahr 2004 wurde dann der HIPPY Deutschland e. V. gegründet. Der Bekanntheitsgrad erhöhte sich anschließend kontinuierlich. Eine konsequente Ausweitung des Angebots auf Städte, Kommunen und Gemeinden in ganz Deutschland war die Folge. Die Aufgaben des Vereins sind neben der kontinuierlichen Weiterentwicklung des Programms der deutschlandweite Ausbau und die Steigerung der Bekanntheit des HIPPY-Programms, die Organisation und Durchführung von Tagungen und Informationsveranstaltungen für interessierte Träger, Kommunen und die Fachöffentlichkeit sowie der Aufbau eines Netzwerks für Multiplikatorinnen und Multiplikatoren. Im Jahr 2003 wurde dann der Verein Opstapje e. V. gegründet. Der Verein ist analog zu HIPPY zuständig für die Verbreitung und den Aufbau eines Netzwerkes sowie für die Betreuung, Beratung und Fortbildung der durchführenden Standorte. Seit dem Jahr 2012 werden beide Programme unter dem Dach der IMPULS Deutschland gGmbH. *Frühe Bildung in der Familie* angeboten. IMPULS ist bundesweiter Lizenzgeber an freie Träger – z. B. AWO Kreisverbände, DRK Kreisverbände, Städte, Kommunen, Migrantenorganisationen – für die Programme HIPPY und Opstapje.

IMPULS wird durch einen wissenschaftlichen Beirat unterstützt und beraten. Mitglieder dieses Beirates sind anerkannte Professorinnen und Professoren von Universitäten und Hochschulen in Bamberg, Berlin, Saarbrücken und Hamburg aus den für IMPULS relevanten Fachbereichen. Der Beirat trifft sich regelmäßig und diskutiert mit dem Team von IMPULS Konzepte und Weiterentwicklung der einzelnen Programme, die Aufnahme weiterer neuer Themen sowie die strategische Ausrichtung von IMPULS, alles mit dem Wissen über den aktuellen Stand und die Diskussion der Fachöffentlichkeit.

Das Team der IMPULS Deutschland gGmbH besteht aus Mitarbeiterinnen und Mitarbeitern der Geschäftsstelle (das sind neben dem Geschäftsführer und seiner Assistenz fünf Programmleitungen sowie eine Fachkraft für das Marketing und eine Fachkraft für Buchhaltung und Controlling) sowie aus vier bundesweit eingesetzten Regionalkoordinatorinnen. Die Regionalkoordinatorinnen beraten und betreuen die Standorte vor Ort und stellen gleichzeitig das Bindeglied zwischen den Standorten in den Regionen und der Geschäftsstelle dar. Die Programmleitungen sind für folgende Felder zuständig: Schulungen der Standortkoordinatorinnen und der Hausbesucherinnen, (Weiter-)Entwicklung der Programme, Vertrieb der Programm-Materialien mit Betreuung der Standorte, Öffentlichkeitsarbeit und Fundraising.

Im Programm HIPPY arbeiten derzeit 44 Koordinatoren/-innen und 150 Hausbesucher/-innen. Im Programm Opstapje sind 55 Koordinatoren/-innen und 140 Hausbesucher/-innen tätig. Diese Mitarbeiter/-innen sind Teil der Personalstruktur vor Ort.

Die Idee und ihre Umsetzung

Funktionsweise der sozialen Innovation

Der erste und wichtigste Lernort für die Kinder ist die Familie. Deshalb setzt die IMPULS Deutschland gGmbH mit ihren Programmen direkt in der Familie an und unterstützt die Entwicklung von Selbstkompetenzen der Eltern und ihrer Kinder.

Das Programm HIPPY

HIPPY ist ein kindergartenergänzendes Hausbesuchsprogramm der Frühen Bildung für Familien mit Kindern im Alter von vier bis sieben Jahren. Das Programm zielt auf die Stärkung der Eltern-Kind-Interaktion und die Vorbereitung des Kindes auf den Schuleinstieg ab. Im Fokus steht die Verbesserung der Bildungschancen der teilnehmenden Kinder. Erreicht wird dies durch die Förderung der Vorschulkinder mittels gezielter Lern- und Spielaktivitäten durch die Eltern. Die Anleitung der Eltern und die Förderung ihrer Elternkompetenz stärkt den Lernort Familie. Eine enge Bindung zwischen Eltern und ihren Kindern ist eine wichtige Basis für die frühen Lernerfahrungen von Kindern. Die Eltern sind die wichtigsten Lehrer/-innen und Ratgeber/-innen ihrer Kinder. Insofern kommt der Kooperation zwischen den Programmdurchführenden und den Eltern eine besonders wichtige Rolle zu.

Charakteristisch für HIPPY ist die Kombination von Komm- und Gehstruktur. Gehstruktur heißt, der/die Hausbesucher/-in sucht die Familien bei sich zu Hause auf. Die Hausbesuche im HIPPY-Programm werden dabei von Hausbesucher/-innen durchgeführt, die die Eltern oftmals aus der Nachbarschaft kennen. Da die Hausbesucher/-innen selbst Mütter und Väter sind, können sie bei den HIPPY-Aktivitäten auch ihre eigenen Erfahrungen einbringen. Wenn die Hausbesucher/-innen bei Familien mit Migrationshintergrund aus dem gleichen Kulturkreis wie die Familien stammen und idealerweise deren Muttersprache sprechen, können sie darüber hinaus bei sprachlichen Schwierigkeiten der Mutter oder des Vaters übersetzen.

Der Hausbesuch ermöglicht es zudem, individuell auf die Bedürfnisse der teilnehmenden Familie bzw. des Kindes einzugehen, schafft damit Vertrauen und den direkten Zugang zur Familie.

Programmhistorie und wissenschaftliche Begleitung

HIPPY wurde 1969 von Prof. Avima Lombard am NCJW Institute for Innovation in Education an der Hebräischen Universität in Jerusalem entwickelt. Das erste HIPPY-Projekt war ein Forschungsprojekt. Forschungsgegenstand: die Effekte sogenannter Hausbesuchsprogramme bzw. häuslicher pädagogischer Intervention mit Eltern und ihren Vorschulkindern. Die ersten HIPPY-Familien in Israel waren bildungsferne Einwandererfamilien. Mit Unterstützung des Kultusministeriums entwickelte sich HIPPY 1975 in Israel zu einem landesweiten Programm. In den 1980er-Jahren wurde begonnen, das HIPPY-Programm international auszuweiten. Heute wird HIPPY in folgenden Ländern angeboten: Australien, Deutschland, El Salvador, Israel, Italien (Südtirol), Kanada, Neuseeland, Österreich, Südafrika und den USA.

Seit 1991 wird HIPPY in Deutschland erfolgreich umgesetzt. Es startete als dreijähriges Modellprojekt zur Integration von Aussiedlerfamilien an den Modellstandorten Bremen und Nürnberg. Die wissenschaftliche Begleitforschung wurde im Zeitraum von 1991 bis 1994 vom DJI (Deutsches Jugendinstitut) durchgeführt.

Es gibt zahlreiche internationale Untersuchungen zum Programm HIPPY aus den USA, Australien, Neuseeland, Kanada und Israel, die die Effektivität und Effizienz des Programms belegen. In der Modellphase ab 1991 in Deutschland wurde HIPPY vom DJI wissenschaftlich begleitet. Außerdem liegt eine Evaluation des HIPPY-Programms in Hamburg[1] und die wissenschaftliche Begleitung des HIPPY-Programms in Bayern[2] vor.

---

[1] Bergs-Winkels, D., Halves, E., & Hellmeyer, M. (2010). *Evaluation des Programms HIPPY in Hamburg.* Hamburg: Hochschule für Angewandte Wissenschaften – Fakultät Wirtschaft und Soziales. Auf Anfrage in der Geschäftsstelle der IMPULS Deutschland gGmbH. *Frühe Bildung in der Familie* erhältlich.

[2] Bierschock, K., Dürnberger, A., & Rupp, M. (2009). *Evaluation des HIPPY Programms in Bayern.* Bamberg: Staatsinstitut für Familienforschung an der Universität Bamberg (Hrsg.). Auf Anfrage in der Geschäftsstelle der IMPULS Deutschland gGmbH. *Frühe Bildung in der Familie* erhältlich.

Auch im 13. Kinder- und Jugendbericht[3] sowie in verschiedenen Expertisen des DJI[4] wird immer wieder auf das HIPPY-Programm verwiesen.

IMPULS plant, in Kooperation mit den USA, Israel und Kanada eine jeweils landesweite Wirkungsanalyse von HIPPY durchzuführen, bei der die länderspezifischen Bedingungen zugrunde gelegt werden. In Australien liegt seit 2011 eine solche Analyse vor, in der ein deutlicher Zusammenhang zwischen der Teilnahme an HIPPY und einem positiven Bildungsverlauf der Kinder aufzeigt wird.

Koordinatoren/-innen und Hausbesucher/-innen führen durch das Programm
Die Koordinatoren/-innen sind pädagogische Fachkräfte mit Hochschule- oder Fachhochschulabschluss und Erfahrungen in der Vorschulpädagogik, Erwachsenenarbeit und interkulturellen Arbeit. Sie werden von IMPULS geschult und auf ihre Tätigkeiten vorbereitet.

Zu ihren Aufgaben gehören die Programmimplementierung, die Suche und Auswahl von Familien, die Schulung und regelmäßige Anleitung der Hausbesucher/-innen für die neuen Aktivitäten, die Fallbesprechungen, die Organisation und Durchführung der Gruppentreffen sowie die Netzwerkarbeit auf lokaler Ebene. Ein/e Koordinator/-in leitet in der Regel einmal wöchentlich die Hausbesucher/-innen an, die jeweils ca. zwölf bis 15 Familien begleiten. Zum Programmstart bereiten sie die Hausbesucher/-innen gemeinsam mit den Regionalkoordinatorinnen von IMPULS in einer dreitägigen Einführungsschulung auf ihre Rolle und Aufgaben vor.

Die Hausbesucher/-innen sind zunächst Laienmitarbeiter/-innen und werden durch intensive Anleitung und Begleitung zu semiprofessionellen Mitarbeiter/-innen. Für diese Aufgabe werden idealerweise Mütter und Väter aus dem Stadtteil und/oder dem Kulturkreis der beteiligten Familien ausgewählt. Oder es sind Mütter und Väter, die selbst mit ihren Kindern am HIPPY-Programm teilgenommen haben. Zu ihren Aufgaben gehört vor allem die Durchführung der zweiwöchentlichen Hausbesuche bei den Familien. Dabei weisen die Hausbesucher/-innen die Mütter und Väter anhand der Methode des Rollenspiels[5] im Umgang mit dem neuen Material wie z. B. Lernspielen und Büchern ein. Zusätzlich unterstützen die Hausbesucher/-innen die Koordinatoren/-innen bei den Gruppentreffen und sind erste Ansprechpartner/-innen bei Fragen in den Familien.

---

[3] Bundesministerium für Familie, Senioren, Frauen und Jugend (Hrsg.) (2009). *13. Kinder- und Jugendbericht. Bericht über die Lebenssituation junger Menschen und die Leistungen der Kinder- und Jugendhilfe in Deutschland*. Berlin: Bundesministerium für Familie, Senioren, Frauen und Jugend.

[4] Zum Beispiel Sterzing, D., & Persike, U. (2011). *Präventive Programme für sozial benachteiligte Familien mit Kindern zwischen 0–6 Jahren*. München: Deutsches Jugendinstitut e. V. (Hrsg.).

[5] Beim wöchentlichen Anleitungstreffen übernehmen die Koordinatoren/-innen die Rolle der Mutter/des Vaters und die Hausbesucher/-innen die des Kindes. Beim Hausbesuch übernehmen die Hausbesucher/-innen die Rolle der Mutter/des Vaters und die Eltern wiederum die Rolle des Kindes. Bis zum nächsten Treffen führen die Familien dann die Übungen im Rollenspiel mit ihren Kindern durch.

Durch diese Begleitung und durch die Anleitung entsteht eine tragfähige Vertrauensbasis zwischen den Programmdurchführenden und den Eltern. Gegenseitiger Respekt, eine offene, möglichst vorurteilsfreie Haltung öffnet die Familien und ermöglicht ein gelingendes Miteinander.

Arbeitsweise

Das HIPPY-Programm besteht aus zwei Programmbausteinen: Hausbesuchen und Gruppentreffen, die jeweils alle 14 Tage im Wechsel über insgesamt etwa zwei Jahre stattfinden. In der Regel muss dafür ein Zeitraum von bis zu 60 min eingerechnet werden. Jedes Programmjahr besteht aus 30 Wochen Programm plus Ferienzeiten. Hauptakteure/-innen im Programm sind Mütter, Väter und andere Erziehungspersonen.

Das Arbeitsmaterial ist klar strukturiert und leicht handhabbar. Die Handlungsanweisungen sind wiederkehrend und aufeinander aufbauend strukturiert, sodass sich alle Eltern einfach zurechtfinden. Die Eltern werden so zu kompetenten Lehrern/-innen ihrer Kinder. Sie erleben hautnah, dass ihrem Wissen und ihrer Kompetenz als Eltern vertraut wird. Eltern und Programmdurchführende arbeiten zusammen, mit dem gemeinsamen Ziel der Unterstützung der Kinder. Die Aufgabe der Eltern ist es, sich zwischen den Hausbesuchen 15 bis 20 min täglich gemeinsam mit ihrem Kind mit den verschiedenen Lernspielen und Büchern zu beschäftigen.

Jeweils zwölf bis 15 an HIPPY teilnehmende Familien bilden eine Gruppe. Anliegen der Gruppentreffen ist es, die Inhalte und Ziele der HIPPY-Aktivitäten zu vertiefen, den Erfahrungsaustausch zu ermöglichen und die Kommunikation zwischen den Müttern und Vätern zu stärken.

Mit dem Programm wird eine Reihe von Zielen verfolgt:

- Vorbereitung der Familie und des Kindes auf die Einschulung und die Anforderungen der Schule
- Förderung der kognitiven, sprachlichen, sozialen und emotionalen Entwicklung des Kindes
- Stärkung der Eltern-Kind-Beziehung
- Stärkung der Familie als Lernort (einschließlich der Geschwisterkinder)
- Stärkung des Selbstvertrauens der Eltern und Kinder (in das eigene Handeln)
- Förderung des gemeinsamen Spielens und Lernens in der Familie
- Stärkung und Ausbau vorhandener Erziehungskompetenzen
- Sensibilisierung der Eltern für die Wahrnehmung der altersgemäßen Bedürfnisse und der Entwicklungsfortschritte ihrer Kinder
- Vermittlung von Wissen über die Entwicklung und Erziehung von Kindern
- Befähigung der Familien, den eigenen Bedürfnissen und Fähigkeiten entsprechend handeln zu können (Empowerment)
- Verbesserung der Chancen auf gelingende Inklusion
- Integration und Vernetzung der Familien im Sozialraum

- Information und Vorstellung von Unterstützungsangeboten für Familien im Sozialraum
- Qualifizierung interessierter Mütter und Väter als Hausbesucher/-innen und Unterstützung beim Einstieg in den Arbeitsmarkt
- Gesundheitsförderung und Prävention

Das Programm Opstapje

Auch bei dem Programm *Opstapje – Schritt für Schritt* geht es um die Stärkung der Elternkompetenz, was, ebenso wie bei HIPPY, am besten durch eine Zusammenarbeit „auf Augenhöhe" gelingen kann.

Opstapje ist ein Programm der Frühen Bildung für Familien mit Kindern von anderthalb bis drei Jahren, das Eltern in ihrem täglichen Erziehungshandeln unterstützt und damit zu mehr Sicherheit und Selbstvertrauen beiträgt.

Ziel des Programms Opstapje ist es, die frühkindliche Entwicklung positiv zu begleiten und die Mutter-Kind- bzw. die Vater-Kind-Beziehung durch gemeinsame Aktivitäten zu stärken. Opstapje unterstützt die Eltern dabei, sich aktiv, regelmäßig und intensiv mit ihren Kindern zu beschäftigen. Dies stärkt die Handlungsmöglichkeiten bei allen Mitgliedern der Familie und steigert die sozialen Kompetenzen der Kinder, was sich positiv auf zahlreiche Bereiche ihrer Entwicklung auswirkt. Eine enge Bindung zwischen Eltern und ihren Kindern ist eine wichtige Basis für die frühen Lernerfahrungen von Kindern. Auch hier gilt: Die Eltern sind die wichtigsten Lehrer/-innen und Ratgeber/-innen ihrer Kinder.

Das Programm Opstapje geht insgesamt über 18 Monate plus Ferienzeiten und ist unterteilt in zwei Programmjahre. Opstapje arbeitet mit einer Kombination von Komm- und Gehstruktur, die mit Gruppentreffen und Hausbesuchen umgesetzt wird.

Wie auch bei HIPPY wird das Programm Opstapje von Koordinatoren/-innen und Hausbesuchern/-innen durchgeführt. Die Qualifikation und die Weiterqualifizierungen decken sich mit den Gegebenheiten des „Schwesterprogramms".

Programmhistorie und wissenschaftliche Begleitung

Opstapje steht in der Tradition der HEAD-Start-Programme aus den USA und des HIPPY-Programms aus Israel. Es wurde aus diesen Vorläufern heraus in den Niederlanden von der Averroes Stiftung Anfang der 1990er-Jahre weiterentwickelt. Ausgangspunkt dafür war die Feststellung, dass Einwandererfamilien die dortigen institutionellen Bildungs- und Betreuungsangebote für Kleinkinder nur wenig nutzten und die Kinder mit deutlichen Rückständen ihre Schullaufbahn begannen. Mit Opstapje wurde ein zielgruppenorientiertes, zugehendes Angebot entwickelt, das die Frühe Bildung direkt in den Familien fördern sollte.

In Deutschland wurde Opstapje von 2001 bis 2003 als Modellprojekt an den Standorten Bremen und Nürnberg realisiert. Wissenschaftlich begleitet wurde das dreijährige Modellprojekt durch das Deutsche Jugendinstitut (DJI). Mittlerweile begleitet das Programm alle Familien, unabhängig von ihrer Herkunft, die sich Unterstützung für ihr tägliches Erziehungshandeln wünschen.

Neuere Ergebnisse zu Opstapje liefert der Evaluationsbericht zur Umsetzung des Programms in Berlin-Lichtenberg von Prof. Dr. Monika Schumann und Prof. Dr. Monika Willenbring von der Katholischen Hochschule für Sozialwesen Berlin.[6]

Zielintention

Die bereits beschriebenen Ziele von HIPPY decken sich weitestgehend mit den Zielen von Opstapje. Zusätzlich verfolgt Opstapje den Zweck, die Bindung zwischen Eltern und Kind zu stärken und die Spielentwicklung des Kindes zu stimulieren. Im Unterschied dazu geht es bei HIPPY eher um die Vorbereitung der Familie und des Kindes auf die Einschulung und die Anforderungen der Schule.

Finanzierungsmöglichkeiten zur Einführung beider Programme

Wenn ein Träger Lizenznehmer von HIPPY und/oder Opstapje werden möchte, muss er sich selbst um die Finanzierung des Standorts kümmern. Die IMPULS gGmbH unterstützt die Standorte jedoch indirekt durch Workshops zum Thema Fundraising. Als Finanzierungsmöglichkeiten kommen unter anderem die folgenden Quellen infrage:

- Überregionale und regionale Stiftungen und Förderer (www.stiftungen.org)
- Kinder- und Jugendhilfegesetz (KJHG) § 16 Abs. 1 (Bildungsangebot für Kinder und Eltern)
- Europäische und nationale Fonds
- Das trägereigene Jugendhilfebudget

Schwerpunkt: Qualitätsentwicklung der Programme Opstapje und HIPPY

Aktualisierung des Programms Opstapje

Seit 2012 arbeitet eine interdisziplinäre Arbeitsgruppe daran, das Programm Opstapje für Familien mit Kindern unter 18 Monaten weiterzuentwickeln. Der Aktualisierungsbedarf des Programms Opstapje begründet sich in erster Linie durch die Erfahrungen und Rückmeldungen aus der Praxis: von den Hausbesuchern/-innen und Koordinatoren/-innen. Außerdem ist eine Anpassung an die heutigen pädagogischen und entwicklungspsychologischen Erkenntnisse hinsichtlich der Entwicklung der unter dreijährigen Kinder erforderlich.

Der Wunsch nach einer guten Begleitung erreicht uns allerdings am häufigsten von den Familien selbst. Besonders in der Anfangszeit des gemeinsamen Lebens mit einem

---

[6] Schumann, M., Willenbring, M., Beier, K., Kuppelmayr, & M., Röhn, C. (2009). Evaluationsbericht zum Projekt: „OPSTAPJE – Schritt für Schritt". Präventives Förderprogramm für Kinder (ab 18 Monaten) aus sozial benachteiligten und bildungsfernen Familien in Berlin-Lichtenberg. Berlin: Katholische Hochschule für Sozialwesen Berlin. Auf Anfrage in der Geschäftsstelle der IMPULS Deutschland gGmbH. Frühe Bildung in der Familie erhältlich.

kleinen Kind ergeben sich eine Reihe von Fragen zu Entwicklungsthemen und Bedarfen eines Babys. Hier wünschen sich viele Eltern eine gute Begleitung und Beratung „auf Augenhöhe". Das wichtigste Ziel ist auch in diesem Programm, nicht belehrend, sondern unterstützend und partnerschaftlich gemeinsam mit den Eltern förderliche Bedingungen für eine gute Entwicklung des Kindes zu schaffen.

Um das Wissen möglichst aller mit dieser Zielgruppe arbeitenden Personen mit aufnehmen zu können, wirken an der Überarbeitung und Weiterentwicklung des Programms neben den Expertinnen aus der Fachwissenschaft (zwei Hochschulprofessorinnen) auch Vertreterinnen des Hebammenverbandes Deutschland und des Kinderschutzbundes sowie erfahrene Opstapje-Koordinatoren/-innen und die bei IMPULS für die Programmweiterentwicklung zuständige Programmleitung mit. Auf diese Weise gelangen die an der Basis gewonnenen Erfahrungen über das „neue" Programm zurück an die Basis.

Die Arbeitsgruppe hat ausführlich geprüft und erörtert, ab welchem Alter des Kindes das neue Programm Opstapje ansetzen sollte. Hierzu liegen bereits deutliche Signale vom Hebammenverband vor, die darauf hindeuten, so früh wie möglich, mindestens ab einem Alter von sechs Monaten, besser noch gleich nach der Geburt anzusetzen, u. a. um einen guten Übergang von der Betreuung durch die Hebammen hin zu einer sich lückenlos anschließenden Begleitung der Familien durch Opstapje zu gewährleisten.

Außerdem legt die Arbeitsgruppe ein besonderes Gewicht auf einen gelingenden Übergang von der Bildung in der Familie hin zur Bildung in öffentlichen Einrichtungen, i. d. R. Krippe oder Kindertagesstätte.

Im Zuge der Überarbeitung und Erweiterung des Programms erfolgt bundesweit an vier Standorten eine modellhafte Umsetzung des neuen Programms einschließlich einer ausführlichen Evaluation mit dem Ziel der konkreten Bewertung. Opstapje für Familien mit Kindern unter 18 Monaten wird ab Sommer 2014 allen Standorten zugänglich gemacht.

Im Detail geht es um folgende Inhalte: Auf allen Ebenen des Opstapje-Programms sollen sich die Dimensionen von Vielfalt widerspiegeln. Sie manifestieren sich in möglichst vorurteilsbewusstem Denken und Handeln und in einer Grundhaltung, die sich gegen jede Form der unbewussten oder bewussten Diskriminierung einsetzt. Hiermit wollen wir das Bewusstsein für einen partnerschaftlichen Umgang mit den Familien stärken. Theoretische Fundierungen bieten die Leitfiguren von Inklusion, Interkulturalität, Gender und Sozialraumorientierung.

Die Themen des neuen Curriculums sind (jeweils Arbeitstitel):

- Selbstreflexion und Leitprinzipien als Querschnittsperspektive
- Entwicklung des Kindes, Risiko- und Schutzfaktoren
- Bindungstheorie und frühe Interaktion
- Wahrnehmung und Beobachtung
- Spiel und Raum
- Kommunikation und Beratung (Umgang mit Konflikten und Problemlösungen)
- Gesundheit (Ernährung, Pflege, U-Untersuchungen)
- Übergänge und Vernetzung
- Entwicklungsförderliches Lebens- und Wohnumfeld (Sicherheit u. a.)

Das Programm arbeitet mit folgenden Materialien:

- Programm-Merkmale
- Textsammlung für Koordinatoren/-innen
- Textsammlung für Hausbesucher/-innen
- Schulungsmaterial
- Materialkoffer für Gruppentreffen
- Materialordner für Hausbesuche

Die Programm-Merkmale beschreiben detailliert die Struktur und das Konzept von Opstapje. Für die Neukonzeption des Curriculums von Opstapje 6–18 Monate wird eine „Textsammlung für Koordinatoren/-innen" erstellt, in der zu allen Modulen die wichtigsten theoretischen Aspekte ausführlich erläutert werden. Außerdem bieten zahlreiche Hinweise auf weiterführende Literatur Vertiefungsmöglichkeiten des jeweiligen Themas, je nach Interesse und eigenem Bedarf der Koordinatoren/-innen. Auch die „Textsammlung für Hausbesucher/-innen" enthält die entsprechenden Inhalte zu den Modulen, unter Berücksichtigung der Voraussetzungen der Hausbesucher/-innen. Parallel dazu werden die Schulungsmaterialien für die Koordinatoren/-innen entwickelt. Zu jedem Modul werden die wesentlichen zu vermittelnden Themen zusammengefasst.

Da die Schulungen der Hausbesucher/-innen zukünftig in einer „standardisierten" Form erfolgen sollen, werden auch die Schulungsmaterialien für die Hausbesucher/-innen zentral entwickelt. Hier werden die für die Umsetzung des Programms notwendigen Grundlagen aufgeführt.

Des Weiteren wird ein Materialordner für die Gruppentreffen zusammengestellt. Neben einer Auswahl relevanter Themen werden auch Hinweise zur Methodik/Didaktik gegeben. Der Materialordner für Hausbesuche wird so gestaltet, dass das Material gleichermaßen von dem/der Koordinator/-in, dem/der Hausbesucher/-in und der Familie zu nutzen ist.

Zur Vorbereitung der Modellphase fand Anfang November 2012 ein Treffen mit allen an diesem Projekt beteiligten Personen statt: den Mitgliedern der AG, den Vertretern/-innen der Modellstandorte und der wissenschaftlichen Begleitung bzw. der Evaluatorin.

Das Programm wird bundesweit an vier Modellstandorten in den Regionen Nord, Ost, West und Süd erprobt. In der Modellphase besucht die Evaluatorin die Modellstandorte und führt Gespräche mit den Standortkoordinatoren/-innen und den Hausbesuchern/-innen. Dabei geht es um die Dauer und Gestaltung der Gruppentreffen, die Dauer und Gestaltung der Hausbesuche und der Treffen der Anleiter/-innen. Außerdem werden die Themen und die Struktur aller Spielanregungen bewertet. Ideen zur praktischen Umsetzung wie z. B. zur Aufbewahrung und sinnvollen Nutzung der Materialien sollen vor Ort überlegt werden. Wichtig ist auch, weitere Spielanregungen, z. B. aus anderen Kulturen, neu mit aufzunehmen.

Während der Modellphase werden außerdem Befragungen der Eltern sowie Befragungen zu den Schulungen (Koordinatoren/-innen und Hausbesucher/-innen) durchgeführt. Darüber hinaus werden die sozialstatistischen Daten zu den Familien und zur Gruppenkonstellation an allen Standorten beschrieben. Wichtig ist: Die Modellphase ist eine Erprobungsphase! Rückmeldungen und Anregungen jeglicher Art von den Modellstandorten sind sehr erwünscht und für das Gelingen des Vorhabens sehr wichtig.

Was wir in dieser Phase ermitteln wollen, ist unter anderem:

- Welche Wünsche und Bedarfe haben die Familien?
- Wie ist ein kooperatives Arbeiten mit den Eltern am besten machbar?
- Welche Fähigkeiten muss ein/e Hausbesucher/-in mitbringen, um ein/e gute/r Partner/-in der Eltern zu sein?
- Welche Anforderungen an die Hausbesucher/-innen und an die Koordinatoren/-innen bestehen?

Im Laufe der Modellphase finden sechs Schulungstage statt. Die Schulungen verbinden jeweils Theorie mit Reflexion der Praxiserfahrungen. Im Anschluss an die Schulungen der Koordinatoren/-innen erfolgen die Schulungstage der Hausbesucher/-innen. Sie werden durchgeführt von den soeben selbst geschulten Standortkoordinatoren/-innen gemeinsam mit einer Regionalkoordinatorin von IMPULS.

Im Anschluss an die Weiterentwicklung des Programms Opstapje für Familien mit Kindern im Alter von sechs Monaten aufwärts wird das jetzige Programm für Kinder im Alter von eineinhalb bis drei Jahren nach demselben Konzept überarbeitet und aktualisiert.

Dabei werden wir das Hauptaugenmerk auf die beiden folgenden Ziele legen:

- Unterstützende, partnerschaftliche (nicht belehrende) Schaffung von förderlichen Bedingungen für eine gute Entwicklung des Kindes gemeinsam mit den Eltern
- Stärkung der Eltern in ihrem täglichen Erziehungshandeln, was zu mehr Sicherheit und Selbstvertrauen der Eltern beiträgt

Aktualisierung des Programms HIPPY

Auch das Programm HIPPY wird derzeit überarbeitet, da die aktuell verwendeten Materialien nicht mehr die gesellschaftlichen Rahmenbedingungen bzw. Gegebenheiten widerspiegeln. Das Programm, das sich viele Jahre bewährt hat, musste deshalb unbedingt aktualisiert werden. Immerhin liegen zwischen der Entwicklung des Programms und heute ca. 40 Jahre.

Eine Gruppe mit Vertreterinnen aus Wissenschaft und Praxis arbeitet daher an der Programmaktualisierung. Vergleichbar mit dem Programm Opstapje versuchen wir auch hier Experten/-innen einzubinden, die unterschiedliches Wissen und Kompetenzen einbringen. So setzt sich das Team aus zwei erfahrenen Standortkoordinatorinnen, einer in der Lehrerfortbildung tätigen Wissenschaftlerin, einer Vertreterin des Universitätsfachbereichs für Erziehungs- und Bildungswissenschaften, einer Vertreterin des HIPPY-Vorstandes sowie der bei IMPULS für die Programmweiterentwicklung zuständigen Programmleitung zusammen.

Um die Frage, welche Themen in den verwendeten Büchern behandelt werden sollen, beantworten zu können, wurden alle Bücher des HIPPY-Programms hinsichtlich des jeweiligen Themas, der didaktischen Umsetzung sowie aus den Perspektiven Gender, Inklusion, Sozialraumorientierung und Interkulturalität bewertet. Auch die Gestaltung der Bücher und die Art der Abbildungen haben wir uns genau angeschaut.

Das Ergebnis dieser detaillierten Durchsicht war, dass keines der Bücher den angelegten Kriterien entspricht, da sich die für Kinder und Familien relevanten Themen im Vergleich zum Erstellungsjahr der Bücher geändert haben:

- Der pädagogische Ansatz hat sich geändert.
- Die Umfelder haben sich geändert.
- Die kulturspezifischen Besonderheiten sind heute differenzierter.
- Das Verhältnis Eltern/Kind hat sich entwickelt.
- Die Familienkonstellationen haben sich verändert.
- Das Genderthema hat sich entwickelt.

Die Bewertung der Bücher verdeutlicht außerdem, dass der thematische Schwerpunkt der jetzigen Bücher in der Mutter-Kind-Beziehung liegt. Das Ziel der Arbeitsgruppe besteht jedoch darin, die Lebenswelt der Kinder möglichst vielfältig abzubilden sowie der Zielgruppe Anregungen zu geben, die eigenen Gefühle wahrzunehmen und zu lernen, diese auszudrücken. Im Rahmen eines Brainstormings und einer anschließenden Sortierung der Ideen wurden daher die Themen erarbeitet, die die Bücher für ein heutiges HIPPY enthalten sollen. Darunter finden sich unter anderem Themen zur Identitätsfindung (Wer bin ich? Sich sprechen trauen), Themen zu Übergängen (Entstehen, Wachsen und Vergehen, Schuleintritt, Abschied und Tod) oder Themen zum Anderssein (Geschlechterthema, Vielfalt/Heterogenität/Kulturdifferenz, Fremdheitserfahrungen).

Die Arbeitsgruppe hat zur Aktualisierung des Programms auch externe Bücher hinzugezogen. Die Entscheidung der Arbeitsgruppe zusammen mit der Geschäftsführung besteht darin, dem Programm zukünftig zwölf neue Bücher aus der aktuellen Kinderbuchliteratur zugrunde zu legen. Darin werden die von uns als wichtig eingestuften Themen behandelt bzw. diese Themen werden ergänzend in den begleitenden Arbeitsmaterialien eingebracht. Das heißt, die aktuellen 18 HIPPY-Bücher werden mit der Einführung des „novellierten HIPPY-Programms" durch zwölf neue Bücher ersetzt.

Die Reihenfolge der für das aktualisierte HIPPY-Programm ausgesuchten zwölf Bücher geht aus vom „Ich" des Kindes und bearbeitet dann verschiedene zentrale Emotionen, die dieser Entwicklungsstufe des Kindes besonders entsprechen, z. B. die Themen Angst und Wut. Dann geht es weiter mit Problemlösungen innerhalb von Peer-Groups, die auch die Integration von Außenseitern beinhalten. Im zweiten Jahr geht es dann um komplexere Fragestellungen wie z. B. um den Themenkreis Leben und Sterben, des Weiteren Mobbing und um das Symbolverständnis als Hinführung zum Schriftspracherwerb sowie um die Lösung von Alltagsproblemen in der Familie.

Was HIPPY ausmacht, ist der Umgang mit den Büchern und die Zusammenarbeit mit den Familien. So spielt das Begleit- bzw. Arbeitsmaterial zu den Büchern eine besonders wichtige Rolle.

Die Aufgaben und Aktivitäten werden zu den Bildungs- bzw. Förderbereichen „Ich und Wir", „Sprache", „Mathematik", „Kreativität", „Bewegung" sowie „Umwelt" entwickelt. Jedes Buch beinhaltet Aufgaben zu jedem Bildungs- bzw. Förderbereich. Das Aufgabenraster besteht aus einem Zusammenspiel aus neu entwickelten Aktivitäten gemäß den erwähnten Bildungs- bzw. Förderbereichen und aus bewährten Aufgaben aus dem bisherigen Material.

Die Differenzierung innerhalb eines Moduls (1 Buch plus Aufgaben und Aktivitäten = 1 Modul) erfolgt durch Aufgaben auf verschiedenen Niveaustufen. Damit ermöglichen wir den Familien und Kindern die Bearbeitung der Aktivitäten nach ihrem eigenen Tempo und Wissensstand.

Auch hier achten wir darauf, das Programm im Sinne der Familien zu aktualisieren. Wir wissen aus den Erfahrungen mit dem jetzigen HIPPY, dass den Eltern die Umsetzung der Arbeitsmaterialien mittels aktueller für die Familien relevanter Themen leichter fällt als mit Themen, die wenig mit der Lebenswelt der Kinder zu tun haben.

Es wird außerdem eine Gesamtübersicht für alle zwölf Bücher/Module erstellt, in der die Aufgaben zu allen Büchern aufgeführt sind. Hieran erkennen die Familien, welche Themen und Aufgaben sie in den nächsten Wochen erwarten. Die für unser Programm ausgesuchten Bücher werden von dem Verlag speziell für uns im Sonderdruck ausgeliefert. In allen zwölf Büchern finden sich ausführliche Angaben zum Programm HIPPY und zum Programmportfolio von IMPULS. Das aktualisierte Programm durchläuft eine einjährige Modellphase und wird Ende 2014 an den Start gehen.

Parallel zur Entwicklung der Module werden die Inhalte, um die die Schulungen für die Koordinatoren/-innen und Hausbesucher/-innen ergänzt und angepasst werden müssen, identifiziert.

Mit dieser Aktualisierung gehen wir auf den Wunsch zahlreicher Familien ein, das Programm flexibler und individueller zu gestalten. So wird es dann möglich sein, je nach individuellem Entwicklungsstand des Kindes passgenaue Aufgaben und Aktivitäten zu bearbeiten. Das ermutigt und unterstützt das Kind und die Eltern gleichermaßen.

Die Bedeutung von Qualitäts- und Programmentwicklung

Die Beobachtung und Begleitung von Änderungsprozessen und neuen Erkenntnissen im In- und Ausland ist Voraussetzung für eine erfolgreiche Weiterentwicklung unserer jetzigen Programme sowie für die Entwicklung neuer Angebote. Bei der Weiterentwicklung unseres Programmportfolios und unserer Organisation insgesamt müssen wir ganz genau sehen und verstehen, an welchem Punkt die Gesellschaft gerade steht bzw. wo sie sich hin entwickelt. Die IMPULS gGmbH möchte mit ihren Entwicklungen „am Puls der Zeit" sein.

So haben wir z. B. festgestellt, dass das gut laufende und etablierte Programm HIPPY den heutigen gesellschaftlichen Ansprüchen nicht mehr genügt. Unsere Reaktion darauf haben wir oben beschrieben. Von zahlreichen HIPPY-Standorten haben wir bereits die Rückmeldung erhalten, dass sie sich auf das neue Arbeitsmaterial freuen. Mit den Familien mit aktuellen und modernen Büchern arbeiten zu können, macht einfach mehr Freude. So leisten wir gleichzeitig einen Beitrag zur Erhöhung der Arbeitszufriedenheit der Koordinatoren/-innen und Hausbesucher/-innen.

Durch die beobachteten gesellschaftlichen Prozesse hinsichtlich der Begleitung von Familien mit Kindern unter 18 Monaten haben wir die Konsequenz gezogen, unser Opstapje-Programm auf die Bedarfe von Familien mit Kindern ab sechs Monaten zu erweitern (s. o.).

Bei einem weiteren Programm, an dem wir zurzeit arbeiten und das sich ebenfalls auf gesellschaftliche Bedarfe gründet, geht es um das Thema „Vater sein". Es ist ein Angebot für Väter, die ihre Rolle als Vater in der Gesellschaft stärken möchten und deshalb Unterstützung und Beratung suchen. Auch hier gilt unser Prinzip der direkten Mitwirkung der Eltern bzw. des Vaters bei dem Anliegen des guten Kontaktes zwischen Vater und Kind, also bei der Frage: Wie kann ich als Vater aktiv an der Entwicklung meines Kindes mitwirken?

Wir sehen des Weiteren die Notwendigkeit, die Programme Opstapje und HIPPY auch „centerbased" durchzuführen. Dies könnte aufgrund der steigenden Anzahl der Kinder, die ganztags eine Kindertagesstätte aufsuchen, durch eine Anbindung an Kindertagesstätten umsetzbar sein. Für diesen Fall wäre es sinnvoll, die Programme von dort aus zu organisieren, damit die Familie im Anschluss an die tägliche Kitazeit nicht noch weitere Termine hat. Allerdings hätten dann die Hausbesuche mit den darin liegenden Chancen möglicherweise einen geringeren Stellenwert. Die Kita hätte damit aber die Chance, bestimmte Eltern zu erreichen, die sonst im Kita-Alltag eher zurückhaltend sind.

Ein weiteres Thema, das uns beschäftigt, bezieht sich auf die Situation der Hausbesucher/-innen der Programme HIPPY und Opstapje. Ihre Arbeit im Programm eröffnet ihnen oftmals neue Perspektiven in ihrer eigenen Lebensplanung. Es handelt sich i. d. R. um Frauen ohne Berufsausbildung und z. T. mit Migrationshintergrund. Der Einsatz als Hausbesucherin bietet den Frauen neue Möglichkeiten, z. B. zur weiteren Vertiefung der deutschen Sprache durch den intensiven Kontakt mit deutschen Familien sowie durch die Vermittlung (Übersetzung) von HIPPY und/oder Opstapje. Erste Erfahrungen zeigen außerdem, dass zahlreiche Frauen in dieser Zeit bzw. im Anschluss an ihre Tätigkeit als Hausbesucherin den Führerschein machen, was als Zeichen verbesserter Integration und Mobilität gewertet werden kann.

Um diese Entwicklung und Erkenntnis aufzugreifen, werden wir die Schulungen der Hausbesucherinnen dahingehend erweitern, dass ihnen das zu erwerbende Zertifikat den Einstieg in eine erzieherische bzw. weiterführende Ausbildung erleichtert. Diese günstigen Voraussetzungen für den Übergang in den ersten Arbeitsmarkt werden wir weiter voranbringen.

Für uns, eine Organisation, die in der Familienbildung aktiv ist, ist der hohe Stellenwert von Qualitätsentwicklung selbstverständlich: in der direkten Programmentwicklung ebenso wie in dem gesamten Ablauf und den Strukturen der Organisation, von der Personalentwicklung bis zur Nutzerzufriedenheit. Da wir unter anderem von Stiftungen und privaten Förderern unterstützt werden, legen wir zudem besonderen Wert auf eine gute Buchhaltung und haben ein transparentes Controllingsystem aufgebaut.

Fazit: Thematische Verknüpfungen nach innen und nach außen

Genau recherchieren, Kenntnisse erweitern, alle beteiligten Personengruppen mit einbeziehen, Vorbehalte und Ängste ernst nehmen, verschiedene Szenarien durchspielen, am Puls der Zeit sein, der eigenen Überzeugung folgen, eine begrenzte Zeit mehrgleisig fahren – dann eine bestimmte Richtung forcieren: *All das sind Faktoren, die bei unserem Vorhaben zum Erfolg führten.*

Die Verknüpfung von Theorie und Praxis sowie von Betriebswirtschaft und Pädagogik bzw. Soziale Arbeit: *Dies ist in unserem Aufgabenfeld die notwendige Voraussetzung für erfolgreiche Arbeit.* Alles ist gleichermaßen wichtig, nichts geht isoliert vom anderen.

Wir haben gelernt, uns und unsere Arbeit zu hinterfragen, falls nötig zu verändern und nicht stehen zu bleiben. Unsere oben beschriebenen Beispiele verdeutlichen den Erfolg unserer niedrigschwelligen Bildungsangebote. Auf welche Art und Weise wir diesen Erfolg fortsetzen werden, haben wir in diesem Bericht versucht zu veranschaulichen. Der Erfolg unserer Programme begründet sich durch die Methode des direkten Einbezugs der Eltern. Der Erfolg unserer Methode sind also die Mütter und Väter selbst. Sie werden zuständig für die Bildungskarriere ihrer Kinder. Sie sind verantwortlich und sie geben diese Verantwortung nicht an der Tür zur Kindertagesstätte oder an der Tür zur Schule ab. Sie entdecken ihre eigenen Fähigkeiten und Stärken bei der Erziehung ihrer Kinder. Diese Stärkung der Eltern und dieses in sie gelegte Vertrauen, die Begegnung auf Augenhöhe, sind der Schlüssel zum Erfolg. Sie erfreuen sich an der Weiterentwicklung ihres Kindes und empfinden das als einen Erfolg, den sie ihrem eigenen Verhalten zuschreiben können. Diese Erkenntnis führt wiederum zu einer weiteren Stärkung ihres Selbstvertrauens.

Wir sind davon überzeugt, dass es von entscheidender Bedeutung ist, die Eltern mit ihren Problemen, Anliegen und Ängsten ernst zu nehmen, ihnen offen zu begegnen und miteinander ins Gespräch zu kommen. Auch die von uns praktizierten Zugänge zu den Familien in Verbindung mit der respektvollen und anerkennenden Haltung der Programmdurchführenden begründen den Erfolg von HIPPY und Opstapje. Ein weiteres Zeichen ihrer Notwendigkeit sehen wir in der kontinuierlichen Weiterverbreitung unserer Bildungsprogramme an zahlreichen Orten in allen Bundesländern.

Aus unseren Erfahrungen heraus sind wir der Überzeugung, dass eine erfolgreich arbeitende Organisation Folgendes benötigt:

- Ein vertieftes und breites Fachwissen über *ihre* Themen. Für unser Unternehmen sind das die niedrigschwelligen Bildungsangebote.
- Die Verknüpfung des Organisationsthemas mit korrespondierenden Themen, die eine funktionierende und erfolgreiche Organisation, z. B. mit den Bereichen Marketing, Buchhaltung und Controlling, ausmacht.

Autorin
Dr. Birte Henrich ist Diplom-Sozialwirtin und hat in Soziologie über organisationale Entwicklungsprozesse („Lernen und Verlernen in Organisationen") promoviert. Seit Januar 2012 ist sie in der Programmleitung der IMPULS gGmbH tätig und verantwortlich für die Weiterentwicklung der Programme Opstapje und HIPPY.
Vorher war sie einige Jahre an der Carl von Ossietzky Universität in Oldenburg im Center für lebenslanges Lernen tätig. Sie hat das berufsbegleitende Masterstudium Innovationsmanagement entwickelt und an der Universität eingeführt. Als stellvertretende Geschäftsführerin für den Bereich Lebenslanges Lernen war sie u. a. für die Leitung der fünf berufsbegleitenden Studiengänge sowie für das Qualitätsmanagement im Center für lebenslanges Lernen zuständig.
Schwerpunkte ihrer beruflichen Entwicklung lagen aber über einige Jahre in der Vorschulpädagogik: dem Aufbau und der Leitung einer Kindertageseinrichtung, dem Qualitätsmanagement in einem sozialen Verband sowie der Fachberatung für Qualitätsentwicklung in Kindertageseinrichtungen.
Sie ist Absolventin der zweijährigen Weiterbildung zur Dialogischen Qualitätsentwicklerin in sozialen Organisationen (1999–2001) des Kronberger Kreises für Dialogische Qualitätsentwicklung e. V.
Weiterführende Informationen
www.impuls-familienbildung.de

Chancenwerk e. V.: Studenten helfen Schülern, Schüler helfen Schülern – Lernen auf Augenhöhe

5

Galina Gostrer

Inhaltsverzeichnis

Zusammenfassung	45
Die Organisation in Kürze	46
Die Idee und ihre Umsetzung	47
Funktionsweise der sozialen Innovation	47
Schwerpunkt: Das Geben-und-Nehmen-Prinzip	51
Auswirkungen auf den weiteren Verlauf der sozialen Innovation	51
Fazit: Zuspruch dank Glaubwürdigkeit des Gründers	55

Zusammenfassung

Im Chancenwerk geht es um gleiche Chancen für alle Kinder und Jugendlichen: die Chance auf höhere Bildung, die Chance auf soziales Engagement, die Chance auf Anerkennung der persönlichen Begabungen, die Chance auf ein Miteinander und Füreinander. Die Erkenntnis, dass Bildung und Begabung nicht mit Schulnoten messbar sind, ist noch nicht bis in unsere Gesellschaft und Wirtschaft durchgedrungen. An der Konsequenz, dass Misserfolg in der Schule oft mit dem familiären Hintergrund, falschen Erwartungen und Rollenbildern zusammenhängt, scheitert das Schulsystem. Aus diesem Missstand und der eigenen Erfahrung heraus riefen Murat Vural und zehn Mitgründer, die meisten davon

G. Gostrer (✉)
Chancenwerk e. V., Altes Rathaus, Ringstr. 29, 44575 Castrop-Rauxel, Deutschland
E-Mail: galina.gostrer@chancenwerk.org

Studenten, im Jahr 2004 das Chancenwerk ins Leben, einen Verein zur Lernförderung und -unterstützung, der nicht nur auf die nächste Klassenarbeit, sondern auch auf den nächsten Lebensabschnitt vorbereitet. Wichtig war Murat Vural, den Kindern nicht nur einen kompetenten Nachhilfelehrer zur Seite zu stellen, sondern auch ein geeignetes Vorbild. Dabei setzt das Chancenwerk auf Vorbilder auf Augenhöhe – ob im Hinblick auf das Alter oder die Herkunft. So bekommen Schüler aus höheren Jahrgangsstufen (neunte bis zwölfte Klasse) einen regelmäßigen Intensivkurs in den Fächern ihrer Wahl von einem Studenten aus dem Chancenwerk-Team. Dafür bezahlen sie nicht mit Geld, sondern mit ihrer Zeit und ihrem Wissen, indem sie jüngere Mitschüler (fünfte bis achte Klasse) bei der Erledigung ihrer Hausaufgaben und beim Lernen auf die nächste Klassenarbeit betreuen. Ganz nebenbei schulen beide Seiten ihre sozialen Kompetenzen: Verantwortungsbewusstsein, Geduld, Empathie und Zuhören, Hilfe annehmen lernen und zu schätzen wissen.

Die Organisation in Kürze

Gründer: Murat Vural und eine Gruppe junger Migranten

Das Chancenwerk ist an 34 Schulen aktiv, die sich wie folgt über das Bundesgebiet verteilen: Bayern (fünf Schulen in Freising und München), Bremen (drei Schulen), Hamburg (eine Schule), Hessen (zwei Schulen in Frankfurt a. M. und Wiesbaden), Nordrhein-Westfalen (23 Schulen in Bergkamen, Bergneustadt, Bochum, Bonn, Castrop-Rauxel, Duisburg, Gummersbach, Herne, Köln, Marienheide, Witten). Insgesamt werden durch das vielfältige Angebot des Chancenwerks aktuell rund 1.800 Schüler erreicht.

Die Umsetzung des Chancenwerk-Projekts ist regional organisiert. Fünf Regionen (Ruhrgebiet, Rheinland, Bayern, Hessen, Hamburg) werden dabei im Moment von drei Leitungsteammitgliedern betreut, am Standort Bremen gestaltet die Geschäftsführung der Bresche-Stiftung die Umsetzung in enger Kooperation mit dem Chancenwerk. Seit Dezember 2012 gibt es eine neue Ebene im Chancenwerk – die pädagogische Koordination, die operative rechte Hand des Leitungsteams. Zum jetzigen Zeitpunkt organisieren fünf pädagogische Koordinatorinnen den Ablauf vor Ort: die Betreuung und Anleitung des studentischen Teams, die Betreuung der Schulen in der jeweiligen Region sowie die Erarbeitung neuer Strategien in den Schulen und der Region.

Insgesamt beschäftigt das Chancenwerk momentan zehn feste Mitarbeiter. Die Arbeit in den Schulen übernehmen vorwiegend studentische Mitarbeiter. Die Intensivkursleiter sind Meister ihres Faches und bereiten den Unterrichtsstoff für die Oberstufenschüler verständlich auf. Die Betreuer unterstützen die älteren Schüler wiederum bei der Arbeit mit den Kleinen.

Darüber hinaus ist für jede Schule ein Schulkoordinator zuständig. Er ist das Sprachrohr von Chancenwerk an seiner Schule und steht im ständigen Kontakt mit Schulleitung, Eltern und der pädagogischen Koordination bzw. Regionalleitung. Dem Schulkoordinator bietet sich somit die einmalige Gelegenheit, bereits während des Studiums eine Führungsposition zu besetzen. Für alle drei Positionen ist die Studienrichtung unwesentlich. Vorausgesetzt werden aber immer der Wille zu sozialem Engagement, Kommunikationsgeschick, pädagogische Fähigkeiten sowie Spaß am Umgang mit Kindern und Jugendlichen.

Diese Kriterien wirken sich auch sehr stark auf die Teamkultur aus. Auf die Frage „Wieso bist du beim Chancenwerk?" geben die Mitarbeiter unterschiedlichste Gründe an: von „Für mich ist es das Größte, wenn die Kinder sehen, was sie draufhaben!" über „Weil ich als Schüler auch gern diese Chance gehabt hätte" bis „Weil ich nicht rumsitzen und zuschauen wollte, wie unser Schulsystem den Bach runtergeht". Denn das Team ist vom Konzept genauso überzeugt wie der Geschäftsführer Murat Vural selbst. Durch regelmäßigen Austausch bei Team- und Mitarbeitertreffen, Telefonkonferenzen u. Ä. wird das Grundgerüst der Lernkaskade immer weiter entwickelt. Denn es geht nicht um Universallösungen, sondern um individuelle, maßgeschneiderte Konzepte, die erst durch Dialog und Praxiserfahrung entstehen.

Qualitätssicherung und Weiterbildung Auch Qualitätssicherung und Weiterbildung sind wichtige Punkte. Altgediente Chancenwerkler prüfen bei regelmäßigen Besuchen in der Betreuung oder dem Intensivkurs Ablauf und Erfolg und teilen ihre Erfahrung mit den Neulingen. Des Weiteren zielt die Chancenwerk-Akademie mit ihrem Schulungsprogramm auf eine entsprechende Kompetenzausstattung ab. Dabei greift die Akademie auf professionelle Trainer und Coaching-Experten zurück. Die Workshops und Fortbildungen richten sich nicht nur an die festen, sondern auch an die studentischen Mitarbeiter sowie an die Schüler. Sie dienen nicht nur zur Kompetenzvermittlung, sondern zielen oft auch auf die Kompetenzweitergabe ab. So kann jeder Chancenwerkler ein Trainer werden, auf sein Wissen mit verschiedenen Fortbildungen aufbauen und dieses auch weitergeben. Durch dieses Angebot sollen sich alle Beteiligten vom Unterstufenschüler bis zum Schulkoordinator wahr- und ernst genommen fühlen und nicht nur schulisch, sondern auch persönlich profitieren. Im Vordergrund stehen Wertschätzung und individuelle Entfaltung. Die Chancenwerk-Kultur wird Teil der Schulkultur und der Lebenseinstellung.

Die Idee und ihre Umsetzung

Funktionsweise der sozialen Innovation

„Trotz der Rekordzahl von derzeit 2,5 Mio. Studenten schaffen es Arbeiterkinder nach wie vor nur selten an die Hochschule. Dies geht aus der neuen Sozialerhebung des Deutschen Studentenwerkes (DSW) hervor. Demnach studieren von 100 Kindern aus Akademikerfamilien 77. Von 100 Kindern aus Facharbeiterfamilien sind es hingegen nur 23", schreibt die ZEIT am 26. Juni 2013. Nur zwölf bis 15 % der Studierenden seit 2000 sind sozioökomisch schwächerer Herkunft.[1] Ausschlaggebend für einen erfolgreichen Bildungsverlauf ist vor allem die soziale Situation der Familie. Eltern mit geringem Einkommen haben nicht die zeitlichen und ökonomischen Möglichkeiten, um ihre Kinder ausreichend zu unterstützen.[2] Viele Kinder haben Probleme mit dem Schulstoff und brauchen Hilfe. Die regulären Schulen in Deutschland können den Förderbedarf meist nicht eigenständig decken, das Angebot ist nicht ausreichend. Da viele Eltern die notwendige Unterstützung aus unterschiedlichen Gründen ebenfalls nicht leisten können, ist der Bedarf an außerschulischer Betreuung somit groß. Die Schüler – mit und ohne Migrationshintergrund – benötigen neben Eltern und Lehrern einen unterstützenden Ansprechpartner. Dieser wird oft im kommerziellen Nachhilfemarkt gesucht, Ausdruck der immensen Nachfrage ist die aktuell in Nachhilfe investierte Summe – in Deutschland sind es derzeit 1,5 Mrd. € jährlich (Untersuchung der Bertelsmann Stiftung 2010). Familien mit tendenziell niedrigem sozioökonomischem Status bleiben hierbei auf der Strecke, weil sie die Bildung ihrer Kinder nicht finanzieren können. Diese sind benachteiligt, bekommen nicht ausreichend Hilfe und werden sich selbst und einem Schulsystem überlassen, in dem das einzelne Kind leicht aus dem Blick gerät. Die soziale Selektion wird weiter verschärft. Konventionelle – meist kostenintensive – Nachhilfe ist somit nicht ausreichend, denn sie lässt aus finanziellen Gründen keine Chancengleichheit zu und kann die große Lücke im deutschen Schulsystem nicht schließen. Auch das Bildungsniveau der Eltern beeinflusst die Bildungschancen der Kinder in hohem Maße. Die Abiturchancen von Jugendlichen sind etwa dreimal so hoch, wenn die Eltern bzw. ein Elternteil anstelle eines Hauptschulabschlusses ebenfalls eine Fachhochschule oder Uni besucht haben bzw. hat (Paritätischer Wohlfahrtsverband 2010).

Auf individueller Ebene bestimmt Bildungserfolg maßgeblich Teilhabe und Lebensqualität, volkswirtschaftlich zeigen sich weitere gravierende Aspekte. Die Wirtschaft ist zukünftig aufgrund der demografischen Entwicklung besonders auf qualifizierte Arbeitskräfte angewiesen. Eine Studie des Bundesinstituts für Berufsbildung (BIBB) zeigt beispielsweise, dass die befragten Betriebe schon im Jahr 2010/2011 35 % der vorhandenen Ausbildungsstellen nicht besetzen konnten.[3]

Migranten helfen Migranten So viel zu den Zahlen. Hinter diesen Zahlen stecken aber unzählige Einzelschicksale, die scheinbar unausweichlich sind. Eines davon war das des Chancenwerk-Mitgründers Murat Vural, der sich aber nicht in sein Schicksal fügen wollte. Als Migrant zweiter Generation konnte er bei seiner Einschulung im nordrheinwestfälischen Herne kein Deutsch. Mit elf Jahren kehrte er mit seiner Familie in die Türkei zurück und besuchte dort fünf Jahre lang die Schule, zwei Jahre davon in einem natur-

---

[1] BMBF (2004). Bildung und Lebenslagen – Auswertungen und Analysen für den zweiten Armuts- und Reichtumsbericht der Bundesregierung. Berlin: BMBF.
[2] Leotsakou A. et al. (2010). *AB In die Zukunft! Bildungschancen von Migrantinnen und Migranten: Fakten – Interpretationen – Schlussfolgerungen.* Berlin: Der PARITÄTISCHE Gesamtverband.
[3] Analyse auf Basis der Beschäftigungsstatistik der Bundesagentur für Arbeit.

wissenschaftlichen Internat. Nach dem Schulabschluss folgte Murat Vural seinen Eltern wieder nach Deutschland, kam zuerst auf die Hauptschule und schaffte es schließlich auf das Gymnasium. „Ich habe mir in der Schule oft anhören müssen: ‚Das schaffst du nicht, das kriegst du nicht hin!'", erinnert sich Vural. Die Deutschlehrerin riet ihm, in anderen Fächern lieber keine Fünfer zu schreiben, denn bei ihr würde er immer auf einer Fünf stehen. Das wollte Vural nicht so stehen lassen. Zum einen hatte er auf dem naturwissenschaftlichen Internat in der Türkei sich und anderen gezeigt, was er draufhat: „Ich wusste, dass ich es schaffen kann, die Werkzeuge dafür hatte ich erprobt und angewandt." So konnte Vural auch einige Lehrer von seinem Talent überzeugen, die ihn förderten und unterstützten. Zum anderen sei der Erfolg seinem Hang zur Überkompensation geschuldet gewesen: „Nachdem mein Deutsch so schlecht war, habe ich mich in Mathe umso mehr bemüht, aber mit besseren Sprachkenntnissen wäre ich noch besser gewesen", ist sich Vural sicher. Allen Zweiflern zum Trotz machte er sein Abitur. Anschließend begann er das Studium an einer Universität, als erstes Mitglied seiner Familie. Um anderen Migrantenkindern den Weg zur Bildung zu erleichtern, gründete Vural 2004, während seiner Zeit als Doktorand, zusammen mit weiteren Studierenden den interkulturellen Bildungs- und Förderverein für Schüler und Studenten IBFS e. V. „In dieser Zeit habe ich viel mit meiner Schwester Serife über das Thema Bildung und Migranten diskutiert: Wie haben wir das hinbekommen? Was hat bei uns gut funktioniert und wieso?" In der Politik wurde auch viel über Integration und Migration gesprochen und es wurden Hilfen versprochen, „aber wenn ich aus dem Fenster unseres Hochhauses in Castrop-Rauxel nach unten geschaut habe, habe ich viele Kinder gesehen, bei denen diese Hilfen nicht ankamen."

Die Familie spielt eine große Rolle in Murat Vurals Leben. Die Eltern unterstützten ihn auf seinem Weg und wünschten ihm eine andere Karriere, als sie sie im Zechenviertel hatten: „Nicht unter Tage arbeiten, sondern in einem Büro mit meinem Namen an der Tür, ein weißes Hemd tragend und eine schwarze Tasche." Da saß der damals 27-Jährige an seiner Doktorarbeit und dachte: „Die Vision meines Vaters habe ich erfüllt, aber was ist mit meinen Visionen?"

Auch die Initialzündung für das Chancenwerk kam schließlich aus der Familie, nämlich von Schwester Serife: „Hey Bruder, wir müssen irgendwas tun, packst du mit an?", fragte sie. Und er packte mit an. „Ich wollte etwas zurückgeben, wenn es auch nur Glück war, und als Vorbild für andere Migrantenkinder agieren." Dass er Elektrotechnik und nicht Pädagogik studiert hatte, bereut er heute keinesfalls, ganz im Gegenteil sei seine mathematische Ader sehr förderlich gewesen: „Ich bin nicht als Pädagoge an die Sache herangegangen, sondern als Ingenieur – viel analytischer, viel mathematischer." Durch die Arbeit an seiner Promotion im Bereich Theoretische Elektrotechnik habe er gelernt, dass man monatelang an einer Lösung arbeiten könne und jede Verzweigung analysieren müsse. „Und wenn man keine Lösung findet, muss man wieder zurück und andere Verzweigungen schaffen, bis man am Ende eine Lösung findet."

Studenten helfen Schülern Zunächst ging es „nur" um ehrenamtliche Hausaufgabenbetreuung und Nachhilfekurse für einige Unterstufenschüler mit Migrationshintergrund. Nach ein paar Jahren begannen die älteren Nachhilfeschüler, den Jüngeren ganz selbstverständlich zu helfen. Bereits hier wurde aus Hilfsbedürftigkeit Hilfsbereitschaft. 2007 kam die nächste Wendung, als eine Gruppe von Schülern ein Jahr vor den Abschlussprüfungen dringend Hilfe benötigte. Dabei ging es um acht Kurse für insgesamt 83 Schüler, die Vural allesamt selbst ehrenamtlich leitete. Es lag auf der Hand, dass er unbedingt Verstärkung brauchte. Vural entwickelte das Konzept der Lernkaskade, die sich schon auf natürlichem Weg gebildet hatte: Studenten helfen Schülern, Schüler helfen Schülern.

Die Lernkaskade Diese Lernkaskade bewirkt viel mehr als nur schulischen Erfolg, sie greift auch aktiv in die Schulatmosphäre und den Zusammenhalt der Schulgemeinschaft und somit die gesamte Schulkultur ein. Denn oft liegen schlechten schulischen Leistungen soziale Unangepasstheit und Resignation zugrunde, die sich auf diese Weise äußern. „Nicht nur die Sprache ist ein Schlüssel zur Integration, sondern auch eine Perspektive und Selbstbewusstsein", erklärt Vural. Durch den Einsatz von Rollenvorbildern werden Schüler – mit und ohne Migrationshintergrund – in ihren schulischen Leistungen gestärkt, zu höheren Bildungsabschlüssen ermutigt und dadurch nachhaltig und aktiv in die Gesellschaft eingebunden. Als Brücke zwischen Schule, Schüler und Eltern möchte der Verein dazu beitragen, bestehende Hindernisse für einen zukunftsweisenden Werdegang zu überwinden und dabei Motivation, Perspektiven und Verantwortungsbewusstsein aller Beteiligten zu fördern.

Das Chancenwerk etabliert an seinen Kooperationsschulen „Lernkaskaden" nach folgendem Muster: Schülerinnen und Schüler der höheren Jahrgänge bekommen in einem Fach ihrer Wahl wöchentlich 90 min Unterstützung durch Studierende. Das Angebot ist für diese Schüler kostenfrei, die Bezahlung der Studierenden übernimmt das Chancenwerk. Im Gegenzug geben die älteren Schüler ihr Wissen unter studentischer Anleitung an Kinder der unteren Jahrgänge weiter. In dieser Lernbetreuung können die jüngeren Schüler gemeinsam lernen, ihre Hausaufgaben erledigen und den Unterrichtsstoff vertiefen.

Nebenbei entdecken die älteren und jüngeren Schüler viele Gemeinsamkeiten: dieselbe Nachbarschaft, denselben Lehrer oder ähnliche Probleme mit den Eltern. Und auf einmal wächst die Chancenwerk-Betreuung über die bloße Hausaufgabenbetreuung hinaus und umfasst Stichworte wie Fairness, Solidarität und Freundschaft.

Ältere Schüler erhalten monatlich kostenfrei sechs volle Stunden intensive Fachnachhilfe, für die jüngeren Schüler umfasst die Lernunterstützung monatlich sogar zwölf volle Stunden. Sowohl die älteren Schüler als auch die Studenten werden von der Chancenwerk-Akademie mit entsprechenden Fortbildungen für ihre Tätigkeit qualifiziert (z. B. Rollenverständnis, Vermittlungskompetenz, Lerntechniken u. a.). Für rund drei Stunden Betreuung pro Woche wird für die jüngeren Schüler ein Monatsbeitrag von lediglich zehn Euro erhoben. Der Rest, das sind etwa 30 € pro Unterstufenschüler, wird von Stiftungen und Unternehmen aus der jeweiligen Region übernommen. Damit hebt sich das Chancenwerk deutlich von kommerziellen Nachhilfeangeboten ab und ermöglicht vor allem auch Jugendlichen aus bildungsfernen Familien Zugang zur Bildung. Gemeinsam mit den Schulen wird darauf hingearbeitet, dass insbesondere diejenigen Schüler, denen aus sozioökonomischen Gründen Zugänge zu einer vergleichbaren Unterstützung verwehrt sind, in das Projekt aufgenommen werden. Darüber hinaus fokussiert sich das Chancenwerk nicht allein auf schulische Unterstützung, sondern schafft mit seiner „Vorbild- und Verantwortungskaskade" ein System, das personale und soziale Kompetenzen fördert. Dieses System begünstigt in weit höherem Maße eine wichtige Haltung des Engagements als vergleichbare pädagogische Angebote.

Schwerpunkt: Das Geben-und-Nehmen-Prinzip

„Entscheidend ist gar nicht, was wir tun, sondern wie wir es tun", erklärt Vural. Die Tauschwährung sind Wissen und Zeit, nicht das Geld. „Jeder, der Hilfe in Anspruch nimmt, muss dafür auch Unterstützung anbieten. Eine Nachhilfe ganz ohne Gegenleistung wäre das falsche Signal." Es geht um eine Art Wissensvermittlung, die über die reine Bildung noch weitere Mehrwerte bringt: Die Schüler lernen frühzeitig, dass man anderen „Bildung geben" kann. Gleichzeitig übernehmen sie Verantwortung und sehen, dass man durchaus etwas ändern kann; für sich und für andere.

Neben dem reinen Bildungsbeitrag leistet das Projekt laut Vural einen weiteren wesentlichen Zusatznutzen: „Die Schüler unterschiedlicher Jahrgänge sprechen plötzlich viel mehr miteinander, sodass an der Schule ein ganz neues Gemeinschaftsgefühl und eine neue Schulkultur entstehen." Zu merken, dass das eigene Wissen von einem anderen gebraucht wird, steigert das Selbstbewusstsein ungemein. Ebenso wichtig ist es für die Jüngeren, Vorbilder auf Augenhöhe zu haben: von derselben Schule, aus demselben Viertel, mit demselben sozialen Hintergrund. Das Chancenwerk schlägt somit Brücken zwischen jüngeren und älteren Schülern, zwischen Schule und Elternhaus, zwischen Kindern mit und ohne Migrationshintergrund. Und es schafft eine neue Schul- und Lernkultur.

„Für die jungen Schüler ist es ein Privileg, einen älteren Schüler an der Seite zu haben, der in gewisser Weise schon als Autorität anerkannt wird, aber doch ganz anders mit ihnen umgeht als ein Lehrer", beschreibt Vural die Situation. Es gibt Studien, die nachweisen, dass Kinder in der Schule erfolgreicher sind, wenn sie Geschwister haben, die Abitur oder Hochschulabschluss haben. Und die „Großen" üben sich nicht nur in Geduld und Verantwortungsbewusstsein, sondern wiederholen den Stoff aus den vergangenen Jahren auch selbst, gerade im Hinblick auf die Abschlussprüfungen ist dies ein nützlicher Nebeneffekt.

Auswirkungen auf den weiteren Verlauf der sozialen Innovation

Maßgeschneiderte Konzepte für jede Schule Mithilfe des Geben-und-Nehmen-Prinzips erreicht Chancenwerk mit wenig Kosten eine große Anzahl an Schülern. Das kommt gut an: Inzwischen hat sich das Chancenwerk in allen Regionen und bei allen Schularten bewährt. Der Verein ist an Gesamtschulen, Realschulen, Hauptschulen und Gymnasien aktiv. Das liegt zum einen an der einfachen Umsetzung, die den Kosten- und Personalaufwand für die Schule möglichst gering hält. Mitunter fallen Kosten- und Personalaufwand auch komplett weg. Zum anderen basiert der Erfolg auf der Flexibilität des Modells, das sich in Zusammenarbeit mit der Schule möglichst optimal an die jeweilige Schulart anpasst. „Eine Schule ist ein System mit einer besonderen Eigendynamik, die von vielen Faktoren abhängig ist", erklärt Vural, „man muss nur die Chancen erkennen und sich diese zunutze machen." Oft denke man zu defizitorientiert und vergesse dabei die Stärken. „Ich sehe mich mit Chancenwerk als Unterstützer der Schulen." Das Chancenwerk will Mut machen und Schulen aktivieren.

Vural verweist oft auf das bekannte afrikanische Sprichwort: „Um ein Kind zu erziehen, braucht man ein ganzes Dorf." Die Schulen seien für ihn die Dörfer, in denen alle mit anpacken müssten, um jedes Kind voranzubringen. Denn jede Schule in Deutschland habe alles, was man brauche, man müsse die Ressourcen nur anders verketten. Und das macht das Team rund um Murat Vural: „Wir managen die Stärken und Eigenheiten der Schulen und schauen: Wer kann was, wer braucht was und wie können wir das miteinander verbinden?"

Chancenwerk als Fach Das Geben-und-Nehmen-Prinzip, das Oberstufenschüler aktiv in die Betreuung der jüngeren Schüler einbezieht, schont nicht nur Ressourcen: Es bietet den Oberstufenschülern auch die Möglichkeit, sich im Bereich Pädagogik weiterzubilden und sich ihr Engagement anerkennen zu lassen. So wurde die Chancenwerk-Nachhilfe im Kölner Genoveva-Gymnasium inzwischen zu einem Wahlpflichtfach erhoben, das sogar benotet wird. In der zwölften Klasse dürfen die Schüler Chancenwerk als Profilkurs im Fach Pädagogik wählen. Das hat viele Vorteile: Zum Beispiel können sich die Oberstufenschüler ihr Engagement mit einer guten Note anerkennen lassen. Außerdem werden sie mit nötigen Theorieeinheiten von ihrer Pädagogiklehrerin versorgt und können in diesem Rahmen auch ihre Arbeit reflektieren und optimieren. Die Chancenwerk-Schulkoordinatorin und die Pädagogiklehrerin legen dabei viel Wert auf regen Austausch. „Die Zusammenarbeit mit der Schule funktioniert unglaublich gut", findet auch die Pädagogische Koordinatorin für Köln, Wiesbaden und Frankfurt Andrea Puschhof. „Ich denke, wir waren einfach zur richtigen Zeit, am richtigen Ort." Vor drei Jahren startete das Chancenwerk am Gymnasium im Stadtteil Mülheim durch. „Wir wurden von Anfang an sehr herzlich empfangen: von der Schulleitung, von den Schülern und Eltern und auch von den Schulsozialarbeitern."

Die Schulleitung hat den Bedarf schnell erkannt: In der Unter- und Mittelstufe gibt es Schüler aus 30 Nationen und mit 40 Muttersprachen. Nur 20 % sprechen Deutsch als Muttersprache. Trotzdem liegt die Schule beim Abiturdurchschnitt auf Landesniveau und scheut keine Mühen, ihren Schülern die bestmöglichen Chancen auf den Hochschulzugang zu ermöglichen. Chancenwerk sieht der stellvertretende Schulleiter Michael Rudolph dabei keineswegs als Mühe: „Das Projekt wird von den Eltern sehr gut angenommen und Chancenwerk übernimmt die gesamte Organisation. Für die Schule ist es ein reiner Gewinn."[4] Ein Gewinn, der sich mit jedem Jahr vergrößert: Im letzten Schuljahr wurden rund 55 Unterstufenschüler im Rahmen des Chancenwerks betreut, nächstes Jahr sollen es 80 werden. 2011 wurde das Gymnasium mit dem Deutschen Schulpreis ausgezeichnet, weil es

---

[4] Kölner Wochenspiegel (2012). *Sich gegenseitig helfen.* 28.7.2012.

der Schule immer wieder aufs Neue gelingt, „Jugendliche unabhängig von ihrer Nationalität erfolgreich zum Abitur" zu führen (aus der Laudatio des Deutschen Schulpreises 2011). Im Sommer 2012 führte sie die Zusammenarbeit mit dem Chancenwerk sogar ins Schloss Bellevue, auf Einladung des Bundespräsidenten Joachim Gauck: Zwei der ehrenamtlichen Oberstufenschüler wurden als Dank für ihr Engagement zum Demokratiefest eingeladen.

Verbreitungsmethode In neuen Regionen oder Städten verbreitet sich das Chancenwerk durch die finanzielle Unterstützung von einzelnen Stiftungen und Unternehmen. Vor Ort können dann Kooperationsschulen für das Projekt gesucht werden und basierend auf dem Know-how des Chancenwerk-Standortentwicklers wird zügig mit der eigentlichen Arbeit begonnen. Die Flexibilität des Konzepts erlaubt dabei eine für die Bedürfnisse der jeweiligen Stadt oder Schule maßgeschneiderte Lösung. Im Jahr 2010 hatte sich die Anzahl der Regionalstellen verdreifacht, die Zahl der Städte und Schulen nahezu verdoppelt, und auch im Jahr 2011 konnte der Wachstumskurs fortgeschrieben werden. Die Zahl der Regionalstellen und Städte verdoppelte sich auf nunmehr sechs Regionalstellen und 14 Städte, die Zahl der Schulen erfuhr mit einer Entwicklung von 14 auf 33 beteiligte Schulen den kräftigsten Anstieg. Aktuell erreicht das Chancenwerk etwa 600 ältere und 1.200 jüngere Schüler bundesweit.

Um den wachsenden Bedarf an Betreuung zu decken, arbeitet das Chancenwerk zudem seit 2009 mit lokal ansässigen Universitäten bei der Akquirierung neuer Mitarbeiter zusammen. Die Fachhochschule Georg Agricola zu Bochum beispielsweise stellt dem Chancenwerk studentische Hilfskräfte zur Verfügung, die Ruhr-Universität Bochum erkennt für Bachelorstudenten seit dem Wintersemester 2009/2010 eine Mitarbeit als Praktikum in Form von Credit-Points im Optionalbereich an. Die TU München legt besonderen Wert auf Schlüsselqualifikationen über das Fachwissen hinaus, zu diesem Zweck wurde die Carl von Linde-Akademie als Zentralinstitut eingerichtet. Hier können TU-Studierende im Rahmen des „Service Learning mit Chancenwerk" drei ECTS-Punkte erwerben. Die Praxis findet in der Betreuung an einer der fünf Münchner Chancenwerk-Schulen statt, die Theorie wird in Form eines begleitenden Seminars zum Thema Bildungslandschaft vermittelt. Auf diese Weise werden „gesellschaftliches Engagement und fachliche Qualifikation" miteinander verbunden, beschreibt die Carl von Linde-Akademie die Kooperation. Auch die Universität zu Köln hat im Sommersemester 2013 Chancenwerk erstmals als praxisbezogenes Seminar für Studenten der Sozial- und Erziehungswissenschaften angeboten.

Fundraising/Sozialunternehmer „Ich bin kein Fundraiser, ich bin Überzeuger und Begeisterer", beschreibt Vural seine Beziehung zu den Stiftern und Unternehmern. Ihm gehe es um ein Miteinander auf Augenhöhe, um Respekt und gegenseitige Wertschätzung und natürlich um den Glauben an das Konzept. Der Gründer will nicht um Geld betteln, sondern überzeugen. „Wenn wir gut sind, dann finden uns die Spender und Sponsoren von alleine", verkündete er und stemmte in den ersten vier Jahren gemeinsam mit seinem Team das Projekt komplett ehrenamtlich. Sieben Schulen mit rund 300 Schülern konnten ohne jegliche finanzielle Mittel von außen betreut werden.

„Kein Geld zu haben macht kreativ", erklärt der Sozialunternehmer. Ohne Geld versuche man die Probleme möglichst effizient zu lösen. Diesem Umstand sei auch die Lernkaskade zu verdanken, die sich ohne großen finanziellen Aufwand realisieren ließ. Die älteren Schüler wurden mit Intensivkursen entlohnt, die Kosten für die Studenten konnten eine Zeit lang durch die Mitgliedsbeiträge der Kleinen gedeckt werden. Ein simpel konzipiertes Projekt lässt sich zudem auch besser skalieren.

„Wenn ein Projekt ohne finanzielle Mittel funktioniert, dann funktioniert es mit finanziellen Mitteln erst recht." Das fand auch die internationale Förderorganisation Ashoka und nahm Murat Vural in das weltweite Netzwerk führender Social Entrepreneurs auf. Er bekam ein dreijähriges Stipendium, um sein Konzept optimal umzusetzen. Zudem wurden ihm Unternehmensberater und rechtliche Beratung zur Seite gestellt. Durch die Auszeichnung wurden auch Geldgeber auf den Verein aufmerksam und kamen tatsächlich auf Vural zu. 2009 bot die Bresche-Stiftung eine Zusammenarbeit in Bremen an. Später kamen die Peter Pohlmann Stiftung und die Rivera-Stiftung im Ruhrgebiet, die HIT Stiftung im Raum Köln, die Christopherus-Kinderstiftung im Raum München, die Haniel Stiftung in Duisburg und weitere Stiftungen hinzu. Das Chancenwerk professionalisierte sich und wurde zur geschützten Marke. Heute sind 80 % der finanziellen Mittel, die den 34 Schulen bundesweit zur Verfügung stehen, Spendengelder. Es sind Stifterpersönlichkeiten wie Möbeldiscountervisionär Peter Pohlmann, die Murat Vural in seinem Vorhaben unterstützen. „Ich bin dankbar für das Vertrauen unserer Sponsoren, das ist gleichzeitig eine große Verantwortung", sagt Vural. Die Stifter sollen sehen, dass ihr Vertrauen und ihre Ressourcen wirklich gut angelegt sind.

Eine vertrauensvolle Zusammenarbeit Daran hat Peter Pohlmann keinen Zweifel. Pohlmann hat sein Unternehmen, die Möbeldiscounterkette Poco-Domäne, in eine Stiftung umgewandelt und unterstützt Chancenwerk seit 2009 tatkräftig. „Diese Organisation kümmert sich um Migranten. Für Poco hat das Tradition. Da stand das ‚Herzlich willkommen' immer schon auf Türkisch, Polnisch und Deutsch am Eingang", sagte der Unternehmer in einem Zeitungsinterview.[5]

Von Murat Vural und seinem Verein war er von Anfang an überzeugt: „Das Konzept ist hervorragend und hatte sich auch schon in der Praxis bewährt", so Pohlmann. Besonders beeindruckt ist er vom Doppeleffekt, der durch das Prinzip „Hilfe nehmen, Hilfe geben" entsteht: „Die Nachhilfegeber gewinnen auch!" Auch im Vergleich zu anderen Nachhilfeprojekten stach das Chancenwerk heraus: „Ich habe kein anderes Konzept gesehen, das qualitativ hochwertige Nachhilfe zu einem so günstigen Preis anbietet." Deswegen sicherte der erfolgreiche Unternehmer Vural, „einem überzeugenden und glaubhaften Vertreter seiner Idee", Unterstützung zu. „Für mich war klar, dass Chancenwerk bundesweit expandieren muss." Dies war aber nur dann möglich, wenn der Verein entsprechend durch

---

[5] Neue Westfälische Zeitung (2010). *Poco-Chef Pohlmann wandelte Firma in Stiftung um.* 3.12.2010.

Backoffice und Verwaltung entlastet wurde, damit Vural und alle anderen, die in der Bildungsarbeit tätig waren, ihre Arbeit machen konnten. „Ich sehe den Bildungsauftrag als gesellschaftliche Verantwortung, die auf möglichst viele Schultern verteilt werden sollte." Und er wurde nicht enttäuscht: „Die Zusammenarbeit mit Chancenwerk ist sehr eng und vertrauensvoll", findet Pohlmann. „Und ich bin mir sicher, dass Chancenwerk auch in den nächsten Jahren wachsen wird. Denn immer mehr Städte und Kommunen werden erkennen, dass Chancenwerk ein wichtiges Element in unserer Bildungslandschaft ist."

Sozialunternehmer Vural blickt auf die Ernennung zum Ashoka-Fellow voller Dankbarkeit zurück: „Sozial war ich immer schon, aber Ashoka hat mir das unternehmerische Denken beigebracht." So wurde aus dem sozialen Elektroingenieur ein Sozialunternehmer. Doch was ist das eigentlich? Und wie lassen sich die beiden Funktionen „sozial" und „Unternehmer" prozentual aufteilen? „Ein guter Sozialunternehmer muss zwischen diesen beiden Bestimmungen switchen können", antwortet Vural. „Wenn ich mit Eltern und Kindern spreche, bin ich zu 100 % sozial. Wenn ich zu einem Unternehmer gehe, bin ich mehr unternehmerisch als nur sozial." Das Wichtigste sei in beiden Situationen, authentisch und glaubwürdig zu wirken. „Wenn ich es schaffe, ein soziales Problem zu lösen, indem ich die finanziellen Mittel auftreibe, die den Betroffenen fehlen, bin ich ein Sozialunternehmer", erläutert Murat Vural weiter. Demnach sei auch jemand, der auf dem Dorf Geld für den örtlichen Kindergarten sammelt, um den Kindern neue Lernmittel zu finanzieren, ein Sozialunternehmer. Es gehe auch nicht nur um das bloße Holen und Geben, sondern vor allem um Nachhaltigkeit, Effizienz, Skalierbarkeit, Authentizität und Glaubwürdigkeit. Über das Helfen hinaus müsse auch die Wirtschaftlichkeit bedacht werden. „In meinem Leitungsteam sind alle Mitglieder Sozialunternehmer: Sie wissen, wie und wo sie das Geld bekommen und wofür sie es möglichst wirtschaftlich und effizient einsetzen können." *Team* ist ein gutes Stichwort, denn gerade bei einem Sozialunternehmen teilt man neben dem Arbeitsplatz auch Visionen. So wie der Gründer selbst hat auch jeder seiner Mitarbeiter seine Geschichte, die ihn entweder an die Chancenwerk-Philosophie bindet oder ihn davon distanziert. „Ich will die Menschen, die meine Vision mit mir teilen, um mich sammeln und mit ihnen zusammen Berge versetzen!" Bei der Arbeit in einem Sozialunternehmen zählen neben dem Gehalt auch Inspiration und Begeisterung, die ansteckt. Das sei die Definition der sozialen Innovation: „Soziale Innovation heißt, die Rahmenbedingungen zu schaffen, dass sich die Menschen, für die es Berufung statt Beruf ist, entfalten können." Das ist die Chancenwerk-Kultur an der Schule und auch im Team.

Fazit: Zuspruch dank Glaubwürdigkeit des Gründers

„Meine Überzeugungskraft hat vor allem mit meiner Biografie zu tun", weiß Murat Vural. Das mache ihn so glaubwürdig und authentisch. Seine Geschichte steht für Chancenwerk, er ist der lebende Beweis, dass auch Migranten- und Arbeiterkinder in Deutschland ihre Ziele neu definieren und erreichen können. Das überzeugt Unternehmer, Stiftungen, Schulen, Kinder und Eltern. Vural steht aber nicht nur für das Konzept, sondern für eine Begeisterung, die auf alle Beteiligten überschwappt, und für ein großes Stück Hoffnung. Wenn man ihn bei seinen Vorträgen über Bildung und die Rolle des Chancenwerks sieht, kann man sich dieser Begeisterung nicht entziehen. Weil er weiß, wovon er spricht, und weil er nicht dramatisiert. Er zeigt die Missstände auf, er zeigt aber auch Lösungen auf. Er würzt das Ganze mit aktuellen Zahlen und Studien sowie einer gesunden Portion Humor: „Ich sage meinem 13-jährigen Sohn immer, ich sei der beste Mathenachhilfelehrer im gesamten Ruhrgebiet, immerhin habe ich mehrere Hundert Schüler unterrichtet. Aber ich habe irgendwie das Gefühl, er glaubt mir nicht."

Dafür scheint die Öffentlichkeit Murat Vural zu glauben, denn er findet immer mehr Zuspruch und Gehör: 2007 ernannte die Initiative „Deutschland – Land der Ideen" den Verein zu einem sogenannten „Ausgewählten Ort". Schirmherr ist der ehemalige Bundespräsident Horst Köhler. 2009 wurde der geschäftsführende Vorsitzende Murat Vural als „Bürger des Ruhrgebiets" ausgezeichnet, 2010 wurde ihm für sein Engagement das Bundesverdienstkreuz am Bande verliehen. Vurals Kommentar dazu war: „Es ist für mich ein Symbol. Ein Zeichen des Vertrauens, des Zutrauens und natürlich auch eine große Geste von Wertschätzung und Anerkennung. Dies ist im Übrigen auch all das, was wir den Kindern mit unserem Chancenwerk täglich zukommen lassen."

Seit 2012 ist Dr. Kristina Schröder, damals Bundesministerin für Familie, Senioren, Frauen und Jugend, Schirmherrin des Vereins. Es gibt mittlerweile unzählige Medienberichte in Print, Rundfunk und Internet, die teils ungläubig, teils voller Bewunderung die Geschichte von Vural und seiner Idee erzählen. In diesen Berichten kommen immer wieder Kinder mit exotischen Namen und schlechten Noten vor, die bisher als Verlierer unserer Bildungslandschaft galten und die plötzlich in einem neuen Zusammenhang auftauchen. Allein dadurch schreibt das Chancenwerk Geschichte und gestaltet gleichzeitig Gegenwart und Zukunft. Das ist auch Vurals Definition des viel diskutierten Begriffs „Integration": „Das Gestern teilen, das Heute sehen, das Morgen gemeinsam gestalten."

Gründer
Murat Vural, geschäftsführender Vorsitzender und Gründungsmitglied des gemeinnützigen Vereins Chancenwerk e. V., wurde 1975 als Sohn türkischer Gastarbeiter in Herne geboren. Mit elf Jahren kehrte er mit seiner Familie in die Türkei zurück und besuchte dort fünf Jahre lang die Schule, zwei Jahre davon verbrachte er in einem naturwissenschaftlichen Internat.
Nach dem Schulabschluss folgte Vural seinen Eltern wieder nach Deutschland. Dort kam er auf die Hauptschule, dann aufs Gymnasium, machte sein Abitur und begann anschließend als erstes Mitglied seiner Familie das Studium an einer Universität. 2002 schloss er sein Studium der Elektro- und Informationstechnik an

der Ruhr-Universität Bochum erfolgreich ab und begann mit der Arbeit an seiner Dissertation in Plasmatechnik.

Während seiner Zeit als Doktorand gründete Vural 2004 zusammen mit weiteren Studierenden den interkulturellen Bildungs- und Förderverein für Schüler und Studenten IBFS e. V., welcher 2010 schließlich in Chancenwerk e. V. umbenannt wurde.

Als herausragender Social Entrepreneur ist Murat Vural seit 2006 Ashoka-Fellow. Darüber hinaus erhielt er für sein Engagement bereits zahlreiche Auszeichnungen und Preise, darunter das Bundesverdienstkreuz am Bande.

Autorin

Die Autorin des Beitrags, Galina Gostrer, arbeitet seit Mai 2013 als Pädagogische Koordinatorin in München und Freising für Chancenwerk. Nach ihrem Studium der Literaturwissenschaften und verschiedenen Stationen im Bereich PR und Journalismus, beschließt die gebürtige Russin andere junge Leute mit und ohne Migrationshintergrund auf ihrem Weg zu begleiten und die Idee von Chancenwerk nach außen zu tragen.

Weiterführende Informationen

www.chancenwerk.de

Teil II
Herausforderung Fachkräftemangel

6
Einführung: Made in Germany? Fachkräftemangel gefährdet den Wirtschaftsstandort Deutschland

Hartmut Kopf, Susan Müller, Dominik Rüede, Kathrin Lurtz und Peter Russo

Deutschlands Wohlstand steht und fällt mit seinen gut ausgebildeten Fachkräften in international wettbewerbsfähigen Unternehmen mit vollen Auftragsbüchern. Darüber hinaus hängt unser aller Wohlergehen von qualifizierten Pflegekräften ab, die sich in modernen Krankenhäusern und Pflegeheimen um Patienten und alte Menschen kümmern. Der sich immer stärker abzeichnende Fachkräftemangel gilt als besondere Herausforderung auf dem Arbeitsmarkt und damit auch im Gesellschafts- und Wirtschaftssystem allgemein. „SPIEGEL ONLINE" als ein deutsches Leitmedium formulierte sehr treffend: „Alle haben Angst vorm Fachkräftemangel."[1]

Als Ursachen des bevorstehenden Fachkräftemangels werden vor allem die demografische Entwicklung, der Strukturwandel, eine zunehmende Technologisierung und die Globalisierung genannt.[2] Aufgrund des demografischen Wandels ist z. B. zu erwarten, dass die Anzahl der Erwerbstätigen ab 2015 in Ostdeutschland und ab 2020 in Westdeutschland sinken wird.[3]

---

[1] KarriereSPIEGEL vom 31.7.2013.
[2] Destatis, WZB (2011). *Datenreport 2011*. http://www.destatis.de/DE/Publikationen/Datenreport/Downloads/Datenreport2011?__blob=publicationFile Zugegriffen: 8. Oktober 2013.
[3] Bundeszentrale für politische Bildung (2010). *Deutschland: Diskussion um Fachkräftemangel. Dossier Migration.* http://www.bpb.de/gesellschaft/migration/dossier-migration/56992/deutschland-diskussion-um-fachkraeftemangel Zugegriffen: 8. Oktober 2013.

H. Kopf · S. Müller (✉) · D. Rüede · K. Lurtz
Center for Social Innovation, EBS Business School, Oestrich-Winkel, Deutschland
E-Mail: susan.mueller@gmx.com

P. Russo
Institute for Transformation in Business and Society (INIT), EBS Business School, Oestrich-Winkel, Deutschland

Diese Entwicklungen könnten dazu führen, dass für bestimmte Aufgaben in Deutschland keine entsprechend qualifizierten Arbeitskräfte mehr vorhanden sind. So gibt es beispielsweise schon heute einen Engpass in Metall- und Pflegeberufen.[4] Dieser Engpass wird sich noch weiter verstärken, wobei speziell Berufe aus dem MINT-Umfeld (Mathematik, Informatik, Naturwissenschaften und Technik) und dem Gesundheits- und Pflegebereich davon betroffen sein werden.[5]

Problematische Folgen eines Fachkräftemangels sind vor allem der Rückgang von Investitionen, eine Arbeitsverdichtung und -automatisierung sowie die negativen Auswirkungen auf die Innovations- und Wachstumspotenziale.[6] Die in den folgenden Kapiteln beschriebenen sozialen Innovationen adressieren den Fachkräftemangel auf unterschiedliche und innovativ-konstruktive Weise.

Mit Blick auf die Vereinbarkeit von Beruf und Familie haben es vor allem die Kinderzentren Kunterbunt geschafft, eine bedarfsgerechte Kinderbetreuung für Eltern und Unternehmen zu gewährleisten. Dadurch können gleich zwei Effekte erzielt werden, die dem Fachkräftemangel entgegenwirken. Erstens steigt die aktuelle Anzahl an Arbeitnehmerinnen und Arbeitnehmern, da beide Elternteile einer Beschäftigung nachgehen können. Zweitens entscheiden sich Eltern aufgrund einer verbesserten Kinderbetreuung eventuell für mehr Nachwuchs, was wiederum einem zukünftigen Fachkräftemangel entgegenwirkt. Vor allem die konsequente Ausrichtung auf die Bedürfnisse der Eltern und Unternehmen verschaffte den Kinderzentren Kunterbunt Mitte bis Ende der 90er-Jahre ein Alleinstellungsmerkmal, wobei im folgenden Beitrag vor allem herausgestellt wird, wie die heterogenen Vorstellungen der unterschiedlichen Anspruchsgruppen zusammengebracht werden können und wie es gelingt, sowohl wirtschaftliche als auch soziale und pädagogische Aspekte zu berücksichtigen.

Die beiden Beiträge zu der Stiftung „Haus der kleinen Forscher" und MINT-EC widmen sich insbesondere dem naturwissenschaftlichen Interesse bei Kindern und Schülern. Hierfür unterstützt die Stiftung „Haus der kleinen Forscher" pädagogische Fach- und Lehrkräfte mit einem bundesweiten Qualifizierungsprogramm. Das Programm besteht aus kontinuierlichen Fortbildungen und der Bereitstellung praxisnaher Arbeitsunterlagen, um Bildungsprozesse für und mit Kindern im Kita- und Grundschulalter kompetent gestalten zu können. Im Beitrag wird dargestellt, wie es gelingt, ganz unterschiedliche Partner einzubinden, um so eine Multiplikatorenwirkung zu erzielen, welche die Stiftung „Haus der kleinen Forscher" allein so nicht hätte erreichen können.

---

[4] Bundeszentrale für politische Bildung (2010). *Deutschland: Fortsetzung der Debatte über Fachkräftemangel. Dossier Migration.* http://www.bpb.de/gesellschaft/migration/dossier-migration/ 56953/deutschland-fortsetzung-der-debatte-ueber-fachkraeftemangel Zugegriffen: 8. Oktober 2013.
[5] Hans-Böckler-Stiftung (2012). *Zukünftiger Qualifikations- und Fachkräftebedarf – Handlungsfelder und Handlungsmöglichkeiten.* http://www.boeckler.de/pdf/mbf_pb_fachkraeftemangel_heidemann. pdf Zugegriffen: 8. Oktober 2013.
[6] Bundesagentur für Arbeit (2011). *Perspektive 2025: Fachkräfte für Deutschland.* www. arbeitsagentur.de/Perspektive-2025 Zugegriffen: 8. Oktober 2013.

MINT-EC, eine von Unternehmen gegründete Initiative, setzt etwas später in der Bildungskarriere der Kinder an. Hauptziel des Netzwerkes ist die Stärkung des MINT-Profils von teilnehmenden Schulen, um so eine optimale Vorbereitung von Schülerinnen und Schülern auf ein MINT-Studium zu gewährleisten. Dabei fungiert MINT-EC sowohl als Impulsgeber, um die beteiligten Schulen bei deren MINT-Aktivitäten zu unterstützen, als auch als „Ermöglicher" eines Austauschs zwischen den Schulen. Im Beitrag liegt der Fokus darauf, wie die Qualitätssicherung organisiert wird und wie Schulen motiviert werden, ihr MINT-Profil zu schärfen.

Im letzten Beitrag des Kapitels werden Berufsparcours vorgestellt, die Schülern einen möglichst realistischen Einblick in mögliche berufliche Tätigkeiten geben. Viele bereits bestehende Methoden der Berufsorientierung wie beispielsweise schriftliche Tests oder Ausbildungsmessen haben den Nachteil, dass Schülerinnen und Schüler keinen konkreten praktischen Eindruck vom Berufsfeld bekommen, sich also häufig gar nicht vorstellen können, was der Ausbildungsberuf erfordert. Hier setzen die Berufsparcours an: Die Schülerinnen und Schüler erfahren und erleben an den verschiedenen Stationen der Parcours relativ schnell, welche Tätigkeiten ihnen liegen und welche nicht. Gleichzeitig haben die teilnehmenden Unternehmen die Möglichkeit, die potenzielle Passung eines Schülers oder einer Schülerin zum Unternehmen rasch zu erkennen. Im Beitrag liegt der Schwerpunkt auf der Darstellung, wie die Gründerin ihre verschiedenen Fähigkeiten zum Einsatz bringt und beispielsweise mit Empathie und pädagogischem Wissen technische Zusammenhänge leicht verständlich darzustellen vermag. Die auf dieser Basis erfolgreiche Zusammenarbeit mit Gewerkschaften, Schulen, Handelskammern und Unternehmen ist ein Schlüssel zur gesellschaftlichen Wirkung dieser sozialen Innovation.

Kinderzentren Kunterbunt: Vereinbarkeit von Familie und Beruf durch abgestimmte Kinderbetreuung

7

Stefanie Franz

Inhaltsverzeichnis

Zusammenfassung	65
Die Organisation in Kürze	66
Die Idee und ihre Umsetzung	67
Funktionsweise der sozialen Innovation	67
Schwerpunkt: Vereinbarkeit von sozialem Engagement und wirtschaftlich nachhaltigem Wachstum	71
Wachstum braucht professionelle Abläufe und permanente Kommunikation	74
Fazit: Eine Mischung aus Bill Gates und Mutter Theresa	75

Zusammenfassung

Manchmal vergeht die Zeit wie im Flug. Wenn Kinder toben, spielen und dabei noch lernen, verrinnen die Stunden im Handumdrehen. Bei uns haben sie dazu reichlich Gelegenheit – mit einem besonderen Nebeneffekt: Während die Kleinen in der bedarfsgerechten Kinderbildungseinrichtung bestens betreut werden, gehen die Eltern guten Gewissens ihrer Profession nach. Wir, die Kinderzentren Kunterbunt GmbH, eine der ersten Social-Business-Einrichtungen im Elemtarbereich, setzen uns für eine flächendeckende Kinderbetreuung in Deutschland ein, die den Bedürfnissen berufstätiger Eltern gerecht wird. Dabei arbeiten wir mit Städten und Kommunen, aber auch mit Unternehmen (z. B. Hubert Burda Media, Opel, Deutsche Post, Deloitte, adidas, LANXESS) zusammen. Derzeit betreibt die gemeinnützige Organisation 50 Kinderbetreuungseinrichtungen

S. Franz (✉)
Kinderzentren Kunterbunt, Nürnberg, Deutschland
E-Mail: Stefanie.Franz@kinderzentren.de

in Deutschland, betreut mehr als 3.000 Kinder und beschäftigt rund 650 Mitarbeiter. Die zentrale Verwaltung der Organisation befindet sich in Nürnberg. Zusätzlich werden zwei Regionalbüros in München und Bonn betrieben, um die Kunden auch vor Ort optimal betreuen zu können. Als Social Entrepreneur steht bei dem Träger nicht nur die Wirtschaftlichkeit, sondern auch das nachhaltige Lösen von sozialen Problemen im Vordergrund. Ziel ist es, querzudenken sowie andere Menschen und Unternehmer zu inspirieren und zu aktivieren.

Doch der Weg war nicht immer einfach, da die Kommunikation zwischen Banken, anderen Investoren und dem Sozialunternehmen manchmal auf unterschiedlichen Ebenen stattfindet. Der Schwerpunkt unseres Beitrages liegt darauf, aufzuzeigen, wie wir die Gespräche auf eine gemeinsame Ebene gebracht haben und zukunftsweisende Ergebnisse erzielen konnten.

Die Organisation in Kürze

Gründer: Björn Czinczoll

Schon während seines Jurastudiums hat Björn Czinczoll, Gründer und Geschäftsführer der Kinderzentren Kunterbunt gGmbH, immer wieder im Freundes- und Bekanntenkreis festgestellt, wie schwierig und problematisch die Betreuungssituation für Kinder ist – gerade wenn man als Eltern berufstätig sein möchte. Da von den Behörden keine Hilfe kommt, fasste er den Entschluss, die Sache selbst anzupacken. Er gründete 1998 den gemeinnützigen Verein Kinderzentren Kunterbunt e. V. und eröffnete 1999 seine erste Kindertagesstätte in Nürnberg – die Kita Sonnenschein. Dabei wollte er bedarfsgerechte Bedingungen für berufstätige Eltern schaffen, damit sie ihr Familien- und Berufsleben optimal miteinander vereinbaren können. Deswegen setzen wir in unserem Konzept auf täglich lange Öffnungszeiten, eine durchgehende ganzjährige Öffnung ohne Ferienschließzeiten und flexible Buchungsmöglichkeiten. Natürlich wurden auch andere Eltern über die Stadtgrenzen von Nürnberg hinaus auf unser Angebot aufmerksam und wollten dieses gerne nutzen. Wir standen schon bald kurz davor, zu expandieren und weitere Kinderkrippen bzw. Kitas zu eröffnen.

In Regensburg wollten wir unsere erste betriebsnahe Kinderbetreuung im Gewerbepark eröffnen. Kinderzentren Kunterbunt trat dabei mit einem für die damalige Zeit sehr fortschrittlichen, weil elternfreundlichen Konzept an, rannte damit bei den Behörden aber nicht gerade offene Türen ein. Während die Familien unser Angebot sehr begrüßten, wurden wir von den Behörden eher an der Umsetzung gehindert. So war die Eröffnung der Regensburger Kinderkrippe ursprünglich bereits für das Jahr 2000 geplant. Seitens der ansässigen Firmen und deren Mitarbeiter wurden wir auch sehr unterstützt, da für diese die bedarfsgerechte Kinderbetreuung eine Entlastung und große Unterstützung dargestellt hätte. Die Anlaufphase war schwierig, aber wir sind hart geblieben, haben immer wieder das Gespräch gesucht und Anträge gestellt.

Wir sind hart geblieben und haben immer wieder das Gespräch gesucht und Anträge gestellt, leider mit dem immer gleichen niederschmetternden Erfolg: Ablehnung. Nach drei langen Jahren haben wir den Kampf endlich gewonnen und konnten somit im Jahr 2003 unseren ersten Standort in Regensburg eröffnen. Zur Eröffnung kam auch die damalige Bundesfamilienministerin Renate Schmidt und lobte uns für unser vorbildliches und vorausschauendes Handeln. Wenig später wurde genau das, was wir immer gefordert und umgesetzt hatten, von der Politik aufgenommen und prägt heute sogar die Parteiprogramme.

Im Jahr 2006 erhielten wir die bundesweite Anerkennung als Träger der freien Jugendhilfe und damit eine große Bestätigung unserer Qualität und unserer Erfolge. Im gleichen Jahr folgte der nächste große Meilenstein unserer Erfolgsgeschichte: Kinderzentren Kunterbunt erhielt die Auszeichnung „Social Entrepreneur Germany" von der Schwab Foundation, der Zeitschrift Capital und der Boston Consulting Group. Diese große Auszeichnung ermöglichte uns Pro-bono-Partnerschaften, z. B. zu Deloitte und Lex Mundi, die uns im Aufbau unserer Vision unterstützten. Auch die Aufnahme bei der Stiftung Auridis und dem Sozialinvestor BonVenture trieb das Wachstum von Kinderzentren Kunterbunt voran. Nach diesen öffentlichkeitswirksamen und aufmerksamkeitsstarken Auszeichnungen stand bei uns das Telefon nicht mehr still. Viele Firmen und Städte kamen mit der Bitte auf uns zu, ihnen beim Ausbau der Kinderbetreuung zu helfen und ihre Angebote zu betreiben. Die Firmen interessierten sich dabei ganz besonders für die betriebliche/betriebsnahe Kinderbetreuung. 2011 konnte Björn Czinczoll für seine Vision und Ideen einen Investor gewinnen, der das Sozialunternehmen in seinem Wachstum unterstützt und mit dessen Hilfe sich unsere Idee noch weiter verbreiten kann. Im gleichen Jahr wurden wir in eine gemeinnützige GmbH umfirmiert.

Bis heute können wir auf eine stolze Bilanz blicken, der Ausbau unserer Kinderbildungseinrichtungen schreitet bundesweit voran und wir haben das Ende unserer Erfolgsstory noch lange nicht erreicht.

Die Idee und ihre Umsetzung

Funktionsweise der sozialen Innovation

Das klassische Rollenbild von Mann und Frau, wie es aus traditionell organisierten Familien übermittelt wurde, ist ein Auslaufmodell. Immer mehr gut ausgebildete Frauen wollen nach der Geburt des Kindes wieder in ihren Beruf einsteigen und sich selbst verwirklichen. Durch die gegebenen Rahmenbedingungen wird dieses Vorhaben oftmals erschwert: Es fehlen Kinderbetreuungsplätze oder die Angebote entsprechen nicht den Bedürfnissen der berufstätigen Eltern. Damit das Familienleben aber keine Nachteile mit sich bringt, sind familienfreundliche Maßnahmen und eine bedarfsgerechte Kinderbetreuung vonnöten. Denn nur wenn alle Familienmitglieder zufrieden mit ihrem frei gewählten Lebensmodell sind, kann Harmonie einkehren. Diese freie Wahlmöglichkeit besteht für Familien heute immer noch in nur eingeschränktem Maße. Frauen, die sich ein zweites Kind wünschen, realisieren diesen Wunsch nachweislich seltener, wenn sie nicht über ein kindgerechtes Betreuungsangebot für das erste Kind verfügen.

Zahlreiche Studien belegen, dass sich die Bedürfnisse berufstätiger Eltern verändert haben:

- Für 90 % aller Eltern ist Familienfreundlichkeit bei der Arbeitgeberwahl mindestens genauso wichtig wie das Gehalt.[1]
- Deutschland wird in den nächsten 15 Jahren voraussichtlich etwa 6,5 Mio. weniger Erwerbstätige haben. Das größte Fachkräftepotenzial liegt in einer adäquateren Erwerbsintegration von Frauen. Voraussetzung dafür sind familienfreundliche Maßnahmen.[2]
- Fachkräfteengpässe und unbesetzte Arbeitsplätze stellen die Betriebe vor große Herausforderungen. Die generelle Ausweitung der Arbeitszeit bietet hingegen durchaus die Möglichkeit, auf das sinkende Erwerbspersonenpotenzial zu reagieren. Nicht zuletzt fehlende Möglichkeiten zur Kinderbetreuung stehen dem Wunsch einer Ausweitung der Arbeitszeit aber häufig entgegen. Die Betriebe können mit flexiblen Arbeitszeiten und -orten ihrerseits einen Beitrag zur besseren Vereinbarkeit von Familie und Beruf leisten. Auch die finanzielle oder sonstige Unterstützung der Betreuung gehört bei vielen Unternehmen mittlerweile zum Angebot der Personalpolitik.[3]

Wir planen, bauen, betreuen und betreiben Kinderbildungseinrichtungen (Kinderkrippe, Kindergarten, Hortangebote) in Zusammenarbeit mit Unternehmen, Kommunen, politischen Entscheidungsträgern und Experten (z. B. Prof. Dr. Wassilios Fthenakis). Wir machen uns dafür stark, dass Frauen und Männer sich beruflich engagieren und zugleich elterliche Verantwortung wahrnehmen können. Wir möchten die Arbeits- und Lebenssituation von Familien in Deutschland deutlich verbessern, mit familien- und kindgerechten Öffnungszeiten, durchgehender ganzjähriger Öffnung, zeitlich flexiblen Betreuungs- und Bildungsangeboten, wohnort-/arbeitsplatznahen Standorten und mit der Einbindung der Familie als Partner sowie verschiedenen Mehrwertangeboten für die ganze Familie. Nach den Wünschen und der Nachfrage der Familien planen wir die Öffnungszeiten, konkretisieren die jeweiligen Angebote und passen diese nach aktuellem Bedarf regelmäßig an. Wir unterstützen unsere Einrichtungen ganzheitlich, indem wir ihnen verwaltungstechnische

---

[1] Bundesministerium für Familie, Senioren, Frauen und Jugend (2009). *Herausforderung familienbewusste Personalpolitik: Vorteile für Beschäftigte und Unternehmen.*
[2] Deutscher Bundestag, Ausschuss für Arbeit und Soziales, 17. Wahlperiode (2011). *Ausschussdrucksache 17(11)393, 16. Februar 2011.*
[3] Deutscher Industrie- und Handelskammertag (DIHK) (2012/2013). *Fachkräfte – auch bei schwächerer Wirtschaftslage gesucht – DIHK-Arbeitsmarktreport*. Berlin.

Abb. 7.1 Kindertagesstätte „KiKu Kinderland" in Nürnberg. (Quelle: Kinderzentren Kunterbunt gGmbH)

Aufgaben (z. B. Abrechnung, Bestellungen, Marketingmaßnahmen) abnehmen und in der zentralen Verwaltung in Nürnberg erledigen. Der persönliche Kontakt zu den Familien und unseren Mitarbeitern vor Ort durch regelmäßige Besuche ist uns sehr wichtig.

Unser Angebot richtet sich an alle Eltern von Kindern zwischen sechs Monaten und der Einschulung bzw. auch von Hortkindern. Dabei spielen für uns die sozialen Rahmenbedingungen keine Rolle – alle Kinder sind herzlich willkommen und wir unterstützen sozial benachteiligte Familien bei einer Platzbuchung bei uns. Für uns stehen das Wohl der Kinder und die Bereitstellung eines zweiten Zuhauses für alle Kinder an erster Stelle. Dies können wir einerseits durch ein qualitativ hochwertiges, pädagogisch fundiertes Angebot und andererseits in enger Zusammenarbeit mit den Familien erreichen. Dabei ist es uns wichtig, einen ganzheitlichen, kindzentrierten Ansatz zu vertreten, der das einzelne Kind mit seinen Stärken und Schwächen in den Mittelpunkt stellt und ihm beste Chancen für seine Entwicklung und Bildung bietet. Auf diese Weise bereiten wir die Kinder nicht nur auf die nächsten Bildungsstufen, sondern auch auf das ganze Leben vor. Die Kinder sollen gern zu uns in die Einrichtungen kommen, dort eine liebevolle Zuwendung erfahren und diese glückliche Zeit mit spannenden Lernerfahrungen verbinden. Den Eltern bieten wir eine echte Vereinbarkeit ihres Familien- und Berufslebens sowie einen Ort, an dem sie ihre Kinder gut betreut und aufgehoben wissen (Abb. 7.1).

An erster Stelle stehen die Kinder und deren Fortschritte durch unsere Arbeit. Die Bedeutung früher Bildung hat einen neuen Stellenwert erhalten: Sie wird heute als das Fundament im Bildungsverlauf angesehen. Ökonometrische Studien zeigen, dass eine frühe Bildung von hoher Qualität die höchste Rendite für Bildungsinvestitionen sichert. An zweiter Stelle stehen glückliche und stabile Familien, die mit ihrem gewählten Lebensmodell und den zur Verfügung stehenden Möglichkeiten zufrieden sind. Dadurch können wir langfristig die Kosten für Familienhilfe o. Ä. senken. Um das zu schaffen, gilt es als Basis ein neues Verständnis in der Politik und den Unternehmen zu schaffen und diese Parteien in Bezug auf die Thematik zu sensibilisieren. Langfristig schaffen wir durch den flächendeckenden Ausbau der frühkindlichen Kinderbetreuung außerdem eine homogene Basis bei den Bildungschancen der Kinder und das unabhängig von dem sozialen Milieu, aus dem sie stammen. Ist dieser Grundstein in der frühkindlichen Bildung gelegt, können wir als Bildungsgesellschaft leistungsfähiger und innovativer werden. An dritter Stelle leisten wir einen unverzichtbaren, gesamtgesellschaftlichen Beitrag zur Bildungsgerechtigkeit und zur Integration, vor allem von Kindern mit Migrationshintergrund.

Neben der Erfassung der quantitativen Wirkung zeigen unterschiedliche Studien auch, dass Unternehmen durch eine familienfreundliche Kultur nur gewinnen können:[4]

- 75 % der Unternehmen schätzen die aktuelle Bedeutsamkeit des Themas „Familienfreundlichkeit" sehr hoch ein.
- Sehr familienbewusste Unternehmen haben eine um zwölf bzw. 22 % niedrigere Fehlzeiten- bzw. Krankheitsquote als der Durchschnitt aller Unternehmen.
- Sehr familienbewusste Unternehmen erreichen bei 19 verschiedenen betriebswirtschaftlichen Kennzahlen signifikant bessere Werte als wenig familienbewusste Unternehmen.

Mit dem Eintritt in die Krippe oder in den Kindergarten beginnt für die Kinder und Eltern ein ganz neuer Lebensabschnitt. Kinder profitieren von einer frühkindlichen Betreuung und der Förderung in einer Kinderbetreuungseinrichtung:

- In Deutschland gibt es bei etwa 20 % der Kinder gesundheitliche Auffälligkeiten.[5] Diese können in der Kita schneller erkannt und weitergegeben werden. Zahlreiche Projekte und unterschiedliche individuelle Fördermöglichkeiten wirken präventiv und unterstützen die Kinder.
- Für den Durchschnitt der Kinder erhöht sich die Wahrscheinlichkeit, ein Gymnasium zu besuchen, von 36 % auf rund 50 %, wenn sie eine Krippe besucht haben.[6]
- Kindertageseinrichtungen bieten andere Lernanregungen als Familien, sie erweitern das Spektrum der Lernmöglichkeiten und fördern insbesondere das Denken, die Sprache und das soziale Verhalten. Nach den Befunden der Längsschnittforschung sollten daher möglichst alle Kinder schon früh in den Bildungseinrichtungen des Elementarbereiches gefördert werden.[7]

Gesellschaftspolitisches Engagement im Bereich Vereinbarkeit von Familie und Beruf leisten auch die beiden Stiftungen Bertelsmann und Hertie, beide jeweils mit Projekten und Forschungen. Eine ähnliche Ausrichtung kennzeichnet die Initiative „Erfolgsfaktor Familie" und deren lokale Bündnisse für die Familien. Im Hinblick auf die Träger für

---

[4] Forschungszentrum Familienbewusste Personalpolitik (FFP) (2013). Status quo der Vereinbarkeit von Beruf und Familie in deutschen Unternehmen sowie betriebswirtschaftliche Effekte einer familienbewussten Personalpolitik. Ergebnisse einer repräsentativen Studie. Münster und Berlin.
[5] Landesvereinigung für Gesundheit und Akademie für Sozialmedizin Niedersachsen e. V. (2011). „Gesunde Kita für alle".
[6] Bertelsmann Stiftung (2008). *Volkswirtschaftlicher Nutzen von frühkindlicher Bildung in Deutschland.*
[7] Petra Strehmel (2008). Wovon hängt „gute Bildung" tatsächlich ab? In *Kindergarten heute 1*, 8–13.

Kindertageseinrichtungen konzentrieren sich einige auf die Zusammenarbeit mit Städten. Es gibt allerdings nur wenige andere Träger für Kindertageseinrichtungen, die sich wie wir auf die Kinderbetreuung sowohl im betrieblichen als auch im kommunalen Bereich spezialisiert haben. Wir bieten im Vergleich ein umfangreicheres sowie individuell konzipiertes Leistungsangebot an und arbeiten bedarfsorientierter, weil in Abstimmung mit den Eltern. Gleichzeitig sind wir deutschlandweit tätig und als gemeinnützig einzustufen. Durch unsere ganzheitliche Aufstellung und unsere jahrelange Erfahrung können wir eine Vielzahl an Projekten stemmen. Wir stellen ein fachlich fundiertes, kind- und familiengerecht gestaltetes Angebot von hoher Qualität zur Verfügung. Aufgrund unserer mehr als 16-jährigen Erfahrung auf dem Gebiet früher Bildung und Betreuung verfügen wir über eine umfangreiche Marktkenntnis und einen sehr detaillierten Einblick in die Wünsche und Bedarfe der Kunden, die auf dieser Basis mit den passenden individuellen Lösungsmöglichkeiten bedient werden können. Außerdem konnten wir uns ein gutes Netzwerk aufbauen. Dadurch bestehen wertvolle und stabile Beziehungen zu Kooperations- und Netzwerkpartnern, die wir gerne in unsere Kinderbildungseinrichtungen integrieren möchten.

Fernsehbeiträge im ZDF heute journal, Auszeichnungen wie zum Beispiel der „QUERDENKER-Award", der „Mestemacher KITA-Preis" und der „Unternehmerheld" des Netzwerks Nordbayern bestätigen uns in unserer Arbeit.

Durch unsere Kooperation mit Prof. Dr. Wassilios Fthenakis (2012-2013), einem anerkannten Experten im frühkindlichen Bildungsbereich mit über 40 Jahren Erfahrung, wollen wir unser Qualitätsmanagement weiterentwickeln, unsere pädagogischen Mitarbeiter professionalisieren und die Kinderbetreuungslandschaft in Deutschland positiv voranbringen. Wir sind damit der erste Träger, bei dem Prof. Dr. Fthenakis sein Wissen und seine Erfahrungen einbrachte. Das macht uns natürlich sehr stolz und bestätigt uns wiederum in unserem Handeln.

Schwerpunkt: Vereinbarkeit von sozialem Engagement und wirtschaftlich nachhaltigem Wachstum

Das Kerngeschäft der gemeinnützigen Kinderzentren gGmbH ist der Betrieb von Kinderkrippen und -tagesstätten. Aus der Kinderbetreuung resultierende Überschüsse werden, vor dem Hintergrund der Gemeinnützigkeit, vollumfänglich in das Kerngeschäft, insbesondere die Errichtung neuer Einrichtungen, investiert. Wir erzielen unsere Erlöse für den laufenden Betrieb aus Elternbeiträgen und staatlich garantierten Betriebskostenzuschüssen. Für Investitionen (z. B. bei Neu-/Umbau) stehen zusätzlich Investitionskostenzuschüsse in erheblichem Maße zur Verfügung. Die Einrichtungsinvestition ist standardisiert für die Gruppen im Kindergarten und in der Kinderkrippe. Die Finanzierung für Anschaffungs- und Herstellungskosten (Grund/Bau) ist meist eine Mischung aus öffentlichen Investitionskostenzuschüssen und langfristiger Fremdfinanzierung. Ergänzt wird dieses Budget durch Wachstumskapital von sozial- und halböffentlichen Investoren (Auridis, BonVenture, Social Venture Fund, BayBG) zur

Finanzierung der Wachstumskosten sowie durch Eigenfinanzierung aus dem erwirtschafteten Cashflow der Bestandseinrichtungen. Im besonderen Maße werden Investitionen zum Aufbau der Verwaltungsstruktur von Kinderzentren Kunterbunt getätigt, um den Wachstumskurs personell stemmen zu können.

Gerade am Anfang war es sehr schwer, den sozialen Gedanken mit dem wirtschaftlichen Handeln in Einklang zu bringen und dieses Modell Gesprächspartnern, Banken, Behörden und anderen Stellen zu vermitteln. In unserem Geschäftsfeld gehören dazu viel Geduld, Ausdauer und Begeisterungsfähigkeit. Das Feld „Social Business" war noch sehr neu und ein unbeschriebenes Blatt. Da musste man erst einmal eine Menge Überzeugungsarbeit leisten. Um einen neuen Standort zu eröffnen, musste unser Gründer Björn Czinczoll in finanzielle Vorleistung gehen. Aber damals, 1998, war keine Bank bereit, für eine zu dieser Zeit noch recht absurd klingende Idee Geld zu leihen. Wir standen vor dem klassischen Problem, dass wir eine innovative Idee, nämlich eine bedarfsgerechte, weil mit den Eltern abgestimmte Kinderbetreuung, hatten, aber die Funktionsfähigkeit unseres Modells noch nicht unter Beweis gestellt hatten. Zwischen diesen beiden Punkten lag nun eine große Finanzierungslücke, die bei uns Sozialunternehmern meist den ausschlaggebenden Punkt darstellt. Die Ideen und Visionen sind zwar meist innovativ und zukunftsweisend, aber sie sind auch unerforscht und es bestehen wenige Erfahrungswerte hinsichtlich ihrer Erfolgsgarantien. Dadurch sind sie höchst riskant für Investoren, zudem ist die Rendite meist relativ gering.

Am Anfang konnte das Business noch mit eigenem Geld sowie mit Kapital von der Familie und Freunden durch Björn Czinczoll finanziert werden, aber irgendwann wurde das Ganze dafür zu groß. Zunächst hatten wir Glück und fanden einige Business Angels sowie private Spender, mit deren Hilfe die nächsten Schritte gegangen werden konnten. Aber dauerhaft Spenden einzusammeln, konnte nicht der richtige Weg sein, denn dafür musste zu viel Zeit investiert werden und diese fehlte dann im wichtigen operativen Geschäft. Das Jahr 2006 war deshalb ein wichtiger Meilenstein für uns: Wir schrieben schwarze Zahlen und durch den Aufbau von vier Standorten konnten wir die Funktionsfähigkeit unseres Modells auf breiter Basis unter Beweis stellen. Die Auszeichnung zum „Social Entrepreneur Germany" und das sich damit öffnende Netzwerk haben uns dann den großen Anschub für unseren Ausbau gegeben. Durch die größere Bekanntheit und Aufmerksamkeit, die Kinderzentren Kunterbunt nun zuteil wurde, kamen neue Kapitalgeber auf uns zu. Die hervorragenden Kontakte und Pro-bono-Partnerschaften unterstützten uns in unserer strategischen Aufstellung und Ausrichtung sowie unserem wirtschaftlich nachhaltigen Wachstum. Die Ehrung stellte außerdem den Kontakt zu unseren Sozialinvestoren her, die einen großen Beitrag zu unserem Wachstum leisten.

BonVenture, ein deutscher sozialer Risikokapitalgeber, gewährte uns ein eigenkapitalähnliches nachrangiges Darlehen. Die von uns dafür zu zahlenden Zinsen richten sich nach dem Ertrag. Sinkt unser Gewinn, nehmen auch die Zinszahlungen ab. Der von Aldi gestiftete Venture Philanthropy Fonds Auridis vergab ebenfalls ein nachrangiges eigenkapitalähnliches Darlehen an uns, sogar unverzinst. Dieses Instrument war in der damaligen Phase der Unternehmensentwicklung, in der es um eine Professionalisierung und die Entwicklung hin zu einem skalierbaren Geschäftsmodell ging, mehr als wichtig. Das Vertrauen, das unsere Partner in uns gesetzt haben, war für unsere Entwicklung überaus motivierend. Ihre Beratung und ihre großen Erfahrungen verliehen uns Wissen und damit Selbstvertrauen. Die Einrichtung eines Wirtschaftsbeirates, deren Mitglieder unter anderem Vertreter unserer Sozialinvestoren sind, unterstützt uns regelmäßig mit seinem Expertenwissen und begleitet uns auf unserem Weg der Expansion. Neuestes Mitglied ist der Social Venture Fund. Dieser tätigte ein Investment von einer Million Euro – eine echte Rekordsumme, denn so viel hat der Fund bislang noch in kein Sozialunternehmen investiert. Ganz allgemein ist so ein Investment noch nie in Europa im Social-Venture-Capital-Bereich geflossen. Der Social Venture Fund investiert in Sozialunternehmen, die innovative Antworten auf drängende soziale und ökologische Fragen liefern. Der Fonds ist der erste, der europaweit Wachstumskapital für Sozialunternehmen vergibt. Investiertes Kapital wird nach Rückzahlung für erneute Investitionen wieder verwendbar gemacht. So wird nur die Kraft, nicht jedoch das Kapital selbst für eine positive Veränderung eingesetzt. Durch die daraus entstandene breitere Eigenkapitalbasis können wir unsere Entwicklung jetzt nochmals beschleunigen und das Potenzial unseres Sektors ausschöpfen. Dabei hilft natürlich auch, dass sich die Banken aufgrund der nun besseren Eigenkapitalausstattung nicht mehr vor uns verschließen. Die Profitabilität des Geschäftsmodells hat sich inzwischen bis zu den traditionellen Private-Equity-Häusern herumgesprochen.

Neben weiteren sozialen Zwecken widmen sich Sozialinvestoren/Stiftungen dem Thema Bildung am häufigsten. Jede siebte Stiftung ist in diesem Bereich engagiert und die Zahl der Bildungsstiftungen steigt. Im Durchschnitt kamen seit 2000 jährlich 80 Stiftungen hinzu[8], die auch im Bildungsbereich aktiv sind. Die deutschen Bildungsstiftungen setzen unterschiedliche Themenschwerpunkte und verwirklichen ihre Arbeit mit verschiedenen Ansätzen. Sie fördern Vorhaben anderer oder setzen eigene Projekte um. Sie sind regional, national oder international tätig. Dabei verstehen sie sich als unabhängige Innovationsschmieden oder als Partner öffentlicher Akteure. Sie begleiten Kinder und Jugendliche in den verschiedenen Stationen ihrer Bildungsbiografie. Um eine finanzielle Unterstützung von den Sozialstiftungen/Sozialinvestoren zu erhalten, mussten wir uns deren kritischer Prüfung stellen und uns als Sozialunternehmen mit klaren Zielen und durchdachtem Geschäftskonzept ausweisen: Wie solide ist unser Businessplan, verspricht er Wachstum und dreht er sich tatsächlich um ein reales soziales Problem? Glücklicherweise waren wir gut vorbereitet und alle Fragen konnten mit „Ja" beantwortet werden. Wir erhielten daraufhin zum einen natürlich finanzielle Unterstützung, zum anderen trugen der persönliche Kontakt, die Gespräche und der Austausch zu unserer Professionalisierung bei. Wichtig ist, dass Sozialunternehmen in ihren unterschiedlichen Phasen unterschiedliche Finanzierungsmodelle benötigen. Denn Ziel aller Investitionen ist es, dass sich die Sozialunternehmen nach einer gewissen Zeit selbst tragen und wirtschaftlich arbeiten. Und dieses Ziel haben wir erreicht, sicherlich auch aufgrund der positiven

---

[8] Tag der Stiftungen. http://www.tag-der-stiftungen.de/de/informieren/stiftungsthemen/bildungsstiftungen.html.

Marktsituation, denn betriebliche/betriebsnahe Kinderbetreuung wird für Unternehmen und Firmenzusammenschlüsse ein immer wichtigerer Arbeitgebervorteil in Zeiten des steigenden Fachkräftemangels. Die Kommunen mussten bis zum 01.08.2013 eine Mindestbetreuungsquote von 35 % bei der Betreuung von unter Dreijährigen anbieten und der tatsächliche Bedarf ist sogar noch wesentlich höher (z. B. 70 % in Nürnberg). Hiervon sind fast alle Kommunen noch weit entfernt. Der Markt für Kinderbetreuung hat ein auf Jahre hinaus enormes Wachstumspotenzial. Wir wollen unseren Ertrag weiter steigern. Dies gelingt uns durch die Erschließung neuer Standorte, durch Errichtung und Übernahme neuer Einrichtungen und somit den Ausbau der vorhandenen Betreuungsplätze. Wir schaffen Synergieeffekte durch eine zentralisierte Abrechnung und Verwaltung. Unsere hohe Reputation durch qualitativ hochwertige Betreuung, langjährige Erfahrung und reibungslose Abwicklung der Projekte sorgt für einen Imagegewinn und somit das Vertrauen der Kunden.

Wachstum braucht professionelle Abläufe und permanente Kommunikation

Unserer langjährigen Erfahrung nach ist das Wichtigste an einem Wachstum, dass es sich gesund und nachhaltig entwickelt. Das haben wir sehr schnell gelernt und wir haben uns zudem professionelle Beratungsunterstützung von außen geholt. Die Erstellung von allgemeingültigen Prozessen, Arbeitsabläufen und Anweisungen ist entscheidend für die Geschäftsentwicklung. Natürlich müssen diese Veränderungen bzw. Weiterentwicklungen an die Mitarbeiter herangetragen und vermittelt werden. Bei uns geschieht dies in unterschiedlichen Sitzungen. In der Regel treffen sich die Mitarbeiter einer Abteilung einmal in der Woche, um sich über aktuelle Projekte und Aufgaben auszutauschen. Alle zwei Wochen sitzen die Abteilungsleiter zusammen, um sich abteilungsübergreifend zu informieren. Wichtige Beschlüsse werden danach von den Abteilungsleitern an ihre Mitarbeiter weitergegeben. Alle sechs Monate versammeln sich alle Verwaltungsmitarbeiter bei unserem großen Verwaltungsmeeting. Alle Abteilungen berichten aus ihrem Tagesgeschäft und die Geschäftsleitung führt Neuerungen o. Ä. ein. Zweimal im Jahr findet außerdem unser Leitungstreffen statt. Dabei treffen sich alle Leitungskräfte aus unseren Einrichtungen in ganz Deutschland bei uns in der Verwaltung. Bei diesen Treffen werden sie in die Entwicklung von Kinderzentren Kunterbunt aktiv miteinbezogen und involviert.

Diese Termine erfordern sicherlich einen gewissen zeitlichen und personellen Aufwand. Der Austausch und die offene Kommunikation sind für uns aber sehr wichtig. Die Investition dieser Ressourcen bedeutet für uns einen Gewinn für die Zukunft und eine Festigung unserer Vorreiterrolle. Durch die Einbeziehung aller Mitarbeiter steigen die Mitarbeiterbindung und die Loyalität gegenüber Kinderzentren Kunterbunt. Die aktive Mitarbeit am Unternehmenswachstum und die Begleitung der positiven Entwicklungen prägen die Mitarbeiter und lassen uns alle zur KiKu- Familie zusammenwachsen.

Aber nicht nur die interne Festigung ist wichtig, auch das externe Netzwerk und die Kontaktpflege bringen zahlreiche Vorteile. Im Laufe der Jahre konnten wir uns ein umfassendes Netzwerk zu anderen sozialen Organisationen, Dienstleistern, Lieferanten und Kontakten aus Politik sowie Wirtschaft aufbauen. Diese Kontakte schaffen für uns vorteilhafte Mehrwerte im Empfehlungsmarketing und in der allgemeinen Entwicklung der Kinderbetreuungslandschaft in Deutschland. Durch unsere Verbindungen zu anderen Sozialunternehmen im frühkindlichen Bildungsbereich können wir verschiedene Mehrwerte und Zusatzangebote in unseren Einrichtungen anbieten. Dies sorgt bei den Kindern und Eltern, aber auch bei den Unternehmen und Kommunen für ein positives Gesamtbild der Kindertagesstätte. Die Pflege der Kontakte ist deshalb überaus wichtig. Persönliche Treffen und Besuche gehören genauso dazu wie offizielle Termine und Präsentationen auf Kongressen, Messen sowie Fachveranstaltungen. Eine professionelle Außendarstellung und PR-Arbeit sowie ein durchdachter Markenauftritt machen unsere Strategie komplett. Die stetige Weiterentwicklung, Überwachung und kritische Prüfung aller Unternehmensbereiche sprechen für unseren Erfolg.

Fazit: Eine Mischung aus Bill Gates und Mutter Theresa

Bei uns als Social Entrepreneur steht nicht nur die Wirtschaftlichkeit, sondern auch das Lösen von sozialen Problemen im Vordergrund. In einem so fortschrittlichen Land wie Deutschland ist die Betreuungssituation für Kinder immer noch nicht optimal. Die sozialen Bedürfnisse der Eltern und der ganzen Familie wollen wir nachhaltig, professionell und zukunftsorientiert angehen. Wir wollen unser funktionierendes Modell nicht ausschließlich für uns beanspruchen. Unser Ziel ist es, andere Menschen und Unternehmer zu inspirieren, zu aktivieren und dazu anzuregen, mitzumachen und sich für ihre Ideen einzusetzen. Kinderzentren Kunterbunt möchte Modellcharakter ausstrahlen, damit sich mehr Menschen daran beteiligen, diese Probleme anzupacken.

Björn Czinczoll war und ist von seiner Idee und Vision überzeugt, aber das Ausmaß seines Erfolges überrascht auch ihn jedes Mal aufs Neue positiv. Sicherlich war so eine Entwicklung erhofft worden, aber damit wirklich gerechnet haben wir nicht. Derzeit betreibt Kinderzentren Kunterbunt 50 Einrichtungen, in den nächsten drei Jahren soll die Anzahl weiter und kontinuierlich auf das Doppelte ansteigen. Insgesamt werden dann voraussichtlich fast 1.000 Mitarbeiter für die Kinderzentren Kunterbunt GmbH und seine Ideale arbeiten – ein unglaubliches Ergebnis, das uns alle sehr glücklich und stolz macht. Eine Geheimwaffe von Czinczoll ist sicherlich sein Herzblut für die Sache an sich: „Tag für Tag sehe ich etwas Gutes entstehen und unsere positive Bewegung wachsen. Unsere Arbeit macht für mich einen Sinn und wir können damit wirkliche Probleme anpacken und lösen. Dieses gute Gefühl gibt mir und meinem Team Auftrieb und lässt uns auch schwierige Hürden bewältigen, und davon gab es gerade am Anfang mehr als genug. Wir können nur jedem raten, sich nie entmutigen zu lassen, seine Ideen und seine Ziele immer im Auge zu behalten und am Ball zu bleiben – das macht für mich einen wahren Sozialhelden aus!"

Gründer
Björn Czinczoll, Gründer und Geschäftsführer von Kinderzentren Kunterbunt, wurde 1972 in Hamburg geboren und ist in Regensburg aufgewachsen. Nach seinem Jurastudium gründete er 1998 in Nürnberg seinen Verein Kinderzentren Kunterbunt e. V.

Autorin
Die Autorin des Beitrags, Stefanie Franz, arbeitet seit 2010 als Marketingleiterin für Kinderzentren Kunterbunt. Nach ihrem Studium zur Dipl.-Kommunikationswirtin und verschiedenen Stationen in der Werbung widmet sie sich nun mit aller Energie dem Wachstum von Kinderzentren Kunterbunt und der öffentlichkeitswirksamen Verbreitung der Vision.

Weiterführende Informationen
www.kinderzentren.de

Haus der Kleinen Forscher: Bessere Bildungschancen für alle Kinder im Bereich der Naturwissenschaften

8

Peter Rösner

Inhaltsverzeichnis

Zusammenfassung 77
Die Organisation in Kürze 78
Die Idee und ihre Umsetzung 79
    Funktionsweise der sozialen Innovation 79
    Schwerpunkt: Naturwissenschaften und Technik für Mädchen und Jungen von drei bis zehn Jahren 84
    Die Stiftung als lernende Organisation 86
Fazit: Auf einem erfolgreichen Weg – offene Türen für alle Kinder 89

Zusammenfassung

Die gemeinnützige Stiftung Haus der kleinen Forscher engagiert sich mit einer bundesweiten Initiative für die Bildung von Kindern im Kita- und Grundschulalter in den Bereichen Naturwissenschaften, Mathematik und Technik. Sie unterstützt mit ihren Angeboten pädagogische Fach- und Lehrkräfte dabei, Mädchen und Jungen bei ihrer Entdeckungsreise durch den Alltag zu begleiten.

Partner der Stiftung sind die Helmholtz-Gemeinschaft, die Siemens Stiftung, die Dietmar Hopp Stiftung, die Deutsche Telekom Stiftung und die Autostadt in Wolfsburg. Gefördert wird sie vom Bundesministerium für Bildung und Forschung.

Der folgende Beitrag stellt dar, welcher Mission die Stiftung sich verpflichtet hat und welche Ideen zur Gründung der Bildungsinitiative geführt haben. Die inhaltliche

P. Rösner (✉)
Stiftung Haus der kleinen Forscher, Rungestraße 18, 10179 Berlin, Deutschland
E-Mail: Peter.Roesner@haus-der-forscher.de

Abb. 8.1 Beim Forschen lernen die Kinder ihre Umwelt besser verstehen und kommen dabei regelmäßig ins Staunen. (Quelle: Thomas Ernst/Stiftung Haus der kleinen Forscher)

Entwicklung und fachliche Fundierung der Angebote wird ebenso dargestellt wie die Multiplikatorenstruktur, mit deren Hilfe es der Bildungsinitiative gelingt, pädagogischen Fach- und Lehrkräften deutschlandweit die kontinuierliche Teilnahme an ihren Fortbildungen zu ermöglichen – mit dem Ziel, allen Kindern bessere Bildungschancen zu eröffnen (Abb. 8.1).

Die Organisation in Kürze

Initiatoren: McKinsey, Helmholtz-Gemeinschaft, Siemens Stiftung, Dietmar Hopp Stiftung

Kinder sind kleine Forscherinnen und Entdecker. Von frühester Kindheit an erleben sie ihre Welt und erfahren beispielsweise die Schwerkraft, Sehen und Hören. Sie beginnen, ihre Hände als Werkzeug zu benutzen und mit der eigenen Stimme Bedürfnisse zu formulieren. Kinder sind neugierig, kreativ, lernbegierig und wollen die Welt um sich herum verstehen. Die ersten Lebensjahre sind für ihre Entwicklung von großer Bedeutung. In den Einrichtungen im Elementarbereich werden die ersten Kapitel der individuellen Bildungsbiografie geschrieben.

Die gemeinnützige Stiftung „Haus der kleinen Forscher" möchte Kinder von Anfang an in ihrer Entwicklung unterstützen und ihnen helfen, eigene Stärken und Begabungen in den Bereichen Naturwissenschaften, Mathematik und Technik für sich selbst zu entdecken. Sie will allen Kindern in diesem Land, unabhängig von Weltanschauungen, Umfeld oder sozialem Status der Eltern, Bildungschancen ermöglichen und einen Beitrag dazu leisten, dass aus ihnen selbstbewusste und starke Kinder werden. Bildung in den Bereichen Mathematik, Informatik, Naturwissenschaft und Technik (MINT) als Teil der Allgemeinbildung ermöglicht individuelle Teilhabe und selbstbestimmte, mündige Lebensgestaltung in einer technisch geprägten Welt, z. B. um Entwicklungen der Kommunikations- und Informationstechnologie für sich selbst reflektiert nutzen zu können. Sie wird benötigt, um kompetent eigene Haltungen aufzubauen und zu formulieren, die politische und gesellschaftliche Diskussion zu gestalten und zu fundierten Entscheidungen dieser Gesellschaft beizutragen – in Gebieten wie beispielsweise Energie, Gesundheit oder Mobilität.

Der Wohlstand in Deutschland resultiert aus einem Vorsprung in Forschung, Innovationen und Patenten. Diesen zu erhalten setzt akademisch und nicht akademisch gut ausgebildete Fachkräfte in den entsprechenden Berufen voraus. Kinder, die früh ihre Begeisterung und Kompetenz im Bereich MINT erfahren haben, werden möglicherweise einen entsprechenden Beruf wählen und so in Forschung, Entwicklung und Produktion dazu beitragen, den Forschungs- und Innovationsstandort Deutschland weiter zu stärken.

Die Stiftung „Haus der kleinen Forscher" unterstützt mit der gleichnamigen Initiative pädagogische Fach- und Lehrkräfte mit einem bundesweiten Qualifizierungsprogramm aus kontinuierlichen Fortbildungen und praxisnahen Arbeitsunterlagen dabei, Bildungsprozesse mit Kindern in den Bereichen Naturwissenschaften, Mathematik und Technik kompetent zu gestalten.

Hauptfokus der Bildungsinitiative ist die Weiterqualifizierung der Pädagoginnen und Pädagogen, die in Bildungseinrichtungen für die MINT-Bildung der Kinder verantwortlich sind. Diese sollen – anstelle von sporadischen Besuchen durch Externe oder reinen Materialangeboten – über ein Multiplikatorenmodell kontinuierlich fortgebildet und dauerhaft begleitet werden. Arbeitsunterlagen und Fortbildungskonzepte stellt die Stiftung kostenfrei zur Verfügung.

Viele Partner in der Gesellschaft, in der Wirtschaft, in Stiftungen und natürlich den Bildungseinrichtungen tragen dazu bei, diese Idee überall in Deutschland Wirklichkeit werden zu lassen. Sie alle arbeiten daran mit, dass möglichst viele Kitas (wenn im Folgenden der Begriff „Kita" verwendet wird, versteht die Stiftung darunter Kindergärten, Kindertagesstätten, Kinderläden und Einrichtungen, in denen Kinder im Alter von drei bis sechs Jahren betreut werden), Horte und Grundschulen zu „Häusern für kleine Forscher" werden und damit jedes Kind, unabhängig vom jeweiligen sozialen Hintergrund, in seiner Bildungseinrichtung eine Chance auf naturwissenschaftliche, mathematische und technische Bildung erfährt. Derzeit können sich in 230 lokalen Netzwerken insgesamt 27.019 Einrichtungen am Programm der Stiftung beteiligen (Stand 31.06.2013).

Die Idee und ihre Umsetzung

Funktionsweise der sozialen Innovation

Naturwissenschaftliche Phänomene sind Teil der Erfahrungswelt von Kindern: Morgens klingelt der Wecker, die Zahncreme schäumt beim Zähneputzen, das Radio spielt Musik, der heiße Kakao dampft in der Tasse, auf dem Weg zur Kita werden blühende Blumen beobachtet, die gestern noch geschlossen waren. Kinder wollen ihre Welt im wahrsten Sinne des Wortes „begreifen" und mehr über Naturphänomene und technische Fragen erfahren. Diese vielfältigen Anlässe im Alltag der Kinder lassen sich auch für die pädagogische Arbeit nutzen.

Kleine Anlässe, große Erkenntnisse – der Alltag ist voller Naturwissenschaften!

In ihrem pädagogischen Ansatz geht es der Stiftung „Haus der kleinen Forscher" vor allem um Lernfreude und Problemlösekompetenzen. Dabei sollen Kinder gerade nicht nach Erwachsenenverständnis „richtige" Erklärungen für bestimmte Phänomene lernen und diese auf Abruf wiedergeben können. Vielmehr sollen die Kinder bei einem forschenden Entdeckungsprozess, der sich von seiner Vorgehensweise her an den Naturwissenschaften orientiert, begleitet werden. Dazu gehören unter anderem das Beobachten, Vergleichen und Kategorisieren, das sich Kinder zunutze machen, um die Welt um sich herum zu erkunden.

Die Stiftung möchte eine nachhaltig positive Einstellung zu Naturwissenschaften, Mathematik und Technik fördern. Forschen unterstützt nicht nur die Neugier und Begeisterung für naturwissenschaftliche Phänomene und technische Fragen, sondern auch eine Reihe weiterer Basiskompetenzen, die die Kinder für ihren späteren Lebensweg benötigen. Dazu gehören beispielsweise Sprachkompetenz, Sozialkompetenz und Feinmotorik sowie ein Zugewinn an Selbstbewusstsein und innerer Stärke.

Inhaltliche Entwicklung und fachliche Fundierung – der pädagogische Ansatz der Stiftung

Der pädagogische Ansatz der Stiftung ist ein zentraler Bestandteil der Fortbildungen und betont das eigenständige und kooperative Lernen der Kinder mit ihren pädagogischen Fach- und Lehrkräften. Der Ansatz ist ressourcen- und lernorientiert und strebt eine ko-konstruktive Umsetzung forschenden Lernens bei Kindern wie in der Erwachsenenbildung an. Folgende Aspekte sind wichtige Aufgaben in der pädagogischen Begleitung der Kinder:

- **Stets an das Vorwissen der Kinder anknüpfen:** Die pädagogischen Fachkräfte bekommen eine Vorstellung von den Vorerfahrungen und Gedankengängen der Kinder, wenn sie ihnen genau zuhören, sie beobachten und nach ihren eigenen Vermutungen fragen.
- **Mit den Kindern sprechen:** Die pädagogischen Fachkräfte unterstützen die Kinder durch Dialoge dabei, den nächsten geistigen Entwicklungsschritt zu machen. Nicht erklären, sondern (hinter-)fragen!
- **Die Kinder zum Nachdenken anregen:** Wenn Kinder einmal vermeintlich „falsche" Konzepte heranziehen, wie „Der Wind kommt aus den Bäumen", dann wird daraus ersichtlich, wo das Kind gerade steht. Aufgabe ist es, Kinder bei geeigneter Gelegenheit darauf aufmerksam zu machen, dass es beispielsweise auch dort Wind gibt, wo sich keine Bäume befinden. Die pädagogische Fachkraft bringt die Kinder auf diese Weise dazu, selbst eine neue Theorie zu entwickeln.

Naturwissenschaftliche Bildung kann immer nur Teil eines umfassenden frühkindlichen Bildungsverständnisses sein. Entsprechend dem pädagogischen Ansatz der Stiftung greifen aber auch beim gemeinsamen Forschen und Entdecken verschiedene Bildungsbereiche ineinander. Kinder erwerben und festigen dabei verschiedenste Kompetenzen:

- **Sprachkompetenz:** Kinder fragen präzise nach und beschreiben die Experimente, verbalisieren Beobachtungen und ziehen Schlussfolgerungen.
- **Sozialkompetenz:** Kinder arbeiten und experimentieren in Kleingruppen.
- **Feinmotorik:** Beim Experimentieren brauchen die Kinder feinmotorische Fähigkeiten und trainieren sie.
- **Lernkompetenz:** Kinder suchen selbstständig Antworten und Erklärungen für beobachtete Phänomene und finden eigene Lösungswege.

Kontinuierliche Unterstützung für pädagogische Fach- und Lehrkräfte

Um die Begegnung mit Naturphänomenen, Technik und Mathematik nachhaltig in die alltägliche Arbeit von Bildungseinrichtungen für Kinder im Kita- und Grundschulalter zu integrieren, setzt die Stiftung auf die kontinuierliche Weiterqualifizierung der pädagogischen Fach- und Lehrkräfte, die für die Bildung der Kinder verantwortlich sind.

Jede Fortbildung widmet sich einem bestimmten Themenbereich – zum Beispiel Wasser, Luft, Mathematik oder Forschen mit Magneten. Ergänzend dazu wird jeweils ein pädagogisches Thema schwerpunktmäßig vertieft. Dazu erhalten die Teilnehmerinnen und Teilnehmer in den Fortbildungen kostenfrei umfangreiche Informationen und Arbeitsunterlagen, die zudem als PDF auf der Website der Stiftung frei verfügbar sind. Für weitere Interessierte, wie Eltern oder Großeltern, sind Printausgaben aller pädagogischen Materialien auch im Onlineshop der Stiftung bestellbar. Ergänzend zu den Präsenzfortbildungen bietet die Stiftung zukünftig verstärkt unterstützende Onlinekurse an.

„Forscht mit!", das vierteljährlich erscheinende Kita-Magazin der Stiftung, bietet den Pädagoginnen und Pädagogen Ideen für Projekte und zeigt gelungene Beispiele aus Bildungseinrichtungen. In jeder Ausgabe erhalten sie praktische Tipps und Forschungsanregungen, um mit den Kindern Antworten auf naturwissenschaftliche Phänomene des Alltags zu finden (Abb. 8.2).

Extra für Kinder

Um Kindern im Grundschulalter in der Freizeit wie in der Schule einen eigenständigen Zugang zum Forschen zu bieten, hat die Stiftung „Haus der kleinen Forscher" eine Website speziell für Kinder entwickelt, die den Mädchen und Jungen Anregungen zum Forschen und Entdecken gibt. Unter www.meine-forscherwelt.de gelangen sie in einen interaktiven Forschergarten, durch den sie die Figuren Tim und Juli sowie der Kater Berleburg begleiten. Die interaktive Forscherwelt bietet Kindern Onlinespiele, Wissenstexte, Quizfragen und Experimentierideen rund um Naturwissenschaften und Technik.

Starke Partner für bessere Bildung

Von Anfang an war klar, dass für die Umsetzung der Initiative überall in Deutschland Partner notwendig sind, die bereit sind, eigene Ressourcen einzubringen, um das Bildungsangebot in ihrer Region zu verbessern. Träger der lokalen Netzwerkpartner der Stiftung „Haus der kleinen Forscher" sind vor allem private Kita-Träger, öffentliche Gebietskörperschaften wie Städte, Gemeinden und Landkreise, Volkshochschulen, Science

Abb. 8.2 Selbst ausprobieren, Ideen sammeln und zum Forscher werden – die Erzieherinnen und Erzieher lassen sich gerne mit dem Forscherfieber anstecken. (Quelle: Frank Bentert/Stiftung Haus der kleinen Forscher)

Center und Bildungsträger, Unternehmensverbände wie Industrie- und Handelskammern, Handwerkskammern und Arbeitgeberverbände.

Dieses Multiplikatorensystem stellt sicher, dass die Fortbildungen möglichst nah am Wohn- oder Arbeitsort der pädagogischen Fach- und Lehrkräfte stattfinden. Die lokalen Netzwerkpartner der Stiftung engagieren sich für die Gewinnung und persönliche Betreuung der Einrichtungen und organisieren die Fortbildungen. Viele Netzwerke betreuen bereits mehrere Hundert Einrichtungen. Mit kreativen Aktionen machen sie immer wieder auf die Bildungsinitiative aufmerksam und motivieren die Menschen zum Mitmachen (Abb. 8.3).

Zertifizierung als „Haus der kleinen Forscher"

Als Instrument der Qualitätsentwicklung und um das kontinuierliche Engagement der Einrichtungen sichtbar werden zu lassen, können diese sich offiziell als „Haus der kleinen Forscher" zertifizieren lassen. Über die Vergabe der Zertifizierung entscheidet die Stiftung anhand eines standardisierten Verfahrens, das in Anlehnung an das Deutsche Kindergarten Gütesiegel und unter Beteiligung eines externen wissenschaftlichen Expertenteams entwickelt wurde.

Dezidierte Rückmeldungen zu den gemachten Angaben im Zertifizierungsprozess helfen den Einrichtungen, sich weiterzuentwickeln und interne Reflexionsprozesse zu gestalten. Die Zertifizierung ist deshalb auf Kontinuität und Prozesshaftigkeit angelegt. Sie ist jeweils für zwei Jahre gültig und kann durch Neubeantragung verlängert werden.

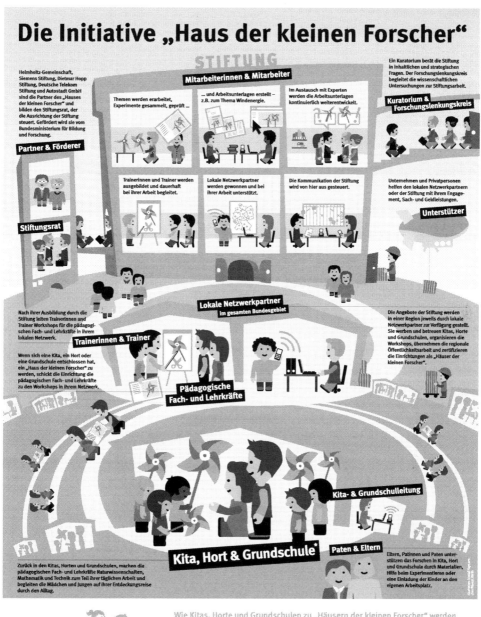

Abb. 8.3 Wie Kitas, Horte und Grundschulen zu „Häusern der kleinen Forscher" werden – der Bauplan der Initiative. (Quelle: Stiftung Haus der kleinen Forscher)

Schwerpunkt: Naturwissenschaften und Technik für Mädchen und Jungen von drei bis zehn Jahren

Handlungsbedarf in der frühkindlichen Bildung

Mit dem Schwerpunktgebiet Naturwissenschaften bestand bei der PISA-Studie 2006 erstmals die Möglichkeit, die naturwissenschaftlichen Kompetenzen der Jugendlichen differenzierter abzubilden. Die Testwerte stellten Deutschland vor Herausforderungen. Den Maßstab setzte Finnland, das demonstrierte, welches naturwissenschaftliche Niveau Fünfzehnjährige erreichen können. Die Schülerinnen und Schüler dort lagen in ihrer Kompetenzentwicklung 1,5 bis 2 Jahre vor ihren Altersgenossinnen und Altersgenossen in Deutschland.

Schon vor der Einschulung werden wichtige Grundlagen für den späteren Schulerfolg geschaffen. Im Kontext des lebenslangen Lernens gilt die frühe Kindheit mittlerweile als erster und fundamentaler Baustein der individuellen Bildungsbiografie eines jeden Menschen. Erkenntnisse der modernen Hirnforschung und der neueren Entwicklungspsychologie zeigen, dass sämtliche Erfahrungen und Lernprozesse eines Kindes von Geburt an Einfluss auf dessen Entwicklung haben, und untermauern, wie wichtig es ist, von Anfang an mit Freude zu lernen.

Eine der Überlegungen, die den Anstoß zur Gründung des „Hauses der kleinen Forscher" gab, war: Wenn wir heute nicht in den Kitas handeln, fehlen morgen qualifizierte Schulabgängerinnen und -abgänger für die berufliche Ausbildung und Abiturientinnen und Abiturienten für die Hochschulausbildung.

Um die Jahrtausendwende haben alle Bundesländer Bildungspläne verabschiedet, die in unterschiedlichem Maße konkret und verbindlich sind, die aber alle einen Schwerpunkt auf naturwissenschaftliche und technische Bildung, insbesondere auch für drei- bis sechsjährige Kinder, legen. Dabei blieb die Aufgabe zunächst ungelöst, diesen Bildungsauftrag in der Praxis von mehr als 45.000 Kitas umzusetzen und die Erzieherinnen und Erzieher auf ihre veränderten Aufgaben vorzubereiten. Das „Haus der kleinen Forscher" ist dazu angetreten, an der Erfüllung dieser Aufgabe mitzuarbeiten.

Warum gerade Naturwissenschaften?

Die zunehmende Bedeutung von Technik in unserer Gesellschaft und der steigende Bedarf an gut ausgebildeten Fachkräften und Experten war der Grund für die 2006 ins Leben gerufene Bildungsinitiative. Nicht alle Kinder werden später Wissenschaftlerinnen oder Forscher. Allerdings kann eine frühe naturwissenschaftliche und technische Bildung ihnen fundierte Kenntnisse mit auf den Weg geben, um sich selbst ein Urteil über die großen gesellschaftlichen Herausforderungen bilden zu können.

Gründung und Entwicklung der Stiftung

Mit ihrer Gründung 2008 übernahm die Stiftung das operative Geschäft vom 2006 ins Leben gerufenen Verein Haus der kleinen Forscher e. V. Die Entwicklung der ersten fünf Jahre und die deutschlandweite Ausbreitung der Initiative waren durch ein kontinuierliches Wachstum geprägt.

Dies kam durch den in diesem Ausmaß zunächst kaum erwarteten Erfolg in der Verbreitung, das Interesse vieler Einrichtungen und Partner an einer Beteiligung und eine Vielzahl von Kooperationsanfragen und Aufträgen an die Stiftung als Kompetenzpartner in der frühen naturwissenschaftlichen Bildung zustande. Unter anderem ist hier die Weiterführung der Angebote des Elementarbereichs im Grundschulbereich zu nennen.

Die Mission der Stiftung ist die Leitlinie, zu deren Erfüllung alle Aktivitäten und Maßnahmen beitragen sollen. Die Mission als „Corporate Identity" ist Richtschnur für alle Entscheidungen und Maßnahmen der Stiftung. Ihre Klarheit – vor allem im Hinblick auf den ersten Absatz der Zusammenfassung – trägt wesentlich zur Kohärenz der Angebote und auch zur Identifikation der Mitarbeiterinnen und Mitarbeiter sowie der regionalen Partner mit der Stiftung bei.

Zum Zeitpunkt der Gründung der Stiftung standen Sets von Experimentierkarten für die Themen „Wasser", „Luft" und „Sprudelgas" sowie erste Fortbildungsmodule zur Verfügung. Die ersten 50 Netzwerke waren gegründet, die Plakette „Haus der kleinen Forscher" als Mitmachbestätigung für engagierte Einrichtungen war entworfen und erste Trainerinnen und Trainer in den Netzwerken waren für die Durchführung von „Haus der kleinen Forscher"-Fortbildungen qualifiziert worden.

Im ersten Halbjahr 2013 erreichte die Initiative in rund 230 lokalen Netzwerken insgesamt 27.019 Krippen, Kitas, Horte und Grundschulen. 3.428 davon sind bereits als „Haus der kleinen Forscher" zertifiziert. Das „Haus der kleinen Forscher" ist mittlerweile die größte Frühbildungsinitiative Deutschlands im Bereich Naturwissenschaften, Mathematik und Technik.

Wachsende Netzwerke

Aus dem ersten Netzwerk der „Piloteinrichtungen", das die Stiftung in Berlin bis heute betreut, entstanden bis 2008 rund 50 Netzwerke überall in Deutschland mit sehr unterschiedlichen Partnerorganisationen. Ihre Gründung wurde in der Regel durch engagierte Einzelpersönlichkeiten vorangetrieben, die aus der nationalen Berichterstattung vom „Haus der kleinen Forscher" erfahren hatten.

Schnell wurde jedoch klar, dass es mehr Aktivitäten bedarf, um das Angebot bundesweit zur Verfügung zu stellen. So wurden in Sachsen und Sachsen-Anhalt Anfang 2009 die ersten durch die Stiftung initiierten Länderkooperationen abgeschlossen, mit dem Ziel, jeweils ein ganzes Bundesland mit Netzwerken abzudecken. In beiden Bundesländern werden die Netzwerke bis heute von den Industrie- und Handelskammern und den Handwerkskammern getragen.

Seither entwickelt die Stiftung mit den zuständigen Landesministerien und den Trägervertretern auf Landesebene Strategien zur flächigen Umsetzung der Bildungsinitiative. In den Ländern Berlin und Sachsen entstanden daraus Modelle, in denen die jeweiligen Bundesländer die Stiftung zusätzlich finanziell fördern, um den Netzwerken vor Ort über die Stiftung zusätzliche Ressourcen zur Verfügung zu stellen.

Bis heute sind rund 230 lokale Netzwerke in ganz Deutschland entstanden (Stand 31.03.2013).

Kontinuierliche Selbstoptimierung – internes Monitoring und externe Evaluation

Mit der konstituierenden Sitzung des Kuratoriums 2009 begann für die Stiftung eine Phase der selbstkritischen Hinterfragung der eigenen Aktivitäten sowie der weitgehenden Überarbeitung ihrer Angebote. Der Forschungslenkungskreis (FLK) berät seit 2011 die Stiftung in allen Fragen der Begleitforschung und koordiniert entsprechende Aktivitäten. Die Stiftung beauftragt regelmäßig wissenschaftliche Gruppen mit der Erstellung von Expertisen – mit dem Ziel, jeweils einzelne Aspekte ihrer Arbeit kritisch zu hinterfragen.

Erweiterung des Stiftungsauftrags auf sechs- bis zehnjährige Kinder

Seit 2011 können auch Horte und Grundschulen beim „Haus der kleinen Forscher" mitmachen. Mit dem Bildungsprojekt „Sechs- bis zehnjährige Kinder" schafft die Stiftung im Sinne einer lückenlosen Bildungsbiografie einen fließenden Übergang für ihr Angebot. So können die Kinder ihre ersten Lernerfahrungen in Naturwissenschaften, Mathematik und Technik im Anschluss an ihre Kita-Zeit vertiefen.

Entscheidend für die Erweiterung der Satzung und der Mission der Stiftung auf das Grundschulalter waren viele Anfragen von Grundschulseite, wie denn die Vorerfahrungen und Kenntnisse der Kinder aus „Häusern der kleinen Forscher" im Sachunterricht oder den Ganztagsangeboten an Schulen bestmöglich aufgegriffen werden könnten.

Hinzu kam die Entwicklung in mehreren Bundesländern, Kita und Grundschule in einem zuständigen Ressort besser zu vernetzen und Bildungspläne für Kinder im Alter von drei bis zehn Jahren bzw. teilweise sogar von null bis zehn Jahren zu entwickeln. Seitens der Länderministerien wurde der Stiftung klar signalisiert, dass von ihr Antworten zu Fragen des Übergangs von der Kita in die Grundschule erwartet wurden.

Die Stiftung nahm dies auf und berücksichtigt, dass für eine bruchfreie MINT-Bildung im Elementar- und Primärbereich Materialien, Fortbildungen und Angebote konsequent für Kinder im Alter von drei bis zehn Jahren gedacht und umgesetzt werden müssen. Dies ist wissenschaftlich sinnvoll und sorgt in der Wahrnehmung der Bildungsbehörden in Bund und Ländern für große Akzeptanz, weil die eigenen Bemühungen dort entsprechend unterstützt werden (Abb. 8.4).

Das „Haus der kleinen Forscher" als Bildungsexport

Mit dem Besuch der thailändischen Prinzessin HRH Sirindhorn anlässlich der Nobelpreisträgertagung in einer „Haus der kleinen Forscher"-Kita in Lindau im Jahr 2010 starteten die Auslandsaktivitäten der Stiftung. Die Stiftung und ihre Partner sehen in dem „Export" der Bildungsinitiative eine gute Chance, den Bildungs- und Innovationsstandort Deutschland im Ausland positiv darzustellen.

Die Stiftung als lernende Organisation

Im Rahmen einer langfristig angelegten wissenschaftlichen Begleitforschung wird die Stiftungsarbeit kontinuierlich untersucht. Wissenschaftlerinnen und Wissenschaftler

Abb. 8.4 Forschen in der Grundschule: Grundschulkinder präsentieren ihre Fantasiemaschine. (Quelle: Steffen Weigelt/Stiftung Haus der kleinen Forscher)

verschiedenster Disziplinen beraten und begleiten die Stiftung in vielfältiger Weise. Dies beinhaltet sowohl die fachliche Fundierung der Entwicklung neuer Konzepte und Themenschwerpunkte als auch die externe Evaluation der Wirkung der Bildungsangebote.

Bisherige Ergebnisse aus quantitativen und qualitativen Studien zeigen die erfolgreiche Richtung der Initiative auf und unterstreichen den Erfolg des gemeinsamen Engagements vieler Fach- und Lehrkräfte, lokaler Netzwerke und anderer Unterstützer.

Hier einige Ergebnisse der wissenschaftlichen Begleitung der Stiftungsarbeit:

- **Pädagogischer Ansatz:** „Das pädagogische Konzept des ‚Hauses der kleinen Forscher' entspricht den aktuellen wissenschaftlichen Erkenntnissen darüber, wie Kinder lernen und wie die Lernprozesse nachhaltige Ergebnisse für die Kinder haben. Das konzeptionell verankerte Verständnis von Bildung, das Bild vom Kind sowie das Verständnis vom Lernen sind fachlich sehr gut begründet und finden auch in der frühpädagogischen Forschung empirische Evidenz."[1]
  „The emphasis on the scientific method in the ‚research circle' shows the initiative's focus on promoting cognitive and problem-solving skills, designed to help children acquire learning skills in various disciplines, the ability to acquire knowledge themselves and sagacity."[2]
  Die beteiligten pädagogischen Fach- und Lehrkräfte aus Kitas und Horten wie auch Grundschulen halten den pädagogischen Ansatz der Stiftung für praxisnah und geeignet für die Umsetzung in ihren Einrichtungen.[3]

---

[1] Spindler, A., & Berwanger, D. (2011). Pädagogischer Ansatz und Multiplikatorenmodell der Stiftung „Haus der kleinen Forscher". Stiftung Haus der kleinen Forscher (Hrsg.). *Wissenschaftliche Untersuchungen zur Arbeit der Stiftung „Haus der kleinen Forscher"*, Band 1. Köln: Bildungsverlag EINS, 47.
[2] OECD (2012). *Innovative teaching for effective learning*. Paris: OECD Publishing.
[3] Stiftung Haus der kleinen Forscher (2013). *Monitoring-Bericht 2013*. Berlin: Stiftung Haus der kleinen Forscher.

- **Chancen der Initiative:** „Die Stiftung ‚Haus der kleinen Forscher' hat die vielleicht einzigartige Möglichkeit, flächendeckend an der Stärkung einer neuen Lernkultur mitzuwirken. Diese neue Lernkultur stellt die Entwicklungsbegleitung des einzelnen Kindes ins Zentrum aller Bemühungen. Eine Unterstützung der intendierten Haltungsänderung der pädagogischen Fachkräfte in den Kindertagesstätten Deutschlands, die im ‚Haus der kleinen Forscher' über den Umgang mit naturwissenschaftlichen Inhalten erfolgt, kann sich grundsätzlich auf die pädagogische Qualität der real existierenden Frühpädagogik auswirken. Darum ist ein reflektiertes und fundiertes Handeln der Stiftung von großer Bedeutung."[4]
- **Akzeptanz und Identifikation:** Die Evaluationen der Stiftung zeigen – angefangen bei den Trainerinnen und Trainern, die die Fortbildungen durchführen, bis hin zu den pädagogischen Fachkräften, die mit den Kindern arbeiten – eine ausgesprochen hohe Akzeptanz und Identifikation mit dem Bildungsangebot und den Bildungszielen der Stiftung.[5]
- **Interesse und Motivation:** Durch die Fortbildungen der pädagogischen Fachkräfte werden mögliche Vorbehalte gegenüber Naturwissenschaften und Technik signifikant abgebaut und das Interesse an diesen Bereichen gefördert.[6]
- **Kompetenzen der Kinder:** Die pädagogischen Fachkräfte beobachten bei den Kindern deutliche Kompetenzgewinne (auch bei Basiskompetenzen wie feinmotorischen Fähigkeiten und sprachlichem Ausdruck) und verstärktes Interesse an naturwissenschaftlichen Phänomenen durch das gemeinsame Forschen und Experimentieren.[7]
- **Qualitätsentwicklung in den Einrichtungen:** Mit Teilnahme an der Initiative „Haus der kleinen Forscher" wird in den pädagogischen Einrichtungen ein Prozess der systemischen Qualitätsentwicklung befördert, der sich im Anteil zertifizierter Einrichtungen widerspiegelt. Während von den Einrichtungen, die seit zwei Jahren teilnehmen, etwa ein Fünftel (18 %) zertifiziert ist, haben von den Einrichtungen, die seit vier bis fünf Jahren teilnehmen, bereits mehr als ein Drittel (35 %) das Zertifikat „Haus der kleinen Forscher" erworben.[8]

---

[4] Evantschitzky, P. (2011). Naturwissenschaften und Technik in Kindertageseinrichtungen: Eine Expertise zur Fortbildungsstruktur der Stiftung „Haus der kleinen Forscher". Stiftung Haus der kleinen Forscher (Hrsg.). *Wissenschaftliche Untersuchungen zur Arbeit der Stiftung „Haus der kleinen Forscher",* Band 2. Köln: Bildungsverlag EINS. 93 f.

[5] Stiftung Haus der kleinen Forscher. (2010, 2011, 2012, 2013). *Evaluationsbericht.* Berlin: Stiftung Haus der kleinen Forscher.

[6] Stiftung Haus der kleinen Forscher. (2010, 2011, 2012, 2013). *Evaluationsbericht.* Berlin: Stiftung Haus der kleinen Forscher.

[7] Stiftung Haus der kleinen Forscher. (2010, 2011, 2012, 2013). *Evaluationsbericht.* Berlin: Stiftung Haus der kleinen Forscher.

[8] Stiftung Haus der kleinen Forscher. (2012, 2013). *Evaluationsbericht.* Berlin: Stiftung Haus der kleinen Forscher.

Fazit: Auf einem erfolgreichen Weg – offene Türen für alle Kinder

Unter dem gemeinsamen Dach der Bildungsinitiative „Haus der kleinen Forscher" haben zahlreiche Partner neue Wege beschritten, um das gemeinsame Ziel zu erreichen: bessere Bildungschancen für alle Kinder – unabhängig von deren Elternhaus oder Wohnort. Die Stiftung und ihre Partner ermöglichen deutschlandweit standardisierte und qualitätsgesicherte Qualifizierungsangebote für Fach- und Lehrkräfte. Dabei hat sie auf verschiedenen Gebieten neue Möglichkeiten gesucht und gefunden, um ihr Bildungsangebot deutschlandweit allen Pädagoginnen und Pädagogen zugänglich zu machen.

Non-Profit-Konzept Die Fortbildungen sind nicht gewinnorientiert und werden kostenfrei angeboten. Auch die Arbeitsmaterialien, wie Experimentierkarten, Broschüren mit pädagogischen Hintergrundinformationen und Projektideen, sind für alle teilnehmenden Fach- und Lehrkräfte kostenlos.

Zu diesem Zweck hat die Stiftung eine einzigartige Infrastruktur geschaffen, die alle gesellschaftlichen Gruppen einbindet. Das Gerüst besteht aus einer Kombination von Multiplikatorenmodell, regionaler und überregionaler Public-Private-Partnership sowie einem Verbundmodell, in dem die Stiftung mit Fachpädagogik und Wissenschaft zusammenarbeitet.

Für alle offen: kostenfrei und deutschlandweit Die Fortbildungen sind explizit darauf ausgerichtet, allen pädagogischen Fach- und Lehrkräften in ganz Deutschland die Teilnahme zu ermöglichen. Zu diesem Zweck arbeitet die Stiftung mit lokalen Netzwerkpartnern zusammen. Diese Partner setzen das Angebot in ihrer jeweiligen Region um. Auch die Partner verfolgen keine kommerziellen Interessen. Die Stiftung „Haus der kleinen Forscher" bereitet die Themen Naturwissenschaften und Technik speziell für praktische Erfordernisse frühpädagogischer Fachkräfte systematisch auf. Diese Bereiche sind in den Bildungsplänen der Länder für die Frühförderung festgeschrieben, werden aber in der Ausbildung der Fachkräfte oft vernachlässigt. Die Stiftung schließt hier eine Lücke, die keine andere Weiterbildungsinstitution ausfüllt.

Ganzheitlicher Ansatz: Forschen, Motorik, Sprache, Sozialkompetenz Die pädagogischen Fach- und Lehrkräfte erfahren in den Fortbildungen, wie sie die naturwissenschaftliche und technische Frühförderung im Sinne eines ganzheitlichen Ansatzes nutzen können. Bei der praktischen Umsetzung in der Einrichtung integrieren sie beim Forschen auch die Lernfelder Feinmotorik und Sozialkompetenz sowie Sprachförderung. Das gemeinsame Experimentieren schafft Sprechanlässe, die wegen ihrer emotionalen Tiefe die Sprachentwicklung fördern. So werden verschiedene Lernfelder innovativ verknüpft. Dies bedeutet für die Erzieherinnen und Erzieher einen bereichsübergreifenden Kompetenzgewinn.

Persönlicher Kontakt, nachhaltige Umsetzung Die Fortbildungen wirken persönlich und nachhaltig: Aufeinander aufbauende Module sorgen für eine regelmäßige Vertiefung der Lernergebnisse. Die Teilnehmerinnen und Teilnehmer werden persönlich betreut und haben in den lokalen Partnern der Stiftung persönliche Ansprechpartner, die auch zwischen den Workshop-Terminen jederzeit für Fragen und Wünsche zur Verfügung stehen. Die nachhaltige Umsetzung der Lerninhalte in der Praxis wird durch ein Zertifizierungssystem gefördert.

Multiplikationseffekt: rund 1,5 Millionen Kinder profitieren Die Wirkung der Fortbildungen reicht weit über die Teilnehmenden hinaus. Über die Weiterbildung von pädagogischen Fach- und Lehrkräften schafft die Stiftung bessere Bildungschancen für Kinder und erreicht damit alle Kinder, die in den Einrichtungen der Teilnehmerinnen und Teilnehmer betreut werden. Von dieser Fortbildungsoffensive haben bisher rund 1,5 Mio. Kinder in Kitas, Horten und Grundschulen deutschlandweit profitieren können.

Darüber hinaus wird die natürliche Neugier der Kinder am Entdecken und Forschen, an Naturwissenschaften und Technik gefördert. Dabei steht die Verbindung von Bildung mit Spaß und Freude im Zentrum. So trägt die Bildungsinitiative „Haus der kleinen Forscher" dazu bei, Bildungsbiografien positiv zu beeinflussen und die natürliche Freude der Kinder daran, immer wieder Neues zu lernen, wachzuhalten.

Bessere Bildungschancen für alle Kinder Bildung öffnet viele Türen – auf dem Weg zu einer vielversprechenden beruflichen Zukunft genauso wie zur mündigen Teilhabe an unserer Gesellschaft. Mit der Initiative „Haus der kleinen Forscher" helfen wir, schon für die Jüngsten die erste Tür zu einer erfolgreichen Bildungsbiografie aufzustoßen. Das gemeinsame Engagement vieler öffentlicher und privater Partner trägt dazu bei, dass Kinder aus Tausenden Kitas, Horten und Grundschulen in Deutschland die Möglichkeit erhalten, ihre Interessen und Begabungen in den Naturwissenschaften, der Mathematik und Technik für sich selbst zu entdecken.

Diese Tür will die Initiative allen Mädchen und Jungen in Deutschland öffnen – und langfristig offenhalten, um das große Ziel zu erreichen, das alle Beteiligten antreibt: die Bildungschancen aller Kinder zu verbessern – unabhängig von ihrer Herkunft oder der Förderung im Elternhaus. Die Bildungsinitiative „Haus der kleinen Forscher" möchte einen bedeutenden Beitrag dazu leisten: mit einem starken bundesweiten Netzwerk, einem soliden wissenschaftlichen Fundament und begeisterten Pädagoginnen und Pädagogen.

Autor und Vorstandsvorsitzender
Dr. Peter Rösner vertritt als Vorstandsvorsitzender seit 2008 die Belange der Stiftung „Haus der kleinen Forscher". Zuvor war er als wissenschaftlicher Leiter des Wolfsburger Science Center Phæno drei Jahre lang verantwortlich für Ausstellungen und

Programme sowie für Kooperationen mit Kindergärten, Schulen und Universitäten. Für seine Dissertation in Physik wurde Dr. Peter Rösner im Jahr 2004 mit dem Berliner-Ungewitter-Preis ausgezeichnet, mit dem die gleichnamige Stiftung herausragende Diplom-Abschlüsse und Promotionen würdigt. Vor seiner Promotion legte Dr. Peter Rösner das Staatsexamen Physik für das Lehramt am Gymnasium ab.

Weiterführende Informationen
www.haus-der-kleinen-forscher.de

Der MINT EC: Schulentwicklung und Begabungsförderung für starke MINT-Schulen

9

Niki Sarantidou

Inhaltsverzeichnis

Zusammenfassung 93
Die Organisation in Kürze 94
Die Idee und ihre Umsetzung 95
    Funktionsweise der sozialen Innovation 95
    Schwerpunkt: Qualitätssicherung – MINT-EC unterstützt
    und motiviert Schulen, ihr MINT-Profil zu schärfen 98
    Ausblick: MINT-EC-Schulen zukünftig stärker unterstützen 101
Fazit: Ein lebendiges Netzwerk teilnehmender Schulen sichert den MINT-Nachwuchs 102

Zusammenfassung

Der Verein mathematisch-naturwissenschaftlicher Excellence-Center an Schulen e. V. (MINT-EC) betreut ein Schulnetzwerk mit derzeit 183 Schulen in Deutschland und einer deutschen Auslandsschule in der Türkei. Starke MINT-Schulen mit Sekundarstufe II, die den aufwendigen Bewerbungsprozess erfolgreich meistern, erhalten Zugang zu den Aktivitäten des Netzwerks, die sowohl zentral durch die Vereinsleitung als auch dezentral aus den Netzwerkschulen heraus entstehen. Schulleitungen erhalten Impulse aus der unternehmerischen Wirtschaft, Lehrkräfte entwickeln in Themenclustern unter Einbeziehung aktueller wissenschaftlicher Forschung eigene Unterrichtseinheiten für den MINT-Unterricht, Schülerinnen und Schüler entdecken und entfalten forschend ihre Begabungen.

N. Sarantidou (✉)
Verein mathematisch-naturwissenschaftlicher Excellence-Center an Schulen e. V.,
Poststraße 4/5, 10178 Berlin, Deutschland
E-Mail: Sarantidou@mint-ec.de

Netzwerkschulen sind aufgefordert, sich an den Maßnahmen zu beteiligen und Eigeninitiative dort zu entwickeln, wo ihre individuellen Stärken liegen, sowohl für das eigene Vorankommen als auch für das anderer MINT-EC-Schulen. So entwickeln die Schulen eigene Schülercamps oder Lehrerfortbildungen, die in das Netzwerk hinein gestreut werden. In diesem Jahr finden erste Lehrerfortbildungen statt, die aus den Themenclustern zum MINT-Unterricht resultieren.

Mit seinen Aktivitäten will der MINT-EC das MINT-Profil der Schulen stärken und die optimale Vorbereitung von Schülerinnen und Schülern auf ein MINT-Studium in den Fächern Mathematik, Informatik, Naturwissenschaften und Technik unterstützen.

Die Organisation in Kürze

Der MINT-EC ist das größte nationale Schulnetzwerk exzellenter MINT-Schulen in Deutschland. Er leistet einen kontinuierlichen Beitrag für Schulentwicklung und Begabungsförderung. Die qualitative Weiterentwicklung der teilnehmenden Schulen ist oberstes Ziel in der Arbeit des MINT-EC. Gemeinsam mit Partnern aus Wirtschaft und Wissenschaft entwickelt der MINT-EC Angebote für die Schulleitungen und Lehrkräfte der Netzwerkschulen, um diese aktiv beim Ausbau des schulischen MINT-Profils zu unterstützen. Er setzt sich mit seinem Programm für Schülerinnen und Schüler des Netzwerkes für die MINT-Begabungsförderung ein und trägt damit zur Sicherung des MINT-Nachwuchses für Wirtschaft, Wissenschaft und Gesellschaft bei.

Gegründet wurde der MINT-EC im Jahr 1999 auf Initiative der Wirtschaft, die schon damals einen großen Fachkräftemangel auf die Unternehmen in Deutschland zurollen sah und die auf Innovationen und die rasche Entwicklung qualitativ hochwertiger Produkte angewiesen ist. Mit dieser Einschätzung lagen die Initiatoren richtig: Der MINT-Frühjahrsreport 2013 des Instituts der Deutschen Wirtschaft schätzt die Arbeitskräftelücke im MINT-Bereich im März 2013 auf knapp 123.000 Personen ein, davon etwa die Hälfte mit akademischem Abschluss.[1] Bis Ende 2020 wird sich der kumulierte ungedeckte Bedarf voraussichtlich auf knapp 1.510.000 MINT-Kräfte summieren, davon knapp 104.000 auf akademischer Ebene.[2]

Hinzu kommt der Mangel an gut ausgebildeten MINT-Lehrkräften. Der MINT-EC hat im Jahr 2012 in seinen eigenen Reihen eine Erhebung zum MINT-Lehrermangel durchgeführt. In dieser Umfrage berichteten über 50 % der MINT-EC-Schulen für das Fach Physik und ca. 30 % der Schulen für die Fächer Chemie, Mathematik und Informatik über einen Lehrkräftemangel. In der Biologie waren ca. 15 % der Schulen von dem Lehrermangel betroffen. Frei werdende Stellen konnten auch an den MINT-EC-Schulen häufig nur mit

---

[1] Institut der Deutschen Wirtschaft (2013). *MINT-Frühjahrsreport 2013. Innovationskraft, Aufstiegschance und demografische Herausforderung.* Köln, S. 49 ff.
[2] Institut der deutschen Wirtschaft (2013). MINT-Herbstreport 2013, Erfolge bei Akademisierung sichern. Herausforderungen bei beruflicher Bildung annehmen. Köln, S. 66

Personen besetzt werden, die keine oder eine nicht abgeschlossene Lehramtsausbildung im MINT-Bereich durchlaufen haben.

Wenig gute MINT-Lehrer an unseren Schulen bedeuten weniger gut vorbereitete Abiturienten, die ein Ingenieurstudium oder ein mathematisch-naturwissenschaftliches Studium aufnehmen, mehr Studienabbrecher, weniger gute Absolventen, weniger gute MINT-Lehrer und -Wissenschaftler an Hochschulen und weniger Ingenieure. Ein Teufelskreis, gegen den der MINT-EC mit seinen Möglichkeiten über die Einbindung und Förderung starker Schulen seit vielen Jahren vorgeht.

Die Idee und ihre Umsetzung

Funktionsweise der sozialen Innovation

Der MINT-EC bietet Schulen mit starkem MINT-Profil die Möglichkeit, durch Nutzung der Netzwerkstrukturen und durch Mitwirkung am Programm die Schulstruktur insbesondere in der MINT-Bildung und die Begabungsförderung für die Schülerschaft voranzubringen. Die Konzentration auf die Spitze bei der Qualität der auf MINT spezialisierten Schulen ist gewollt. Der MINT-EC zeichnet hervorragend arbeitende MINT-Schulen als Excellence-Center aus und trägt damit zur Orientierung von Schülerinnen und Schülern und deren Eltern bei der Wahl der weiterführenden Schule bei. Hinzukommt, dass mit der Auszeichnung eine intensive Arbeit der Schulen im Netzwerk beginnt und die Schulen das erforderliche Engagement einbringen sollen.

Nicht jeder erhält Zutritt zum Netzwerk. Schulen mit Sekundarstufe II bewerben sich initiativ um die Mitgliedschaft. Einmal jährlich tritt eine unabhängige Jury zusammen, die die Auswahl der Schulen vornimmt. Es werden die Schulen ausgewählt, die deutlich machen, dass sie ihre Schülerinnen und Schüler sehr gut auf ein MINT-Studium nach dem Abitur vorbereiten. Schulen, die sich auf gutem Weg befinden, die Auswahlkriterien zu erfüllen, erhalten für zwei Jahre unter Auflagen den Status der Anwartschaft. Nach diesem Zeitraum müssen sie die Auflagen erfüllt haben, um mit einem erneuten Antrag als Vollmitglieder aufgenommen werden zu können. Schulen, die die Kriterien bereits erfüllen, erhalten sofort die Vollmitgliedschaft. Alle Vollmitglieder müssen nach drei Jahren den Verbleib im Netzwerk beantragen. Dabei werden ihre Entwicklung und ihre Aktivitäten innerhalb des MINT-EC in den Blick genommen.

Sowohl Anwärter als auch Vollmitglieder partizipieren und profitieren in gleicher Weise von ihrer Zugehörigkeit zum MINT-EC, hier werden keine Unterschiede gemacht. Alle Schulen erhalten gleichermaßen die Möglichkeit, Gewinn aus der Zusammenarbeit zu ziehen. Dies motiviert insbesondere die Anwartschaftsschulen, sich weiterzuentwickeln, um dauerhaft im Netzwerk verbleiben zu können.

Darstellung des MINT-Profils in der Öffentlichkeit

Für ein funktionierendes Excellence-Center ist es wichtig, dass Schulen mit starkem MINT-Sektor ihre Leistungen nach innen leben und nach außen präsentieren. Dabei erwartet der

MINT-EC nicht, dass ausschließlich ein MINT-Profil existiert, sondern dass das MINT-Profil mindestens gleichwertig neben anderen Profilen der Schule steht. Die Erfahrung zeigt, dass die meisten Schulen aufgrund der Nachfrage von Eltern und Schülern mehrere Profile bedienen müssen und dies als Chance begreifen. Schulen schaffen einerseits sinnvolle und spannende Verflechtungen zwischen den verschiedenen Fachbereichen, andererseits werden sie dem Engagement und den Bedürfnissen bestenfalls von Lehrern aller Fachrichtungen gerecht. Nur durch die Berücksichtigung der Anforderungen aus dem gesamten Kollegium können Profile an den Schulen erfolgreich gelebt werden.

Das MINT-Leistungsprofil der Schule muss im Schulprogramm verankert sein. Um das Leistungsprofil zu stärken, ist es sinnvoll, MINT bereits als Leitgedanken in das Schulprogramm aufzunehmen, vergleichbar einer Unternehmensphilosophie. So wird nach außen hin sichtbar, welche Leistungen die Schule anbietet. Eltern und Schüler können sich auf dieser Grundlage bewusst für die weiterführende Schule entscheiden.

Eine MINT-EC-Schule muss eine schuleigene Webseite haben. Der Besucher der Schulwebseite muss rasch Zugang zu allen MINT-Aktivitäten der Schule erhalten können, die Seite sollte zudem laufend aktualisiert werden und ansprechend gestaltet sein. MINT muss ggf. mit anderen Profilen der Schule gleich als herausragendes Angebot erkennbar und als Menüpunkt direkt auf der Startseite zu finden sein.

Viele MINT-EC-Schulen führen regelmäßig Veranstaltungen zu MINT-Themen durch, zu denen Eltern, die allgemeine Öffentlichkeit und die Presse eingeladen werden. MINT-Aktivitäten der Schulen, Erfolge in MINT-Wettbewerben etc. werden über Pressemitteilungen an die örtlichen Medien kommuniziert. Soweit die Schulen ein Jahrbuch oder sonstige eigene Publikationen herausgeben, wird darin der MINT-Bereich der Schule prominent herausgestellt.

Fächerangebot in der Sekundarstufe II

An einer MINT-EC-Schule müssen Leistungskurse oder Wahlpflicht- bzw. Profilfächer und Seminare in allen MINT-Fächern wählbar sein. Die Belegquote sollte dabei so hoch wie möglich sein. Die Popularität der harten MINT-Fächer sinkt zwar laufend, die Schulen können aber auf verschiedene Weise gegensteuern. Am wirkungsvollsten ist es, frühzeitig Maßnahmen einzuleiten, die die Fächerwahl im MINT-Bereich positiv beeinflussen. Hierzu gehören z. B. die Wettbewerbe in der Sekundarstufe I oder besondere Auszeichnungen und Zertifikate für MINT-Talente. Sollte einmal ein Kurs wegen fehlender Schülerinnen und Schüler oder Lehrkräfte nicht zustande kommen, kann die Schule dies über die Kooperation mit einem Nachbargymnasium kompensieren.

MINT-EC-Schulen verfügen über ein breiteres Fächerangebot als die gewöhnlichen Schulen. Hierzu gehören beispielsweise Fächer wie Astronomie, Robotik, Nanotechnologie, alternative Energien, Elektronik, Automatisierungstechnik oder Mechatronik.

Darüber hinaus sollen die Schülerinnen und Schüler aller Jahrgangsstufen die Möglichkeit haben, in Projekt- bzw. Seminararbeiten und besonderen Lernleistungen ihr Können unter Beweis zu stellen. MINT-Talente schätzen die Herausforderung und arbeiten sich gerne tief in eine Materie ein. Die Themen sollen anspruchsvoll sein und Möglichkeit zur experimentellen Arbeit geben. Dabei sind Kooperationen mit Unternehmen und Hochschulen hilfreich. Schüler können sich dann mit realen Forschungsthemen aus Industrie und Wissenschaft befassen, wie mit der Stammzellenforschung im Bereich der Molekularmedizin, mit Elektromobilität im Fahrzeugbau oder mit der Reinhaltung von Gewässern im Bereich der Biochemie.

Darüber hinaus ist wünschenswert, dass der fächerübergreifende Unterricht gefördert wird, um die Verknüpfungen des MINT-Bereichs mit anderen Gebieten deutlich zu machen. Denn nur wer in der Lage ist, Verknüpfungen zu erkennen und ganzheitlich zu denken, bildet seine Problemlösungskompetenz aus.

Begabungsförderung und Wettbewerbe
Ein ausgereiftes Förderkonzept hilft dabei, Talente zu entdecken und weiterzuentwickeln. Wichtig ist hier, dass die verschiedenen Fächer abgedeckt sind und in der Breite eine Förderung stattfindet. Ein besonders wichtiger Förderschwerpunkt besteht darin, mehr Mädchen für MINT-Themen zu interessieren. Die Möglichkeiten für die Mädchenförderung an Schulen sind vielfältig: AGs, Förderunterricht, Tutoren, Projektarbeit, Wettbewerbsvorbereitung und außerschulische Angebote.

Neben der Breitenförderung ist eine Spitzenförderung sehr wichtig. Hier gibt es ebenso eine Reihe von Förderkonzepten, die anwendbar wären: Projektarbeit mit sehr anspruchsvollen Themen, Wettbewerbsvorbereitung, z. B. für „Jugend forscht", Modelle zur Begabtenförderung oder außerschulische Angebote wie beispielsweise die Schüleruni oder die Deutsche Schülerakademie.

Ein wichtiges Instrument für die Begabungsförderung sind die mathematisch-naturwissenschaftlichen Wettbewerbe. Schülerinnen und Schüler vertiefen hier ihre MINT-Kenntnisse und lernen, ihre Arbeitsergebnisse öffentlich zu präsentieren. Nicht zuletzt sind die erreichten Platzierungen später Aushängeschild für die Schule oder auf dem beruflichen Weg der Schülerinnen und Schüler. Alle Schüler sollten die Möglichkeit erhalten, sich in Wettbewerben zu erproben. Das Wettbewerbsangebot sollte sich über alle Jahrgangsstufen erstrecken und unterschiedliche Bildungsniveaus berücksichtigen. Wünschenswert ist die Teilnahme an schulinternen und externen Wettbewerben und Olympiaden, wie an der Mathematikolympiade, dem Schülerwettbewerb der Siemens Stiftung zu jährlich wechselnden MINT-Themen oder am Bundeswettbewerb Informatik des Hasso-Plattner-Instituts (HPI).

Berufliche Orientierung
Weiteres Merkmal einer MINT-EC-Schule ist eine hervorragende Vorbereitung der Schülerinnen und Schüler auf die Berufs- bzw. Studienwahl. Die Schule hat ein breites Spektrum an Möglichkeiten, um die Schülerschaft mittels fundierter Informationen für ein Berufsbild im MINT-Bereich zu interessieren. An vielen MINT-EC-Schulen gibt es Veranstaltungen, bei denen Ehemalige oder Eltern über ihren MINT-Beruf sprechen. Es gibt die Möglichkeit der Teilnahme an Berufsmessen oder der Zusammenarbeit mit dem Berufsinformationszentrum der jeweiligen Agentur für Arbeit. Auch die Universitäten halten

Abb. 9.1 Leidenschaft Chemie? Berufsorientierung an der Schule erleichtert die Studienwahl

in der Regel zahlreiche Angebote für interessierte Schüler bereit, wie z. B. Schnuppertage oder die Möglichkeit, in einem Frühstudium bereits in der Oberstufe die ersten Scheine zu erwerben.

Besonderes Gewicht liegt auf einer guten Zusammenarbeit der Schulen mit Unternehmen, Universitäten und Forschungseinrichtungen. Dabei ist es uns ausgesprochen wichtig, dass sich eine Kooperation nicht in einem einmaligen Werksbesuch oder Schnuppertag erschöpft. Die Schülerinnen und Schüler sollen die Möglichkeit haben, tieferen Einblick zu erhalten. Deshalb sind mehrtägige und fortlaufende Vereinbarungen wichtig, auch im Rahmen des schulischen Curriculums. Häufig werden hier die ersten Schritte in den späteren Beruf gemacht. Im Werkspraktikum, beim Laborpraktikum oder bei der Teilnahme an Förderprogrammen von Forschungseinrichtungen lernen die Schüler die Grundlagen eines Berufes oder Studiums kennen. Das erleichtert ihnen später die Wahl (siehe Abb. 9.1).

Aktivitäten der Lehrerinnen und Lehrer

Auch für die Lehrerinnen und Lehrer ist die Teilnahme am MINT-Netzwerk motivierend. Nicht selten veröffentlichen MINT-Lehrkräfte Beiträge in Publikationen und Fachzeitschriften. Manche arbeiten sehr eng mit Hochschulen und Forschungseinrichtungen zusammen. Lehrerinnen und Lehrer nehmen häufig an Fortbildungen und Workshops teil. Die neuen Impulse machen sich auch im Unterricht bemerkbar: MINT-Lehrer, die auch außerhalb der Schule an ihrem Fach arbeiten und auf dem aktuellen Stand der wissenschaftlichen Forschung sind, gestalten ihren Unterricht häufig innovativer.

Schwerpunkt: Qualitätssicherung – MINT-EC unterstützt und motiviert Schulen, ihr MINT-Profil zu schärfen

Für den Verein MINT-EC geht es nicht um Quantität, sondern um Qualität. Alle Schulen im Netzwerk sollen ihren Schülerinnen und Schülern ein überzeugendes und hochwertiges MINT-Angebot unterbreiten können. Daher kommt dem Auswahlverfahren eine hohe Bedeutung zu. Schulen, die die Kriterien erfüllen, erhalten den Status der Vollmitgliedschaft und können sich fortan als MINT-EC-Schulen bezeichnen. Nach drei Jahren müssen sie sich allerdings erneut für den Verbleib im Netzwerk bewerben.

Schulen, die nur kleinere Veränderungen vornehmen müssen, um das MINT-EC-Schulprofil zu erfüllen, erhalten den Status der Anwartschaft. Alle Schulen erhalten ein detailliertes Gutachten, das bereits Erreichtes anerkennt und Optimierungsmöglichkeiten aufzeigt. Das Gutachten enthält Auflagen, die Anwärter für die erfolgreiche Bewerbung als Vollmitglieder erfüllen müssen. Die Schulen haben dann zwei Jahre Zeit, um die notwendigen Veränderungen vorzunehmen.

Anwärter wie Vollmitglieder sollen das Netzwerk und das Programm des MINT-EC möglichst stark nutzen. So wachsen sie in den MINT-EC hinein, knüpfen Kontakte und haben die Möglichkeit, sich mit eigenen Maßnahmen zu präsentieren und zu profilieren. Die enge Zusammenarbeit mit den Schulen beginnt mit ihrer Auszeichnung als MINT-EC-Schule, unabhängig vom Status der Mitgliedschaft. Diese Arbeit soll zur weiteren Optimierung des MINT-Unterrichts beitragen und positive Effekte auf die Schulentwicklung insgesamt hervorrufen. Insbesondere die Anwartschaftsschulen haben hier die Gelegenheit, die volle Partizipation am Netzwerkangebot für die Stärkung ihres Profils zu nutzen, um die Bewerbung um die Vollmitgliedschaft nach zwei Jahren erfolgreich zu durchlaufen.

Mitwirkung an Maßnahmen des MINT-EC
Um die Qualität der MINT-Angebote an den Schulen zu sichern, müssen alle relevanten Akteure einbezogen werden. Der MINT-EC bietet daher unter dem Motto Schulentwicklung und Begabungsförderung Maßnahmen für drei Schulakteure an: für Schulleitungen, Lehrkräfte und für Schülerinnen und Schüler.

- **Angebote für Schulleitungen:** Der MINT-EC-Beratungskreis der Schulleiter ist ein Instrument, um den MINT-EC bei seinen Initiativen auf die richtigen und wichtigen Fragen aus schulischer Sicht aufmerksam zu machen. Hier haben Schulleitungen die Möglichkeit, eigene Ideen und Vorschläge einzubringen und somit die Arbeit des MINT-EC mitzugestalten. Darüber hinaus werden die Schulleitungen im Bereich des Schulmanagements durch Seminare und Workshops zu Themen wie Change Management, Schulkultur, Personalbewertung, Soziale Netzwerke etc. durch ein Themencluster unterstützt, das sich unter anderem mit IT als Koordinations- und Informationsinstrument befasst. Schulleitungen erarbeiten ihr eigenes Programm zur Nutzung des Internets als Managementhilfe, das den Kontakt zwischen Lehrkräften, Schülerinnen und Schülern wie auch Eltern rasch und unkompliziert gestaltet. Schulleitungen haben ständig neue Veränderungsprozesse zu bewältigen. Hier versucht der MINT-EC, zusammen mit Experten Methoden und Instrumente unter den Schulleitungen bewusst bzw. bekannt zu machen, die dem Fortschritt in der optimalen Organisation und der Führung der Schule dienen. Impulse aus der Wirtschaft werden bewusst eingesetzt, um Schulleitungen Problemlösungskonzepte vorzustellen, die sie ggf. selbst im schulischen Bereich anwenden können. Die Qualität der Organisation und Führung an der Schule ist eine wichtige Grundlage für die Bewältigung immer neuer Herausforderungen. Natürlich werden im Rahmen der Clusterarbeit auch Unterrichtsinhalte für den

Abb. 9.2 Bau eines Rennofens auf dem MINT-Camp in Bochum, September 2012, zum Thema „Pulsschlag aus Stahl"

Umgang der Schülerschaft mit Schreib- und Rechenprogrammen wie Word und Excel entwickelt. Aber auch hier wird die Machbarkeit neuer Organisationskonzepte geprüft angesichts einer sich ständig verändernden IT-Welt, wie das Konzept des „Bring your own device", bei dem Schüler ihre eigene Hardware einsetzen können, die sich zumeist auf einem relativ aktuellen Entwicklungsstand befindet.

- **Angebote für Lehrerinnen und Lehrer:** Themencluster sind in der Regel feste Arbeitsgruppen von interessierten Lehrerinnen und Lehrern, die unter wissenschaftlicher Leitung den MINT-Unterricht weiterentwickeln und auf den aktuellen Forschungsstand bringen. Somit entstehen als Ergebnis der Cluster Lehrerfortbildungen und Unterrichtsmaterialien für Lehrkräfte, die ins MINT-EC-Netzwerk zurückfließen. Darüber hinaus bietet der MINT-EC in Kooperation mit Partnern aus der Wissenschaft, die sich im MINT-EC engagieren wollen, Lehrerfortbildungen zu verschiedenen MINT-Themen an. In den Themenclustern kommen zehn bis 20 Teilnehmer aus allen Bundesländern zusammen und tauschen sich über ihre Methoden aus, um daraufhin eine Unterrichtsoptimierung zu erarbeiten, die dem gesamten Netzwerk zugutekommen soll. Auf diese Weise erfolgen eine Selbstüberprüfung der Teilnehmer und eine Weiterentwicklung zu qualitativ hochwertigeren Unterrichtseinheiten vor dem Hintergrund des Anspruchs auf Aktualität der Methoden, Interesse der Schüler und Verständlichkeit des Unterrichtsinhaltes.
- **Angebote für Schülerinnen und Schüler:** Schülerinnen und Schüler bekommen in fachvertiefenden MINT-Camps, in Schülerforen und Akademien die Möglichkeit, zu einem Spezialthema zu forschen und sich mit der gesellschaftlichen Dimension und Relevanz von MINT-Themen auseinanderzusetzen. Talent-Programme tragen dazu bei, Talente zu entdecken und sie gezielt auf ein Studium ihrer Leidenschaft vorzubereiten (siehe Abb. 9.2). In Zusammenarbeit mit Unternehmen und Hochschulen werden auf hohem Niveau Themen auseinandergenommen, erforscht und diskutiert. Je intensiver Schülerinnen und Schüler mit Inhalten aus dem Studium und aus Berufsfeldern konfrontiert werden, desto klarer kann ihre Entscheidung für ihren Bildungsweg nach dem Abitur ausfallen.

Die großen Netzwerkveranstaltungen, das jährlich stattfindende Treffen „MINT400 – Das Hauptstadtforum", eine Forschungsveranstaltung für 400 Schüler und 150 Lehrkräfte aus dem MINT-EC, sowie die jährlich durchgeführte Schulleitertagung für 200 Mitglieder der MINT-EC-Schulleitungen sind die großen Events, die auf einen intensiven und breiten fachlichen und sozialen Austausch abzielen. Kontakte, die in diesem Rahmen untereinander, aber auch mit den beteiligten Partnern aus Wirtschaft und Wissenschaft geknüpft werden, sind ein großer Erfahrungsgewinn für die Teilnehmerinnen und Teilnehmer: Besonders die Schülerschaft profitiert von der Offenheit, die unter Gleichgesinnten und interessierten MINTlern ihres Alters herrscht und die im normalen Schulalltag in der Regel nicht existiert.

Eigeninitiative der MINT-EC-Schulen

Im Rahmen der Mitgliedschaft der Vollmitglieder wie auch Anwärter sind Eigeninitiative und Kooperation im Netzwerk gefragt. Die Schulen sind angehalten, selbst oder in Kooperation mit anderen MINT-EC-Schulen wie auch mit externen Schulen Initiativen für Lehrer oder Schüler zu entwickeln. In der Regel bieten sie MINT-Camps für Schüler oder Lehrerfortbildungen zu Schwerpunktthemen an der Schule an. Organisation und Logistik sowie die Schülerbetreuung vor Ort übernimmt in den meisten Fällen der MINT-EC. Somit können Schulen die Strukturen des MINT-EC nutzen, um selbst aktiv zu werden. Andererseits präsentieren sie sich als Kompetenzträger eines oder mehrerer MINT-Spezialgebiete.

Ausblick: MINT-EC-Schulen zukünftig stärker unterstützen

Die starke Konzentration auf Exzellenz hat sich als richtig erwiesen. MINT-EC geht es nicht um Quantität, sondern um Qualität. Diese Strategie hat sich bewährt und sorgt dafür, dass die teilnehmenden Schulen stolz darauf sind, ein Teil des Netzwerkes zu sein, und sich aktiv einbringen. Dieser Schwerpunkt soll daher auf jeden Fall beibehalten werden. Zukünftig sollen MINT-EC Schulen jedoch stärker bei der Profilbildung im Vorfeld einer Bewerbung unterstützt werden. Damit wird MINT-EC eine noch aktivere Rolle bei der Weiterentwicklung der Schulen im MINT-Bereich spielen.

Während Schulen bisher ihre MINT-Profilbildung und -stärkung eigeninitiativ vollziehen mussten und sich ohne Unterstützung um die Aufnahme in den MINT-EC bewerben mussten, probt der MINT-EC nun im Rahmen eines Pilotprojekts, das im Januar 2013 gestartet wurde, ein neues Vorgehen. In Kooperation mit dem „vbw – Die bayerische Wirtschaft" und dem „bayme vbm – Die bayerischen Metall- und Elektro-Arbeitgeber" hat der MINT-EC eine dreijährige Excellence-Initiative an Gymnasien in Bayern gestartet. Anhand eines Förderleitfadens werden bayerische Schulen mit Interesse an einer Aufnahme in den MINT-EC beraten und in ihrer Entwicklung durch enge Begleitung und Coaching in den MINT-EC hineingefördert. Das Excellence-Profil des MINT-EC wird dabei selbstverständlich nicht aufgeweicht, denn die Aufnahmekriterien bestehen unverändert weiter.

Der MINT-EC unterstützt mit diesem neuen Konzept bei der regelmäßigen Analyse des Status quo im Hinblick auf die zu erfüllenden Kriterien, erarbeitet in Workshops mit Verantwortlichen aus der Schule Ideen und Konzepte für die Optimierung des MINT-Profils, stellt Best-Practice-Beispiele bereit und ermittelt Kontakte zu erfahrenen Netzwerkschulen. Bei diesem Verfahren können auch Anwartschaftsschulen weiterhin von der Unterstützung des MINT-EC bei der Erfüllung der Auflagen für die Vollmitgliedschaft profitieren.

Ein weiterer Ansatzpunkt, mit dem der MINT-EC die Qualität seiner Arbeit sichern möchte, ist die Erweiterung der Clusterarbeit. Wir haben festgestellt, dass die Zusammenarbeit der Lehrkräfte in Clustern sehr verbindlich wirkt. Durch die mehrjährige Zusammenarbeit im Team entwickelt sich ein starkes Verantwortungsgefühl der beteiligten Lehrkräfte für die Weiterentwicklung des Fachunterrichts an der eigenen Schule. Die Themenauswahl für die Cluster wird in den nächsten Jahren erweitert werden, weil wir hier ein großes Potenzial sehen, viele Lehrkräfte bei der Anpassung ihres Unterrichts an die Bedürfnisse der Schülerinnen und Schüler zu unterstützen.

Weitere Neuerung in der Arbeit des MINT-EC ist das verstärkte Engagement im Rahmen von Programmen für Schülerinnen und Schüler, die über einen mehrjährigen Zeitraum bis zum Abitur eine zeitlich engmaschige Maßnahme zur Studien- und Berufsorientierung durchlaufen können. Am Ende des jeweiligen Programms können die Abiturienten dann eine bewusste Entscheidung für oder gegen ein Studienfach, eine Hochschule und einen Berufsweg fällen, weil sie weitgehende Einblicke gewinnen konnten.

Fazit: Ein lebendiges Netzwerk teilnehmender Schulen sichert den MINT-Nachwuchs

Die intensive Einbindung von Schulen in ein lebendiges bundesweites Netzwerk birgt große Möglichkeiten. Die MINT-EC-Netzwerkschulen betrachten den gegenseitigen Austausch über die Landesgrenzen hinweg als überaus hilfreich, um Möglichkeiten und Grenzen des eigenen Handels neu zu bewerten. Sie nutzen die vorhandenen Instrumente des Netzwerks, um die eigene Entwicklung voranzutreiben und inhaltliche Akzente zu setzen. Sie nehmen das zusätzliche Angebot des MINT-EC wahr, um Unterricht anders zu gestalten und um Schülerinnen und Schülern das breite Spektrum von MINT-Studiengängen und -Berufen nahezubringen. Insofern kann der MINT-EC als eine soziale Innovation verstanden werden, die über das konkrete individuelle und gemeinsame Agieren von Schulen Schülerinnen und Schüler für MINT begeistert und auf diese Weise mittel- und langfristig einen Beitrag zur Sicherung des MINT-Nachwuchses leistet.

Ganz wesentlich für den Erfolg dieser sozialen Innovation und für das Interesse von Schulen, Mitglied zu werden und zu bleiben, ist die Relevanz, die den Anliegen ihrer Akteure zugemessen wird. Die Arbeit des MINT-EC entsteht nicht aus sich selbst, sondern aufgrund der Anforderungen, die Schulleiter, Lehrer und Schüler formulieren. Beispielsweise kann eine Schulleitung in der Regel nicht ohne Weiteres die MINT-Fächer stärken und das Kollegium, das die anderen, gleichermaßen für die Entwicklung der Schülerinnen und Schüler relevanten Schulfächer bedient, aus dem Fokus verlieren oder benachteiligen. Auf der Grundlage dieser Erfahrungen wird der MINT-EC in seinem Angebot für Schulleitungen und Lehrkräfte in höherem Maße auf die Berücksichtigung der Schule als Ganzes achten. Dies soll vor allem dadurch gelingen, dass fächerübergreifend anwendbare MINT-Themen, wie Technik und Kunst, Sport, Deutsch, in den Vordergrund der Maßnahmen rücken.

Dem Thema der Qualitätssicherung und -steigerung, auch der eigenen, wird sich der MINT-EC immer widmen müssen. Zu diesem Zweck bewerten derzeit Schulen und Schüler sowie Alumni die Arbeit des MINT-EC. Hauptthema ist dabei die Frage, ob der MINT-EC zielführend arbeitet, also zur Qualität der schulischen Arbeit und somit zum größeren Erfolg der Abiturientinnen und Abiturienten in den MINT-Fächern beiträgt und die Wahl eines MINT-Studienfachs begünstigt.

Autorin und Geschäftsführerin
Dr. Niki Sarantidou hat Politikwissenschaft an der Freien Universität Berlin studiert. Die Promotion erfolgte im Rahmen des DFG-Graduiertenkollegs „Das neue Europa" mit Stationen als Visiting Fellow an der University of Kent at Canterbury und an der Hellenic Foundation for European and Foreign Policy (ELIAMEP) in Athen.
Von 1998 bis 2011 arbeitete sie bei der Stiftung der Deutschen Wirtschaft, wo sie ab 2001 das Studienförderwerk Klaus Murmann leitete. Seit 2012 ist sie Geschäftsführerin des MINT-EC. Als Schwerpunkte ihrer Arbeit betrachtet sie den Ausbau der Angebote, insbesondere für Schulleitungen im Bereich des Schulmanagements, sowie die Auflage von Programmen, die die Schülerinnen und Schüler kontinuierlich auf ein MINT-Studium vorbereiten. Im Vordergrund steht ebenfalls die Ausweitung der Themenpalette für Lehrkräfte zur Anpassung des MINT-Unterrichts an aktuelle wissenschaftliche Fragestellungen.
Weiterführende Informationen
www.mint-ec.de

Berufsparcours: Verbesserung der Berufsorientierung – mit allen Sinnen Berufe erfahren

10

Karin Ressel

Inhaltsverzeichnis

Zusammenfassung 105
Die Organisation in Kürze 106
    Berufsparcours entwickelten sich aus der Nachfrage 107
    Beschäftigte im Technikzentrum 107
Die Idee und ihre Umsetzung 107
    Funktionsweise der sozialen Innovation 107
    Schwerpunkt: Eine einfache Idee zeigt große Wirkung: Lernen, Informationen und Chancen verbinden 113
    Entwicklungspotenziale für Deutschland und Europa 118
Fazit: Weniger ist mehr oder die Macht des Einfachen im Marketing 119

Zusammenfassung

Berufsparcours, bei denen typische Tätigkeiten verschiedener Berufe ausprobiert werden, sind ein effizientes Mittel, um Jugendlichen eine praktische Berufsorientierung zu ermöglichen. Gleichzeitig erhalten teilnehmende Unternehmen die Möglichkeit, potenzielle Nachwuchskräfte bei Arbeitsproben zu beobachten und für sich zu gewinnen. Die Mischung aus haptischem Handeln und unmittelbarem Kontakt stellt deutschlandweit die kostengünstigste Möglichkeit dar, um das Fachkräfteproblem beim Ausbildungsnachwuchs anzugehen. Der Wirkungsgrad ist enorm. So werden an einem Vormittag mindestens 200 unmittelbare Kontakte zwischen Jugendlichen und Unternehmen im Gegensatz zu fünf bis zehn Kontakten bei Berufsmessen hergestellt.

K. Ressel (✉)
Technikzentrum Minden - Lübbecke e. V., Fischerstadt 36, 32479 Hille, Deutschland
E-Mail: Ressel@berufsparcours.de

Darüber hinaus beginnen Unternehmen durch die Veranstaltungen, ihr eigenes Einstellungssystem zu korrigieren und sich dem Wissensstand der heutigen Jugend anzupassen. So werden neue Arbeitsproben für die Berufsvorbereitung und für Einstellungstests entwickelt, die dem Wissen heutiger Schüler/innen entsprechen.

Berufsparcours haben einen ganzheitlichen Ansatz mit dem sie bislang 700.000 Jugendliche und 3.000 Unternehmen in zehn Bundesländern erreicht haben. Die Impulse im Bildungsprozess durch die Berufsparcours sind nachhaltig und umfassend.

Durch die Geschäftsführerin und zugleich Produkt- und Projektentwicklerin Karin Ressel wurde zielstrebig sowohl der pädagogisch-psychologische Ansatz der Berufsorientierung als auch der betriebswirtschaftliche Minimalansatz verfolgt. Sie hat neben profundem Verwaltungswissen und pädagogischem Sachverstand zusätzlich technische Expertise. Als Berufsförderungsberaterin, als Beraterin in einer Gleichstellungsstelle und durch ihre langjährige Tätigkeit als Arbeitgeberin bringt sie umfangreiches Erfahrungswissen in das seit 20 Jahren bestehende Angebot ein. Karin Ressel entwickelt das System ständig weiter und kooperiert dabei mit vielen relevanten Unternehmen, Universitäten, Fachhochschulen, Arbeitsagenturen und Verbänden.

Berufsparcours haben deutschlandweit ein Alleinstellungsmerkmal, sind effizient, zertifiziert und standardisiert sowie gendersensibel und migrantengerecht.

Würde die Berufsorientierung in Deutschland wie beim Berufsparcours haptischer und rationeller angepackt, dann könnte das Nachwuchsproblem im Fachkräftebereich zu etwa 80 bis 90 % gelöst werden.

Die Organisation in Kürze

Das Technikzentrum Minden-Lübbecke e. V. ist im Vereinsregister als gemeinnütziger Verein eingetragen. Gegründet wurde der Verein im Jahr 1994 von 60 Frauen mit dem Ziel, die beruflichen Perspektiven von Mädchen und Frauen zu verbessern. Von Anfang an wurde die Mitbegründerin Karin Ressel als Geschäftsführerin eingesetzt. Zusammen mit drei Vorstandsfrauen lenkt sie seitdem die Geschäfte des Vereins.

Unterstützt wurde die Arbeit des Vereins durch eine Spende des Kreises Minden-Lübbecke, durch die Arbeitsagentur sowie durch einzelne Projektförderungen des Landes Nordrhein-Westfalen.

Richtete sich die Tätigkeit von 1994 bis 2000 durch die Bindung der Förderung ausschließlich an Mädchen und Frauen (von vier bis 20 Jahren), so wurde in den späteren Jahren durch den unternehmerischen Ansatz auch die Zielgruppe der Jungen/Männer zunehmend integriert. Ziel war es, nachhaltige Angebote zu schaffen, die förderunabhängig sind. Möglich wurde diese Öffnung auch durch Vorgaben des Frauenministeriums in Nordrhein-Westfalen. Dort wurde aufgezeigt, dass Angebote geöffnet werden müssen, um den Mädchen bzw. Frauen auch Vergleichsmöglichkeiten mit Jungen/Männern zu geben.

Die Angebote sollten zunächst das Interesse für technische Berufe durch interessante praktische Angebote in Verbindung mit intensivem Training wecken. Hinzu kamen weitere Angebote, welche Frauen (Wiedereinsteigerinnen) eine Erprobungsmöglichkeit für Büroberufe bieten sollten.

Seit 2000 nahmen neben den Anfragen, die Angebote im Technikbereich auch für Jungen zu öffnen, gleichzeitig auch Anfragen zu, die eine berufliche Orientierung über die technischen Berufe hinaus anregten.

Berufsparcours entwickelten sich aus der Nachfrage

Aus den bis dahin angebotenen Technikparcours entwickelten sich die breiter angelegten Berufsparcours. Nachgefragt werden die Berufsparcours von Schulen, von Bildungseinrichtungen, Ministerien, Unternehmen, Landkreisen, Städten etc. Durch strategisch gute Vernetzung, durch sehr gutes Marketing sowie durch untypische Aktionen gelang es bis jetzt, die Berufsparcours in zehn Bundesländern mit rund 700.000 Teilnehmenden und 3.000 Unternehmen durchzuführen. Das Technikzentrum hat seinen Sitz seit 2003 in der Gemeinde Hille im Kreis Minden-Lübbecke, Nordrhein-Westfalen.

Beschäftigte im Technikzentrum

Insgesamt sind 16 Personen im Technikzentrum beschäftigt, davon fünf hauptamtliche Mitarbeiter/innen beim Berufsparcours und neun Personen in anderen Projekten. Bis zu 16 Honorarkräfte unterstützen die Veranstaltungen. Weitere 38 Personen können durch kooperierende Träger eingesetzt werden.

Zusätzlich haben wir 55 Lizenznehmer, die das Konzept zusammen mit uns umsetzen. Lizenznehmer sind zum Beispiel Jugendhilfeeinrichtungen, Städte und Regionen. Das System Berufsparcours ist urheberrechtlich geschützt.

Die Finanzierung der Berufsparcours erfolgt zu 60 % aus öffentlichen Mitteln und zu 40 % aus privaten Mitteln.

Die Idee und ihre Umsetzung

Funktionsweise der sozialen Innovation

Aus der eigenen Erfahrung heraus wurde in Kooperation mit regionalen Unternehmen das System Berufsparcours geschaffen. Im Vorfeld hatte sich gezeigt, dass Jugendliche oftmals mit den Bewerbungsformalitäten überfordert waren und sich z. B. bei mehreren Unternehmen für einen Ausbildungsberuf bewarben, dabei jedoch vergaßen, die Ansprechperson im Anschreiben entsprechend anzupassen. Zudem stellte sich bei konkreter Nachfrage im

Hinblick auf den Berufswunsch manchmal heraus, dass die Jugendlichen oft nicht einmal genau wussten, was sich inhaltlich hinter dem jeweiligen Beruf verbirgt.

Jugendliche werden mit Input überfrachtet und finden nicht zu den wesentlichen Informationen

Durch Nachfragen bei Unternehmen stellte sich heraus, dass rund 90 % aller jugendlichen Bewerber/innen weder die korrekte Berufsbezeichnung kennen, noch Kenntnisse über die wesentlichen Inhalte der jeweiligen beruflichen Tätigkeit aufweisen. Ebenfalls wurde festgestellt, dass sich Jugendliche in über 27 Datenbanken informieren müssen, um genauere Informationen zu den rund 850 möglichen Ausbildungsberufen zu erhalten (mit Abitur stehen sogar rund *10.000 Berufe zur Disposition*).

Am Ende haben sie zwar teilweise Informationen aus Broschüren, wissen aber nicht, dass z. B. im Metallbereich mit Emulsionen gearbeitet wird, die stark riechen. Bewirbt sich dann ein Jugendlicher für einen Metallberuf, so wird der Auswahlprozess beim Unternehmen meist schriftlich durchgeführt. Besteht der Jugendliche den Auswahltest und wird eingestellt, so bekommt er (oder sie) nicht selten einen Schock, wenn zum ersten Mal in der Ausbildungswerkstatt mit Emulsionen gearbeitet wird und der typische Geruch in der Luft ist. Nach einigen Tagen oder Wochen zeigt sich dann, ob der Jugendliche diesen Geruch „ertragen" kann oder die Ausbildung abbricht.

Jugendliche erleben wie in einem Minipraktikum das Wesentliche verschiedener Berufe

Aufgrund dieser Erfahrungen wurde der Berufsparcours konzipiert. Es geht darum, Jugendlichen eine typische Tätigkeit, den dafür typischen Geruch oder das typische Material nahezubringen. Eine typische Arbeitsprobe kann z. B. die Montage von Schrauben in eingefettete Metallplatten sein. Sowohl der Geruch als auch das Fett an den Händen spiegeln einen Teil des realen Arbeitslebens wieder.

Nicht die Information über die Dauer der Ausbildung oder der Verdienst stehen im Vordergrund, sondern das „Typische" am jeweiligen Beruf. Um dies umzusetzen, werden daher bei Veranstaltungen weder Messestände noch Messeaufbauten, sondern nur eine typische Arbeitsatmosphäre benötigt. Diese kann durch Arbeitstische/Arbeitsstühle in Verbindung mit realen Arbeitsproben hergestellt werden.

Durchführungsorte der Berufsparcours sind in Schulnähe

Beim Berufsparcours hat sich gezeigt, dass es sinnvoll ist, die Schüler/innen in Schulnähe mit der Arbeitsatmosphäre zu konfrontieren. Berufsparcours finden daher üblicherweise in der Schule (Turnhalle, Mensa, Aula) statt.

Die Erprobung geschieht für jeweils zehn Minuten an Tischgruppen

Es werden Tischgruppen aufgebaut, an denen acht Jugendliche Platz finden können. An jeder Tischgruppe wird ein Beruf durch eine Arbeitsprobe vorgestellt. Diese Arbeitsprobe ist achtfach vorhanden, um allen Jugendlichen gleichzeitig die Chance zu geben, etwas auszuprobieren. Die den jeweiligen Beruf vorstellenden und die Arbeitsprobe betreuenden Unternehmen sehen dabei die Begabung und das Interesse der Jugendlichen. Für geübte Beobachter/innen ist hierbei ein Zeitraum von lediglich drei bis sieben Minuten erforderlich. Daher wurde die Zeitdauer der Arbeitsproben (bzw. die Verweildauer der Jugendlichen) auf etwa zehn Minuten begrenzt.

Nach Ablauf der Zeit geht der einzelne Jugendliche dann zur nächsten Station. Wie bei Open Space hat der Jugendliche die Möglichkeit, die Verweildauer zu verkürzen, wenn er/sie feststellt, dass z. B. der vorhandene Metallgeruch nicht zu ertragen ist oder die Rechenaufgabe einfach nicht gelingt. Aufgrund der Konzentrationsfähigkeit von Jugendlichen beträgt die Anwesenheitszeit im Parcours insgesamt 95 min (eine Doppelstunde). Während der Anwesenheit hat er/sie die Möglichkeit, unmittelbar mit dem anwesenden Personalverantwortlichen ein kurzes Gespräch zu führen, sich mit einer „Bewerbungskarte" direkt zu empfehlen, für ein Praktikum anzufragen oder die Bewerbungsmodalitäten zu klären.

In der Regel sind die in der Region relevanten Ausbildungsberufe bzw. Unternehmen mit bis zu 25 Berufen vertreten.

Vorteil für Unternehmen sind garantierte Kontakte zu 216 Jugendlichen an einem Vormittag
Unternehmen haben erkannt, dass diese Methode für sie viele Vorteile hat. Sie haben keinen aufwendigen Standaufbau zu bewerkstelligen: Der Veranstaltungsaufbau beginnt um sieben Uhr, die Veranstaltung selbst gegen acht Uhr. Nach drei Durchgängen mit etwa 300 bis 500 Jugendlichen (jeweils in 100er- bis 150er-Gruppen à 95 min) endet die Veranstaltung um 13 Uhr und gegen 13.30 Uhr ist der Abbau bereits beendet. Durch diese Vereinfachung ist es auch kleinen Unternehmen möglich, sich zu beteiligen und dabei geeigneten Ausbildungsnachwuchs zu generieren.

Der Vorteil für die Unternehmen besteht darin, dass sie alle anwesenden Jugendlichen erleben oder beobachten können. Sie haben die Chance, den nach ihren Vorstellungen jeweils geeigneten und persönlich passenden potenziellen Auszubildenden zu erleben und anzusprechen. Unternehmen, die systematisch diese Auswahl beim Berufsparcours betreiben, haben eine Auswahlquote von zehn bis 25 % bei den Teilnehmer/innen. Somit ist die Chance wesentlich größer als durch Zeitungsanzeigen oder durch Ausbildungsmessen, bei denen fast kein persönlicher Kontakt entsteht.

Regeln für Jugendliche und Unternehmen erhöhen die Chancen
Um die Effizienz und die Zufriedenheit auf beiden Seiten zu erhöhen, gelten einige Regeln. Auf der Seite der Jugendlichen wird gefordert, sich an diesem Tag etwas besser zu kleiden, auf Kaugummi, Mützen, Handy, dicke Jacken oder Taschen und aus Sicherheitsgründen auf Schals zu verzichten. Nach einer dreiminütigen Begrüßung vor dem Veranstaltungsraum erfolgt ein letzter Check, ob diese Regeln eingehalten wurden. Danach wird ein Laufzettel ausgehändigt. Der Laufzettel beinhaltet u. a. die persönlichen Daten des Jugendlichen und wird später in der Berufswahlmappe abgeheftet.

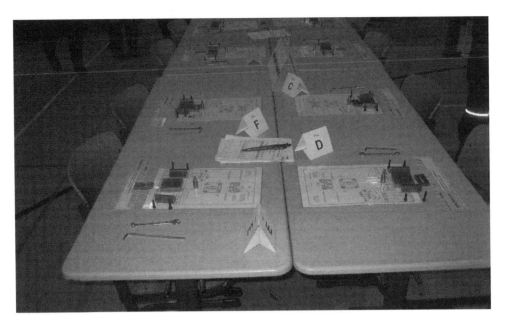

Abb. 10.1 Musterstation mit acht Plätzen

Die Teilnehmer/innen notieren im Laufe des Parcours die Berufsbezeichnung der erprobten Berufe und eine Schulnote, inwieweit sie der jeweilige Beruf interessieren würde. Sie führen gleichzeitig eine Bewerbungskarte mit sich und sind durch ein Namensschild auch konkret ansprechbar.

Die Unternehmen wiederum bieten acht identische Arbeitsproben an ihrem Stand an. Durch ein Schild auf dem Tisch sowie an der Kleidung ist ihr Unternehmen mit Logo und Schriftzug erkennbar. Die Unternehmensvertreter händigen interessierten Jugendlichen Informationsschriften zum Beruf und zum Unternehmen aus und laden ausgesuchte Jugendliche mit einem vorgefertigten Einladungsschreiben zu sich ins Unternehmen ein. Sie notieren sich die Daten der potenziellen Nachwuchskräfte oder nehmen deren Bewerbungskarte entgegen (Abb. 10.1, 10.2 und 10.3).

Berufsparcours empfehlen sich von selbst weiter

Entwickelt ab 1996, wird der Berufsparcours seit 2000 nunmehr in zehn Bundesländern angeboten. Direkte Werbemethoden bei Arbeitsagenturen, Institutionen, Unternehmen, über Verbände und Kammern sowie bei Schulen als Auftraggeber sind seit einigen Jahren kaum mehr erforderlich, da sich durch Weiterempfehlung immer wieder neue Nachfragen ergeben.

Ansprechpersonen in Unternehmen haben unterschiedliche Interessen

In Unternehmen sind mehrere Abteilungen an der Entscheidung für eine Teilnahme am Berufsparcours beteiligt. Die Geschäftsführung und die Marketingabteilung wollen das

Abb. 10.2 Typische Tätigkeit als Systeminformatiker/in

Abb. 10.3 Typischer Ort eines Berufsparcours

Unternehmen stark im Vordergrund stehen sehen und verlangen bei Veranstaltungen einen Messestand sowie Imagebroschüren. Die Personalabteilung weiß, dass die Personalauswahl zu 60 % nach dem persönlichen Auftreten der Bewerber/in und zu 30 % nach den fachlichen Fähigkeiten getroffen wird. Der Ausbilder/die Ausbilderin wiederum will den fachlich Besten haben, weiß aber nicht, mit welcher Arbeitsprobe er/sie die erforderlichen Fähigkeiten testen kann, und hat oft nicht im Blick, dass die Jugendlichen von heute auf andere Weise für den Beruf zu gewinnen sind als vielleicht früher. Hier gilt es folglich, die jeweilige Entscheidungsperson im Unternehmen zu identifizieren und zu überzeugen.

Neue strategische Wege in Nordrhein-Westfalen mit Metall NRW

Metall NRW geht gemeinsam mit dem Technikzentrum seit 2012 neue Wege. Durch regionale Arbeitgeberverbände werden etwa acht bis zehn Wochen vor dem Berufsparcours Informationsveranstaltungen organisiert, bei denen anhand praktischer Übungen allen Anwesenden das System sowie mögliche praktische Arbeitsproben demonstriert werden.

Beim Berufsparcours selbst haben Unternehmen die Möglichkeit, sich Arbeitsproben des Technikzentrums auszuleihen. Dieses Vorgehen führt zu einer aktiveren Beteiligung der Unternehmen am Parcours.

Kooperationen und Kooperationspartner

Wesentliche Kooperationspartner für die Berufsparcours sind Metall NRW/Unternehmer NRW, regionale Arbeitgeberverbände, OWL Maschinenbau mit 180 Mitgliedunternehmen, VNB Niedersachsen, der VDI (Verein Deutscher Ingenieure), Energie Impuls OWL, die Werhahn Stiftung, Arbeitsagenturen, Gleichstellungsstellen, zdi-Zentren in NRW, Ministerien, Wirtschaftsförderungen, 3.000 Unternehmen, 520 Schulen, Netzwerk W in NRW, Politik, Jugendeinrichtungen in NRW und Niedersachsen, THW, Universität Bielefeld, Fachhochschule Bielefeld, Kammern, Verbände, Kommunen und Kreise und viele mehr.

Das Alleinstellungsmerkmal des Technikzentrums mit seinem Berufsparcours

Das Technikzentrum ist der einzige Akteur in Deutschland, der den ganzheitlichen Ansatz des Erprobens für alle Berufe/Berufsfelder verfolgt. Weitere wesentliche Bestandteile sind:

- Entwicklung von Arbeitsproben nach wissenschaftlichen Kriterien unter gendersensiblen und migrantengerechten Aspekten (größte bundesweite Sammlung von über 1.200 Arbeitsproben)
- Durchführung der Berufsparcours aus Arbeitgebersicht
- Betriebswirtschaftliches Minimalprinzip (Standgebühr für Unternehmen 300 €, Teilnahmegebühr Schüler/in 3 €)

Erfolge durch Berufsparcours

Neben der hohen Zahl der Kontakte zwischen Jugendlichen und Unternehmen und daraus resultierenden Praktikumseinladungen haben sich teilweise positive Veränderungen bei den Unternehmen ergeben. Einige Unternehmen haben ihre internen Auswahlverfahren verändert und sowohl die Einstellungstests in Richtung praktischer Tests verlagert als auch ihre Arbeitsproben überarbeitet. Nach dem ersten Berufsparcours entscheiden sich die Unternehmen oft gegen die Teilnahme an anderen Berufsveranstaltungen und reduzieren ihre Zeitungsanzeigen.

Die Jugendlichen wiederum beginnen sich für unbekanntere Berufe zu interessieren und bewerben sich auch für diese. Mädchen entdecken Jungenberufe und Jungen entdecken Mädchenberufe.

Die Zufriedenheit der Unternehmen, der Schulen sowie der Schüler/innen im Vergleich zu anderen Veranstaltungen ist überragend. Sind z. B. Jugendliche bei anderen Veranstaltungen froh, diese nach 30 min mit gesammelten Werbegeschenken wieder verlassen zu können, fragen viele beim Berufsparcours nach, ob sie nicht doch länger bleiben dürfen.

Was gut ist, hat auch Nachahmer
Dass das System überzeugt, zeigt sich auch bei den rund 50 Nachahmern. Diese Nachahmer beachten jedoch in der Regel nicht den ganzheitlichen, qualitativen, gendersensiblen und migrantengerechten Ansatz des Originals.

Schwerpunkt: Eine einfache Idee zeigt große Wirkung: Lernen, Informationen und Chancen verbinden

Warum machen wir Berufsparcours für Jugendliche?
1994 erkannten wir bei außerschulischen Angeboten für Jugendliche, dass die Verbindung zwischen schulischem Lernen und beruflichem Bezug bei den Schüler/innen nicht zwingend vorhanden ist.

Beispielsweise sollen Jugendliche im Physikunterricht Experimente machen und diese in Beziehung zu einer beruflichen Ausbildung oder einem Studium, etwa im Bereich Elektronik, setzen. Im Schulunterricht verwendete Trainingsmaterialien sind aber meist nicht Schrauben, Muttern, Wälzlagerfett und Messschieber, sondern Reißnägel, Sperrholzplatten und ungefährliche Raspeln/Feilen. Manchmal findet der Unterricht auch ohne diese einfachen Materialien nur durch das Physikbuch statt.

Auch in anderen Fächern ist die berufliche Realität kein Bestandteil, was sich im Kontakt zu mittlerweile 700.000 Jugendlichen immer wieder zeigt.

So reifte der Entschluss, eine Erlebniswelt für Jugendliche zu schaffen, in der sie berufliche Dinge ausprobieren und dadurch in Kontakt zu firmenspezifischen und alltagsrelevanten Materialien und Werkzeugen kommen können.

Wie haben wir die Berufsparcours entwickelt?
Erste einzelne Trainingsmaterialien wurden entwickelt und in Schulen bei Trainingsparcours eingesetzt. Diese Materialien wurden erweitert und den Schulen als Klassensätze zur Verfügung gestellt. Hier zeigte sich, dass beim Einsatz der Materialien durch externe Personen in der Schule ein unbefangeneres Training möglich ist. Die Anfragen erstreckten sich bald auf ganze Klassenstufen, weshalb das Konzept des Berufsparcours entwickelt

Abb. 10.4 Die Büroklammer wird zum Delphin

wurde, zunächst jedoch noch ohne Beteiligung von Unternehmen und unter dem Begriff Schulparcours.

Unternehmen entdeckten die Möglichkeit, sich an diesen Parcours zu beteiligen, haben aber manchmal Probleme, die entsprechenden Materialien und Werkzeuge für diese große Zahl an Teilnehmenden zur Verfügung zu stellen. Hier hilft das Technikzentrum den Unternehmen immer wieder aus.

Aus dieser zunehmenden Beteiligung heraus entwickelte sich schließlich der Firmenparcours unter der Marke Berufsparcours, der seit dem Jahr 2000 in dieser Form angeboten wird.

Wesentliche Bestandteile der Berufsparcours sind Arbeitsproben – in der größten Sammlung Deutschlands für viele Berufsfelder

Parallel zur Weiterentwicklung von Arbeitsproben aus eigenen Ideen von Karin Ressel wurden gute Ideen von Unternehmen, Institutionen, Trägern etc. gesammelt. Mittlerweile existiert eine Sammlung von über 1.200 Exponaten und ein profundes Wissen bei der Autorin, das bundesweit von kleinen und großen Unternehmen und Institutionen abgerufen wird.

Das wesentliche Merkmal der vorhandenen und genutzten Arbeitsproben (Exponate) ist, dass sie alltagsrelevantes Material nutzen, dass die verwendeten Werkzeuge auch für kleinere Hände geeignet sind, und schließlich, dass die Arbeitsproben attraktiv sind.

Arbeitsproben müssen interessant und gendersensibel sein, um das Herz zu erobern

Es gibt in vielen Unternehmen im Bereich Mechatronik übliche Einstellungstests, die das Biegen von Materialien (meist in Form von Autoumrissen beinhalten. Umfangreiche Versuche mit rund 20.000 Jugendlichen zeigen, dass vor allem Mädchen nicht für das Biegen von technischen Objekten wie Autos oder Lokomotiven zu gewinnen sind. Werden stattdessen jedoch Büroklammern in Form von Tieren oder Blumen gebogen, sind die Jugendlichen viel mehr zu begeistern und erbringen dadurch auch bessere Ergebnisse, die wiederum die Einstellungschancen erhöhen. Mädchen achten genau darauf, welches Produkt ihnen mit welchem Werkzeug und mit welcher Präsentation angeboten wird (Abb. 10.4).

Unternehmen müssen sich der gesellschaftlichen Realität stellen und aktive Lösungen suchen. Parallel zu den Berufsparcours wird daher ein Fokus auf die Beratung der Unternehmen sowohl innerhalb als auch außerhalb von Berufsparcours gelegt, um Ausbilder/innen dazu zu bringen, ihre Arbeitsproben und Werkzeuge den potenziellen

Nachwuchskräften anzupassen. Jugendliche von heute müssen häufig nicht mehr zu Hause helfen, müssen auch nicht mehr für die Familie einkaufen und „werkeln" meist nicht mehr zusammen mit dem Vater/Großvater in der Werkstatt.

Im Gegensatz zu früher erleben Jugendliche kaum noch Handwerker/innen oder andere berufliche Tätigkeiten, weil sie durch die Schule zeitlich sehr eingespannt sind. Ihnen fehlt dadurch Erfahrungswissen. Zusätzlich haben sie auch im familiären Umfeld kaum noch die Möglichkeit, praktische Erfahrungen zu sammeln. Die Schule kann dieses Defizit nicht ausgleichen. Informationsbroschüren können hier ebenfalls keine Abhilfe schaffen.

Unternehmen und Jugendliche: zwei unterschiedliche Welten begegnen sich
Wenn die beiden Gruppen, einerseits Schüler/innen und andererseits Ausbilder/innen, ohne Vorbereitung aufeinandertreffen, ist der Frust meist schon vorprogrammiert. Die vermeintlich unbegabten Jugendlichen können die Arbeitsprobe nicht zufriedenstellend erledigen, weil es sich für sie um unbekannte Dinge handelt. Die Ausbilder/innen gehen im Gegenzug davon aus, dass die Jugendlichen Pläne lesen können, Fachbegriffe aus dem Berufsalltag kennen und schon immer werken. Zudem sind die Ausbilder/innen in den technischen Berufen selten pädagogisch trainiert und versuchen gar nicht erst, das „Herz" der Jugendlichen mit „interessanten" Arbeitsproben zu gewinnen, sondern gehen vom schon überzeugten Jugendlichen aus.

Strategie des Technikzentrums: Arbeitsproben müssen niederschwellig sein
Das Technikzentrum hat es sich zur Aufgabe gemacht, die Jugendlichen besser auf die berufliche Situation vorzubereiten und sie zu trainieren. Die Aufgaben sind niederschwellig, vereinfacht und beinhalten doch die wesentlichen beruflichen Anforderungen.

So müssen potenzielle Bürokaufleute die Erfahrung sammeln, dass diese Tätigkeit mit dem Ausfüllen von Formularen zu tun hat. Dachdecker/innen müssen grundsätzlich fangen und werfen können, was auch mit ungefährlichen Gummidachpfannen getestet werden kann. Im zweiten Schritt erfolgt ggf. der Test, ob unter Umständen eine Höhenangst vorhanden ist.

Ausbilder/innen sind die Hauptkontaktpersonen für die Jugendlichen
Als wesentliche Bezugsperson fungiert im gewerblich-technischen Bereich der Ausbilder. In 99 % aller bisherigen Kontakte ist dies ein Mann. Dieser ist der Schlüssel zum Erfolg in der Anwerbung von Ausbildungsnachwuchs. Sein Vorgehen, sein Auftreten und seine Äußerungen sowie seine Arbeitsproben entscheiden im Wesentlichen darüber, ob sich ein Jugendlicher für oder gegen ein Unternehmen bzw. einen Beruf entscheidet.

Daher werden Schulungen, Informationsveranstaltungen und Kooperationen mit den Unternehmen angestrebt, mit dem Ziel, die Ausbilder/innen für ein pädagogisches Herangehen in der Nachwuchswerbung zu gewinnen.

Erfolgskonzept des Berufsparcours
Die Verknüpfung zwischen Lernen und Ausprobieren seitens der Jugendlichen, die vereinfachte Informationsweitergabe beruflicher Inhalte und die gleichzeitige Kontaktaufnahme machen das Erfolgskonzept der Berufsparcours aus.

Dieser ganzheitliche und somit für viele Unternehmen neue Ansatz wird zunächst von mutigen Unternehmen einer Stadt bei Pilotveranstaltungen getestet. Bei diesen Veranstaltungen können sich weitere Unternehmen vom Konzept überzeugen lassen und sind dann bei weiteren Berufsparcours mit dabei.

Berufsparcours sparen viel Geld und sind dennoch effizienter als Berufsmessen

Berufsorientierung, das zeigt sich bei den jährlich rund 200 Veranstaltungen mit 50.000 Jugendlichen, kann interessant sein und Spaß machen. Mit einer strategischen Herangehensweise wie dem Berufsparcours könnte in Unternehmen und Schulen viel Zeit und 90 % des bisher aufgewandten Geldes gespart werden. Dennoch können Jugendliche effizient in der Berufsorientierung unterstützt werden und zugleich erhalten die Unternehmen Kontakt zu potenziellen Fachkräften.

Der Berufswahlprozess wird von Erwachsenen forciert und erwartet

Jugendliche wählen für sich einen Beruf, weil „wir es von ihnen so erwarten". Diese Äußerung eines 16-jährigen Jungen war ein Schlüsselerlebnis für Karin Ressel. In vielen Befragungen und Unterhaltungen stellte sich heraus, dass die Jugendlichen in der Schule die Themen lernen, die von ihnen erwartet werden. Wenn wir (die Erwachsenen) nun „plötzlich" von ihnen erwarten, dass sie anstelle der passiven schulspezifischen Rolle eine aktive berufsspezifische Rolle übernehmen sollen, dann stellt das für viele Jugendliche eine fast nicht zu bewältigende Situation dar. So werden auch Praktika nicht nach Begabung und Interesse, sondern nach der Erreichbarkeit des Betriebes getroffen.

Jugendliche können sich nur dann als mündige Personen für etwas entscheiden, wenn sie verschiedene Szenarien zur Auswahl haben. Diese Auswahl existiert häufig jedoch nicht aufgrund haptischer Erfahrungen, sondern nur durch Literatur oder Vortrag.

Berufswahl als Lenkungsprozess?

Müssen Jugendliche in der Berufswahl gelenkt werden? Diese Fragestellung beschäftigt viele Unternehmen, Lehrkräfte und Beratungskräfte. Etwa fünf bis zehn Prozent aller Jugendlichen sind in der Lage, sich aufgrund intrinsischer Motive für einen Beruf (oder ein Berufsfeld) zu entscheiden, und können sich selbst dazu informieren. Sie treffen ihre Entscheidungen autonom und lassen sich nicht beirren. Die Mehrzahl der Jugendlichen muss jedoch zu „ihrem Glück" gelenkt werden – so sehen es jedenfalls viele Ausbildungsverantwortliche. Diese Lenkung sollte möglichst über praktische Erfahrungen stattfinden. Aufgrund der großen Zahl an orientierungslosen Jugendlichen kann eine Berufsorientierung nicht allein in den Unternehmen stattfinden, sondern muss bereits vor Praktika und Bewerbungen in strukturierter Form stattfinden.

Berufswahl ist seit jeher (von Eltern, von Lehrkräften, der regionalen Struktur etc.) gelenkt und wird auch in Zukunft für viele Schüler/innen ein gelenkter Prozess sein. Allerdings haben sich die Strategien und Ansätze in den letzten Jahren durch Potenzialanalysen und andere Analysemethoden wesentlich gewandelt. Wenn hier noch haptische Erfahrungen für viele Berufe (Berufsfelder) hinzukommen, dann wird die Berufswahlentscheidung zunehmend realistischer.

Systematische, strukturierte Berufsfelderprobung durch die Talentwerkstatt Bochum

Schüler mit einem Haupt- und Realschulabschluss können in Deutschland aus insgesamt 877 Ausbildungs- und schulischen Berufen auswählen. Die Berufe wiederum lassen sich in insgesamt 27 Berufsfelder zusammenfassen. Ein Berufsfeld ist beispielsweise das Berufsfeld „Metall", indem Berufe wie „Mechatronik" oder „Metallbau" zusammengefasst werden. Bislang haben die Jugendlichen bei Berufsparcours eventuell nur 25 Berufe aus acht Berufsfeldern kennengelernt. Das soll sich in Zukunft ändern: Jugendliche sollen systematisch alle Berufsfelder erproben können, die in ihrer Region angeboten werden. Nicht in jeder Stadt oder Region werden alle Berufe angeboten. So gibt es beispielsweise die Bergbauberufe nur in bestimmten Gegenden, ebenso einige Industrieberufe nicht auf dem Land. Für die Region Bochum ist beispielsweise davon auszugehen, dass 163 Berufe aus 22 Berufsfeldern auch tatsächlich angeboten werden. In der Talentwerkstatt Bochum sollen nun von 2013 bis 2016 alle 2.700 am Pilotprojekt teilnehmenden Jugendlichen alle 22 Berufsfelder praktisch erproben können. Danach müssen sie sich für vier Berufsfelder entscheiden, in denen sie im Anschluss vertiefende Erfahrungen sammeln.

Danach geht es u. a. zu Praktika in Unternehmen. Im anschließenden Berufsparcours treffen die Jugendlichen auf weitere Unternehmen, bei denen sie sich direkt und unmittelbar bewerben können. Diese strukturierte und praktische Berufsorientierung in allen Berufsfeldern mit ganzheitlichem Ansatz unter Beteiligung von Unternehmen wird den Einmündungseffekt in Ausbildung wesentlich verstärken und die Abbruchquote reduzieren, da sowohl der Beruf als auch das Unternehmen nicht „auf dem Papier", sondern in der Realität ausgewählt werden.

In etwa fünf bis zehn Jahren könnte das Ziel erreicht werden, nur noch fünf Prozent unversorgte Jugendliche zu haben. Der volkswirtschaftliche Effekt wäre immens.

Zufriedenheit bei Berufsparcours

Mehrfache Analysen und Befragungen mit rund 40.000 Personen ergaben eine über 80-prozentige Zufriedenheit bei den Schüler/innen, eine Zufriedenheit von 95 % bei den Lehrkräften und eine 99-prozentige Zufriedenheit bei den Unternehmen.

Nutzung in der Schule und bei der Berufsberatung

Rund 800 Schulen haben die durch uns geschaffenen oder im Berufsparcours eingesetzten Arbeitsproben kennengelernt. Lehrkräfte entdecken wieder die Methode des Stationenlernens und sind interessiert am Einsatz der Arbeitsproben im Unterricht. Etwa 60 % der Schulen übernehmen einzelne oder mehrere Arbeitsproben in die verschiedenen Fächer ihres Unterrichts. Auch Berufsberater/innen lassen sich von den Berufsparcours und den Arbeitsproben anregen und übernehmen Ansätze daraus in ihre Beratungsarbeit.

Entwicklungspotenziale für Deutschland und Europa

Das Ziel ist die Ausweitung der Parcours auf alle 16 Bundesländer sowie in das europäische Ausland bis 2020 durch die Vergabe von Lizenzen und eine Weiterentwicklung der Methode.

Die Erfahrung zeigt, dass der Bereich des Übergangs von der Schule in den Beruf noch sehr viel Entwicklungspotenzial aufweist und dass die Ansätze des Technikzentrums in diesem Zusammenhang eine wesentliche Rolle spielen. Das zunächst nur für Nordrhein-Westfalen gedachte Konzept der Berufsparcours hat sich durch die ständige Weiterentwicklung in Verbindung mit guten Marketingmethoden sowie durch einen hohen Bekanntheitsgrad auf nunmehr zehn Bundesländer ausgedehnt und wird in naher Zukunft neben den Niederlanden, Spanien und Dänemark noch weitere Bundesländer und Länder erreichen. Die Konzentration richtet sich jedoch im Wesentlichen auf Deutschland, da hier die Grundlagen für die Berufsfelderkundung anhand von systematisierten, strukturierten Arbeitsproben gelegt werden.

Weiterentwicklung und Ergänzung von Arbeitsproben

Die Ergänzung zum Berufsparcours ist die Entwicklung von Arbeitsproben. Neben der *Marke Berufsparcours* hat sich in den letzten Jahren die *Marke Berufsmodule* (für Arbeitsproben) als ein wesentlicher Schwerpunkt herausgebildet. Auf 1.500 Quadratmetern Fläche werden die bislang 1.200 gesammelten oder entwickelten Berufsmodule archiviert und weiterentwickelt sowie neue Arbeitsproben konzipiert. Eine Mitarbeiterin kümmert sich seit 2012 um die Betreuung der Berufsmodule. Die Weiterentwicklung der Berufsmodule sowie der Bau von Prototypen erfolgen in enger Kooperation mit Berufskollegs, Unternehmen und anderen Trägern der beruflichen Bildung. Ausbilder/innen und Lehrkräfte sowie andere Multiplikatoren informieren sich anhand der Ausstellung über neue Produkte, um für sich selbst Anregungen zu finden.

Vermehrung der Berufsmodule

Um das System Berufsparcours auszuweiten, sind für die 27 Berufsfelder (der Bundesagentur für Arbeit) Arbeitsproben mit unterschiedlichen Schwierigkeitsgraden in mindestens achtfacher Ausfertigung erforderlich, die auch an neuen Veranstaltungsorten unmittelbar einsetzbar wären. Da von rund 500 bis 1.000 Veranstaltungsorten jährlich auszugehen ist, besteht ein zunehmender Bedarf an diesen Berufsmodulen.

Denkbar ist die Produktion der notwendigen Arbeitsproben durch Schulfirmen in Verbindung mit Unternehmen, Seniorenorganisationen und Berufskollegs.

Konsequenzen für die nächsten Jahre

Die Konsequenzen für das Technikzentrum sind:

- Erhöhung der Mitarbeiter/innenzahl
- Erweiterung der Zahl der Vorträge und der Berufsparcours
- Zunahme der Beratung von Unternehmen
- Aufbau eines Produktions- bzw. Vertriebsunternehmens für Arbeitsproben

Der bisherige Erfolg des Technikzentrums basiert im Wesentlichen auf folgenden Faktoren:

- Kontakte zu relevanten Personen/Institutionen
- Reaktion auf den Nachfragebedarf, ohne den Grundgedanken zu verlieren
- Innovationskraft der Geschäftsführerin (GF)
- vertieftes Erfahrungswissen über Verwaltungshandeln durch die GF
- unbeirrtes Festhalten an den Grundideen trotz aller Hemmnisse
- Vernetzung mit vielen regionalen und überregionalen Akteuren
- Wille der GF, die Berufsorientierung in Deutschland durch haptische Erlebnisse unter Beachtung von gendersensiblen und migrantengerechten Aspekten greifbarer und für alle zufriedenstellender zu machen

Hieraus hat sich ein soziales Unternehmen entwickelt, das im Bereich der Berufsorientierung überregional bekannt ist und geschätzt wird. Gleichzeitig ist ein Beschäftigungsfeld für bis zu 30 Personen entstanden.

Sowohl die Ernennung zur Finalistin der Schwab Stiftung und zum Social Entrepreneur und Fellow bei Ashoka also auch der Erhalt einer Goldmedaille durch die iENA (Erfindermesse Nürnberg) sowie weiterer wichtiger Ehrungen zeigen, dass die Innovation durch Karin Ressel maßgeblich zur Entwicklung und zum Bestand der Organisation Technikzentrum beigetragen hat.

Fazit: Weniger ist mehr oder die Macht des Einfachen im Marketing

Was sich im Marketingbereich schon seit Längerem etabliert hat, muss auch in der Berufsorientierung Einzug halten: Wenige Sekunden müssen im Marketingbereich genügen, um die Kundschaft vom Produkt zu überzeugen und für den Kauf zu gewinnen. Aus der Werbung wissen wir, dass eine Information 17-mal transportiert und positiv besetzt sein muss, bevor sie konkret wahrgenommen wird. Um nichts anderes geht es auch in der Berufsorientierung. Denn es gilt den Jugendlichen aus der Fülle der Angebote diesen oder jenen Beruf durch eine Kernbotschaft vorzustellen und dann ihr Herz dafür zu erobern.

Im Bereich der Berufsorientierung kommt noch hinzu, dass Gehirnforscher wie Prof. Dr. Dr. Manfred Spitzer davon ausgehen, dass vor allem haptische Erlebnisse sich bei den Jugendlichen einprägen. Wenn diese Annahme stimmt, dann sollen Jugendliche nicht mit einer Fülle von Werbebroschüren zu den rund 10.000 Berufen überschwemmt werden. Vielmehr müssen sie durch komprimierte, relevante Strategien und Informationen sowie durch praktische Kernerfahrungen die verschiedenen Berufe (bzw. Berufsfelder) kennenlernen. Durch einfache und überschaubare Lenkungssysteme wird so der Weg zum Beruf und zu Unternehmen geebnet.

Autorin und Gründerin

Karin Ressel (Jahrgang 1954): Nach dem Studium als Diplom-Verwaltungswirtin (FH), mehrjähriger Verwaltungs- und Beratungsarbeit als Berufsförderungsberaterin bei der Bundeswehrverwaltung und einem weiteren Studium der Erziehungswissenschaft (Diplom-Pädagogin) folgen Beschäftigungen als Beraterin im öffentlichen Dienst.

Seit April 1994 ist Karin Ressel als Geschäftsführerin des Vereins Technikzentrum Minden-Lübbecke e. V. tätig und ist erfolgreich im Marketing und in der Umsetzung des Geschäftsfeldes der beruflichen Orientierung.

Wesentliche Bestandteile ihrer Tätigkeit sind die Projektentwicklung, die Produktentwicklung von Arbeitsproben sowie die Gestaltung neuer Trainings- und Ablaufsysteme. Umfangreiche Reise- und Vortragstätigkeiten gestalten den Berufsalltag. Karin Ressel ist verheiratet und wohnt in Hille/Minden-Lübbecke.

Weiterführende Informationen
www.berufsparcours.de

Teil III
Herausforderung Langzeitarbeitslosigkeit

Einführung: Recht auf Arbeit? Langzeitarbeitslosigkeit als Dauerproblem ist bekämpfbar

Hartmut Kopf, Susan Müller, Dominik Rüede, Kathrin Lurtz und Peter Russo

Deutschland wird von seinen europäischen Nachbarn und in der Welt für seine erfolgreiche Wirtschafts- und Arbeitsmarktpolitik geachtet, fast sogar beneidet. Das „Land der Schaffer und Macher" ist wie kaum eine andere Nation aus der letzten Weltwirtschaftskrise, der Finanz- und Bankenkrise, herausgekommen: Von 2005 bis 2012 verringerte sich die Arbeitslosigkeit sowohl in West- als auch in Ostdeutschland.[1]

Das ist die eine, die helle Seite der jüngsten deutschen Geschichte zum Thema Arbeit und Beschäftigung. Die andere, die dunkle Seite ist aber auch noch da, sie wird sogar immer düsterer: Mit 47,3 % liegt der Anteil Langzeiterwerbsloser, d. h. von Personen, die mindestens zwölf Monate arbeitslos gemeldet sind, in Deutschland deutlich über dem Durchschnitt aller EU-Länder.[2] Das hat seinen fast schon paradoxen Grund darin, dass in einem Land mit geringer Arbeitslosigkeit die Arbeitsmarktintegration von Menschen mit sogenannten „Vermittlungshemmnissen" eine immer schwierigere Aufgabe

---

[1] In Westdeutschland reduzierte sich die Arbeitslosenzahl in diesem Zeitraum um 1,25 Mio. (−38,4 %) auf ca. 2 Mio. und in Ostdeutschland um mehr als 700.000 (− 44,4 %) auf ca. 900.000. Für Gesamtdeutschland lag die Arbeitslosenquote 2012 insgesamt bei 6,8 % – die niedrigste Quote seit 21 Jahren. Bundesagentur für Arbeit (BA) (2013). *Arbeitslosigkeit im Zeitverlauf 02/2013, Stellenindex der Bundesagentur für Arbeit (BA-X)*.

[2] Der EU-Durchschnitt liegt bei 42 %. Selbst Spanien liegt mit einem Anteil von 40 % Langzeitarbeitslosen unter dem EU-Durchschnitt. Bundesagentur für Arbeit (2011). *Sockel- und Langzeitarbeitslosigkeit, Broschüre der Arbeitsmarktberichterstattung*. Nürnberg, S. 12.

H. Kopf · S. Müller (✉) · D. Rüede · K. Lurtz
EBS Business School, World Vision Center for Social Innovation,
Oestrich-Winkel, Deutschland
E-Mail: susan.mueller@gmx.com

P. Russo
EBS Business School, Institute for Transformation in Business and Society (INIT),
Oestrich-Winkel, Deutschland

wird. Im Aufschwung steigt der Anteil der Langzeitarbeitslosen an den Arbeitslosen insgesamt, da wenig Menschen neu in Arbeitslosigkeit kommen. Die Struktur der Arbeitslosigkeit verhärtet sich zunehmend, ein weiterer Abbau der Arbeitslosigkeit, insbesondere bei Langzeitarbeitslosen, fällt immer schwerer.

Für die Betroffenen hat das nicht nur finanzielle Folgen. Arbeit dient neben dem Broterwerb auch der persönlichen Entwicklung des Individuums und hat einen identitätsstiftenden Charakter: Menschen definieren sich unter anderem durch das, was sie tun, und sind in ein soziales Beziehungssystem eingebettet. So bestehen die Folgen von Arbeitslosigkeit nicht nur in finanzieller Not. Langzeitarbeitslose befinden sich zudem in einer schlechteren gesundheitlichen Verfassung, haben häufiger psychologische Probleme und sind gesellschaftlich stärker isoliert.[3] Langzeitarbeitslosigkeit ist damit ein weiteres fruchtbares Feld für soziale Innovationen, die auf intelligente Art und Weise das Problem der vermeintlichen Nichtvermittelbarkeit von Menschen mit einer besonders nachhaltigen sozialen Lösung verbinden.

Die Idee hinter dem Sozialunternehmen discovering hands® ist eine solche fast schon geniale Verbindung: Blinde Menschen gehören aufgrund ihres Handicaps eher zu den schwerer vermittelbaren Arbeitssuchenden. Gleichzeitig haben sie aufgrund ihres verbesserten Tastsinnes eine ganz besondere Fähigkeit, die sie einzigartig macht. Genau diese Fähigkeit nutzt das „Geschäftsmodell" dieser sozialen Innovation: Sehbehinderte Menschen werden zu „Medizinischen Tastuntersuchern" (MTU) ausgebildet, die einen entstehenden Brustkrebs bereits in einem sehr frühen Stadium durch eine strukturierte Tastuntersuchung entdecken können. Im Vergleich zur häufig unter Zeitdruck stattfindenden Tastuntersuchung durch Frauenärztinnen und -ärzte bietet die halbstündige Untersuchung durch die MTU wesentlich mehr Sicherheit. Der Beitrag beleuchtet besonders die Entwicklungspotenziale der Idee wie beispielsweise die Etablierung einer primären Berufsausbildung für MTU oder den Einsatz von Blinden in anderen Diagnostikfeldern wie Schilddrüsenerkrankungen oder Augendruckerhöhungen.

Ein „Jobwunder-Unternehmen" wird im Beitrag über die gGmbH Arbeit für Menschen mit Behinderung (AfB) näher beschrieben. Die AfB ist Europas erstes gemeinnütziges IT-Systemhaus, in dem Menschen mit Behinderungen auf ökologisch und sozial nachhaltige Weise gebrauchte IT aus Wirtschaftsunternehmen „entsorgen", indem sie die Geräte abholen, die Daten löschen, die Geräte wiederaufbereiten und diese als „geprüfte Gebrauchte" in eigenen Shops deutschlandweit verkaufen und auch weiterhin als Servicedienstleiter betreuen. Im Beitrag über die „Green and Social IT" wird der Blick insbesondere auf die Entwicklung von AfB zu einem überzeugenden CSR-Partner für große Unternehmen gelenkt, welche die AfB auf Wachstumskurs brachte. Das Credo des Gründers war und ist: „Gesellschaftlich-soziale Wirkung braucht unternehmerischen Erfolg."

---

[3] Oschmiansky, Frank (2010). *Folgen der Arbeitslosigkeit. In Dossier Arbeitsmarktpolitik der Bundeszentrale für politische Bildung.* http://www.bpb.de/politik/innenpolitik/arbeitsmarktpolitik/54992/folgen-der-arbeitslosigkeit Zugegriffen: 08. Oktober 2013.

JOBLINGE ist eine gemeinsame Initiative der Unternehmensberatung Boston Consulting Group und der Eberhard von Kuenheim Stiftung der BMW AG. Die Träger bündeln ihr Know-how aus ihren Erfahrungen als „International Player" in der „Big Business World", um es für die Berufsvermittlung von Jugendlichen in Deutschland einzusetzen. Sie gründeten eine gemeinnützige AG, unter deren Dach sich an immer mehr Standorten in Deutschland rechtlich eigenständige Franchisepartner um die Vermittlung von jungen Menschen in die Ausbildungs- und Berufswelt kümmern – mit 65 % Vermittlungsquote erfolgreicher als manch andere, oft staatliche Stelle. Wie Wachstum durch Social Franchise erreicht werden kann, steht folglich auch im Mittelpunkt dieses Beitrags.

Im letzten Beitrag dieses Kapitels geht es um den Verein myself. Der Artikel beleuchtet die neuen Möglichkeiten für Arbeitslose über 50 Jahren, die entstehen, wenn ganz konsequent auf die Selbstbeteiligungs- und das Selbstorganisationskräfte der Betroffenen gesetzt wird. Mit dem Verein myself und der daraus hervorgegangenen ARBEIT ZUERST eG sind aus einer Transfergesellschaft zwei Selbsthilfeorganisationen mit arbeitspolitischem Anspruch entstanden, in denen aus dem Arbeitsmarkt Ausgegrenzte neue, sinnstiftende Tätigkeiten für sich und die Gesellschaft entdecken und entwickeln.

… # discovering hands®: „Einfach sicher fühlen" – der Tastsinn Blinder verbessert die medizinische Diagnostik

Frank Hoffmann

Inhaltsverzeichnis

Zusammenfassung 127
Die Organisation in Kürze 128
Die Idee und ihre Umsetzung 129
    Funktionsweise der sozialen Innovation 129
    Schwerpunkt: discovering hands® – ein Sozialunternehmen mit Entwicklungspotenzial 133
    Entwicklungsmöglichkeiten: zwar herausfordernd, aber der Mühe wert 138
Fazit: „Gib der Idee Raum, sich zu entwickeln" 139

Zusammenfassung

discovering hands® ist ein gemeinnütziges Sozialunternehmen. Es ermöglicht durch ein selbst entwickeltes Programm, dass sich Menschen mit Sehbehinderung zu „Medizinischen Tastuntersuchern" (MTU) ausbilden lassen können, um ihren optimal geschulten Tastsinn in den Dienst der medizinischen Diagnostik zu stellen. Als ärztliche Assistenzkräfte arbeiten sie zunächst im Bereich der Brustkrebsfrüherkennung und ermöglichen so die frühere Feststellung eines Tumors: ein Umstand, der für die Heilungschancen der Patientin entscheidend sein kann. Gleichzeitig entsteht ein völlig neues Tätigkeitsfeld für Menschen mit Sehbehinderung. Die discovering hands®-Organisation begleitet die Markteinführung der neuen Methode, gewinnt neue Partner (z. B. Krankenversicherungen, Arztpraxen und politische Stakeholder) hinzu und entwickelt weitere Tätigkeitsfelder für

---

F. Hoffmann (✉)
Discovering hands® gUG (haftungsbeschränkt), Großbaumer Str. 28,
45479 Mülheim an der Ruhr, Deutschland
E-Mail: frank.hoffmann@discovering-hands.de

die Medizinischen Tastuntersucher. Ein bedeutendes Entwicklungspotenzial stellt zudem die Internationalisierung der Methode dar.

Viele dieser Bereiche waren zu Projektbeginn noch gar nicht absehbar; manche neue Idee ergab sich erst im Projektverlauf. Dieser Werdegang, sicher nicht untypisch für ein Social Start-up, wird nachfolgend vom Gründer der discovering hands®-Organisation, Frank Hoffmann, der als praktizierender Frauenarzt auf die dem Unternehmen zugrunde liegende Idee kam, beschrieben.

Die Organisation in Kürze

Die „discovering hands® gemeinnützige Unternehmergesellschaft (haftungsbeschränkt)" wurde im Dezember 2011 gegründet und ist seit März 2012 ins Handelsregister eingetragen. Geschäftsführer ist Frank Hoffmann, der auch Ideengeber und Initiator von zwei Vorprojekten mit öffentlicher Förderung (durch den Landschaftsverband Rheinland bzw. durch das Bundesministerium für Arbeit und Soziales) war. Zum Team gehören ferner ein fest angestellter Mitarbeiter, eine Projektmanagerin sowie drei Pro-bono-Berater. Das Team wurde von Oktober 2012 bis März 2013 von einem „Executive in residence" der Firma Boehringer Ingelheim unterstützt.

Die discovering hands® gUG organisiert die Pflege und Weiterentwicklung des Ausbildungscurriculums zur „Medizinischen Tastuntersucherin", stellt das Qualitätsmanagement im System sicher, initiiert die wissenschaftliche Begleitforschung und veröffentlicht Informationen in der medizinischen Fachwelt. Sie entwickelt neue Tätigkeitsfelder für Medizinische Tastuntersucherinnen und macht diese umsetzungsreif.

Bis zur Aufnahme der operativen Tätigkeit der discovering hands Service GmbH im April 2014 erledigte die discovering hands gUG außerdem deren Aufgaben. Diese sind u. a. das Vertragsmanagement mit den Krankenkassen, die für ihre Versicherten die Kosten der Untersuchung durch eine Medizinische Tastuntersucherin tragen, und mit den Ärzten, die eine Medizinische Tastuntersucherin einstellen, die Organisation der Produktion und des Vertriebs der patentierten discovering hands®-Orientierungsstreifen, die Rekrutierung neuer Ausbildungskandidatinnen, das Anwerben weiterer Anstellungspraxen, die Öffentlichkeitsarbeit und die Organisation von Ausbildungslehrgängen bei den qualifizierten Berufsförderungswerken.

Im Januar 2013 wurde zudem das discovering hands®-MTU-Forum als gemeinnütziger Verein gegründet, dessen Aufgabe im Wesentlichen in der Unterstützung der Medizinischen Tastuntersucherinnen in ihrem täglichen Tätigkeitsbereich besteht. Neben der Organisation von jährlichen Fort- und Weiterbildungen baut das MTU-Forum eine barrierefreie Kommunikationsplattform für MTU auf. Künftig sollen MTU auch auf Interventionsangebote des Forums zurückgreifen können, wenn es zu Schwierigkeiten im Team oder zu belastenden Situationen durch die Verarbeitung von Krankheitsgeschehen kommt.

Während die discovering hands® gUG spendenfinanziert ist, bestreitet die discovering hands® Service GmbH ihre Tätigkeit aus dem Verkauf der Orientierungsstreifen, benötigt hierfür jedoch eine Anschubfinanzierung. Dauerhaft wird sie sich aber nachhaltig selbst finanzieren können.

Das MTU-Forum wird ebenfalls spendenfinanziert sein. Neben Großspendern kommen hier zusätzlich Fördermitgliedschaften zum Tragen.

Die Idee und ihre Umsetzung

Funktionsweise der sozialen Innovation

Manche Ideen sind so einfach, dass man sich fragt, warum nicht schon viel früher jemand versucht hat, sie in die Tat umzusetzen; besonders wenn sich hierdurch Lösungen für gleich mehrere soziale Probleme erzielen lassen, von denen jedes für sich schon gewichtig genug ist.

discovering hands® ist so eine Idee: Den optimal geschulten Tastsinn Blinder und Sehbehinderter in die medizinische Palpationsdiagnostik (Tastdiagnostik) einzubringen, schafft nicht nur ein völlig neues Tätigkeitsfeld für Menschen mit Behinderung, sondern führt auch zu signifikant besseren diagnostischen Ergebnissen, z. B. bei der Brustkrebsfrüherkennung. Dies senkt die Sozialkosten in zwei Bereichen: Aus Schwerbehindertenrenten-Empfängern werden zum einen Berufstätige im ersten Arbeitsmarkt; die direkten und indirekten Kosten im Falle einer Brustkrebserkrankung können zum anderen fallbezogen um bis zu 57.000 € sinken, wenn der Tumor nicht im Stadium II, sondern schon im Stadium I entdeckt wird. Und es gibt einen weiteren Effekt, der in der Lage ist, nachhaltig die soziale Codierung der Gesellschaft zu verändern: Der Blick auf Behinderung ändert sich, aus Mitleid wird Respekt! Medizinische Tastuntersucherinnen machen aus ihrer Behinderung eine Begabung. (Abb. 12.1)

Wie kam es nun zu dieser Idee, aus der sich inzwischen einerseits ein ausformuliertes, qualitätsüberprüftes und vielfach umgesetztes Fortbildungsprogramm, andererseits ein wohldurchdachter Geschäftsplan entwickeln ließ und sich drittens die Vision speist, dass blinde Tastuntersucherinnen und -untersucher als ärztliche Hilfskräfte eines Tages vielleicht weltweit einen wertgeschätzten und selbstverständlich gewordenen Platz in der medizinischen Diagnostik besetzen werden?

Begonnen hat alles im Routinealltag meiner Tätigkeit als niedergelassener Frauenarzt. Zu den wesentlichen Aufgaben des niedergelassenen Gynäkologen zählt neben der kurativen Medizin, der Mutterschaftsvorsorge und anderen Feldern die Krebsfrüherkennungsdiagnostik. Hierbei geht es im Wesentlichen um die bösartigen frauenspezifischen Erkrankungen, also die Malignome des weiblichen Genitale und der Brust. Gerade beim Brustkrebs ist die Früherkennung von überragender Bedeutung, weil nicht der Knoten in der Brust die Gefahr für die betroffene Frau darstellt, sondern seine Zellabsiedlungen in den Körper, die Metastasierung.

Abb. 12.1 discovering hands® setzt blinde Frauen als Tastuntersucherinnen in der Brustkrebsfrüherkennung ein

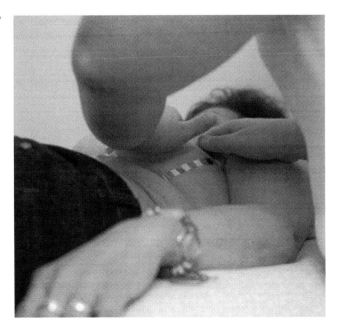

Für Frauen ab 50 wird in Deutschland ein präventives Röntgenprogramm, das Mammografie-Screening, angeboten, das zu einer deutlichen Verbesserung der Früherkennung geführt hat. Ein nicht unerheblicher Anteil an bösartigen Veränderungen der Brust ist jedoch allein durch das Röntgenbild nicht auffindbar. Daher gehört für alle Frauen die ärztliche Tastdiagnostik im Rahmen der von den Kassen einmal im Jahr bezahlten Krebsvorsorgeuntersuchung zum Routineprogramm. Gleichzeitig sehen die Krebsvorsorgerichtlinien vor, dass alle Frauen zur Selbstuntersuchung der Brust angeleitet werden sollen, um so eine neu auftretende Veränderung des Brustgewebes frühestmöglich festzustellen.

Im Gespräch mit meinen Patientinnen war ich überrascht, wie viele Frauen jedoch angaben, sich selbst nie abzutasten, weil sie „Angst haben, etwas zu finden" oder sich durch die Selbstuntersuchung nur verunsichert fühlen. Was nun, wenn eine Frau den normalen Tasteindruck ihrer Brust gar nicht kennt und allein auf die klinische Brustuntersuchung durch den Arzt vertraut? Diese ist dann im Routinefall die einzige Früherkennungsmaßnahme überhaupt, jedenfalls für Frauen unter 50, da ja erst ab dem 50. Lebensjahr den Versicherten die Teilnahme am Mammografie-Screening ermöglicht wird. Erst bei einer Auffälligkeit des Tastbefundes, also bei Vorliegen eines Anfangsverdachtes, können weitere diagnostische Maßnahmen veranlasst werden.

Oft genug ist aber die ärztliche Brustuntersuchung belastet durch den im Alltagsbetrieb herrschenden Zeitdruck. Es verwundert daher nicht im Geringsten, dass ein hierbei entdeckter Tumor oft bereits eine Größe von ein bis zwei Zentimetern hat. (Abb. 12.2)

Mit dieser Situation fühlte ich mich nicht wohl. Es galt in meinen Augen die Brusttastuntersuchung zu optimieren, weil nur durch eine Verbesserung der Früherkennungsraten eine weitere Senkung der Brustkrebsmortalität erwartet werden kann.

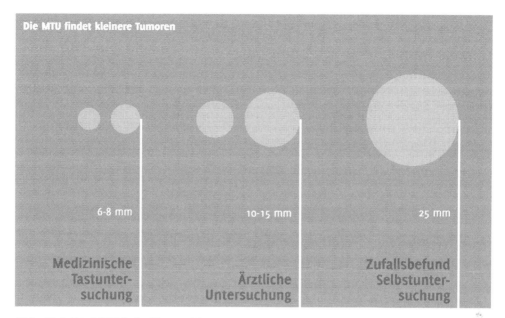

Abb. 12.2 Die MTU findet kleinere Tumoren

Die Rahmenbedingungen für eine optimale Brusttastuntersuchung sind dabei einfach zu definieren: genug Zeit, ein systematischer Untersuchungsablauf und die bestmögliche Tastfähigkeit des Untersuchenden.

Blinde trainieren infolge des Wegfalls des Gesichtssinns andere sensorische Qualitäten intensiv; besonders ihr Tastsinn ist optimal ausgebildet. Im Herbst 2005 hatte ich deshalb eine einfache, aber folgenreiche Idee: Blinde und sehbehinderte Menschen könnten künftig als ärztliche Hilfskräfte die Brusttastuntersuchung in der Praxis durchführen, sich damit selbst ein neues Tätigkeitsfeld eröffnen und ihre Tastbegabung sinnstiftend und nutzbringend zum Wohle der brustkrebserkrankten Frauen einsetzen.

Aus der Idee wurde ein Plan, der ab 2006 in Zusammenarbeit mit dem Landschaftsverband Rheinland, der Ärztekammer Nordrhein, dem Berufsförderungswerk für Blinde und Sehbehinderte in Düren und der Universitätsfrauenklinik Essen in die Tat umgesetzt wurde. In einem zweijährigen Projektansatz entstand das völlig neue Tätigkeitsfeld der „Medizinischen Tastuntersucherin", abgekürzt „MTU", das von Anfang an auf großes Interesse der Öffentlichkeit stieß.

Inzwischen haben über 20 Frauen mit großem Engagement die Ausbildung zur MTU abgeschlossen. Sie alle haben dabei einen mehrstufigen Qualifikationsprozess durchlaufen. Ein mehrtätiges Assessment überprüft zunächst die grundsätzlichen Fähigkeiten der Kandidatin: Neben den Tastfähigkeiten gehören dazu soziale Kompetenz, Merkfähigkeit und Kommunikationsfähigkeiten.

Liegen alle diese Voraussetzungen vor, werden die Kursteilnehmerinnen in einem neunmonatigen Lehrgang an einer der vier qualifizierten Ausbildungseinrichtungen (in Düren,

Halle, Nürnberg und Mainz) mit allem vertraut gemacht, was man zur Brust und ihren Erkrankungen wissen muss, und das auf fachlich hohem Niveau. Erforderlich ist das nicht nur, um der Tastuntersucherin später mit dem Arzt eine Kommunikation „auf Augenhöhe" zu ermöglichen, sondern auch, damit sie den von ihr untersuchten Frauen zu allen Fragen der Brustgesundheit Rede und Antwort stehen kann. Im Vordergrund steht natürlich das Erlernen der „KBU-B", der von discovering hands® entwickelten klinischen Brustuntersuchung durch Blinde, die mithilfe eines eigens hierfür entwickelten und patentierten selbstklebenden Orientierungsstreifens durchgeführt wird: Fünf längs verlaufende Streifen werden parallel so im Brustbereich aufgebracht, dass sie jede Brust in zwei Zonen teilen, die nacheinander untersucht werden.

Das Streifensystem erlaubt es auch, einen einmal entdeckten Tastbefund quadratzentimetergenau zu lokalisieren und somit wiederauffindbar zu machen, und funktioniert dabei wie ein Koordinatensystem beim allseits bekannten Spiel „Schiffe versenken". Das ist in der Kommunikation mit dem Arzt, mit dem die MTU obligat zusammenarbeitet, von großer Bedeutung. Per Definition üben die Medizinischen Tastuntersucherinnen nämlich eine ärztliche Hilfstätigkeit aus, denn die Verantwortung für das Ergebnis der Untersuchung wie auch die Entscheidung, wie ein Tastbefund weiter abgeklärt wird, liegen allein beim Arzt. Daher sind MTU bevorzugt in Frauenarztpraxen oder Kliniken eingestellt. Hier arbeiten sie sehr effizient: Erste Analysen haben gezeigt, dass MTU in einem direkten Vergleich mehr und deutlich kleinere Gewebeveränderungen ertasten konnten als die Ärzte.

Damit ist diese bereits an 17 deutschen Praxen und Kliniken etablierte innovative Vorsorgemethode allerdings noch nicht im Markt verankert: Alle bisherigen Fördergelder (auch die, die ab 2009 in einem zweiten Projektschritt die Qualifizierung der Berufsförderungswerke in Halle, Nürnberg und Mainz für die MTU-Ausbildung erlaubten) waren für die Umsetzung der Ausbildung, nicht aber für die Markteinführung der Methode vorgesehen.

Auch wenn die hinter discovering hands® stehende Idee einleuchtend ist, muss sie allen relevanten Stakeholdern vermittelt werden: Neben der Rekrutierung neuer Ausbildungskandidatinnen müssen Arztpraxen gefunden werden, die eine Medizinische Tastuntersucherin einstellen möchten, die Öffentlichkeit erwartet aktuelle Informationen und Krankenkassen müssen gewonnen werden, die bereit sind, die Kosten der Untersuchung für ihre Mitglieder zu übernehmen (für gut 5,5 Mio. Versicherte ist das bereits der Fall).

Bedeutsam ist auch eine weitere wissenschaftliche Absicherung: Durch das großzügige Engagement der Reinhard-Frank-Stiftung konnte eine prospektive Studie am Brustzentrum der Universität Erlangen aufgelegt werden, die bis 2015 valide Daten zur Sensitivität und Spezifität der Medizinischen Tastuntersuchung liefern wird.

Für das discovering hands®-Team hat auch ein anderes Aufgabenfeld eine hohe Priorität, nämlich die Entwicklung eines ausbildungs- und berufsbegleitenden Unterstützungsprogramms für Medizinische Tastuntersucherinnen. Dieses Programm leistet nicht nur bei der Bewältigung „ganz normaler" Hürden wie der Beantragung von Hilfsmitteln und Fördergeldern Unterstützung, sondern besonders auch bei psychisch belastenden Phasen im Arbeitsalltag. Diese entstehen beispielsweise, wenn eine MTU die fortschreitende Brustkrebserkrankung oder sogar den Tod einer Patientin für sich verarbeiten muss. Trotz aller Vorbereitung auf die Tätigkeit und aller Professionalität sind die Medizinischen Tastuntersucherinnen hier sicher ungeschützter, weil sie sich ihren Patientinnen auf einer menschlichen Ebene tatsächlich intensiver nähern, als das üblicherweise im Gesundheitssektor geschieht.

Ein besonderes Charakteristikum von discovering hands® sei in diesem Zusammenhang auch genannt: das hohe Maß an persönlichem Engagement der Tastuntersucherinnen für die Sache selbst, die sie damit wirklich zu „ihrer" Sache machen, womit sie bereits allein einen wichtigen Beitrag zur Nachhaltigkeit des Systems leisten.

Die Idee hinter discovering hands® hat bis heute zahlreiche Preise und Auszeichnungen erhalten, wie z. B. den Sonderpreis des deutschen Innovationspreises im Gesundheitswesen, und wird seit Beginn des Projektes auch umfassend medial begleitet. Seit Mitte 2012 besteht zudem eine enge Kooperation zwischen discovering hands® und der Aktion „pink ribbon®". Die „Rosa Schleife" ist inzwischen zu einem internationalen Symbol geworden, das Solidarität mit betroffenen Frauen zum Ausdruck bringt und das Bewusstsein für die Brustkrebsproblematik schärfen soll.

Schwerpunkt: discovering hands® – ein Sozialunternehmen mit Entwicklungspotenzial

Ist soziale Verantwortung nur ein öffentliches Thema?

Ein Staat, der seinen Bürgern ein tragfähiges soziales Netz anbieten kann, wird von uns als ein guter Staat angesehen. Verantwortung für Benachteiligte zu übernehmen, Menschen mit Behinderung die gleiche Teilhabe am Leben zu eröffnen wie Nichtbehinderten sowie kranken Menschen ohne Rücksicht auf ihr Einkommen eine qualitativ hochwertige Behandlung zu ermöglichen, sind Aufgaben des Gemeinwesens. Westliche Industrienationen haben das jedenfalls seit Langem so gesehen und in geltendes Recht umgesetzt. Ohne den Wert dieser wichtigen sozialen Errungenschaften mindern zu wollen, darf aber nicht unbeachtet bleiben, dass sich diese Gemeinwesen, nicht unwesentlich auch durch die Effekte genau dieser sozialen Errungenschaften, in einer Art und Weise weiterentwickeln, die neue problematische Fragestellungen aufwirft. Wie kann sich ein Sozialsystem künftig noch solidarisch finanzieren, wenn sich einerseits die Anzahl der Einzahler von Generation zu Generation vermindert und sich andererseits die mittlere Lebenserwartung der Bevölkerung rasant nach oben entwickelt und damit der Anteil alter Menschen mit höherer Morbidität steigt?

Soziale Fragen unserer Gesellschaft wurden bisher häufig nur mit öffentlicher Wohlfahrt oder meist spendenfinanziertem Engagement von NGOs beantwortet. Beide Bereiche sind sicher auch in Zukunft unverzichtbar zur Lösung vieler sozialer Probleme.

Nicht zuletzt aber durch die schon jetzt spürbare und für die Zukunft berechenbar steigende Mittelverknappung der öffentlichen Kassen hat sich seit einigen Jahren nicht nur in Deutschland das Bewusstsein entwickelt, dass hier auch unternehmerische

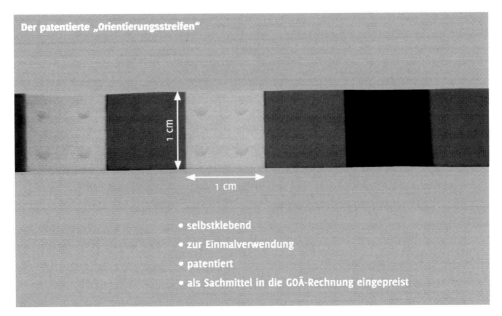

Abb. 12.3 Der patentierte „Orientierungsstreifen" von discovering hands®

Instrumente zum Einsatz kommen müssen. Wesentlicher Unterschied dieser Sozialunternehmen im Vergleich zu herkömmlichen For-Profit-Unternehmen ist jedoch, dass die Generierung von sozialen Effekten im Vordergrund steht, während Einnahmen und Gewinne lediglich Mittel zum Zweck sind. Social Entrepreneurship ist inzwischen ein wirtschaftswissenschaftlich, sozialpolitisch und zunehmend öffentlich diskutiertes Thema.

Das Geschäftsmodell des Sozialunternehmens discovering hands®

Es lag nahe, die anstehenden Aufgaben von discovering hands® sozialunternehmerisch anzugehen – für mich tatsächlich ein gewagter Schritt, die gewohnte und sichere Berufsumgebung einer etablierten fachärztlichen Praxis zu verlassen und mich diesem für mich völlig neuen Aufgabenfeld zu stellen. Eine Unterstützung dabei war meine Ernennung zum deutschen ASHOKA-Fellow im Jahr 2010 sowie das große Interesse der beteiligten Menschen.

Basis des Geschäftsmodells ist, dass die von uns entwickelten und patentgeschützten Orientierungsstreifen, die für die Untersuchung durch die MTU zwingend benötigt werden und Artikel für den Einmalbedarf sind, von discovering hands® an die Praxen verkauft werden. (Abb. 12.3)

Die Kosten für die Orientierungsstreifen werden vom Arzt als Sachmittel in die Honorarnote aufgenommen und damit letztlich von der Patientin selbst oder der Krankenkasse, die für ihre Versicherten die Untersuchung finanziert, bezahlt.

Sehr attraktiv ist bei diesem Modell, dass sich der generierte soziale Impact und der wirtschaftliche Erfolg des Sozialunternehmens genau parallel entwickeln. Solange es noch nicht ausreichend viele MTU im Markt gibt, ist zwar eine Anschubfinanzierung erforderlich, später werden jedoch Gewinne generiert, die entsprechend der gemeinnützigen Zielsetzung der Unternehmung vollständig für die Verbreiterung der operativen Basis und die Verbesserung der Stakeholder-Betreuung genutzt werden.

So wird sich aus der Sozialunternehmung discovering hands® nach und nach eine wirtschaftlich starke Institution zur Unterstützung von Menschen mit Sehbehinderung entwickeln, die gleichzeitig glaubhaft und erfolgreich die Bedeutung von Prävention vermittelt und zur Verbesserung der Heilungschancen von bösartigen Erkrankungen beiträgt.

Nach vielen fachlich gut beratenen Vorüberlegungen ist seit März 2012 die discovering hands® gemeinnützige Unternehmergesellschaft (haftungsbeschränkt) etabliert, die die jetzt marktreife Vision der Nutzung einer „Behinderung" als Begabung zum Wohle der Gesundheit in den Markt trägt. Wesentliche Aufgabe dieser Gesellschaft wird zukünftig neben der Verbreitung der Vision ihrer Gründer die Organisation der wissenschaftlichen Begleitung sowie die Weiterentwicklung des Ausbildungscurriculums sein.

In das Jahr 2014 fällt wie bereits erwähnt die Aufnahme der operativen Tätigkeit der discovering hands Service GmbH deren Aufgabe die Betreuung des operativen Geschäfts sein wird. Hierzu gehören unter anderem die Organisation der Produktion und des Verkaufs der Orientierungsstreifen, das komplette Marketing, die Betreuung der Praxen, die eine MTU eingestellt haben, sowie die Pflege und der Ausbau der vertraglichen Vereinbarungen mit den Krankenkassen.

discovering hands® versteht sich als professionelles gemeinnütziges Unternehmen mit einer sozialen Vision. Es wird marktwirtschaftlich organisiert und gewinnorientiert geführt.

Die sozialunternehmerische Wirkungskette sah bisher so aus: discovering hands® rekrutiert Blinde und Anstellungspraxen als spätere Arbeitgeber, organisiert die Ausbildung zur Medizinischen Tastuntersucherin nach eigenem Curriculum an einer der qualifizierten Einrichtungen und bietet eine spezifische Begleitung der MTU im Arbeitsalltag an. Die Tastuntersucherinnen arbeiten zurzeit ausschließlich im Bereich der Brustkrebsfrüherkennung. Die im Rahmen dieser Untersuchungstätigkeit als Verbrauchsmaterialien eingesetzten Orientierungsstreifen werden von discovering hands® produziert und verkauft. Der Verkaufserlös fließt wiederum dem sich so selbstverstärkenden operativen Geschäftsfeld zu, da alle Gewinne des gemeinnützigen Unternehmens ausschließlich in die bessere Umsetzung der Unternehmensziele reinvestiert werden.

Inzwischen hat sich unsere Vision von den Aufgaben und Möglichkeiten des discovering hands®-Systems in mehrfacher Hinsicht weiterentwickelt.

Von der Rehabilitationsmaßnahme zur primären Berufsausbildung

Im Laufe der ersten Planungen für die Umsetzung der Projektidee entschied sich das Projektkonsortium zunächst dafür, die oben erwähnte neunmonatige Qualifikationsmaßnahme zu definieren, die sich vornehmlich an Rehabilitandinnen richtete, also an Frauen, die aufgrund ihrer Erkrankung einen Anspruch auf Umschulung haben. Dies geschah vor dem Hintergrund, dass die fehlenden Erfahrungen mit dem neuen Tätigkeitsfeld „Medizinische Tastuntersucherin" noch viele Fragen offen ließen: Wie gut würde sich die neu formulierte Ausbildung in die Tat umsetzen lassen? Wie effektiv wird eine MTU arbeiten? Welche Bereitschaft zeigt die Ärzteschaft, eine MTU zu beschäftigen? Wie reagieren die Patientinnen?

Ohne die Beantwortung dieser Fragen schien es nicht gerechtfertigt, mehr als eine rasch umsetzbare neunmonatige Qualifikationsmaßnahme zu formulieren. Die Alternative hierzu, ein Curriculum für eine primäre Ausbildung in einem staatlich anerkannten Beruf, wäre zu Beginn zu aufwendig gewesen. So war jedoch von Anfang an klar, dass prinzipiell ein viel größeres Potenzial an Ausbildungskandidatinnen zur Verfügung stehen könnte. Denn inzwischen hat sich die Sachlage geändert: Die erforderlichen Erfahrungen sind gemacht – gleichzeitig erweist sich der Pool an geeigneten Rehabilitandinnen aus verschiedenen Gründen als zu klein für die aktuelle Nachfrage. Bürokratische Hürden, langwierige Genehmigungsverfahren für Rehabilitationsmaßnahmen und ein Umdenken in der Umqualifikation im Sinne des Inklusionsgedankens führen zu einer unbefriedigenden Entwicklung der Nachwuchszahlen.

Mit den Fachkolleginnen der Berufsförderungswerke hat discovering hands® inzwischen erste Überlegungen zur Erweiterung der Ausbildungsinhalte angestellt, denn ein Curriculum für einen staatlich anerkannten Beruf nach Berufsbildungsgesetz (BBiG) setzt eine Mindestausbildungszeit von zwei Jahren voraus. Sehr vorteilhaft sind hier die Erfahrungen aus der Praxis der bereits tätigen MTU: Insbesondere der Aspekt des Informationsaustausches zwischen der MTU und der Patientin im Rahmen der mindestens dreißigminütigen Untersuchung war zunächst unterbewertet. Hier bietet es sich an, die Medizinische Tastuntersucherin zur Präventionsberaterin der Patientin zu machen, die über das Thema der Brustgesundheit hinaus wertvolle Anregungen und Tipps für einen aktiven Umgang mit Vorsorgemaßnahmen geben kann.

Von der Brusttastuntersuchung zur systematischen Tastdiagnostik

Eine weitere wichtige Überlegung führt zu der Frage, in welchen Diagnostikfeldern eine Medizinische Tastuntersucherin neben der Brustuntersuchung tätig werden könnte. Wenn man sich bewusst macht, mit welchem Handwerkszeug Ärzte in vor-apparativen Zeiten ihrem Beruf nachgingen, gelangt man schnell zu der Erkenntnis, dass die Tastdiagnostik damals einen ganz anderen Stellenwert als heute und damit, anders ausgedrückt, durchaus einen hohen diagnostischen Wert hatte. Die heute leicht verfügbaren bildgebenden Diagnostikverfahren wie der Ultraschall, Röntgen- oder MRT-Untersuchungen haben die Bedeutung der Palpationsdiagnostik in den Hintergrund treten lassen. Ein erfahrener Tastdiagnostiker kann jedoch auch heute noch wichtige Hinweise auf das Vorliegen krankhafter Organveränderungen gewinnen, und das ganz ohne Strom und Strahlenbelastung. Ohne dabei den Wert und den Nutzen bildgebender Verfahren infrage stellen zu wollen, sind diese Möglichkeiten auch im Sinne der Kostendebatte in Zukunft sicher wieder neu zu bewerten.

Welche Organe könnten sinnvoll einer routinemäßigen Diagnostik durch Medizinische Tastuntersucherinnen und -untersucher unterzogen werden? Sicher ließe sich der gut geschulte Tastsinn Blinder und Sehbehinderter auch für die Diagnostik von Schilddrüsenerkrankungen, von Augendruckerhöhungen und von Prostata- und Hodenerkrankungen (ein ideales Tätigkeitsfeld für männliche MTU!) nutzen.

Denkt man in noch größerem Zusammenhang, dann wird schnell klar, dass sich gerade in Schwellenländern, in denen die Verfügbarkeit von medizinisch-apparativer Diagnostik und der Anteil von Blinden und Sehbehinderten an der Gesamtbevölkerung invers proportional sind, erhebliche Potenziale für den Einsatz Medizinischer Tastuntersucherinnen und -untersucher finden.

In Ländern Zentralafrikas könnte auch die Erhebung des Lymphknotenstatus bei Kindern, die hier häufig am endemischen Burkitt-Lymphom erkranken, zu den Aufgaben der MTU gehören.

Vom deutschen Modell zum international verfügbaren Angebot

Tatsächlich gehört es schon längst zu den Aufgaben des discovering hands®-Teams, sich Gedanken über die Skalierung des Modells in andere Länder des inner- und außereuropäischen Auslandes zu machen. Auch in diesem Zusammenhang erwies sich die Ashoka-Fellowship als nützlich, ist es doch erklärtes Ziel dieser gemeinnützigen und in über 70 Ländern der Welt aktiven wichtigsten Unterstützerorganisation für Social Entrepreneurs, erprobten Konzepten zunächst das Wachstum von der lokalen in die nationale Ausdehnung zu ermöglichen, sie dann aber auch beim Sprung in die Internationalität zu unterstützen.

Für discovering hands® bedeutete die Teilnahme am Ashoka-Globalizerprogramm 2012/2013, sich Klarheit über die Frage zu verschaffen, wie die Inhalte des Programms am sinnvollsten zu skalieren wären.

Sicher ist, dass es überall auf der Welt gleichermaßen Blinde und Sehbehinderte sowie Krankheiten gibt, die einer Tastdiagnostik zugänglich sind. Sehr unterschiedlich sind jedoch in verschiedenen Ländern die Organisationsformen der Gesundheits- und Sozialsysteme, sodass das in Deutschland funktionierende Geschäftsmodell des Sozialunternehmens discovering hands® möglicherweise nicht überall in gleicher Weise anwendbar wäre. Daher erschien es uns nicht sinnvoll, die Inhalte des discovering hands®-Systems durch eine ständig wachsende Organisation in andere Länder zu bringen.

Naheliegender ist die Formulierung eines Social-Franchise-Systems, welches Franchisenehmern aus anderen Ländern ein fertiges Ausbildungsprogramm zur Verfügung stellt, das dann von diesen in ein vor Ort funktionierendes und von ihnen betriebenes Geschäftsmodell integriert wird. Damit war eine wichtige Entscheidung getroffen, die nun umfangreiche Vorbereitungen erforderlich macht: Die bereits vorhandenen Programmbestandteile müssen gesichtet, katalogisiert und aktualisiert werden, neue Programmpunkte wie z. B. ein internationales Train-the-Trainer-Programm werden formuliert und beigefügt. Für die Weiterentwicklung und Pflege des Systems sind allgemeingültige Regeln und Abläufe zu definieren, denn die Qualitätssicherung wird auch nach einer Internationalisierung immer eine Aufgabe der discovering hands®-Zentrale bleiben. Mit Unterstützung einer renommierten Agentur für Social Franchise, SYNCON, ist das discovering hands Franchise Handbuch bis Ende 2014 in die Tat umgesetzt.

Abb. 12.4 MTU erhalten für ihre Arbeit Anerkennung und Respekt

Die Zeit eilt, erste konkrete Planungen für die Umsetzung des Modells gibt es für Österreich und Spanien; Anfragen aus vielen anderen Ländern, wie z. B. Israel, Rumänien, Südkorea und Südafrika, liegen vor.

Entwicklungsmöglichkeiten: zwar herausfordernd, aber der Mühe wert

Was bedeuten diese Entwicklungen für den Verlauf der mit discovering hands® verbundenen sozialen Innovation?

Am Anfang stand eine Idee – aus ihr entwickelte sich eine Vision und aus dieser ein Plan, der es ermöglichte, das discovering hands®-System in die Tat umzusetzen. Diese Abfolge allein erforderte ein hohes Maß an Beharrlichkeit, Überzeugung, Überzeugungskraft, Mut und Improvisationsvermögen; Eigenschaften, ohne die ein Sozialunternehmer anfangs nicht erfolgreich sein kann.

So gesehen war der bedeutsamste Schritt für die soziale Innovation an sich die Arbeitsaufnahme der ersten fertig ausgebildeten Medizinischen Tastuntersucherin im Juni des Jahres 2007: Der Grundstein für das neue Tätigkeitsfeld, das Blinden und Sehbehinderten einen innovativen und sinnstiftenden Weg aus dem Rentenbezug zurück in das Arbeitsleben ebnet, war gelegt. Seitdem profitieren Frauen vom besseren Vermögen der Medizinischen Tastuntersucherinnen, bereits kleine Gewebeveränderungen bei der Tastuntersuchung der Brust zu erkennen, seitdem haben Patientinnen die Chance, ihren Blick auf Behinderung zu ändern und aus Mitleid Respekt und Anerkennung werden zu lassen. (Abb. 12.4)

Mit der Formulierung einer primären Berufsausbildung wird sich der Wirkungsgrad dieser sozialen Innovationen in Deutschland beträchtlich erhöhen, da auf diese Weise ein viel größerer Kreis von Interessentinnen für die Ausbildung gewonnen werden kann.

Wenn sich neue Tätigkeitsfelder für MTU umsetzen lassen, wird das zusätzliche soziale Impacts generieren, weil so nicht nur die Mortalität für Brustkrebs, sondern auch die für andere Tumorerkrankungen gesenkt wird.

Eine Übertragung des discovering hands®-Systems in andere Länder vervielfältigt nicht nur diese genannten Effekte erheblich, sondern schafft auch neue Denkansätze für die ambulante Versorgung von Menschen in medizinisch-technisch noch unterentwickelten Flächenstaaten. Der Einsatz von mobilen MTU-Teams könnte hier die Alternative zum faktischen diagnostischen Nihilismus werden, unter dem häufig die Landbevölkerungen zu leiden hat. Zu den Konsequenzen dieser Anpassung der medizinischen Vorsorgequalität in der Stadt und auf dem Land, z. B. für das soziale Ranking der ruralen Bevölkerung, werden sich Berufenere als ich Gedanken machen können.

Und was bedeuten diese Entwicklungen nun für unsere junge und noch immer sehr kleine Organisation? Zunächst einmal eine Menge planerischer und struktureller Vorarbeiten: Die Teilnahme am Globalizerprogramm wie auch die Vorbereitung eines Franchisesystems waren zwar zeitaufwendig und erforderten Sachkenntnisse, die erst einmal erworben werden mussten, waren aber unerlässlich, um den weiteren fundierten Ausbau des Systems zu ermöglichen.

Dann aber auch: mehr denkende Köpfe, mehr handelnde Personen, kurz: ein größeres Team. Dies wiederum führt unweigerlich zu Finanzierungsfragen. Ein steter Reigen tat sich für uns auf: Die Lösung eines primären Problems führt zu einer neuen Fragestellung, die neue Probleme aufwirft, für die neue Lösungen gefunden werden müssen, und so fort. Allmählich erst wurde mir in diesem Prozess klar, wie umfangreich die Themenkreise eigentlich sind, die sich durch meine initiale einfache Idee ergeben.

Für mich als Sozialunternehmer ist das heute erst recht eine Herausforderung die ich gerne annehme. Die Vision ist einfach zu verlockend, dass es eines Tages weltweit selbstverständlich sein könnte, dass Erblindung und die damit verbundene Stärkung der Tastqualitäten Menschen zu wertgeschätzten Tastdiagnostikern werden lässt, die durch ihre Tätigkeit im besten Fall Leben retten können. Dafür lohnt sich jede Anstrengung.

Fazit: „Gib der Idee Raum, sich zu entwickeln"

discovering hands® hat Methoden und Prozesse entwickelt, um den optimal geschulten Tastsinn Blinder und Sehbehinderter in der medizinischen Tastdiagnostik nutzbar zu machen. Als Ergebnis produzieren diese Prozesse gleich mehrere positive soziale Effekte: Menschen mit Behinderung steht ein Arbeitsbereich zur Verfügung, den sie ausfüllen, nicht obwohl, sondern weil sie eine Behinderung haben, da diese ihnen Stärken in anderen Bereichen erlaubt; Patienten bekommen durch den gezielten Einsatz dieser Begabung eine bessere Chance auf Heilung oder Erhalt ihrer Gesundheit; der Blick auf „Behinderung" wie auch das Bewusstsein für ein aktives „Gesundheitsverhalten" werden positiv verändert.

Ohne es vorhergesehen zu haben, haben wir mit dem Vorhaben, die Brustkrebsfrüherkennung zu optimieren, weitere Entwicklungen initiiert, die in ihrer Bedeutung noch gar nicht abgeschätzt werden können: Den Tastsinn Blinder und Sehgeschädigter auch auf weitere diagnostische Felder auszudehnen verspricht viel, ebenso die Entwicklung von organisatorischen Strukturen, um das von uns gewonnene Fachwissen auch in anderen Ländern der Welt, die gewiss häufig noch mehr davon profitieren als unser Heimatland, nutzbar zu machen.

Unsere Erfahrungen haben gezeigt, dass die Evolution einer Idee wie der unseren eine ständige Erweiterung von personellen und technischen Mitteln bedeutet, die wiederum in immer größerem Umfang finanziert werden müssen. Das beinhaltet einen nicht zu unterschätzenden zur Generierung potentieller Spender und Investoren, da die im System generierten Gewinne erst zeitversetzt greifbar werden, ein ständiges Erweitern von Planungsszenarien und einen kontinuierlichen Erweiterungsprozess im eigenen Team. Viel Aufwand, viel Mühe und viel Unsicherheit – aber deshalb aufhören? Gewiss nicht: Unser Anliegen ist es, die positiven Botschaften von discovering hands® in Deutschland wie in der Welt zu verbreiten und die nachhaltige Grundlage dafür zu schaffen, dass Medizinische Tastuntersucherinnen und Tastuntersucher in Zukunft ein wertgeschätzter und unverzichtbarer Faktor im Feld der medizinischen Diagnostik sind.

Wenn man erlebt, was diese Vision für Menschen bedeutet, die ihr Augenlicht verloren haben, und gleichzeitig feststellt, dass sich so für Patienten die Heilungschancen erhöhen, lohnt sich hier jede Mühe. Mein Rat für alle Sozialunternehmer: Lieber in Detailfragen unvollständig bleiben, als große Entwicklungspotenziale nicht zu nutzen. Gib der Idee Raum, sich zu entwickeln!

Autor und Gründer
Dr. Frank Hoffmann, Jahrgang 1959, studierte Humanmedizin an der Universität Düsseldorf; 1985 Approbation als Arzt. Nach Wehrdienst Weiterbildung zum Facharzt für Frauenheilkunde an der Frauenklinik des Evangelischen Krankenhauses Oberhausen (Professor Dr. R. Goebel). Promotion Februar 1990. Seit 1993 als Frauenarzt in Duisburg niedergelassen; Aufbau der größten gynäkologisch-fachärztlichen Gemeinschaftspraxis der Region unter der Bezeichnung „Praxis für Frauen®"
Seit 2005 Ideengeber und Entwickler eines neuen Tätigkeitsfeldes für blinde Frauen als spezialisierte „Medizinische Tastuntersucherinnen MTU", unter dem Namen „discovering hands®" geschützt. Seit November 2010 Ashoka-Fellow. Seit Dezember 2011 Geschäftsführer der discovering hands® gUG (haftungsbeschränkt). Umfangreiche Reise-, Organisations- und Vortragstätigkeiten in dieser Funktion. Verheiratet mit der Heilpraktikerin Christine Hoffmann, zwei erwachsene Kinder, wohnt in Mülheim an der Ruhr.
Weiterführende Informationen
www.discovering-hands.de

AfB: Gebrauchte IT-Hardware schafft neue Perspektiven für Unternehmen, Umwelt und Gesellschaft

13

Paul Cvilak und Nathalie Ball

Inhaltsverzeichnis

Zusammenfassung	141
Die Organisation in Kürze	142
Die Idee und ihre Umsetzung	143
Funktionsweise der sozialen Innovation	143
Schwerpunkt: Die Entwicklung von AfB zum CSR-Partner großer Unternehmen für sozialen und grünen IT-Einsatz	145
Ausblick: CSR-Partnerschaften weiter vertiefen	149
Fazit: Eine gute Geschäftsidee löst auch gut soziale Probleme – und das europaweit	151

Zusammenfassung

In diesem Artikel wird die Entwicklung von der ursprünglichen Idee der AfB zum ersten gemeinnützigen IT-Systemhaus Europas beschrieben. Es soll gezeigt werden, dass ein Social Business dann Erfolg versprechend ist, wenn die Strukturen gleichermaßen auf wirtschaftlichen Erfolg und innovatives Unternehmertum wie auf die Umsetzung gesellschaftlich relevanter Ziele ausgelegt sind. Innovative Ideen, die wertvolle Unterstützung öffentlicher Stellen und die Zusammenarbeit mit großen Unternehmen haben letztlich die erfolgreiche Entwicklung von AfB maßgeblich vorangetrieben.

P. Cvilak (✉)
AfB gemeinnützige GmbH, Ferdinand-Porsche-Straße 9, 76275 Ettlingen, Deutschland
E-Mail: paul.cvilak@afb-group.eu

N. Ball
E-Mail: nathalie.ball@afb-group.eu

Die Organisation in Kürze

Als Europas erstes gemeinnütziges IT-Systemhaus hat sich AfB darauf spezialisiert, ausgemusterte IT-Hardware von gesellschaftlich engagierten Unternehmen und öffentlichen Einrichtungen zu übernehmen und diese erneut dem Verwendungskreislauf zuzuführen. Die Geräte werden von AfB-Mitarbeitern mit eigenem Fuhrpark bei den Partnerfirmen abgeholt, im nächstgelegenen AfB-Standort inventarisiert, getestet, gereinigt und falls nötig repariert. Nachdem alle vorhandenen Daten zertifiziert gelöscht sind, werden die Notebooks, PCs, TFTs und Drucker mit mindestens zwölfmonatiger Gewährleistung in unseren 13 Niederlassungen oder im Onlineshop verkauft. Nicht reparable Geräte werden zur Ersatzteilgewinnung in ihre Bestandteile zerlegt.

Das Konzept von AfB sollte von Anfang an darauf ausgelegt sein, gesellschaftlichen Erfolg und soziale Verantwortung auf wirtschaftlicher Basis zu ermöglichen. Die vielfältigen Tätigkeiten rund um den Wiederverwertungszyklus von IT-Hardware eignen sich sehr gut dafür, Menschen mit den unterschiedlichsten Behinderungen zu beschäftigen. Um Inklusion zu erreichen, sind die Abläufe im Unternehmen barrierefrei gestaltet und die einzelnen Arbeitsplätze auf die besonderen Anforderungen unserer Mitarbeiter angepasst, sodass diese, gemeinsam mit ihren nicht behinderten Kollegen, problemlos an den unterschiedlichen Prozessen teilhaben können. Wenn Arbeitsumfeld, Sozialstruktur und der Arbeitsplatz passend eingerichtet sind, haben alle eine Chance, ihre körperlichen, seelischen wie auch geistigen Stärken in den Vordergrund zu rücken. Auf diesem Weg verwirklichen wir die vollwertige Integration von Menschen mit einem Handicap in die Arbeitswelt und konnten so in Deutschland, Österreich, Frankreich und der Schweiz über 180 Arbeitsplätze einrichten, davon 50 % für Menschen mit Behinderung. Neben der Schaffung wertvoller Arbeitsplätze wird durch die Aufbereitung gebrauchter IT-Produkte zudem die ressourcenverzehrende Neuproduktion von Hardware substituiert beziehungsweise Elektroschrott in erheblichem Maß vermieden.

Anhand der Verbindung notwendiger Geschäftsprozesse mit gesellschaftlichem Erfolg ermöglicht es AfB den Unternehmen und öffentlichen Einrichtungen sämtlicher Branchen, durch eine Zusammenarbeit mit AfB sozialen und ökologischen Mehrwert zu schaffen, ohne zusätzliches Investment in Projekte. Zahlreiche große Konzerne, Banken, Versicherungen und öffentliche Einrichtungen arbeiten bereits mit AfB zusammen. Viele der Partner haben die Kooperation auch im Rahmen ihrer eigenen Nachhaltigkeitsstrategie aufgenommen. Sie sehen den Vorteil darin, notwendige Geschäftsprozesse mit sozialem und ökologischem Engagement zu verknüpfen, und binden die Zusammenarbeit in ihre Nachhaltigkeitsberichterstattung und Öffentlichkeitsarbeit ein. Im vergangenen Jahr konnten so über 220.000 gebrauchte IT-Geräte bearbeitet und verkauft werden.

Wir wollen ein Social Business in der IT-Branche etablieren, das gemeinsam von Menschen mit und ohne Behinderung solidarisch geführt und betrieben wird. Unser Konzept ist problemlos skalierbar und international anwendbar. Wenn sich Unternehmen für eine Partnerschaft mit AfB entscheiden und uns ihre aussortierte IT-Hardware zur Aufbereitung und Datenlöschung zur Verfügung stellen, können wir in deren regionalem Umfeld einen weiteren Standort eröffnen. Sie tragen auf diese Weise also aktiv dazu bei, dass weitere Arbeitsplätze entstehen.

Die AfB und ihre Schwesterfirmen, die Social Lease GmbH und die Mobiles Lernen gGmbH, bilden gemeinsam die drei Säulen der I500 gAG. Neben weiteren Partnern aus Öffentlichkeit und Wirtschaft sollen uns innovative Ideen dabei helfen, unser gemeinsames Ziel zu erreichen, 500 Arbeitsplätze im IT-Bereich für Menschen mit und ohne Behinderung anzubieten und auch langfristig zu realisieren.

Der Beitrag soll zeigen, wie Paul Cvilak als Gründer gemeinsam mit vielen loyalen Mitarbeitern sein Social Business aufgebaut hat und wie sich AfB zum CSR-Partner von über 100 großen Unternehmen, Banken, Versicherungen und öffentlichen Einrichtungen entwickelt hat.

Die Idee und ihre Umsetzung

Funktionsweise der sozialen Innovation

Der Gründer von AfB, Paul Cvilak, sah seine besondere Herausforderung darin, ein Unternehmen im IT-Bereich aufzubauen, das sich konkurrenzfähig am Markt behaupten kann, dabei aber gesellschaftlichen Erfolg erzielt. Er wollte ein Wirtschaftsunternehmen schaffen, das Wachstum auf Basis sozialer Verantwortung ermöglicht.

Schon nach seinem Studium der Betriebswirtschaftslehre in Mannheim hatte sich Cvilak auf das IT-Leasinggeschäft spezialisiert. Aufgrund seiner fundierten Kenntnisse aus der IT-Branche wusste er um den Bedarf von großen Unternehmen und öffentlichen Einrichtungen an hochwertigen Dienstleistungen im Zusammenhang mit dem Austausch ihrer IT-Geräte und dem Wunsch nach professioneller, sicherer Datenlöschung. Langjährige Geschäftspartner von Paul Cvilak hatten vor der Gründung von AfB das Anliegen an ihn herangetragen, es müsse eine Möglichkeit geschaffen werden, dass sie ihre IT-Hardware zu günstigen Preisen am Wirtschaftsstandort Deutschland aufbereiten lassen könnten und gleichzeitig für einen revisionssicheren Datenlöschprozess gesorgt werde. Die entsprechenden Arbeiten wurden zu diesem Zeitpunkt aufgrund hoher Kosten häufig in Billiglohnländern erbracht, die Datensicherheit und allgemein anerkannte Arbeitsnormen waren hier kaum gewährleistet. Cvilak war darüber hinaus bekannt, dass es in unserer Gesellschaft viele Menschen gibt, die aufgrund eines Handicaps keine berufliche Perspektive haben, obwohl sie durchaus leistungsbereit sind. Die räumliche Nähe zu einer Werkstatt für Menschen mit Behinderung veranlasste ihn, über ein Modell zur Schaffung von geeigneten Arbeitsplätzen nachzudenken.

Nachhaltiges Unternehmertum bedeutet für Paul Cvilak, dass man vorhandene Möglichkeiten ausschöpft, gesellschaftliche Verantwortung zu übernehmen, diese Aufgabe aber immer auf wirtschaftlicher Basis löst. Diese Maxime bestimmte von Anfang an die Entwicklung von AfB.

Die Idee „AfB" konnte eine Lösung für folgende Gesellschaftsfragen darstellen:

- Menschen mit einem Handicap erhalten gemeinsam mit nicht behinderten Mitarbeitern eine berufliche Perspektive.
- Unternehmen erhalten am Standort Deutschland professionelle Dienstleistungen beim Austausch ihrer IT-Hardware und im Bereich Datenlöschung.
- Die Geräte bleiben am Wirtschaftsstandort und verursachen keine Missstände in Entwicklungsländern, in denen oftmals unter menschenunwürdigen Bedingungen sowie nicht umweltgerecht gearbeitet werden muss.
- Finanziell schwächere Personen können die aufbereiteten Geräte preiswert und mit Garantie erwerben.
- Die ressourcenverzehrende Neuproduktion von IT-Geräten wird vermindert. Treibhausgase und Elektroschrott werden deutlich reduziert.

Das Kerngeschäft sollte darauf ausgerichtet sein, moderne und qualitativ hochwertige Dienstleistungen im IT-Bereich anzubieten. In sozialer Hinsicht wollte sich Paul Cvilak vor allem darauf konzentrieren, Menschen, die auf dem ersten Arbeitsmarkt bis dato kaum eine Chance hatten, ins berufliche Leben zu integrieren. Zur Zeit der Unternehmensgründung gab es allerdings keinen Vorreiter in der IT-Branche und Cvilak selbst hatte keinerlei praktische Erfahrung in der Beschäftigung von Menschen mit Handicap. Daher entschloss er sich 2004 dazu, ein Pilotprojekt mit der Caritas-Werkstatt in Emmendingen zu starten. Die Werkstätten kümmerten sich um die persönliche Betreuung der Menschen mit Behinderung und waren mit dem dafür fachlich wie auch persönlich notwendigen Know-how ausgestattet. Ende 2004 begann die konkrete Auseinandersetzung mit der Thematik eines Integrationsprojektes und es wurde ein langfristig angelegtes Konzept dazu erarbeitet, um recht schnell die AfB als selbstständige Kapitalgesellschaft zu gründen. Dabei galt es einige Hürden zu überwinden, denn die öffentliche Anerkennung und damit verbundene Unterstützung der zuständigen Stellen für das Projekt waren anfangs nur bedingt vorhanden. Ein unabhängiges Integrationsprojekt im IT-Bereich war nicht geläufig. Wir haben keine Stiftung als Träger über uns stehen und hatten selbst keinerlei Erfahrung im Umgang mit öffentlichen Förderungen. Diese waren aber nötig, um die wirtschaftlichen Nachteile, die bspw. durch den Betreuungsbedarf bei der Beschäftigung von behinderten Menschen entstehen, auszugleichen. Somit musste Cvilak, bis die öffentliche Anerkennung gegeben war und die Fördergelder zur Beschäftigung von Menschen mit Behinderung gewährt wurden, den überwiegenden Teil der notwendigen Investitionen aus privaten Mitteln finanzieren. In diesem Punkt lag auch das größte Risiko beim Start der AfB. Nachdem die Gründer eine solide Entwicklung verbuchen konnten, ließ auch die anfängliche Skepsis nach und schon nach kurzer Zeit fand ein erfolgreicher Austausch statt. Es mussten nun die entsprechenden Strukturen geschaffen werden, um einen reibungslosen Ablauf im Unternehmen zu ermöglichen. Nachdem die innerbetrieblichen Prozesse bereitgestellt waren, sah man sich schon nach kurzer Zeit selbst dazu in der Lage, die Mitarbeiter mit und ohne Behinderung in eigener Regie zu beschäftigen und sich von der Werkstatt zu lösen. In Ettlingen als Gründungsstandort sowie beispielsweise auch an den Standorten in Düren oder Essen haben wir das Konzept nun ohne die direkte Mithilfe der Werkstätten weiterentwickelt, an anderen Standorten dagegen arbeiten diese in unseren Niederlassungen für uns. Durch diese Zusammenarbeit entstehen weiterhin regelmäßig neue Projekte, wir bieten Außenarbeitsplätze zur kurzfristigen Arbeitserprobung an, vergeben kleinere Aufträge an die Werkstätten und bieten uns auch gerne für Praktika der Werkstattmitarbeiter an. Nach dieser Methode gehen wir auch heute noch bei den Eröffnungen und dem Betreiben weiterer Standorte vor. An oberster Stelle steht immer, dass wir durch unsere Dienstleistungen Menschen mit Behinderung eine sinn- und wertvolle Beschäftigung ermöglichen können. Somit verfolgen wir stets das Ziel, weitere Unternehmen als unsere Partner zu gewinnen, um regional neue Standorte eröffnen und möglichst vielen Menschen eine Beschäftigung anbieten zu können.

Schwerpunkt: Die Entwicklung von AfB zum CSR-Partner großer Unternehmen für sozialen und grünen IT-Einsatz

Das Team um Paul Cvilak bestand anfangs aus drei Kollegen, die sich mit dem Aufbau sowie der Strukturierung des Prozesses und der Gewinnung weiterer Partner beschäftigten. Die damaligen Abläufe waren bei Weitem nicht so entwickelt, wie es heute der Fall ist. Die Räumlichkeiten waren wesentlich kleiner und auch die Verkaufsfläche der Geräte entsprach zu diesem Zeitpunkt einem „einfachen Lagerverkauf", wie man ihn sich vorstellt.

Erst im Laufe der Zeit wurden die Organisation und ihre Struktur stetig ausgebaut. Betriebssozialarbeiter kümmerten sich um die psychosoziale Betreuung der Mitarbeiter, nach und nach wurden eine Vertriebsstruktur sowie die Personal-, Marketing- und Controllingabteilung aufgebaut. Von Anfang an arbeiteten in allen Bereichen Menschen mit und ohne Behinderung zusammen. Der erste Mitarbeiter von Paul Cvilak, Norbert Schindel, ist aufgrund einer Gehbehinderung auf einen Rollstuhl angewiesen. Dies hindert ihn nicht daran, bis heute das AfB-Konzept erfolgreich bei großen Firmen vorzustellen und diese für AfB als Partner zu gewinnen. Natürlich gibt es gelegentlich kleinere Hürden, wenn er zum Beispiel für einen Termin das Büro des Ansprechpartners einer Firma nicht erreichen kann, weil es nur einen Zugang über Treppen, aber keinen Aufzug gibt. Den Firmenvertretern wird dann meist erst bewusst, wie schwer ihr Büro für Menschen mit Gehbehinderung zu erreichen ist. In solchen Fällen müsse man spontan reagieren und nach kurzer Absprache das Meeting eben im Auto abhalten, bestätigt Norbert Schindel immer wieder.

Im Gespräch mit den IT-Verantwortlichen fällt oft auf, dass der überwiegende Teil der großen Konzerne und mittelständischen Unternehmen bisher keinen klaren Prozess für die weitere Verwendung der gebrauchten Geräte definiert hat. Dabei wird in diesen Unternehmen die Forderung der Datenschutzbeauftragten gegenüber den IT-Abteilungen nach zertifizierten Prozessen im Umgang mit sensiblen Unternehmensdaten immer lauter. AfB musste diese Ansprüche erfüllen, um sich als Partner großer Unternehmen und Konzerne zu positionieren. Bis heute steht die Qualität unserer Leistung im Umgang mit hochsensiblen Unternehmensdaten an oberster Stelle. Bei Bedarf ist es sogar möglich, dass wir bei den Unternehmen vor Ort löschen, sodass keine streng vertraulichen Daten das jeweilige Firmengelände verlassen.

Schon 2006 wurde eine eigene IT-Abteilung eingerichtet, die sich mit der Programmierung eines eigens für AfB entwickelten Warenwirtschaftssystems befassen sollte. Mit dessen Hilfe konnten die Unternehmensvertreter damals bereits permanent über Web-Log-in den Bearbeitungsstatus ihrer Geräte verfolgen und Datenlöschberichte einsehen. Das System gewährleistet zum Beispiel, dass kein Produkt verkauft werden kann, ohne dass ein zertifizierter Löschbericht des Datenträgers vorliegt. Uns ist allen bewusst, dass unsere erfolgreiche Geschichte ein rasches Ende finden würde, wenn wir ungelöschte Datenträger von Kunden beispielsweise aus der Industrie oder dem Bankensektor wieder auf den Markt bringen würden. Um diese Gefahr auszuschließen, sind alle Prozesse videoüberwacht und separat abgeschlossen. Die Mitarbeiter, die mit sensiblen Daten in Berührung kommen können, wurden entsprechend geschult. Mittlerweile ist das Warenwirtschaftssystem entsprechend ausgeweitet, sodass auch alle internen Prozesse bei AfB darin abgebildet sind. Per Knopfdruck erhalten wir alle notwendigen Infos über unseren aktuellen Lagerbestand und können einsehen, wo sich welche Geräte befinden. Für unser Shopmanagement ist es sehr wichtig zu sehen, welche Ware aktuell aufbereitet wird, um sie anschließend zeitnah über den Onlineshop, die regionalen Niederlassungen oder an Großkunden wie z. B. Schulen zu verkaufen. Unsere Struktur mit 13 Niederlassungen wurde im Laufe der letzten zehn Jahre so komplex, dass wir mittlerweile auch das gesamte Bestellwesen, Controlling sowie Personalmanagement in dem System abbilden, um den notwendigen Überblick zu behalten.

Die Strukturen unserer Organisation sind gezielt flach gewählt und die Verantwortung für einzelne Bereiche wurde auf junge Leistungsträger übertragen, die das Unternehmen seit 2004 tatkräftig und äußerst loyal aufgebaut haben. In allen regionalen Standorten der AfB werden Niederlassungsleiter eingesetzt, die sowohl den Erfolg des Standorts sichern als auch die strategische Ausrichtung des gesamten Unternehmens aus unserer Zentrale heraus in die einzelne Niederlassung tragen. Es wurden entsprechende Regelungen getroffen, die den Handlungsspielraum der einzelnen Verantwortungsbereiche klar definieren. Die Geschäftsleitung der AfB teilt sich Paul Cvilak mit zwei jungen Kollegen, die AfB vom Zeitpunkt der Gründung an mitaufgebaut haben.

AfB unterscheidet sich auf den ersten Blick nicht von einem typischen IT-Dienstleister am Markt. Die Gebäude sind modern ausgestattet, die Infrastruktur und der äußere Eindruck stehen einem nicht gemeinnützigen Betrieb in nichts nach. Dennoch hat in einem Integrationsunternehmen Toleranz für die unterschiedlichen Wesensarten der Mitarbeiter oberste Priorität. Defizite jedes Einzelnen werden seriös behandelt und im Arbeitsablauf nicht thematisiert. Alle Abläufe sind im Sinn von Chancengleichheit behindertengerecht aufgebaut und bereits im Vorfeld werden Vorkehrungen getroffen, dass alle Mitarbeiter problemlos an den Arbeitsprozessen teilhaben können. Wir begegnen im Tagesgeschäft häufig dem Vorurteil „schwerbehindert gleich leistungsmindernd", das unsere Mitarbeiter durch ihre tägliche Arbeit widerlegen. Viele unserer Gesprächspartner verbinden mit Einrichtungen zur Beschäftigung von Menschen mit Handicap schwerfällige Strukturen, langsame Prozesse und altmodische Einrichtungen. Um unsere fortschrittliche Arbeitsweise zu demonstrieren, laden wir Geschäftspartner auch gerne zu uns in unsere Firma ein. Sie sind häufig überrascht, wie zielgerichtet wir unsere innerbetrieblichen Abläufe, speziell in der Wiederaufbereitung, der Datenlöschung und im Lager, umsetzen. Am Ende einer Betriebsbesichtigung fragen uns die Besucher oft, wo denn nun die Mitarbeiter seien, die ein Handicap aufweisen würden, und sind völlig überrascht, dass ihnen die einzelnen Personen nicht aufgefallen sind. Für uns ist dies Beweis dafür, dass wir unseren Prozess optimal aufgebaut haben und die Mitarbeiter entsprechend ihren Fähigkeiten integriert sind, um ein hochwertiges Ergebnis zu erzielen. Im Jahr 2011 wurde zusätzlich ein aufwendiges Qualitätsmanagementsystem eingeführt und der gesamte Prozess vom TÜV nach ISO 9001:2008 zertifiziert. Für den Datenlöschprozess verfügen wir zusätzlich über eine DEKRA-Zertifizierung.

Als AfB im Jahr 2004 gegründet wurde, war das Konzept keineswegs überregional angelegt. Erst die Forderung von potenziellen Partnern, bei einer möglichen Zusammenarbeit müsste im regionalen Umfeld ein weiterer AfB-Standort etabliert werden, gab den Anlass dazu, die allgemeine Strategie zu überdenken. Man hatte erkannt, dass es für die Firmen weitaus interessanter ist, mit einem gemeinnützigen Partner zusammenzuarbeiten, wenn der dabei erzielte gesellschaftliche Mehrwert auch im regionalen Umfeld der Unternehmen dargestellt wird. Mit der Anzahl an Niederlassungen ist auch die Menge der Mitarbeiter angestiegen. 2006 waren es noch 13, 2008 schon 58 Beschäftigte. Diese Zahl konnten wir bis 2014 auf über 160 Kollegen verdreifachen.

Im Laufe der Zeit haben sich immer mehr Firmen für eine Zusammenarbeit entschieden und AfB ist gewachsen. Dennoch mussten wir recht schnell feststellen, dass viele Betriebe durch Leasingverträge gebunden waren, weshalb uns diese Partnerschaften anfangs verwehrt blieben. Um das Volumen gebrauchter Geräte für die AfB zu erweitern, wurde die „Social Lease GmbH" gegründet. Sie bedient Unternehmen mit IT-Hardware, die sich für Leasing statt Kauf entschieden haben. Eine weitere gemeinnützige Schwesterfirma ist die „Mobiles Lernen gGmbH" (ML). Sie unterstützt Schulen, Eltern und ihre Kinder dabei, sog. „Notebookklassen" einzurichten. Die Leistung erstreckt sich von der Beratung und Finanzierung über die Lieferung bis hin zur Versicherung und einem umfangreichen Geräteservice. Der Einsatz von Notebooks im Unterricht eröffnet neue Chancen im Bildungssektor. Das Notebook ist das geeignete Arbeitsmittel für eine zeitgemäße Bildung, indem es Mobilität, Flexibilität und Aktualität mit selbstständigem Lernen und Arbeiten verbindet. Die Nutzung technischer Möglichkeiten, die später in der Berufswelt vorausgesetzt werden, ist für die Schüler schon alltäglich. ML garantiert, dass alle Schüler einer Klasse, unabhängig vom wirtschaftlichen Status der Eltern, einen Leasingvertrag erhalten. Zu diesem Zweck wurde ein Bildungsfonds aufgesetzt, aus dem finanziell benachteiligte Schüler unterstützt werden, sodass die Eltern nur 50% der Leasingrate selbst leisten müssen. ML betreut deutschlandweit bereits über 7.000 Notebooks. Die Leasingrückläufer werden in beiden Fällen der AfB überlassen, wo sie aufbereitet und zu günstigen Konditionen an Privatpersonen wieder verkauft werden. Gemeinsam mit den beiden Schwesterfirmen, der Social Lease GmbH und der Mobiles Lernen gGmbH, bildet die AfB die drei Säulen der I500 gAG. Zur Förderung einer kreativen Mitarbeiterbeteiligung hat Paul Cvilak sich dafür entschieden, dass alle Mitarbeiter der drei Firmen mit mindestens einer Aktie an der Muttergesellschaft beteiligt werden und somit auch Miteigentümer ihres Betriebes sind.

Für Paul Cvilak und seine Kollegen hat sich immer wieder die Frage gestellt, wie man neben den bestehenden AfB-Partnern weitere Unternehmen finden kann, die ihre aussortierte IT-Hardware an AfB übergeben, um das Geschäft weiter auszubauen. Das Argument, mit dem wir uns bei vergleichbarer Leistung heute noch vom Wettbewerb abheben, ist eindeutig der soziale und ökologische Mehrwert, der als Effekt unserer Leistung entsteht. Denn Unternehmen müssen ihren Stakeholdern vermehrt Rechenschaft über ihre Nachhaltigkeitsaktivitäten ablegen. Die Gesellschaft wird sich ihrer Verantwortung für ihre Mitmenschen und die Umwelt bewusster. Ein äußerst relevantes Problem, dem wir gemeinsam mit unseren Partnern entgegenwirken, ist die fehlende Integration von Menschen mit einem Handicap in die Arbeitswelt. In Deutschland leben rund 3,5 Mio. schwerbehinderte Menschen mit geringen Aussichten auf Qualifizierung und sinnerfüllte, gut bezahlte Arbeit. Ob im öffentlichen Leben, in der Berufswelt oder im Privatbereich – ihre Lebensqualität ist vielfach stark eingeschränkt. Dabei leiden viele behinderte Menschen mehr unter fehlenden Aufgaben oder Perspektiven als unter ihrer eigentlichen Behinderung. Gleichermaßen wird in den Medien regelmäßig von den erheblichen Umweltschäden berichtet, die durch den Wunsch unserer Generation nach verbesserter IT-Ausstattung verursacht werden. Unter dem Schlagwort „Green IT" sollen Möglichkeiten geschaffen werden, Energie sinnvoll einzusparen. Die vorhandenen Lösungen zielen meist auf die reine Nutzung der Geräte ab, schaffen aber keine nachhaltigen Möglichkeiten zur Weiterverwendung gebrauchter IT-Hardware, obwohl die Menge an IT-Produkten ständig zunimmt. Beispielsweise ersetzen Firmen ihre EDV-Ausstattung in der Regel nach drei bis vier Jahren. Daraus resultiert, dass immer mehr Altgeräte zur Verwertung bereitstehen, wovon schätzungsweise die Hälfte einfach entsorgt wird. Als Folge entsteht ein wachsendes Problem mit der umweltgerechten Entsorgung der rund 40 Mio. Tonnen Elektroschrott, die weltweit pro Jahr verursacht werden. Die sachgerechte Verwertung der ausgemusterten IT-Hardware verursacht hohe Kosten, weshalb die Ware häufig in Entwicklungsländer verkauft und dort unter meist widrigen Umständen in ihre Bestandteile zerlegt wird, was wiederum zu immensen sozialen Problemen führt. Die Firmen wollen sich nicht nachsagen lassen, dass sie für solche Missstände verantwortlich sind. Darüber hinaus wäre der Großteil dieser Geräte auch noch voll funktionsfähig. Durch unsere Aufbereitung können die ressourcenverzehrende Neuproduktion von Geräten sowie Elektroschrott und umweltschädliche Treibhausgase in erheblichem Maß reduziert werden. Die Unternehmen reagieren in der Regel sehr positiv auf unser Konzept und im Laufe der Zeit konnten wir zahlreiche Fürsprecher aus Öffentlichkeit und Wirtschaft gewinnen, die unseren Ansatz in Firmen hineingetragen haben.

Heute zählen wir über 100 namhafte Firmen, Banken, Versicherungen und öffentliche Einrichtungen zu unseren Partnern. Ein kleiner Teil davon sieht uns rein als IT-Dienstleister und lässt den dabei erzielten gesellschaftlichen Mehrwert außer Acht. Die meisten Unternehmensvertreter haben allerdings erkannt, dass sie durch eine Kooperation mit AfB auch gesellschaftliche Verantwortung übernehmen und diese für ihre öffentliche Reputation nutzen können. Es ist unsere Aufgabe, den Unternehmen entsprechend zuzuarbeiten, sodass sie den im Rahmen einer Partnerschaft unter Beweis gestellten gesellschaftlichen Beitrag auch innerhalb ihrer Nachhaltigkeitsberichterstattung transparent an Kunden und Interessenten kommunizieren können. Wir versuchen daher seit geraumer Zeit, innovative Ideen zu entwickeln, wie wir für Unternehmen am globalen Markt der optimale CSR-Partner sein können, um das AfB-Modell auch zukünftig erfolgreich auszubauen.

Ausblick: CSR-Partnerschaften weiter vertiefen

Die Grundlage unserer CSR-Partnerschaften mit großen Unternehmen liegt darin, dass wir, wenn sie sich für eine Überlassung ihrer aussortierten IT-Produkte an AfB entscheiden, Arbeitsplätze für Menschen mit Behinderung schaffen können. Bei ausreichendem Geräterücklauf können wir sogar im direkten Umfeld eines oder mehrerer Unternehmen einen weiteren Standort einrichten. Im Rahmen von gemeinsamen Pressekonferenzen und Öffentlichkeitsarbeit wird dann über das Engagement der Geschäftspartner berichtet. Um weiterhin wirtschaftlich zu arbeiten und Beschäftigung zu sichern, haben wir unser Leistungsspektrum über die reine Aufbereitung und Datenlöschung gebrauchter IT-Hardware hinaus stetig erweitert. Beispielsweise unterstützen wir nun auch Unternehmen beim Abbau und der Neuinstallation von Geräten, beschäftigen uns mit dem Assetmanagement von Druckern, das heißt, wir beliefern Firmen zeitgenau mit Druckerpatronen, wenn diese ausgetauscht werden müssen, und haben uns auch auf die Bearbeitung von Handys, das Zerlegen nicht reparabler oder zu alter Geräte sowie das Tonerleergutmanagement für Firmen spezialisiert.

Je stärker wir unser Angebot an Dienstleistungen erweitern, desto wichtiger wird es auch, dass unsere Mitarbeiter über ein gewisses Know-how verfügen. Mit unserem Projekt „WAB" (Werkstatt – Ausbildung – Beruf) vermitteln wir jungen Menschen mit Behinderung zielgerichtet berufliche Qualifikationen im IT-Sektor, um ihre Potenziale zu fördern und sie für eine dauerhafte Beschäftigung zu qualifizieren. Gemeinsam mit der IHK Aachen und dem Landschaftsverband Rheinland wurde das allgemein anerkannte Berufsbild *Fachpraktiker für IT-Systeme* geschaffen. Der Name „Werkstatt – Ausbildung – Beruf" verdeutlicht dabei eine Reihenfolge. Menschen mit Behinderungen arbeiten zunächst in einer Werkstatt für behinderte Menschen (WfbM). Von dort aus wechseln sie zu ihrem Ausbildungsbetrieb, wo die theoretische und praktische Ausbildung gemeinsam mit ihren nicht behinderten Kollegen stattfindet. Nach erfolgreichem Abschluss erhalten sie einen unbefristeten Arbeitsplatz im Unternehmen. Um unsere Partnerfirmen an dem Projekt teilhaben zu lassen, können sie Patenschaften für WAB-Teilnehmer übernehmen. Darüber hinaus dürfen unsere Auszubildenden im Rahmen von Azubi-Austauschprogrammen für einen gewissen Zeitraum bei namhaften Großunternehmen in die Betriebsabläufe hineinschnuppern und im Gegenzug werden deren Auszubildende zu AfB eingeladen. Der Erfolg des Projekts ist vor allem dem Engagement unserer Mitarbeiter wie auch den daran beteiligten öffentlichen Einrichtungen zuzuschreiben, die es unterstützen. Das Projekt wurde 2012 vom Rat für nachhaltige Entwicklung als „Werkstatt-N-Projekt" ausgezeichnet. Dies macht uns stolz und hilft uns sicher dabei, weitere Partner für zukünftige Projekte zu gewinnen.

Die Mitarbeiter der Partnerfirmen erhalten natürlich vergünstigte Konditionen beim Kauf des AfB-Sortiments und profitieren so zusätzlich vom Engagement ihres Arbeitgebers. Im vergangenen Jahr haben wir ein Konzept für den sog. Vor-Ort-Verkauf entwickelt: An ein bis zwei Tagen werden auf dem Gelände unserer Partner ausgewählte Produkte zu besonders günstigen Preisen an die Belegschaft verkauft. Die Firmen haben keinerlei Aufwand, können ihren Mitarbeitern auf diesem Weg aber etwas Gutes tun, indem diese günstig auf professionelle IT-Produkte zugreifen können.

Im Laufe der letzten zehn Jahre wurde der Wunsch von Unternehmen, sich auf sinnvolle Weise für gesellschaftlich relevante Themen einzusetzen, immer größer. Früher verbesserte man sein soziales Gewissen beispielsweise durch Spenden, heute gehen die Firmen dazu über, innerhalb ihrer Wertschöpfung erfolgreich Corporate Social Responsibility (CSR) zu praktizieren, weshalb sie sich bei vergleichbarer Leistung unserer Konkurrenz dann gerne für uns entscheiden. Doch was haben die Unternehmen konkret davon, wenn sie mit uns zusammenarbeiten? In diesem Punkt besteht für uns wesentlicher Handlungsbedarf. Denn wir können zwar eine valide Aussage über das soziale Engagement von Unternehmen in Bezug auf die Beschäftigung von Menschen mit Behinderung treffen, das sie innerhalb einer Kooperation unter Beweis stellen. Bisher waren wir nicht in der Lage, eine konkrete Aussage über die konkrete Einsparung an natürlichen Ressourcen und CO_2-Emissionen zu treffen, die mit diesen Partnerschaften verbunden ist. Aus diesem Grund haben wir uns dazu entschlossen, weitere innovative Wege zu gehen, um unseren Partnern einen tatsächlichen Mehrwert zu liefern. Kürzlich haben wir im Rahmen des vom Europäischen Sozialfonds (ESF) und dem Bundesministerium für Arbeit und Soziales geförderten Programms „CSR im Mittelstand" ein Projekt zur Erstellung einer Ökobilanz über die Aufbereitung gebrauchter IT-Hardware realisiert. Ziel war es, eine valide Aussage über den ökologischen Nutzen zu erhalten, den die Partner von AfB im Rahmen einer Kooperation ermöglichen. AfB unterstützt somit auch maßgeblich die Nachhaltigkeitsstrategie und damit verbundene Klimaschutzziele der Bundesregierung und leistet einen entscheidenden Beitrag, um Inklusion in unserer Gesellschaft zu erreichen. Als Ergebnis können wir den Firmen eine „Nachhaltigkeitsbilanz" erstellen, die fundierte Informationen dazu liefert, inwiefern sich die Unternehmen in sozialer und ökologischer Hinsicht engagieren. Die Firmen reagieren äußerst positiv auf diese Idee und wollen die Ergebnisse auch in ihre Nachhaltigkeitsbilanz integrieren.

Der Vorteil für AfB dabei ist, dass die Firmen unser Konzept so weiterverbreiten und auch andere Unternehmen auf die Idee aufmerksam werden. Das Projekt soll uns also in vielerlei Hinsicht darin unterstützen, die Vorteile für Umwelt und Gesellschaft zu beziffern und diese an die unterschiedlichen Zielgruppen zu kommunizieren. Außerdem erweitern wir auch die Resonanz auf unser Konzept, indem unsere Kunden eindeutig nachvollziehen können, welchen Beitrag sie durch den Kauf eines gebrauchten Geräts für die Umwelt leisten. Darüber hinaus können unsere Mitarbeiter so auch den wahren Wert ihrer Arbeit besser verstehen. Die Projektergebnisse sollen für alle Zielgruppen entsprechend ausgearbeitet und öffentlichkeitswirksam dargestellt werden. Wenn wir nun auch aus ökologischen Gründen weitere Unternehmen davon überzeugen, uns ihre gebrauchte IT-Hardware zur Aufbereitung zu überlassen, und weitere Kunden zum Kauf aufbereiteter Produkte bewegen, können wir unser gesellschaftliches Engagement deutlich ausweiten. In der Folge werden größere Mengen Elektroschrott und Treibhausgasemissionen eingespart und weitere Menschen mit einem Handicap erhalten eine wertvolle berufliche Perspektive.

Beim Verkauf unserer Produkte stehen wir im direkten Wettbewerb u. a. zu sehr großen Elektronikdiscountern, die ihr Sortiment häufig allein über den günstigen Preis vermarkten. Die erwirtschafteten Gewinne werden bei AfB im Unternehmen belassen und nicht ausgeschüttet. Beim Verkauf der Produkte geben wir den innerhalb unserer Wertschöpfung geleisteten gesellschaftlichen Beitrag an unsere Kunden weiter. Alle Geräte in unserem Sortiment werden mit dem Label „A Social & Green Partner Product" gekennzeichnet. Ein Aspekt, den keiner unserer Wettbewerber in ähnlicher Form vorweisen kann.

Vor knapp drei Jahren hat sich die Geschäftsleitung dazu entschieden, bei AfB einen eigenen Bereich für die Themen CSR und Öffentlichkeitsarbeit zu schaffen. Seither wird gezielt daran gearbeitet, AfB als Social Business weiterzuentwickeln und die öffentliche Anerkennung für das Modell zu erweitern. Wir nehmen an öffentlichen Ausschreibungen teil und erfahren eine äußerst positive Resonanz. Als bisher größten Erfolg verzeichnen wir, dass das Konzept im Dezember 2012 mit dem Deutschen Nachhaltigkeitspreis in der Kategorie „Deutschlands nachhaltigste Zukunftsstrategien (KMU)" ausgezeichnet wurde. 2014 wurde das Konzept zudem mit dem Innovationspreis der Deutschen Wirtschaft in der Kategorie „Innovative Personalkonzepte" geehrt

Fazit: Eine gute Geschäftsidee löst auch gut soziale Probleme – und das europaweit

Die heute weitverbreiteten Begriffe „Corporate Social Responsibility" und „Social Enterprise" waren zur Zeit der Gründung von AfB im Jahr 2004 für Paul Cvilak noch nicht in dem Maße relevant und der soziale Aspekt der Unternehmung war auch nicht alleine ausschlaggebend für den Start der AfB. Der Gründer war vielmehr davon überzeugt, dass eine wirtschaftlich aussichtsreiche Geschäftsidee die optimale Grundlage dafür darstellt, mit einem Unternehmen auch gesellschaftliche Verantwortung zu übernehmen.

Paul Cvilak hat gemeinsam mit seinen Mitarbeitern ein Unternehmen geschaffen, das sich wirtschaftlich erfolgreich am Markt behauptet, aber innerhalb seiner Organisation Schwerpunkte auf soziale und gemeinnützige Werte legt. Als wertvollste Empfehlung an junge Unternehmen in der Gründungsphase, die soziale Ziele verfolgen, möchten wir weitergeben, dass man seinen Fokus auf die Wirtschaftlichkeit und innovative Kraft seines Konzepts legen sollte. Der erwünschte Erfolg für Umwelt und Gemeinwesen stellt sich dann automatisch ein, je nachdem, welches gemeinnützige Ziel verfolgt wird. Für die zuständigen Stellen sind wir nun ein glaubwürdiger Partner, der öffentliche Förderungen in ein Gesamtkonzept für mehr Wachstum und Beschäftigung einbettet, das langfristig ausgerichtet ist und mehr Chancen für alle bietet. Nach anfänglichen Schwierigkeiten arbeiten wir heute sehr erfolgreich mit öffentlichen Einrichtungen und den Integrationsämtern zusammen.

Durch die Verbindung von notwendigen Geschäftsprozessen mit gesellschaftlichem Erfolg macht es AfB den Unternehmen und öffentlichen Einrichtungen sämtlicher Branchen möglich, gemeinsam sozialen und ökologischen Mehrwert zu schaffen, ohne zusätzliches Investment in Projekte. Die Idee und letztlich auch die praktische Umsetzung sind bislang einzigartig. Ein Social Business, das über die Grenzen eines Bundeslandes hinaus agiert, ist schon selten. Dass ein entsprechendes Unternehmen in mehreren Ländern tätig ist, ist einmalig. Wir können mit Stolz behaupten, dass sich AfB zu einem ernst zu nehmenden Wettbewerber im Bereich des IT-Remarketing etabliert hat. Leistung steht an erster Stelle und in der Unternehmensleitung ist man sich einig darüber, dass einzig und allein die konstante Qualität der Arbeit ausschlaggebend für die überaus positive Entwicklung von AfB war und ist. Um das Unternehmen konkurrenzfähig am Markt zu behaupten, wurden die Struktur sowie die Geschäftsfelder von der Gründung im Jahr 2004 bis heute stetig weiterentwickelt. Alle erwirtschafteten Gewinne werden zur Weiterentwicklung der Struktur und zur Realisierung sozial wie auch ökologisch ausgerichteter Projekte im Unternehmen belassen. Neben dem Kerngeschäft, dem Austausch bzw. der Rücknahme und Aufbereitung gebrauchter Computer, beschäftigt sich AfB mittlerweile auch mit der Datenlöschung von Smartphones sowie dem Leergutmanagement gebrauchter Tonerkassetten von Unternehmen und der Zerlegung defekter Geräte in ihre einzelnen Rohstoffe. Die TÜV-Zertifizierung unseres Prozesses nach ISO 9001:2008 demonstriert, dass wir uns auch als sozial geführtes Unternehmen den Anforderungen des Marktes stellen. Dass wir für das Konzept im Dezember 2012 mit dem Deutschen Nachhaltigkeitspreis in der Kategorie „Deutschlands nachhaltigste Zukunftsstrategien (KMU)" ausgezeichnet wurden, unterstreicht die gesellschaftliche Relevanz unserer Leistung.

Mittel- und langfristig sehen wir unsere größten Chancen in der Gewinnung neuer Kooperationspartner. Nun wollen wir die notwendigen Voraussetzungen dafür schaffen, dass global agierende Konzerne mit uns zusammenarbeiten können und wir sie nach Möglichkeit weltweit an allen Unternehmensstandorten mit unseren Dienstleistungen bedienen können. Das AfB-Modell ist problemlos skalierbar und kann auch als Franchisesystem in anderen Ländern umgesetzt werden. Somit ist die weitere Entwicklung von AfB positiv zu betrachten.

Autorin
Nathalie Ball war nach ihrem BWL-Studium an der Dualen Hochschule in Karlsruhe von 2007 an für vier Jahre bei einem bekannten Versandhaus im E-Commerce beschäftigt. Schon während dieser Zeit lernte sie AfB kennen und war begeistert von dem Social Business, bei dem sie dann ab 2011 den CSR-Bereich mitaufgebaut hat. Ihr Ziel ist es, weitere Unternehmen vom gesellschaftlichen Erfolg einer Kooperation mit AfB zu überzeugen und die Gesellschaft für die vielen Vorteile zu sensibilisieren, die aus der Aufbereitung gebrauchter IT-Produkte hervorgehen.
Weiterführende Informationen
www.afb-group.eu

JOBLINGE: Ein Social Franchise zur bundesweiten Bekämpfung der Jugendarbeitslosigkeit

14

Ulrike Garanin

Inhaltsverzeichnis

Zusammenfassung 155
Die Organisation in Kürze 156
Die Idee und ihre Umsetzung 157
    Funktionsweise der sozialen Innovation 157
    Schwerpunkt: Gesellschaftlicher „Impact" durch bundesweite Präsenz – Weg und Ziel der
        JOBLINGE-Initiative 162
    Vision 2020: 6.500 Jugendliche in Ausbildung vermittelt 167
Fazit: Social Franchise – eine große Chance trotz kleiner Herausforderungen 168

Zusammenfassung

Die soziale Kluft in unserer Gesellschaft wächst. Trotz Aufschwung im Arbeitsmarkt und steigendem Bedarf an Fachkräften endet auch in Deutschland für zahlreiche benachteiligte Jugendliche der Weg ins Arbeitsleben, noch bevor sie ihn betreten. So hat jeder zweite Hauptschüler auch zwölf Monate nach Schulende noch keine Lehrstelle gefunden.

Vision der JOBLINGE-Initiative ist es, einen erkennbaren und nachhaltigen Beitrag gegen Jugendarbeitslosigkeit zu leisten. Dabei setzt JOBLINGE auf zwei Säulen: erstens das gemeinsame Engagement von Wirtschaft, Staat und Zivilgesellschaft und zweitens ein sechsmonatiges Programm, in dem sich die „Joblinge" in der Praxis beweisen und sich ihren Ausbildungsplatz selber erarbeiten können.

U. Garanin (✉)
JOBLINGE-Dachorganisation, Ludwigstraße 21, 80539 München, Deutschland
E-Mail: garanin.ulrike@bcg.com

Sowohl Vermittlungs- als auch Nachhaltigkeitsquote sind weit überdurchschnittlich im Vergleich zu anderen Maßnahmen für diese Zielgruppe: 65 % der Teilnehmer werden mit Abschluss des JOBLINGE-Programms in reguläre Ausbildung oder Arbeit vermittelt, die Nachhaltigkeit der Vermittlung (gemessen sechs Monate nach Programmende) liegt bei 80 %.

Wir blicken mit Stolz auf diese Zahlen – denn dahinter stehen die bewegten und bewegenden Geschichten der Jugendlichen und viele schöne Entwicklungen – und sind überzeugt: Unter sozialen, volkswirtschaftlichen und zunehmend auch betriebswirtschaftlichen Gesichtspunkten lohnt es sich, in diese Zielgruppe der fast abgehängten Jugendlichen zu investieren.

Um möglichst viele junge Menschen auf ihrem Weg zu einem selbstbestimmten Leben zu unterstützen und darüber hinaus ein übertragbares Konzept zur Lösung gesellschaftlicher Herausforderungen aufzuzeigen, haben wir uns für ein innovatives Modell entschieden, das im Mittelpunkt dieses Beitrags steht: Social Franchising als Wachstumsstrategie.

Die Organisation in Kürze

Wie können gering qualifizierte Jugendliche besser in den Arbeitsmarkt integriert werden? Mit dieser Frage des Bayerischen Kultusministeriums begann 2007 die Geschichte von JOBLINGE. Die Unternehmensberatung The Boston Consulting Group und die Eberhard von Kuenheim Stiftung der BMW AG schlossen sich zusammen und entwickelten gemeinsam mit vielen Experten die Antwort: Die nachhaltige Integration gelingt nur mit vereinten Kräften! Gemeinsam mit vielen Experten und ehrenamtlichen Partnern entwickelten sie das JOBLINGE-Konzept, das die Kompetenzen von Wirtschaft, Staat und Zivilgesellschaft bündelt.

2008 war es so weit: In Form einer gemeinnützigen Aktiengesellschaft (gAG) wurde im Bayerischen Wald der erste Pilotstandort gegründet, ein Jahr später folgte der zweite Pilotstandort in München. Nach der erfolgreichen Pilotierung des Konzepts hat das Initiatorenteam – gemeinsam mit den ersten beiden Standorten – das JOBLINGE-Social-Franchise-Handbuch verfasst, angereichert mit den wertvollen Erfahrungen aus der Praxis und daraus abgeleiteten Best Practices. Zeitgleich wurden die organisatorische Umsetzung des Social-Franchise-Systems und damit die bundesweite Implementierung des JOBLINGE-Konzepts geplant.

Heute, fünf Jahre später, werden an deutschlandweit zehn Standorten „Joblinge" mit viel Engagement aller Beteiligten dabei unterstützt, den Weg in Ausbildung oder Arbeit zu finden: in den gAGs Bayerwald, München, Berlin, Leipzig, Köln, Ruhr sowie FrankfurtRheinMain mit den Standorten Bergstraße, Offenbach und Wiesbaden. An jedem Standort führt ein hauptamtliches Team von mindestens fünf Mitarbeitern das

JOBLINGE-Programm durch und schafft den Rahmen für die Arbeit der zahlreichen Unternehmenspartner, Förderer der öffentlichen Hand und ehrenamtlich Engagierten.

Die Aufgabe des Franchisegebers nimmt die gemeinnützige JOBLINGE-Dachorganisation (JOBLINGE e. V.) wahr. Sie entwickelt das Konzept, stellt dessen Umsetzung an den Standorten sicher und kümmert sich um die Expansion durch Planung und Gründung neuer Standorte. Dabei arbeitet die Dachorganisation eng und partnerschaftlich mit den Standorten zusammen und übernimmt zentrale Aufgaben wie die stetige Weiterentwicklung des Konzepts, Erstellung standortübergreifender Hilfsmittel, überregionale Partnerkoordination sowie überregionales Fundraising und Öffentlichkeitsarbeit. Gesellschafter des JOBLINGE e. V. ist neben den sieben gAGs die JOBLINGE-Stiftung, die von der Boston Consulting Group im Rahmen ihres gesellschaftlichen Engagements ins Leben gerufen wurde und den Großteil der finanziellen und personellen Ausstattung der JOBLINGE-Dachorganisation stellt; neben einem Team von BCG-Beratern sind aktuell drei fest angestellte Mitarbeiter und eine freie Kraft bei der Dachorganisation JOBLINGE e. V. tätig.

Die bisherigen Erfolge zeigen, dass sich die komplexe Organisation und vor allem der gemeinsame Einsatz der bundesweit rund 50 hauptamtlichen JOBLINGE-Mitarbeiter, mehr als 900 Partnerunternehmen, über 20 Institutionen der öffentlichen Hand sowie 700 engagierten Privatpersonen bewährt hat: Bereits über 1.300 sozial benachteiligte Jugendliche haben am JOBLINGE-Programm teilgenommen – und die Chance erhalten, sich ihren Ausbildungsplatz selber zu erarbeiten.

Die Idee und ihre Umsetzung

Funktionsweise der sozialen Innovation

In Deutschland haben aktuell knapp 600.000 Jugendliche den Sprung von der Schule zum Beruf nicht geschafft. Etwa die Hälfte von ihnen befindet sich im sogenannten „Übergangssystem" – einem Markt, der sich um Jugendliche ohne Ausbildung oder Arbeit kümmert. Dieses Übergangssystem kostet die öffentlichen Haushalte 4,3 Mrd. € im Jahr.[1] Aufgrund der geringen Transparenz der Angebotsstruktur und vor allem wegen der meist mangelhaften Integrationsleistung wird dieses System von Experten oft als „Maßnahmendschungel" und „Warteschleife" kritisiert.[2] Für den Großteil der JOBLINGE-Zielgruppe, Jugendliche zwischen 15 und 25 Jahren mit sogenannten „multiplen Vermittlungshemmnissen", ist aus dem Maßnahmendschungel längst ein Karussell geworden – im Durchschnitt sind unsere Teilnehmer bereits zwei Jahre erfolglos in Maßnahmen des Übergangssystems ge-

---

[1] Klemm, K. (2012). *Was kostet eine Ausbildungsgarantie in Deutschland?* Gütersloh: Bertelsmann Stiftung.
[2] Ebd.

wesen. Oft wurden sie nicht nur von der Gesellschaft aufgegeben, sondern haben auch den Glauben an sich selbst verloren.

Unsere Zielgruppe
Von den bisher über 1.300 Joblingen

- ist der Durchschnitt über 20 Jahre alt.
- gelten 30 % seit fünf Jahren als nicht in Ausbildung integrierbar.
- haben mehr als 70 % Migrationshintergrund.
- sind mehr als 60 % Mitglied einer Hartz-IV-Bedarfsgemeinschaft.
- verfügen mehr als 60 % höchstens über einen Hauptschulabschluss oder gar keinen Schulabschluss.
- sind – je nach Standort – zwischen zehn Prozent und 60 % der Teilnehmer vorbestraft.[3]

JOBLINGE möchte den jungen Menschen Mut machen, Erfolgserlebnisse ermöglichen, Perspektiven schaffen und sie in die Gesellschaft integrieren. Dafür setzt das Konzept auf vier wesentliche Erfolgsfaktoren:

1. Praxis vom ersten Tag an

Bei JOBLINGE können junge Menschen ihre Fähigkeiten in der Praxis unter Beweis stellen – jenseits von Schulnoten und klassischen Bewerbungsgesprächen. In dem sechsmonatigen Programm erlernen sie „on the job" wichtige Schlüsselqualifikationen, trainieren soziale Kompetenzen und erarbeiten sich gezielt ihren Ausbildungs- oder Arbeitsplatz – und zwar sowohl in praxisnahen Gruppenprojekten als auch mehreren Betriebspraktika. Unterstützt werden sie dabei von JOBLINGE-Mitarbeitern und Mentoren. Am Ende steht die Vermittlung jedes Joblings in eine reguläre Ausbildung oder Anstellung, die zu ihm passt. Auch danach bleiben die JOBLINGE-Mitarbeiter den Jugendlichen als Ansprechpartner erhalten.

2. 1:1-Betreuung

Die Zielgruppe von JOBLINGE ist aufgrund zahlreicher schwieriger Ausgangsvoraussetzungen ohne Begleitung nicht in der Lage, im betrieblichen Alltag zu bestehen. Um eine intensive 1:1-Betreuung zu ermöglichen, setzt JOBLINGE neben den hauptamtlichen Mitarbeitern für jeden Jugendlichen einen ehrenamtlichen, eigens geschulten Mentor mit Lebens- und Berufserfahrung ein. Der Mentor ist Vertrauensperson und Coach, der dem Jugendlichen über den gesamten Zeitraum zur Seite steht und während sämtlicher Schritte zuhört, begleitet und motiviert. Darüber hinaus ist der Mentor auch „Krisenmanager": Er bestärkt seinen Mentee, auch in problematischen Phasen nicht aufzugeben, und trägt dazu

---

[3] Informationen über Vorstrafen beruhen ausschließlich auf freiwilligen Angaben der Teilnehmer.

bei, dass es trotz der im Laufe des Programms fast immer auftretenden Schwierigkeiten nicht zum Abbruch kommt.

3. Gebündeltes gesellschaftliches Engagement

Von zentraler Bedeutung für den JOBLINGE-Ansatz ist die Bündelung des Engagements von Wirtschaft, Staat und Zivilgesellschaft in einem „trisektoralen Netzwerk". Die beiden Kernelemente des Programms, Praxis vom ersten Tag an und 1:1-Betreuung, sind nur realisierbar durch die enge Einbindung von engagierten Partnerunternehmen und den ehrenamtlichen Einsatz von Privatpersonen. Die öffentliche Hand kommt für einen Großteil des kostenwirksamen Budgets auf.

4. Professionelle Steuerung und Unterstützung

Um das umfassende Engagement von Partnerunternehmen und Privatpersonen langfristig zu gewährleisten und es für das gemeinsame Ziel der nachhaltigen Vermittlung der Jugendlichen effektiv einzusetzen, ist eine professionelle Steuerung und Unterstützung aller involvierten Partner erforderlich. Daher werden die lokalen JOBLINGE gAGs zielgerichtet unterstützt von einer bundesweit agierenden gemeinnützigen Dachorganisation. Abbildung 14.1 zeigt, wie *das sechsmonatige Programm im Detail* aufgebaut ist.

Bereits in der *Aufnahmephase* ist bei JOBLINGE Praxis angesagt: Wer sich für das Programm interessiert, arbeitet zunächst mehrere Tage in einem gemeinnützigen Projekt mit. In der Gruppe räumen die Jugendlichen z. B. Biotope auf, reinigen Tierställe im Zoo oder unterstützen unentgeltlich andere gemeinnützige Einrichtungen. Dabei beweisen die „Bewerber" ihre Motivation und Einsatzbereitschaft durch Taten – statt mit Zeugnissen und Bewerbungsschreiben. Wem das gelingt, der wird ein Jobling.

Ziel der *Orientierungsphase* ist es, dass die Jugendlichen ein für sie passendes Berufsfeld finden und sich gezielt auf eine Ausbildung für ihren Wunschberuf vorbereiten. Bei der Berufsfindung helfen ihnen die Mitarbeiter und Schnuppertage in Unternehmen, aber auch die Mentoren, die in dieser Phase mit „ihren" Joblingen zusammengebracht werden.

In unternehmerischen Projekten lernen die Jugendlichen ihre Stärken kennen und erwerben wichtige Schlüsselqualifikationen. So organisieren sie beispielsweise einen Flohmarkt, holen durch selbstgeführte Interviews Informationen über ihren Wunschberuf ein, drehen gemeinsam einen Film oder entwickeln für dessen Vorführung ein eigenes Catering-Konzept. Workshops mit professionellen Trainern unterstützen diese Lerneffekte. Ehrenamtliche Helfer ergänzen das Programm außerdem mit Qualifizierungs-, Kultur- oder Sportangeboten (Bewerbungs- und Kommunikationstrainings, Theater- und Zeitungsprojekte, gemeinsamen Lauftrainings etc.).

Ein wichtiger Meilenstein für die Joblinge ist die Präsentation ihrer Projekte am Ende der Orientierungsphase: Hier zeigen sie vor Mitarbeitern, Mentoren, Unternehmenspartnern und Förderern, was sie in den vergangenen zwei Monaten alles geschafft haben – und holen sich sichtlich stolz den wohlverdienten Applaus und Bestärkung für den weiteren Weg ab.

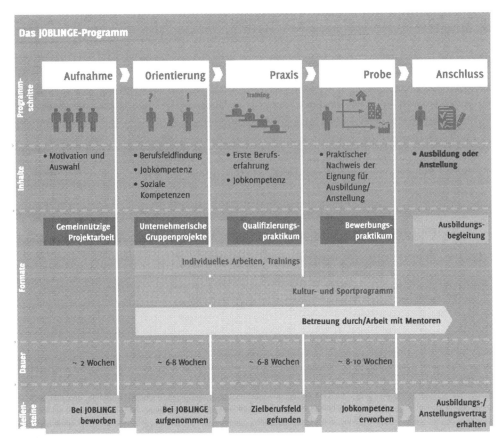

Abb. 14.1 Das JOBLINGE-Programm

In der anschließenden *Praxisphase* geht es dann hinaus in die Arbeitswelt: Die Jugendlichen sammeln erste Berufserfahrungen im eng betreuten Qualifizierungspraktikum bei einem JOBLINGE-Partnerunternehmen. In dieser Zeit eignen sie sich fachliche und soziale Kompetenzen an – im Betrieb und in begleitenden Trainings.

Danach wird es ernst: In der *Probephase* erarbeiten sich die Joblinge bei einem Partnerunternehmen ihren Ausbildungs- oder Arbeitsplatz. Wenn sie die zuvor vereinbarten Anforderungen erfüllen, haben sie es geschafft. Die Auswahl des richtigen Unternehmens für jeden Teilnehmer ist Maßarbeit – und wesentlicher Erfolgsfaktor des Programms. Nur wenn Jobling und Unternehmen zueinander passen, wird aus einem arbeitslosen Jugendlichen ein junger Mensch mit Zukunftsperspektive.

Damit das so bleibt, werden die Joblinge auch in der *Anschlussphase*, wenn sie ihre reguläre Ausbildung oder Anstellung angetreten haben, nicht alleine gelassen. Die JOBLINGE-Mitarbeiter und die persönlichen Mentoren bleiben den Joblingen und auch den Unternehmenspartnern als Ansprechpartner erhalten.

Martin, 22 Jahre, berichtet nach Abschluss des sechsmonatigen JOBLINGE-Programms: „Ich habe ganz viel über mich selbst gelernt und über den Umgang mit anderen. Wie man zum Beispiel reagieren kann, wenn es Probleme mit Kollegen gibt. Reden, zuhören. Das haben die bei JOBLINGE auch gemacht und sich eigentlich immer für mich eingesetzt. Wobei sie schon auch Druck machen, aber positiven Druck, weil sie wirklich was erreichen möchten. Die sagen nicht ‚Mach, sonst gibt es Ärger', sondern nehmen einen ernst."

Der ehemalige Jobling macht seine Ausbildung in einem Hotel im Bayerischen Wald. Die Lehrstelle als Koch hat Martin sich selbst erarbeitet – und für sein Leben Verantwortung übernommen.

So wie Martin wurden bereits 1.300 Joblinge auf ihrem Weg unterstützt, mit einer im Vergleich zu anderen Maßnahmen weit überdurchschnittlichen Vermittlungsquote von 65 %. JOBLINGE und alle involvierten Akteure möchten sich an den Ergebnissen messen lassen. Um das Ziel der nachhaltigen Vermittlung für möglichst viele Teilnehmer zu erreichen, verpflichten sich daher alle Standorte zur Erhebung und Nutzung transparenter Kennzahlen. Gemeinsam mit der Dachorganisation nimmt jede gAG eine regelmäßige Überprüfung und Diskussion dieser Indikatoren vor. Im Rahmen des Regelreportings werden somit folgende Qualitätskennzahlen monatlich betrachtet:

1. Operative Ergebnisindikatoren

Aus der JOBLINGE-Vision, einen erkennbaren und nachhaltigen Beitrag gegen Jugendarbeitslosigkeit zu leisten, ergeben sich unmittelbar die zwei erhobenen Hauptquoten: die Integrations- bzw. *Vermittlungsquote* und die *Nachhaltigkeitsquote*. Erstere betrachtet die Anzahl der Teilnehmer, die durch das JOBLINGE-Programm in ungeförderte Ausbildung oder Arbeit vermittelt wurden, zweitere den Anteil der ehemaligen Teilnehmer, die sechs Monate nach Programmende weiterhin in Ausbildung oder Arbeit sind. Daneben werden die *Auslastung*, sprich der Anteil der besetzten Plätze im Programm, sowie die *Teilnahmequote am Trainingsmodul* und auch die *Praktikumsquote* überprüft.

2. Operative Prozessindikatoren

Auf dem Weg zu den Ergebnissen wird auch der Prozess näher beleuchtet. Hierbei wird zum einen die *Mentorenquote* erhoben, zum anderen *die Zufriedenheit der Jugendlichen* (diese wird zweimal während der Programmdauer abgefragt).

3. Finanzielle Ziele

Über Ergebnis- und Prozessindikatoren hinaus werden auch die Finanzen der einzelnen Standorte sorgfältig im Blick behalten. Durch die Konzeption als gemeinnützige Aktiengesellschaften sind hier vor allem *Bilanz* (Erhaltung der notwendigen Eigenkapitalbasis), *Gewinn und Verlust* (keine Überschreitung des Budgets) sowie *Zahlungsfähigkeit* (dauerhaft positive Liquidität) von Bedeutung.

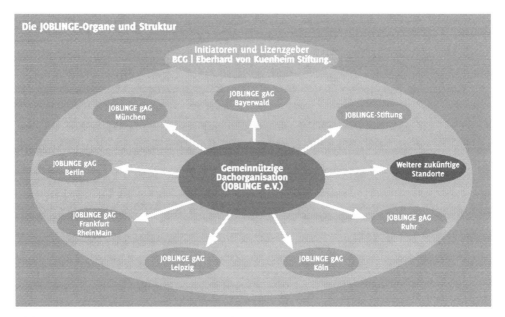

Abb. 14.2 Die JOBLINGE-Organe und Struktur

Da JOBLINGE sich als lernendes System versteht, gehören der systematische Erfahrungsaustausch – nicht nur zwischen Standorten und Dachorganisation, sondern auch zwischen den Standorten untereinander – sowie die ständige Weiterentwicklung des Konzepts zu unserem Selbstverständnis. Wie dieser Austausch funktioniert, soll nun im Rahmen der Organisation von JOBLINGE als Social-Franchise-Modell näher erläutert werden.

Schwerpunkt: Gesellschaftlicher „Impact" durch bundesweite Präsenz – Weg und Ziel der JOBLINGE-Initiative

Ein wesentlicher Erfolgsfaktor des JOBLINGE-Konzepts ist das Zusammenspiel von Akteuren aus allen gesellschaftlichen Bereichen und somit die Bündelung der stärksten Kompetenzen seitens Wirtschaft, Staat und Zivilgesellschaft. Dieses Zusammenspiel findet sich auch in der Organisation der Initiative wieder: Die gAGs werden von lokalen Partnern – Unternehmen wie auch Förderern der öffentlichen Hand – getragen; gemeinsam mit der JOBLINGE-Stiftung sind die einzelnen gAGs Gesellschafter der gemeinnützigen JOBLINGE-Dachorganisation (JOBLINGE e. V.). Diese wiederum nimmt die Aufgabe des Franchisegebers wahr, d. h., sie vergibt über ein soziales Franchisesystem das JOBLINGE-Konzept gebührenfrei an die Standorte. Abbildung 14.2 zeigt die JOBLINGE-Struktur und beteiligte Organe im Überblick.

Um der Komplexität des Systems gerecht zu werden, möchten wir zuerst den Aufbau, die Beteiligten und die Funktionen der einzelnen Organe darstellen, bevor wir auf die Organisationsentwicklung, das Wachstum durch Social Franchise und die damit verbundenen Chancen und auch Herausforderungen eingehen.

Die JOBLINGE-Standorte: lokale, gemeinnützige Aktiengesellschaften

Um nah an den Jugendlichen dran zu sein und in vielen Regionen wirken zu können, ist JOBLINGE lokal in Form von gemeinnützigen Aktiengesellschaften organisiert. Aktiengesellschaften – egal ob gemeinnützig oder gewinnorientiert – zeichnen sich dadurch aus, dass sie Anteilseignern, d. h. Aktionären, gehören und der Aktionärskreis sich jederzeit unkompliziert erweitern lässt. Daher wurde diese Rechtsform für den Aufbau der JOBLINGE-Initiative gewählt, die anstrebt, einen großen und stetig wachsenden Kreis an Beteiligten unter einem Dach vor Ort zu vereinen: Im Rahmen einer JOBLINGE gAG können alle engagierten Akteure über ihr inhaltliches oder finanzielles Engagement hinaus Unternehmensanteile erwerben und auf diese Weise die Entwicklung „ihrer" JOBLINGE gAG selbst mitgestalten. Dadurch sind sie der Initiative und ihrer Vision eng und nachhaltig verbunden.

Die Rahmenbedingungen gleichen hinsichtlich der Anforderungen an Professionalität, Transparenz und Berichtspflichten denen „normaler" Aktiengesellschaften – jedoch gibt es einen signifikanten Unterschied: Gemeinnützige Aktiengesellschaften verfolgen einen Zweck, der der Allgemeinheit zugutekommt. Dadurch ist eine gAG zum einen steuerlich begünstigt, zum anderen darf sie Spenden einwerben. Im Sinne dieses sozialen Zweckes erhalten die Aktionäre demzufolge keine finanzielle, sondern eine ideelle Dividende.

Durch das Startkapital und ihre Bereitschaft, die Geschicke des jeweiligen JOBLINGE-Standorts zu steuern und zu unterstützen, schaffen die *Gründungsaktionäre* die Voraussetzungen für den Erfolg der gemeinsamen Unternehmung vor Ort. Als Aktionäre können sich Unternehmen und andere Organisationen, aber auch Kommunen und Landkreise engagieren. Ein *ehrenamtlicher Aufsichtsrat*, in dem Vertreter der Gründer und lokale Multiplikatoren zusammenarbeiten, beaufsichtigt die gAG – und bestellt den *ehrenamtlichen Vorstand*, das geschäftsführende Organ der Gesellschaft (bestehend aus einer oder mehreren Personen).

Durch das allein ehrenamtliche Engagement von Vorstand und Aufsichtsrat kommt dem *hauptamtlichen Team* einer jeden JOBLINGE gAG eine besonders hohe Bedeutung zu. Dieses Team wie auch das operative Geschäft werden von einem hauptamtlichen Standortleiter geführt, stets in engem Austausch und Abstimmung mit dem Vorstand. Unterstützt wird die Standortleitung von einer Assistenz, die u. a. für Korrespondenz, Organisation, Verwaltungs- und Controllingaufgaben zuständig ist. Der Unternehmenskoordinator versucht, in Zusammenarbeit mit bestehenden und durch die Gewinnung neuer Partnerunternehmen das lokale Netzwerk derart zu gestalten, dass durch ein breites Angebot an Praktikums- und Ausbildungsplätzen jeder Jobling die zu ihm passende Branche und den zu ihm passenden Beruf findet. Die Koordinatoren Jobling und Mentoren arbeiten eng mit den Jugendlichen zusammen, bauen ein Vertrauensverhältnis auf und bringen jeden Teilnehmer mit dem Mentor zusammen, der ihm aufgrund von Erfahrungen und

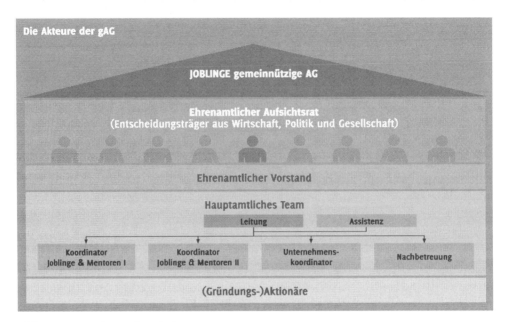

Abb. 14.3 Die Akteure der gAG

Persönlichkeit am besten mit Rat und Tat zur Seite stehen kann. Auch nach erfolgreicher Vermittlung sind die JOBLINGE-Mitarbeiter weiter als Ansprechpartner für die Jugendlichen und auch die Unternehmen da, damit der begonnene Weg auch bei unter Umständen auftretenden Schwierigkeiten fortgesetzt wird (Koordinatoren Alumni/Nachbetreuung). Gemeinsam führt das hauptamtliche Team das JOBLINGE-Programm durch und schafft den Rahmen für die Arbeit der zahlreichen beteiligten ehrenamtlichen Akteure. Abbildung 14.3 zeigt die Akteure der gAG im Überblick.

Der Franchisegeber: die gemeinnützige JOBLINGE-Dachorganisation

Die gemeinnützige JOBLINGE-Dachorganisation nimmt die Aufgabe des Franchisegebers wahr. Durch einen Markenlizenzvertrag mit den beiden Initiatoren, der Boston Consulting Group und der Eberhard von Kuenheim Stiftung der BMW AG, hat sich die Dachorganisation verpflichtet, die Umsetzung und Verbreitung des JOBLINGE-Konzepts sicherzustellen. Zwischen der Dachorganisation und den einzelnen Standorten ist dies ebenfalls durch einen Lizenzvertrag geregelt.

Formal ist die Dachorganisation als Verein organisiert: Gesellschafter ist neben den sieben gAGs auch die JOBLINGE-Stiftung, die von der Boston Consulting Group im Rahmen ihres gesellschaftlichen Engagements ins Leben gerufen wurde und den Großteil der finanziellen und personellen Ausstattung der JOBLINGE-Dachorganisation stellt. Die Dachorganisation selbst hat drei fest angestellte Mitarbeiter (stellvertretender Vorstand, zwei Referenten für Standortkoordination bzw. Öffentlichkeitsarbeit) und eine freie Kraft als pädagogische Leitung. Vorstand, Assistenz und ein dezidiertes Pro-bono-Projektteam von Beratern werden zudem von der Boston Consulting Group finanziert.

Inhaltlich deckt die Dachorganisation als Franchisegeber ein breites Spektrum an Themen und Aufgaben ab: Sie entwickelt das JOBLINGE-Konzept stetig weiter, stellt dessen Umsetzung an den Standorten sicher und koordiniert das Wachstum durch die Planung und Gründung neuer Standorte. Dabei arbeitet die Dachorganisation als verbindendes Element eng und partnerschaftlich mit den Standorten zusammen und unterstützt diese, indem sie zum einen Steuerungs- und zum anderen Servicefunktionen übernimmt.

Eine der wichtigsten Steuerungsaufgaben ist die Qualitätssicherung, die dadurch garantiert wird, dass alle Standorte die verbindlichen Elemente des JOBLINGE-Konzepthandbuchs einhalten. Auf diesem Buch basiert sowohl die organisatorische als vor allem auch die inhaltliche und pädagogische Ausrichtung von JOBLINGE, die die Initiative trotz räumlicher Distanz und unterschiedlicher lokaler Anforderungen bundesweit zusammenhält. Die Dachorganisation ist verantwortlich für die stete Weiterentwicklung des Konzepts und die Weitergabe von Best Practices – Grundlage hierfür ist der Erfahrungsaustausch mit und insbesondere zwischen den Standorten, zu dem die Dachorganisation regelmäßige Tagungen mit den Leitern organisiert. Daneben treffen sich einmal im Jahr bei der Herbsttagung alle JOBLINGE-Mitarbeiter zwei Tage lang zu persönlichem Kennenlernen, intensivem Austausch und je nach Schwerpunkt der Tätigkeit auch gemeinsamen inhaltlichen Workshops.

Der Aufbau neuer Standorte wird ebenfalls von der Dachorganisation vorangetrieben: Von der Standortanalyse (Status Jugendarbeitslosigkeit, wirtschaftliche Situation der Region, Angebot an Ausbildungsplätzen und Bedarf am JOBLINGE-Konzept) über die Gewinnung von Gründungsaktionären und Unterstützern hin zur Auswahl eines „Social Entrepreneurs", der aus Überzeugung und mit Herzblut den neuen Standort als Franchisenehmer leiten wird. Bei der Suche und Schulung neuer Mitarbeiter wird dieser von der Dachorganisation unterstützt. Des Weiteren gehören zu den Aufgaben der Dachorganisation viele weitere Bereiche wie u. a. das überregionale Fundraising, die Interessenvertretung der Initiative und ihrer Mitarbeiter auf Bundes- und Landesebene sowie die Mitverantwortung für die finanzielle Funktionsfähigkeit der Standorte (Untersuchungs- und Aufsichtsrechte).

Neben der Steuerung versteht sich die Dachorganisation als Serviceanbieter für die Standorte. Um die Liquidität und die im vorherigen Kapitel erwähnten Reportings genauso wie die Teilnehmerdaten und Vermittlungsergebnisse überwachen und abbilden zu können, konzipiert die Dachorganisation die nötigen Managementinstrumente und stellt auch Hilfe bei der IT-Infrastruktur zur Verfügung. Nicht nur während des Standortaufbaus, sondern auch danach stehen die Mitarbeiter der Dachorganisation den lokalen gAGs bei der Antragstellung von Fördermitteln der öffentlichen Hand wie auch dem privaten Fundraising zur Seite. Unabdingbar für die erfolgreiche Mittelgewinnung ist die Außenwahrnehmung der Initiative: die messbaren Erfolge, der Professionalitätsanspruch und der Wiedererkennungswert der „Marke" JOBLINGE. Dies übernimmt die Dachorganisation, indem sie Broschüren und Präsentationen erstellt, die Internetpräsenz betreibt,

Ansprechpartner für Presse und Öffentlichkeit ist und die Standorte – unter Wahrung der „Corporate Identity" – bei allen individuellen Fragen hinsichtlich Marketing und Kommunikation unterstützt. Auch in pädagogischen Fragen arbeitet die Dachorganisation eng mit den Mitarbeitern vor Ort zusammen, bietet Trainings, Teamreflexion, pädagogische Coachings und Beratung zu Einzelfällen an. Das Selbstverständnis der Dachorganisation besteht darin, den Standorten breite Unterstützung zu bieten – vom Tagesgeschäft bis zum Krisenmanagement.

Organisationsentwicklung und Wachstum durch Social Franchise
Mit Blick auf das bundesweite Problem Jugendarbeitslosigkeit hat JOBLINGE von Beginn an in organisatorischer Hinsicht Wert auf eine starke Verankerung des lokalen Engagements und die Übertragbarkeit des Ansatzes im Sinne des Social-Franchise-Modells gelegt. Nachdem 2008 der erste Standort in Zwiesel im Bayerischen Wald gestartet ist, wurde das Konzept im Folgejahr auf städtisches Gebiet übertragen – mit einem zweiten Piloten in München. Ungeachtet der strukturbedingten Unterschiede konnten beide Standorte deutliche Erfolge hinsichtlich des gemeinsamen Problems der Jugendarbeitslosigkeit aufweisen und den ersten Joblingen den Weg in den Arbeitsmarkt ebnen. Das sorgfältig ausgearbeitete Konzept hatte sich also bewährt. Damit begann die Implementierung auch über die Ländergrenzen hinaus: Im Herbst 2010 hat JOBLINGE den Sprung in die Hauptstadt gewagt und die gAG Berlin eröffnet. 2011 folgte Frankfurt, 2012 Leipzig und Köln, Anfang 2013 die gAG Ruhr mit Sitz in Essen. Seit der Aufnahme der ersten Jugendlichen vor fünf Jahren konnte JOBLINGE die Teilnehmerzahl jedes Jahr um 66 % steigern – und so bereits mehr als 1.300 junge Menschen unterstützen.

Unseren Erfahrungen zufolge ist nicht nur für die spätere Umsetzung des Konzepts das gemeinsame Engagement vielfältiger Akteure notwendig, sondern bereits für den Aufbau eines neuen Standorts. Über die genaue Prüfung reiner Standortfaktoren und der lokalen Arbeitsmarktsituation hinaus müssen für den Aufbau auch Präsenz und Erreichbarkeit potenzieller Partner bestimmt werden. Der erfolgreiche Start der bisherigen Standorte fußt zu einem beachtlichen Teil auf den Netzwerken sowohl rund um die Initiatoren seitens Boston Consulting Group und Eberhard von Kuenheim Stiftung der BMW AG als auch vieler weiterer bestehender Partner der Standorte oder Dachorganisation. Selbst bei guten ersten Kontakten ist es nicht immer einfach, Unterstützer für unser Anliegen zu gewinnen (viele Unternehmen engagieren sich bereits für andere Initiativen oder haben sogar eigene Programme). Ohne vorhandene Netzwerke jedoch ist es noch einmal bedeutend schwerer, einen neuen Standort zu gründen und langfristig finanziell zu sichern. Die Mittelakquise ist für JOBLINGE wie für fast alle sozialen Initiativen eine der größten Herausforderungen. Durch die gute Zusammenarbeit mit bundesweit mehr als 20 Institutionen der öffentlichen Hand – insbesondere der Bundesagentur für Arbeit, den Jobcentern, den Kommunen und Ländern sowie dem Europäischen Sozialfonds – sind durchschnittlich 65 % der Kosten abgedeckt. Die öffentliche Finanzierung jedoch ist mit hohem administrativem Aufwand verbunden und muss in regelmäßigen Abständen neu beantragt werden. Zur Absicherung gegen alle Risiken und Unwägbarkeiten setzt JOBLINGE auf die „Mehr-Säulen-Strategie" der Finanzierung durch öffentliche, aber auch möglichst viele private Förderer.

Mit der Suche nach lokalen Partnern, die unsere Idee nicht nur finanziell, sondern auch ideell mittragen, haben wir den Aufbau der Standorte Hamburg und Stuttgart gestartet. Darüber hinaus wird für JOBLINGE aufgrund der soeben beschriebenen Thematik künftig ein weiteres Wachstumsmodell immer stärker im Fokus stehen: das Wachstum durch „Filialisierung". Als erster Standort hat die gAG FrankfurtRheinMain ihr Wirken von Frankfurt aus auf weitere Städte und Regionen Hessens ausgeweitet und die Standorte Offenbach, Wiesbaden und Bergstraße eröffnet – unterstützt von einem starken bestehenden Partnernetzwerk.

Vision 2020: 6.500 Jugendliche in Ausbildung vermittelt

Die vielen persönlichen Erfolgsgeschichten der Jugendlichen, weit überdurchschnittliche Vermittlungsquoten und eine bundesweit steigende Nachfrage nach dem JOBLINGE-Programm sind der beste Beweis dafür, dass wir durch das gemeinsame Engagement direkt und nachhaltig etwas bewegen. JOBLINGE wurde 2012 als einer der drei Bundessieger im Bereich Bildung mit dem „Land der Ideen"-Preis ausgezeichnet und ist Träger des Fairness-Initiativpreises 2013. Mehr als 1.300 Teilnehmer konnten bereits mit vereinten Kräften dabei unterstützt werden, sich ihren Ausbildungsplatz selber zu erarbeiten und für ihr Leben die Verantwortung zu übernehmen. Die jungen Erwachsenen haben eine echte Chance auf ein selbstbestimmtes, finanziell unabhängiges Leben erhalten, können sich beispielsweise ihren Traum von einer Familie erfüllen und selber für diese sorgen. Unbeschreiblich, wie sehr sich z. B. Petr über seine erste Steuerzahlung gefreut hat – weil er endlich nicht mehr „Objekt" des Sozialstaats, sondern aktives und integriertes Mitglied der Gesellschaft ist.

Dies bestärkt uns in unserer Vision: Bis zum Jahr 2020 möchten wir 10.000 benachteiligte Jugendliche in das Programm aufnehmen und – mit der derzeitigen Vermittlungsquote gerechnet – mindestens 6.500 Jugendliche in Ausbildung oder Arbeit bringen. Dazu möchten wir an 20 Standorten vor Ort für die Jugendlichen da sein. Das Wachstum erfolgt zum einen über die Planung neuer gAGs in bisher nicht abgedeckten Städten (aktuell im Aufbau sind Hamburg und Stuttgart) und zum anderen über eine Ausweitung bereits bestehender JOBLINGE gAGs, die ihren Wirkungskreis vergrößern und weitere Standorte in der jeweiligen Region eröffnen. Abbildung 14.4 verdeutlicht die Vision für 2020: 6.500 in Ausbildung vermittelte Jugendliche.

Während der Aufbau neuer gAGs und Standorte bisher vorrangig von der JOBLINGE-Dachorganisation gemeinsam mit Projektteams der Boston Consulting Group geplant und umgesetzt wurde, sollen die bestehenden Standorte künftig deutlich stärker in das Wachstum einbezogen werden. Die gAG FrankfurtRheinMain ist wie oben erwähnt Vorreiter für das Modell der Filialisierung. Im engen inhaltlichen Austausch mit der Dachorganisation, aber aus eigenen Kräften hat sie drei weitere Standorte eröffnet und die Zahl der Mitarbeiter und folglich die Zahl der Teilnehmer am JOBLINGE-Programm signi-

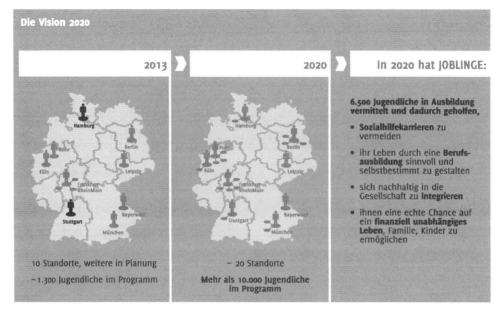

Abb. 14.4 Die Vision 2020

fikant erhöhen können. Dem Konzept des Wachstums über Filialisierung sollen weitere gAGs folgen – basierend auf den Erfahrungen und mit Unterstützung der Kollegen, die das Modell in der eigenen Region bereits gestartet haben. Diese Idee der „Patenschaften" geht aber noch einen Schritt weiter. Am Aufbau neuer Standorte und bei der Umsetzung von Programm-Modulen können sich, koordiniert von der Dachorganisation, alle JOBLINGE-Mitarbeiter beteiligen, die ihre Expertise weitergeben möchten. Best Practices und die Begleitung durch einen Paten mit Wissen aus der Praxis ist in allen Bereichen extrem hilfreich: Finanzierungsverhandlungen, Personalrekrutierung, Konzeption von Kultur- und Sportprogrammen oder die Durchführung von Berufsorientierungs- sowie Nachbetreuungsphase sind nur Beispiele. Ziel der systematischen Einbeziehung etablierter Standorte und ihrer Mitarbeiter ist einerseits, auch ohne großen Ressourcenaufbau weiter als Initiative wachsen zu können und dabei die Qualität des JOBLINGE-Konzepts stetig zu verbessern. Darüber hinaus bieten Experten- und Patenmodell eine Plattform für die Weiterentwicklung der Mitarbeiter, die, nicht monetär, sondern intrinsisch motiviert, eine neue Herausforderung angehen möchten.

Fazit: Social Franchise – eine große Chance trotz kleiner Herausforderungen

Im privatwirtschaftlichen Bereich ist das Franchisesystem bereits ein bekanntes Modell zur Verbreitung von Geschäftsideen und Konzepten. Für den sozialen Bereich hingegen wurde das Modell erst vor wenigen Jahren entdeckt, sodass es in Deutschland bislang nur wenige als Social Franchise konzipierte Initiativen gibt. Die Unterstützung und Probono-Beratung einer Anwaltssozietät bei der Gründung von JOBLINGE war für uns daher äußerst wertvoll, zumal der Gesetzgeber die Gemeinnützigkeit des Franchisegebers nur unter sehr spezifischen Voraussetzungen anerkennt.

Die detaillierte Darstellung in Kap. 2 und die Einbindung zahlreicher Akteure auf lokaler wie auch überregionaler Ebene zeigen deutlich, wie vielschichtig die Struktur hinter JOBLINGE ist. Hieraus ergeben sich zwangsläufig einige Herausforderungen, die die Initiative als Ganze meistern muss. JOBLINGE ist in den letzten Jahren enorm und sehr schnell gewachsen, auf zehn Standorte mit mehr als 50 Mitarbeitern bundesweit. Neben grundlegenden *organisatorischen* Komplexitäten (beispielsweise komplizierten Finanzierungsstrukturen oder umfangreichen Berichtspflichten gegenüber der öffentlichen Hand) kommen mit zunehmender Größe auch *ideelle* Herausforderungen auf uns zu. Trotz lokaler Besonderheiten und räumlicher Distanz zwischen den Standorten soll auch weiterhin alle Mitarbeiter die gemeinsame JOBLINGE-Kultur verbinden, der in der wachsenden Organisation verstärkte Aufmerksamkeit zukommen muss, beispielsweise durch regelmäßige Treffen und Austausch oder über das Patenmodell. Auch die Anforderungen hinsichtlich Qualität, Professionalität und Transparenz, stark geprägt unter anderem durch die Konzeption der Standorte als gemeinnützige Aktiengesellschaften, wachsen mit – sowohl für die Mitarbeiter vor Ort als auch für die Mitarbeiter der Dachorganisation, die Ansprechpartner und Koordinatoren für immer mehr Beteiligte sind.

Für den Erfolg der Unternehmung und zur Erreichung des gesetzten Ziels, in unserem Fall der nachhaltige Beitrag gegen Jugendarbeitslosigkeit, ist es wichtig, dass ein gemeinsames Verständnis und gutes Vertrauensverhältnis zwischen dem Franchisegeber und den Franchisenehmern besteht, was bei der Vergabe der Lizenz eine entscheidende Rolle spielt. Im Tagesgeschäft schließlich muss sich zwischen jedem Standort und der Dachorganisation (und auch zwischen den Standorten untereinander) das passende Zusammenspiel zwischen Eigenständigkeit und Wahrung der verbindlichen Elemente finden.

Bedingt durch die Organisation gibt es eine weitere Schwierigkeit, mit der sich fast jeder Standort auseinandersetzen muss. Die Abhängigkeit von Fördergeldern der öffentlichen Hand, mit denen durchschnittlich 65 % der Kosten vor Ort getragen werden, ist sehr hoch und die Förderung oft mit einer Vielzahl an Auflagen und Berichtspflichten verbunden. Wie angedeutet, versuchen die Standorte daher immer mehr private Unterstützer einzubinden, wobei das innovative Social-Franchise-Modell, die Professionalität, das bereits bestehende Netzwerk und die zunehmende überregionale Sichtbarkeit „neugierig" machen und unserer Erfahrung nach wesentlich zur Gewinnung neuer Partner beitragen. Durch das Franchisesystem besteht ein großes Vertrauen in die standortübergreifend hohe Qualität. Und die Erfahrung zeigt, dass dieses Vertrauen aller Beteiligten – der Jugendlichen, aber auch der Mitarbeiter, Partner und Förderer – gerechtfertigt ist.

Trotz der nicht unerheblichen Herausforderungen ist Social Franchise für JOBLINGE das ideale Modell, um nicht nur lokalen Einfluss zu haben, sondern ein bundesweites Problem auch bundesweit anzugehen. Der Franchiseansatz bietet die Möglichkeit, das JOBLINGE-Programm zu übertragen, Kräfte aus allen gesellschaftlich relevanten Sektoren zu mobilisieren und dadurch „Collective Impact" zu erzielen. Das schnelle Wachstum hat die Skalierbarkeit von JOBLINGE gezeigt: Über die letzten vier Jahre konnten wir in jedem Jahr 66 % mehr Teilnehmer als zuvor aufnehmen. Die Vision 2020 ist also realisierbar – und wir gehen sogar noch einen Schritt weiter. Basierend auf fünf Jahren operativer Erfahrung, einem bundesweit erprobten Ansatz und den weit überdurchschnittlichen Erfolgsquoten möchte JOBLINGE Reformen im Übergangssystem zwischen Schule und Beruf anstoßen. Durch den Wechsel von einer inputorientierten Steuerung (Kosten berechnet pro Teilnehmer und Monat) zu einer outputorientierten Steuerung (Kosten berechnet pro vermitteltem Teilnehmer) ließen sich für die öffentliche Hand Einsparungen in Millionenhöhe erzielen – und gleichzeitig durch eine freie Förderung innovative und effektive Ansätze zugunsten der Teilnehmer realisieren.

Autorin
Ulrike Garanin wurde 1971 in Essen geboren. Nach dem Studium der Volkswirtschaftslehre und Philosophie an der Hochschule St. Gallen, dem Institut d'Etudes Politiques de Paris und der Hochschule Hamburg fing sie 1999 im Münchner Büro der Boston Consulting Group (BCG) als Unternehmensberaterin an, wo sie seit 2003 als Principal Projekte im Bereich Industrial Goods und Social Impact international geleitet hat.
Seit den Anfängen 2007 gehört Ulrike Garanin zu den treibenden Kräften der Initiative JOBLINGE: Sie ist Mitinitiatorin von JOBLINGE und heute Vorstand der JOBLINGE-Dachorganisation. Als Principal der BCG ist sie für diese Aufgabe freigestellt und verantwortet neben der überregionalen Leitung auch die stete Weiterentwicklung der Initiative und des Konzepts.
Ulrike Garanin ist verheiratet und hat drei Kinder im Alter von 2, 5 und 7 Jahren. Ihre Freizeit verbringt die Familie gerne in der Natur und auf dem Wasser.
Weiterführende Informationen
www.joblinge.de

myself e. V.: Von der Transfergesellschaft zur Selbsthilfeorganisation mit arbeitspolitischem Anspruch

Walter Häcker

Inhaltsverzeichnis

Zusammenfassung 171
Die Organisation in Kürze 172
Die Idee und ihre Umsetzung 174
    Funktionsweise der sozialen Innovation 174
    Schwerpunkt: Menschen organisieren sich selbst in vertrauensvollen öffentlichen
        Beziehungen 175
    Selbstinteresse heißt die eigenen Ideen verwirklichen 180
    Die ARBEIT ZUERST eG – eine Weiterentwicklung der sozialen Innovation „gegenseitige
        Förderung am Arbeitsmarkt" 183
Fazit: Förderung von Beziehungskultur und Überwindung von Kulturgrenzen 185

Zusammenfassung

Im Artikel wird von „Selbsthilfe auf der Basis von Gegenseitigkeit" berichtet, mit der Erwerbslose einzigartige Organisationen in der Region Stuttgart aufgebaut haben: durch die Aufnahme und die Pflege vertrauensvoller Beziehungen.[1]

---

[1] Dieser Text von Walter Häcker enthält eine Reihe von Mitteilungen, Darstellungen und Argumenten aus Artikeln des Autors, die bereits erschienen oder derzeit im Druck sind:
- Penta, L. (Hrsg.) (2007). *Community Organizing, Menschen verändern ihre Stadt*. Edition Körber-Stiftung.
- Häcker, W. (2010). Die eingetragene Genossenschaft ARBEIT ZUERST, das solidarische Unternehmen für Zeitarbeit und Kooperation. *FORUMsozial 4*, 30–32.
- Zwei aktuelle Texte in Publikationen der Stiftung Mitarbeit.

W. Häcker (✉)
Mühlstraße 8, 73650 Winterbach, Deutschland
E-Mail: dr_walter_haecker@mac.com

Der gemeinnützige *„myself e. V. zur gegenseitigen Förderung am Arbeitsmarkt"* hat 400 zahlende Mitglieder und leistet für diese weit mehr als Hilfe bei der Arbeitsvermittlung. Er ist zu einer sozialen Heimat für aus der Arbeitswelt ausgegrenzte Personen, in der Mehrzahl im Alter 50+, geworden. Sie sind sich in vielen Gesprächen über ein gemeinsames Selbstinteresse klar geworden: dass sie nämlich nicht einfach einen Job ergattern wollen, sondern eine Arbeit, „die ich wirklich, wirklich will"[2]. So sind sie zum Teil einer Zivilgesellschaft geworden, die klare Vorstellungen darüber entwickelt, „wie wir leben wollen".

Im weiteren Verlauf der sozialen Innovation ist die Genossenschaft *ARBEIT ZUERST eG* mit ihren 70 Mitgliedern entstanden. Sie verfolgt diverse Ziele und bildet ein wirtschaftlich tragfähiges „Schutzdach" für Kooperationen von Selbstständigen und die Entwicklung von Projekten, für Personaldienstleistungen inklusive Arbeitnehmerüberlassung sowie für die Inklusion von behinderten Menschen durch Vermittlung angepasster Arbeitsplätze.

Aus dem Engagement und dem Wissen der beteiligten Menschen sind so zwei auf dauerhafte Handlungsfähigkeit angelegte Organisationen entstanden, in denen Grundregeln des *Community Organizing* (siehe weiter unten) erfolgreich anwendet werden. Auch wenn der allgemeinen Fehlentwicklung, dass allzu viele ältere, berufserfahrene Menschen in die Erwerbslosigkeit gedrängt werden, nicht Einhalt geboten werden kann: Mitarbeit in diesen Organisationen stärkt Selbstachtung und Selbstwirksamkeit. Es entsteht Handlungsfähigkeit zur konkreten Problemlösung im eigenen Selbstinteresse.

Die Organisation in Kürze

Am 16. November 2004 lud der erst wenige Wochen vorher gegründete Verein „myself e. V. zur gegenseitigen Förderung am Arbeitsmarkt" die Presse zu seiner ersten öffentlichen Veranstaltung in den großen Kursaal Bad Cannstatt. Gleichzeitig war dies die letzte Vollversammlung der über 750 Mitglieder der Transfergesellschaft MYPEGASUS-Alcatel-SEL, die, weil ein renommierter IT-Konzern sein Telefongeschäft drastisch reduzieren wollte oder musste, auf Verlangen des Betriebsrates gegründet worden war. Über die Transfergesellschaft hatten die ehemaligen Beschäftigten zwei Jahre lang als Arbeitssuchende – nicht als Arbeitslose – 80 % ihres alten Nettogehaltes bezogen.

Viele von ihnen hatten – der Arbeitsmarktsituation und ihrem Lebensalter 50 + entsprechend – bis zu diesem Zeitpunkt dennoch keine neue Stelle gefunden. Die Gefahr war groß, dass sie nun ebenso wie andere arbeitslose Menschen ihre persönlich-beruflichen Netzwerke verlieren würden und alleine in einem unpersönlichen und undurchsichtigen

---

[2] Diesen Begriff prägte Professor Frithjof Bergmann, Chairman von New Work-New Culture LLC (www.newworknewculture.com) und weltbekannter „Philosoph der Arbeit" aus Ann Arbor nahe der bankrotten Automobilmetropole Detroit. Auch er ist ein Gründungsmitglied der ARBEIT ZUERST eG.

Abb. 15.1 Mitglieder des myself e. V. zur gegenseitigen Förderung am Arbeitsmarkt. (Foto: Körber-Stiftung)

Arbeitsmarkt agieren müssten; dass sie also doch noch „in ein Loch fallen" würden, aus dem sie alleine nicht mehr herauskämen. Dafür hatten sie jedoch nicht zwei Jahre lang kooperiert und sich gegenseitig gestützt. Sie hatten deshalb beschlossen, ihre Handlungsfähigkeit, ihre Beziehungen und ihr erworbenes Sozialkapital in einen Verein zu überführen.

Unter dem Motto „Neue Wege entstehen dadurch, dass wir sie gehen" formulierte dieser sein Angebot für Arbeitssuchende und engagierte Menschen, die sich mit dem Anliegen des Vereins solidarisch fühlen: myself e. V. bot und bietet eine Plattform für die Initiativen der Mitglieder, baut Netzwerke auf, organisiert Informationsveranstaltungen und Regionalgruppen im Stuttgarter Raum, betreibt Jobcoaching, bietet Weiterbildungskurse an und vertritt die Vereinsinteressen in der Öffentlichkeit.

Der Vereinsname „myself", der Assoziationen mit MYPEGASUS, dem Träger der Transfergesellschaft, und dem historischen Firmennamen SEL („Schwäbischer Elektro-Laden") enthält, wurde zum Motto:

> Das Ende eines Arbeitsverhältnisses ist die Chance für einen Neuanfang: Man müsste, man sollte... Wir tun!

Etwa 300 Kolleginnen und Kollegen traten dem Verein spontan bei und unterschrieben eine Abbuchungsermächtigung für die 48 € Jahresbeitrag. ALG-II-Bezieher bezahlen die Hälfte und können Fahrtkostenzuschüsse zum Besuch der Vereinsangebote erhalten (Abb. 15.1).

Die Idee und ihre Umsetzung

Funktionsweise der sozialen Innovation

Transfergesellschaften, früher auch Beschäftigungs- und Qualifizierungsgesellschaften genannt, waren lange ein weitverbreitetes Instrument der Arbeitsmarktpolitik, heute werden sie oft anderen Interessen geopfert: Die Schlecker-Frauen können ein trauriges Lied davon singen. Das Grundmodell war vor Jahren von einer in Reutlingen ansässigen gewerkschaftlichen Initiative, aus der die heutige MYPEGASUS GmbH wurde, entwickelt worden.

Der Ansatz leuchtet ein: Kluge Betriebsräte kennen die enorme Verführung durch eine möglichst hohe Abfindung bei Massenentlassungen oder Betriebspleiten. Viele Betroffene führt die Arbeitslosigkeit trotzdem in die Sackgasse der sozialen Vereinsamung. Da ist es gut, wenn die Gruppe gemeinsam den Transferprozess in die Arbeitssuche bewältigt. Leider setzen viel zu wenige Betriebsräte dies durch.

Auch überzeugt die Haltung, mit der bis heute viele Transfergesellschaften betrieben werden, nicht. Sie haben häufig einen Betreuungsansatz: *„Diesen armen Menschen muss man helfen."* Mit völlig unrealistischen Zahlen über die Vermittlungserfolge des Trägers der Transfergesellschaft wird den Arbeitssuchenden suggeriert, dass die Transfergesellschaft ihre Probleme löst. Ein gängiger Trugschluss ist: *„Noch eine Umschulung und dann ist die neue Stelle greifbar."* Im gegenwärtigen und auf lange Sicht zu vermutenden Ungleichgewicht zwischen Stellenangebot und -nachfrage befindet sich jedoch ein frisch Umgeschulter in Konkurrenz zu einem Stellensuchenden, der neben dieser Qualifikation auch die einschlägige Berufserfahrung vorweisen kann. Die Transfergesellschaften leisten qualifizierte Unterstützung beim Erstellen aussagekräftiger Bewerbungsunterlagen. Nötiger für Erwerbslose ist jetzt aber eher die Qualifikation, ein *„professioneller Arbeitssuchender"* zu sein.

Der Stuttgarter MYPEGASUS-Vertreter Helmut Stockmar, Projektleiter der Alcatel-SEL-Transfergesellschaft, vertrat daher konsequent folgende Haltung: Die von Arbeitslosigkeit bedrohten Arbeitnehmer sind sehr wohl in der Lage, ihre Probleme zu lösen, wenn sie Gelegenheit zum Netzwerken haben und ihr Selbstbewusstsein und damit ihre Selbstwirksamkeit stärken können durch die Erfahrung, dass sie etwas Neues schaffen. Ihre beruflichen Kompetenzen, z. B. als Techniker und Ingenieure, werden erweitert durch die zusätzliche Fähigkeit zur Selbsthilfe und Selbstorganisation.

Genau dafür wurde die Zeit in der Transfergesellschaft MYPEGASUS-Alcatel-SEL genutzt. Schritt für Schritt entwickelten wir mit den dorthin gewechselten Kolleginnen und Kollegen ein eigenes Stuttgarter Modell. Die Grundüberzeugung war: Der Schlüssel zum Umbau und zur Neuorientierung des eigenen Lebens ist Beziehungspflege zur Bildung eines neuen persönlichen Netzwerkes. Dabei wird an Beispielen von Kolleginnen und Kollegen gelernt. Eigene, bisher ungenutzte Fähigkeiten und Möglichkeiten werden neu entdeckt. Versorgung durch Betreuung ist dabei kontraproduktiv.

Meine Aufgabenstellung als bezahlter Organisationsentwickler bestand zum einen in der Moderation und dem Aufbau von sich selbst organisierenden Projektgruppen und der Selbstorganisation in Stammgruppen. Zum anderen bestand sie in der Nutzung des zusammen mit den Mitgliedern der Transfergesellschaft aufgebauten externen Bildungsnetzwerkes (und dessen Weitergabe an den myself e. V.) zur Unterstützung einer auf den Zielarbeitsplatz bezogenen Weiterbildung.

Schwerpunkt: Menschen organisieren sich selbst in vertrauensvollen öffentlichen Beziehungen

Von Anfang an nutzten wir konsequent die aus der alten Firma mitgebrachten Beziehungen der Kolleginnen und Kollegen. Es lag nahe, diese für die Gruppenbildung zur Berufsorientierung mit professionellen Trainern, an der teilzunehmen verbindlich war, zu mobilisieren. Die Bezugsgruppen – wir nannten sie in Ermangelung eines besseren Begriffes „Stammgruppen" – blieben während der gesamten Zeit in der Transfergesellschaft erhalten: in Selbstorganisation, in der Regel ohne bezahlten Trainer, geleitet durch ein gewähltes Dreierteam aus Gruppensprecher, Terminmanager und Datenmanager. Letzterer hatte die Aufgabe, die Arbeit der Gruppe in einer geschützten, aber allen Teilnehmenden zugänglichen Internetplattform zu dokumentieren. Wer wollte, konnte so von der Arbeit anderer Gruppen profitieren.

In monatlichen Treffen aller Stammgruppensprecher und -manager mit der Projektleitung wurde die weitere Entwicklung festgelegt. Dort wurde auch die Frage aufgeworfen, wie es nach dem Ende der Transfergesellschaft weitergehen sollte, woraufhin die Workshops eingerichtet wurden, die dann zur Gründung des myself e. V. führten.

Daneben entstanden fach- oder weiterbildungsorientierte Interessengruppen. Unter mehreren Dutzend Gruppen fand sich z. B. eine Börsengruppe, die sich über Anlagestrategien für die nicht unbeträchtlichen Abfindungssummen austauschte, sowie eine Gruppe von im Telefongeschäft erfahrenen Programmierern, welche die Notwendigkeit sahen, heute weitverbreitete, objektorientierte Sprachen (z. B. C++) zu erlernen. Dazu nutzten sie nicht eines der vielen Marktangebote externer Bildungsträger, sondern entwickelten ihren eigenen Kurs: Was können wir schon, was können wir uns gegenseitig beibringen, wofür holen wir uns externe Trainer?

Aus den Stammgruppen entwickelten sich nach dem Übergang zum Verein z. B. ein „Jobcoaching auf der Basis von Gegenseitigkeit" oder auch „nur" Freizeittreffen. Mindestens einmal im Monat treffen sich die Personen, die Führungsaufgaben in Gruppen oder in der Aktionsplanung übernommen haben. Dieser derzeit elfköpfige Beirat bildet den Resonanzboden für die Arbeit. Mein Resort dort trägt den Namen „Beziehungspflege" und ich verstehe dies nach innen und nach außen, als Kontaktanbahner und -halter zu allen möglichen Bündnispartnern in der Stadt.

Abb. 15.2 „Ich habe einen neuen Arbeitsplatz!"

Viele, die inzwischen neue Stellen gefunden haben, bleiben solidarisch weiter Vereinsmitglieder und melden der vereinseigenen Arbeitsvermittlung „Job Team" offene Stellen (Abb. 15.2).

Das Organisieren von Bürgerengagement – was habe ich in den USA dazugelernt?

Community Organizing[3] (CO) ist Organisierungsarbeit in Stadtteilen, Städten oder Regionen. Durch den Aufbau einer Beziehungskultur und durch gemeinsames Handeln tragen Bürger zur Lösung von Problemen in ihrem Umfeld bei. Organizing ist zutiefst den Prinzipien von Demokratie, Selbstbestimmung und mitbestimmender Teilhabe verpflichtet.

Doch ist Community Organizing nicht einfach das US-amerikanische Wort für das, was in Deutschland Bürgerinitiative genannt wird. Im Organisationsansatz bestehen grundlegende und lehrreiche Unterschiede.

- Bürgerinitiativen in Deutschland erschöpfen sich oft in einem Thema, meist in der Abwehr einer zu befürchtenden Änderung. Ihr Motor ist ein punktuell notwendiger Protest der Einwohner. Sie enden häufig mit dem Erfolg oder dem Misserfolg einer Aktion.

---

[3] Alinsky, S. D. (2010). CALL ME A RADICAL. Göttingen: Lamuv. (Dt. Neuausgabe nach Alinsky, S. D. (1971). Rules for Radicals – A Pragmatic Primer for Realistic Radicals).

- Das Community Organizing ist auf Dauerhaftigkeit angelegt. Warum? Es gibt genügend Fragen, die einer öffentlichen, wertebegründeten Einmischung bedürfen. Im CO geht es nicht so sehr um Abwehr, sondern eher um positive Veränderungen und um die Fähigkeit, diese herbeizuführen. Ihre Organisatoren wissen: Durchsetzungsfähigkeit bedarf eines breiten Bündnisses von Menschen aus vielen unterschiedlichen Gruppen und Organisationen wie zum Beispiel Kirchengemeinden, Gewerkschaften, Bürgerinitiativen, lokalen Institutionen und Verbänden. Deshalb startet CO nicht mit der Besetzung eines öffentlichen Streitthemas, sondern mit dem Aufbau vertrauensvoller Beziehungen, die zu Handlungsfähigkeit führen.

In den USA ist eine solche Arbeitsweise in vielen Großstädten seit fast 80 Jahren erfolgreich. Auch prominente nordamerikanische Politiker sind durch diese bürgerschaftliche Selbstorganisationsschule gegangen, ehe sie sich für politische Karrieren entschieden. So heißt es, die jungen Clintons hätten sich bei ACORN[4] engagiert. Saul D. Alinsky, Begründer und erster Theoretiker des CO, Gründer der IAF (Industrial Areas Foundation) und selbst ein höchst erfolgreicher Organisator, hatte Hillary Clinton eine Anstellung als Community Organizerin angeboten. Auch Obama beschreibt in seiner Biografie sehr eindrücklich seine Lernzeit als Organizer in der armen South Side von Chicago.[5]

Handlungsfähigkeit durch Selbstorganisation

Die im Community Organizing vertretenen Handlungsprinzipien passten gut zur Grundausrichtung unserer Transfergesellschaft. Es erwies sich, dass sie nicht nur in der Stärkung der Zivilgesellschaft in Stadtteilen nützlich sind, sondern auch bei der Selbstorganisation hin zur gemeinsamen Handlungsfähigkeit von Menschen in einer besonderen Lebenssituation, in unserem Fall der Erwerbslosigkeit. Dennoch verzichteten wir bewusst darauf, dem neu entstehenden myself e. V. vorzuschlagen, sich als Community Organization zu bezeichnen.

Mich ermutigte dazu ein Gespräch am Ende meines Zehn-Tage-Trainings bei der IAF[6] in Chicago, in dem Ed Chambers mir nach Deutschland mitgab: Er habe davon gehört, dass wir Probleme mit in USA üblichen Begriffen hätten. „Leader" wird zum „Führer" unseligen Angedenkens und „power" vermittelt nicht die Idee einer gemeinsamen Handlungsfähigkeit, sondern erweckt Assoziationen in Richtung Manipulation oder Gewalttätigkeit. Er empfehle überhaupt, Community Organizing nicht so einzuführen, dass den Leuten erklärt werde, sie müssten zunächst eine US-amerikanische Methode erlernen, die ihnen sowieso suspekt sei: Ob man damit dann etwas für sich tun könne? Das mache die Schwelle unnötig hoch.

---

[4] Action for Community Organizing Now.
[5] Obama, B. (2009). *Ein amerikanischer Traum: Die Geschichte meiner Familie*. München: Deutscher Taschenbuch Verlag.
[6] Die Industrial Areas Foundation wurde 1939 von Saul Alinsky und u. a. dem Weihbischof der katholischen Erzdiözese Chicagos Bernard J. Sheil sowie dem Kaufhausunternehmer Marshall Field III. gegründet.

Er sagte: „Du hast hier im Training gesehen, dass Community Organizing funktioniert – unabhängig von den Worten. Also suche dir Menschen, die das wollen, und dann macht das einfach! Und wenn euch jemand fragt, woher ihr das habt, dann behauptet einfach, ihr hättet das alles selbst erfunden."

Die folgenden Abschnitte werden zeigen, dass unsere Arbeit in der Transfergesellschaft und im Nachfolgeverein myself e. V. den wichtigsten spezifischen Handlungsempfehlungen des Community Organizings entspricht.

Schlüsselpersonen, Beziehungs- und Organisationskultur

Meine wichtigste Aufgabe als „Organizer" in diesem Prozess war, Schlüsselpersonen, Gruppensprecher, Moderatoren zu finden, sie zu ermutigen, zu unterstützen und gelegentlich auch zu coachen. Dazu wurden Moderatoren- und Trainerausbildungen durchgeführt sowie Fortbildungen zur Qualifizierung von Gruppensprechern und -managern angeboten.

Hier war der Ort, meine Erfahrungen mit der „sanften Kunst des Organisierens", wie ich sie z. B. bei Larry B. McNeil kennengelernt hatte, zu vermitteln und gemeinsam zu erproben:

- Zuhören, Einfühlen, Mitdenken im Einzelgespräch unter vier Augen
- Die konzentrierte Zusammenkunft mit dem Ritual der wertschätzenden Auswertung, gefolgt von einer realitätsnahen Planung und der verantwortlichen Durchführung

Die Beziehungen wurden im Laufe der Zusammenarbeit zunehmend von persönlichem Vertrauen getragen. Später im Verein, in den *Jobcoaching-Gruppen auf Gegenseitigkeit* und den Regionalgruppen, wurde es möglich, über Themen zu sprechen, die zu behandeln selbst in der eigenen Familie schwer war, z. B. über die Angst vor anhaltender Arbeitslosigkeit bei Ehepartnern und Kindern. Besonders spürbar wurden die tragenden Beziehungen bei gemeinsamen Trauerbesuchen anlässlich von Beerdigungen. Die Solidarität ist aber auch bei Aufgabenverteilungen spürbar, wenn z. B. aus Krankheitsgründen andere einspringen müssen. Als 2006 beim Vorsitzenden Reinhard Leppe ein aggressiver Krebs diagnostiziert wurde und dieser um Entlastung von seinen Aufgaben bitten musste, bewährte sich diese Organisationskultur. Er stellte im Beirat eine Liste seiner Pflichten und begonnenen Arbeiten vor und für jede fand sich jemand, der sie verantwortlich übernahm – bis wir ein Jahr später Reinhard Leppe gemeinsam zu Grabe trugen.

Wichtig für myself e. V. als Selbsthilfeorganisation – vielleicht mehr als bei stadtteilbezogenen Organisationen – ist es, die Motivation der Nachwuchskräfte für Führungsaufgaben immer wieder neu zu wecken. Hier ist auch die verlässliche Mitarbeit der um die 60-jährigen Vereinsmitglieder, die realistischerweise mit keiner neuen Anstellung rechnen, tragend und unverzichtbar. Doch selbst in dieser Altersgruppe finden viele zu ihrer Überraschung interessante, bezahlte oder freiwillig-ehrenamtliche Aufgaben außerhalb des Vereins, so z. B. in der städtisch organisierten Hausaufgabenbetreuung. Ein Mitglied trainiert z. B. Tischtennis im Jugendgefängnis. Er tut es deshalb, „damit diese Kids jemanden haben, mit dem sie reden können, was mehr oder weniger von der Anstaltsleitung geduldet wird". Der Verein bleibt aber auch für sie eine wichtige Plattform für den Erfahrungsaustausch.

Schlüsselpersonen, die für den gemeinsamen Prozess besondere Verantwortung übernommen hatten, fanden am schnellsten neue Arbeitsstellen. Sie hatten mit den gelösten Aufgaben ein starkes Selbstbewusstsein entwickelt. Sie hatten erlebt, dass sie Neues und Ungewohntes bewältigen können. Die Übung im Aufbau von Netzwerken könnten sie nun auch persönlich nutzen. Viele davon bleiben dem Verein weiterhin treu.

Die virtuelle Kommunikationsplattform

Der Verein hat aus den Erfahrungen der Transferzeit als virtuelles „Schwarzes Brett" in den ansonsten traditionellen Internetauftritt ein Wiki eingebettet.

Der symmetrische Wissens- und Informationsaustausch funktioniert wie bei Wikipedia, ist jedoch auf Vereinsmitglieder beschränkt. Jede Gruppe, jedes Vereinsmitglied kann über sein Passwort direkt am heimischen Internetbrowser allen anderen zugängliche Informationen einstellen oder verändern. Anmeldelisten zu Fortbildungen oder Freizeitaktivitäten entstehen quasi von selbst, Hinweise auf Angebote der vereinszugehörigen Existenzgründer werden formuliert, persönliche Vorstellungen samt Fotos werden eingestellt, ebenso politische Diskussionen oder kontroverse Diskussionen über Sachthemen. Dieses Medium (ich kenne kein vergleichbares in anderen Community-Organizing-Prozessen) wird bei myself breit genutzt. Die Liste aller Seiten im myself-Wiki liegt derzeit bei mehreren Hundert. Besonders bei der Verbreitung von Informationen über offene Stellen ist das interne Wiki hilfreich.

Trotz der Tatsache, dass jedes Mitglied die gleichen Zugangs- und Änderungsmöglichkeiten im Hinblick auf diese Seiten hat, bewährt es sich, dass sich in jeder Gruppe ein Datenmanager in die Nutzung des Wiki vertieft einarbeitet und es regelmäßig fortschreibt. So wird z. B. ein Terminkalender gepflegt, der inzwischen jede Nacht in den öffentlichen Teil der Homepage gespiegelt wird.

Die Vernetzung erfolgt auch durch Newsletter und kurze Vorstandsrundschreiben, die den Mitgliedern per E-Mail und bei Bedarf per Post zugehen.

Die „eiserne Regel"

„Tue nie etwas für Menschen, was diese für sich selbst tun könnten ..." Dieser Leitsatz ist im Organizing der logische Ersatz für eine Betreuungsmentalität, die letztlich entmündigt. Die Regel ist (und war auch für mich) nicht leicht einzuhalten, ist doch derjenige, der vermeintlich mehr Erfahrung hat, schnell bereit, mal eben etwas zu erledigen, damit es getan ist. Die Strafe folgt auf dem Fuße: Der Rest des angestoßenen Geschäftes bleibt allzu leicht am „Wohltäter" hängen. Dennoch halte ich für unseren Verein diese erwachsenenpädagogische Ergänzung der eisernen Regel für vertretbar: „ ... *tue aber alles dafür, dass die Menschen das können, was sie tun wollen."*

Selbstinteresse heißt die eigenen Ideen verwirklichen

Konkurrenz oder Kooperation?
Es gibt zahlreiche Einwände gegen Selbstorganisation auf der Basis von Community Organizing von traditionell geprägten Organisationsfachleuten und Arbeitsvermittlern, auch von Gewerkschaftern. Verschiedentlich hörten wir die Warnung, dass Menschen mit fachlich sehr ähnlichen Berufswünschen nicht kooperieren, sondern um die wenigen attraktiven Stellen konkurrieren.

Tatsächlich habe ich ein solches Verhalten nie beobachtet. Menschen, denen die Möglichkeit des gemeinsamen Handelns im eigenen Interesse offen steht, konkurrieren nicht, sondern kooperieren im gemeinsamen Interesse. Ihre alternative „Machtfrage" (im Sinn gemeinsamer Handlungsfähigkeit von Machern) lautet: „*Wer von uns macht das?*" Sie sind sich klar darüber: „*Wer etwas verhindern will, findet Einwände, wer etwas ermöglichen will, findet Wege.*"

Breites Themenspektrum, überall sind Lernfelder
Schon in der Transfergesellschaft und später auch im Verein war es möglich, sich zu jedem Interesse selbst zu organisieren. Ich nenne einige Beispiele:

- Existenzgründer beginnen sich gegenseitig handfest zu unterstützen, z. B. in Absprachen wie: „Ich baue dein Werbekonzept und du richtest mir die EDV ein."
- Eine Linux-Gruppe entwickelt ausgefuchste, kommerziell nutzbare WLAN-Zugänge und hält die vereinseigenen EDV-Anlagen und Internetzugänge wie auch die Computer eines benachbarten Bildungsträgers in Schuss. Diese dürfen dann im Gegenzug für vereinsinterne EDV-Schulungen genutzt werden.
- Ein holländischer Kollege entdeckt, für ihn selbst überraschend, seine Fähigkeit zu Coaching und Personalführung. Damit macht er sich als Arbeitsvermittler selbstständig.
- Vertriebsleute „vertreiben" statt Telefonanlagen ihre Vereinskolleginnen und Kollegen am Arbeitsmarkt.
- Einige ältere Ingenieure, spezialisiert auf Office-Programme, streben an, in der bezahlten Erwachsenenbildung EDV-Unterricht zu geben. Sie erlernen und trainieren diese Fähigkeit, indem sie EDV-Grundkurse für die Löterinnen aus Kroatien und Griechenland geben, die auch von der Transfergesellschaft zum Verein übergetreten sind. Sie haben auf diese Weise Gelegenheit, das Lehren zu lernen.

Drei Lernfelder werden deutlich:

- Selbstorganisation auf der Ebene der eigenen Person: Was kann ich sonst noch, soll ich das anbieten, wie kann ich es anbieten?
- Selbstorganisation auf der Ebene der Gruppe: Gruppen organisieren, neue persönliche Netze aufbauen, mit Beziehungen arbeiten.
- Selbstorganisation auf der Ebene der Organisation: Funktionen im Verein, aber auch nach außen ausfüllen.

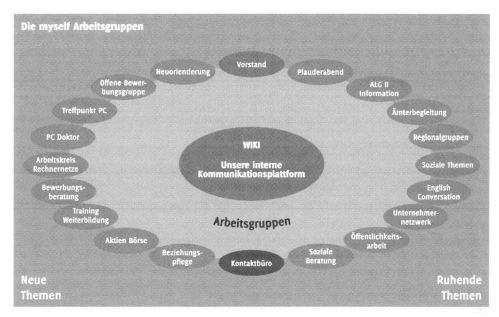

Abb. 15.3 Arbeitsgruppen und Organisation des myself e. V.

Deutlich wird auch: Die meisten der Effekte waren nicht vorauszusehen, sondern haben sich aus der Situation heraus entwickelt (Abb. 15.3).

Arbeitsmarktpolitische Aktionen, Unabhängigkeit, Dauerhaftigkeit, Verbreiterung der Basis – zwiespältige Erfahrungen mit Politik und Verwaltung

Was innerhalb der Transfergesellschaft nur als private Aktivität möglich war, entwickelt sich im myself-Verein zu einer wichtigen Aufgabe: arbeitsmarktpolitische Aktionen.

Der Verein hat Verbündete in der Stadt gefunden, z. B. in den Arbeitsmarktaktivitäten der katholischen und evangelischen Kirche oder bei Sozialunternehmen. Er erweckt öffentliches Interesse, weil er, um politisch handlungsfähig zu bleiben, selbstbewusst darauf besteht, seine Kosten aus eigenen Mitteln zu bestreiten. Der Verein will unabhängig von öffentlichen Zuschüssen bleiben.

Seine Mitglieder sind aber sehr wohl bereit und in der Lage, ihre Erfahrungen auch in öffentlich geförderte Projekte einzubringen. Einige Beispiele werden im Folgenden erläutert.

Mitglieder des Vereins erstellten z. B. im Auftrag der ARGE Jobcenter Stuttgart im Sommer 2005 im Rahmen des Ideenwettbewerbes „Beschäftigungspakte für Ältere in der Region" einen Vorschlag für das Arbeitsministerium des Bundes. Unter dem Titel „Stuttgart 50+, das Stuttgarter Bündnis für Eingliederung älterer Erwerbsloser" wurde mit zugesagter Unterstützung von zwölf potenten lokalen Organisationen ausgeführt, wie Selbstorganisationselemente neue Bewegung in den Arbeitsmarkt bringen könnten. Eine Reihe von Stuttgarter Arbeitsmarktfachleuten hatte an diesem Papier mit Gutachtencharakter mitgearbeitet und war von dessen Durchführbarkeit und Innovationspotenzial überzeugt. Vom Ministerium gab es dazu, außer einer Eingangsbestätigung, keine Resonanz. Auch der örtliche DGB-Vorsitzende hielt überhaupt nichts von solchen Ideen. Einige Vereinsmitglieder, die hier viel Arbeit investiert hatten, waren sehr enttäuscht über diese Ablehnung, besonders weil dafür keine Begründung zu erfahren war.

Zusammen mit drei anderen Selbsthilfegruppen entwickelten myself-Mitglieder unter dem Namen miXit eine öffentliche Plattform speziell zur Förderung der Beschäftigung Älterer. Der Landesminister für Arbeit übernahm zuerst die Schirmherrschaft und später den ganzen Kongress. Wir hatten das Gefühl: Clevere Politiker nehmen uns zwar die Butter vom Brot, doch ist das Thema durch unsere Zuarbeit öffentlicher geworden, als wir es alleine geschafft hätten. Immerhin blieb myself die viel beachtete Chance, sich auf einem Markt der Möglichkeiten vorzustellen.

Ein sozialpolitischer Arbeitskreis sammelt konkretes Fachwissen über die aktuelle Arbeitsmarktpolitik und meldet sich in den Sprechstunden von Abgeordneten an. Bei den Besuchen stellen die Mitglieder ein erschreckendes Unwissen über die Auswirkungen von neu beschlossenen Gesetzen fest. Man bekommt hautnah mit, dass die Abgeordneten zwar unisono die Aufgabe einer „Wiedererlangung der Vollbeschäftigung" betonen, damit aber keine tragfähig erscheinenden, längerfristigen Zukunftsüberlegungen verbinden. In der pauschalen Forderung nach der Wiedererlangung der Vollbeschäftigung entdecken die fragenden Vereinsmitglieder keine sinnvolle Antwort auf ihre konkrete Situation.

myself e. V. sucht weiter das Gespräch mit der Politik. Höhepunkt dieser Initiativen war im Mai 2006 eine Podiumsdiskussion mit den lokalen MdBs aus allen fünf Fraktionen, veranstaltet von myself e. V. und drei weiteren verbündeten Trägern im voll besetzten Saal des Theaterhauses. Ein bekannter Fernsehjournalist moderierte das bewusst gegen den Strich gebürstete Thema *„Die Zukunft der Arbeitslosigkeit – Stuttgart fragt, Berlin antwortet"*. Leider hat die Presse diese Aktion trotz breiter schriftlicher und telefonischer Einladungsarbeit ignoriert.

Der Eindruck bei den Teilnehmenden war: Die Politiker lassen sich nicht ernsthaft auf die Frage ein, wie eine Gesellschaft aussehen soll, in der es auf Dauer mehr Menschen gibt, als gebraucht werden, um die notwendigen Güter zu erzeugen und die bezahlbaren Dienstleistungen zu erbringen.

Diese Erfahrung hat eine interessante Diskussion im Verein angestoßen, wie mit Politik und Öffentlichkeit in Zukunft umgegangen werden soll. Ein einzelner Arbeitsloser kann solche Erfahrungen nicht einordnen. In der Gruppe wird zunächst einmal deutlich, wie unbeholfen Politik und manchmal auch Presse immer noch mit Arbeitslosigkeit umgehen. In der Gruppe können dann auch erfolgsversprechende Strategien der Öffentlichkeitsarbeit entwickelt werden, die auf den Beziehungsaufbau mit Journalisten in persönlichen Gesprächen setzen.

Mehr Erfolg hat die Mitarbeit an der Gründung eines „Vermittlungsnetzwerkes Region Stuttgart", in dem die Profis der Region, Arbeitsamt, Vermittler, Sozialunternehmen und Weiterbildungsinstitutionen, zusammenarbeiten. An einer zweitägigen Open-Space-Veranstaltung nahmen fast hundert Fachleute teil, eine Reihe von Kooperationen wurde verabredet.

Inzwischen ist die Mitgliederzahl des Vereins auf 400 Personen angewachsen, ca. 150 davon stammen nicht aus der früheren Transfergesellschaft. Sie haben den Weg zur myself-Organisation über persönliche oder nachbarschaftliche Ansprache, Zeitungs- und Fernsehberichte oder das Internet gefunden.

Nicht alles gelang: Im Verein wurde lebhaft der Wunsch diskutiert, über Stuttgart hinaus zu wirken. Eine Arbeitsgruppe entwickelte ein für eine bundesweite Wirksamkeit geplantes Internetportal (www.jobweg-wastun.de), um sich darin mit gleichgesinnten Organisationen zu vernetzen. Um hier Erfolg zu haben, wäre jedoch ein weit höherer Arbeitseinsatz, auch eine Projektförderung, nötig gewesen.

Auch zeigte sich, dass ein gemeinnütziger Verein nicht die richtige Organisationsform ist, um geschäftlichen, Einkommen generierenden Interessen seiner Mitglieder direkt zu dienen. Eine eG als Kapitalgenossenschaft hat genau diese Aufgabe.

Die ARBEIT ZUERST eG – eine Weiterentwicklung der sozialen Innovation „gegenseitige Förderung am Arbeitsmarkt"

Besonders für ältere, oft hoch qualifizierte Erwerbslose verengten sich in den letzten Jahren die Chancen auf dem Arbeitsmarkt zunehmend auf Zeitarbeitsangebote: Nicht selten zahlen dabei Unternehmen an die Zeitarbeitsfirma mehr, als sie an Personalkosten für ihr Stammpersonal ausgeben, die Zeitarbeiter bekommen jedoch gleichzeitig erheblich weniger. Die Differenz bleibt bei den Zeitarbeitsunternehmen und deren Inhaber verdienen gut daran.

Guido Lorenz, der katholische Betriebsseelsorger in Stuttgart, hatte die Idee, dieser Fehlentwicklung, diesem gesellschaftlichen Skandal, entgegenzuwirken: *„Gründen wir doch eine Genossenschaft, in der arbeitssuchende Genossen sich selbst vermieten."*

Er lud Menschen aus seinem beruflichen Umfeld ein, diese Genossenschaft zu gründen: Hauptberufliche aus der katholischen Kirche und der Caritas, Gewerkschafter und frühere Betriebsräte sowie eine Reihe von Engagierten aus der Erwerbslosenselbsthilfe. Ich als Gründungsvorsitzender holte noch die Diakonie (Sozialunternehmen Neue Arbeit gGmbH) und den KDA (Kirchlicher Dienst in der Arbeitswelt an der Ev. Akademie Bad Boll) dazu. Aus dem myself e. V. kam gut die Hälfte der Gründungsmitglieder, inzwischen ist auch die Diakonie Stetten e. V., der große Träger von Behindertenwerkstätten in der westlichen Region Stuttgart, Genosse geworden, um mit uns auszuloten, was eine Genossenschaft zu einer wichtigen Gesellschafts- und Staatsaufgabe beitragen kann: Inklusion durch die Schaffung von an Behinderung angepassten Arbeitsplätzen, gegebenenfalls durch die Nutzung einer Arbeitnehmerüberlassungserlaubnis.

In die Grundsätze dieser Genossenschaft wurde aufgenommen: „Vorrang der Vergütung der Arbeit, Nachrang der Verzinsung des Eigenkapitals." Mit dieser Zielsetzung zeigen sich diese genossenschaftlichen Wesensprinzipien in besonderer Weise: Selbsthilfe, Selbstbestimmung und Selbstverantwortung. Im internen Bereich soll die Differenz der Vergütung zwischen arbeitenden Genossinnen und Genossen mit geringer Qualifikation und einer Führungskraft das Verhältnis von eins zu vier nicht übersteigen.

Ziel der Genossenschaft ist es, faire Löhne zu bezahlen und einen Teil der Einnahmen z. B. in Qualifizierungen oder Umschulungen der Genossinnen und Genossen zu investieren. Damit würden deren Chancen auf einen Dauerarbeitsplatz steigen. Auch die Angebote der Agentur für Arbeit auf Einarbeitungszuschüsse sollen genutzt werden.

Der etwas bedrohlich klingende Name der Genossenschaft ARBEIT ZUERST bezieht sich auf das unternehmerische Ziel, ARBEIT für die berufliche und persönliche ZUkunft der Mitglieder, mit ihrem beruflichen ERfahrungsschatz, in der Region STuttgart anzuwerben.

Die ARBEIT ZUERST eG bzw. ihr gegenwärtiger geschäftsführender Vorstand wurden Preisträger im „Transatlantischen Ideenwettbewerb USable 2010", den die Körber-Stiftung zum Thema „BEWEGER GESUCHT – Engagement der Generation 50 +" ausgeschrieben hatte.

Arbeitnehmerüberlassung (ANÜ) darf nicht alleiniges Geschäftsziel bleiben

Zunächst ließ sich das Zeitarbeitsprojekt der Genossenschaft sehr gut an: Der Gesamtbetriebsratsvorsitzende und stellvertretende Aufsichtsratsvorsitzende einer Weltfirma fand die Idee ausgezeichnet und sagte: „Gleich morgen spreche ich mit dem Arbeitsdirektor." Wir wurden zu mehreren Personalabteilungen an Konzernstandorten eingeladen. Es kam zu Verhandlungen über einen Rahmenvertrag mit dem „Corporate Sector Purchasing and Logistics, Material and Services" und dabei lernten wir überrascht: Nicht die Personalabteilung organisiert die Leiharbeit des Konzerns, sondern der Materialeinkauf, und der hat seine eigenen Auswahlkriterien. Er bot uns zunächst eine Reihe bürokratischer Hürden an, die wir alle nahmen. Wir bereiteten eine ISO-9001-Zertifizierung bis kurz vor der Kostenpflichtigkeit vor, holten Angebote für die notwendigen Versicherungen ein, erlangten die Erlaubnis der Arbeitsagentur zur gewerbsmäßigen Arbeitnehmerüberlassung (ANÜ), wir einigten uns mit dem Konzernsachbearbeiter, dass wir zunächst mit zwei bis drei „überlassenen" Ingenieuren beginnen wollten, und Genossen liehen uns 10.000 € für die notwendige Liquidität – denn eine ordentliche ANÜ hat zeitnah Gehälter und Sozialversicherungsbeiträge zu zahlen, die erst nach Monaten vom Konzern erstattet werden. Dann bremste uns der Konzern aus: Man habe entschieden, nur noch mit großen Zeitarbeitsfirmen zusammenzuarbeiten.

Derweilen vertiefen sich die Fehlentwicklungen: Einkaufsabteilungen anderer Firmen haben inzwischen Wege gefunden, arbeitende Menschen billiger als die Personalabteilung zu „erwerben": über konzerneigene ANÜ-Firmen oder gar durch als Dienstleistungs- und Werkverträge getarnte, illegale Arbeitnehmerüberlassung. Da wollen wir nicht mithalten. Was unseren arbeitsuchenden Genossen bleibt, ist: Falls ihnen beim Einstellungsgespräch angeboten wird, zwar nicht festangestellt, jedoch gerne als Zeitarbeitende in die Firma zu kommen, können sie „*ja*" sagen: „*Ich bin Miteigentümer eines Arbeitnehmerüberlassers meines Vertrauens – meiner Genossenschaft ARBEIT ZUERST.*"

Projekte in der ARBEIT ZUERST eG

Parallel dazu begann die Genossenschaft, ihre Geschäftsziele zu erweitern. In einer Satzungsänderung wurde deutlich gemacht, dass dazu auch die Kooperation und gegenseitige Bereitstellung von Dienstleistungen unter Selbstständigen bei der Abwicklung von Projekten gehören.

Wir verstehen uns inzwischen als rechtlich „regendichtes Dach", unter dem Genossen in Kooperation Projekte entwickeln oder eine eigene Geschäftsidee austesten können, ohne vorausgehend eine eigene Einzelfirma gründen zu müssen. Die wirtschaftliche Ausrichtung der bestehenden Genossenschaft ARBEIT ZUERST eG wird in Richtung einer regionalen Plattform und Dachgesellschaft für selbstorganisiertes Wirtschaften weiterentwickelt.

Beispielhaft seien drei unserer begonnenen Projekte und Vorhaben genannt:

- Vertrieb von Kleinbiogasanlagen unserer Partnerfirma wusoa GmbH: Kreislaufwirtschaft auf (Bio)Höfen, kein Anbau von NAWARO-Pflanzen (z. B. Sonnenblumen für Biodiesel)
- Hauswirtschaft: tariflich angestellte, ausgebildete Reinigungskräfte statt Schwarzarbeit
- Gelebte Inklusion: angepasste Arbeitsplätze für behinderte Menschen; eventuell unter Nutzung unserer „Erlaubnis zur Arbeitnehmerüberlassung"

Solidarisch wirtschaften

Ist die Zeit für solidarische Ökonomie gekommen? Wie kann die Politik sie fördern? Diese Frage stellten wir am Abend des 21. August 2013 dem Grünen-Politiker Cem Özdemir. Es soll dies der Auftakt einer Diskussionsreihe mit Politikerinnen und Politikern sein. Wichtiger als solche Gespräche ist aber der damit verbundene Vernetzungsansatz: Am selben Nachmittag stellten 30 Gruppen, Firmen und Personen aus der Region Stuttgart, die sich für den Aufbau einer solidarischen Ökonomie, einer Sozial- und Gemeinwohlwirtschaft, einer neuen Geld- und Bankkultur, einer „Neuen Arbeit – Neuen Kultur"[7] in selbstbestimmten Lebensräumen engagieren, ihre Arbeit untereinander und öffentlich vor.Das Ziel ist: gemeinsam handlungsfähig werden.

Fazit: Förderung von Beziehungskultur und Überwindung von Kulturgrenzen

Tue nie etwas für Menschen, was diese für sich selbst tun könnten Wie hier am Beispiel Erwerbsloser dargestellt, lassen sich bewährte Vorgehensweisen aus dem Community Organizing auf die Entwicklung eigenverantwortlich handlungsfähiger Selbsthilfegruppen übertragen.

- Es geht nicht um das *„Betreuen von Menschen in einer schwierigen und bedauernswerten Lebenssituation"*, sondern um eine Stärkung der Fähigkeiten, des Mutes und der Kreativität, mit den jetzt vorhandenen Chancen umzugehen. Allzu leicht schlägt Betreuen in Entmündigen ‚um. Die wichtigste Regel für den Organisationsentwickler in dieser Situation ist daher: *„Tue nie etwas, was Menschen für sich selbst tun könnten."* Aber *„tue*

---

[7] http://www.neuearbeit-neuekultur.de.

alles dafür, dass sie das lernen, was sie brauchen, um das zu können, was sie tun wollen",
pflege ich als erfahrener Erwachsenenbildner hinzuzufügen.

- Zentrales Werkzeug ist die Nutzung und die konsequente Förderung einer vertrauensvollen Beziehungskultur untereinander. Diese wird hauptsächlich durch persönliche Gespräche gefördert über das, was den Gesprächspartner wirklich umtreibt. Hauptaufgabe der Organisationsentwickler ist es, Schlüsselpersonen auszumachen, die Ideen haben und Menschen in Gruppen dabei anleiten können, diese zu verwirklichen. Diese Personen sind zu fördern, gelegentlich auch zu ermutigen und zu coachen. Da die überwiegende Anzahl dieser Schlüsselpersonen zu den Aktivsten am Arbeitsmarkt gehört und sie (im Selbstbewusstsein gestärkt durch ihre positiven Erfahrungen in ihren Gruppenaktivitäten) relativ leicht eine Stelle finden, sollte das Personaltableau breiter, bisweilen sogar redundant, angelegt werden, als es sonst in der Wirtschaft, aber auch im Bereich der Freiwilligen- oder Vereinsarbeit üblich ist. In der Führung von selbstorganisierten Gruppen zur gegenseitigen Förderung am Arbeitsmarkt müssen jederzeit Nachfolger bereitstehen.

- Es ist von Vorteil, die Organisationsentwicklung in rückgekoppelten Schleifen anzulegen. Gemeint sind damit z. B. Maßnahmen wie:
  (a) Menschen und Gruppen besonders fördern, deren Selbstinteresse der Weiterentwicklung anderer Kollegen und deren Gruppen dienen kann.
  (b) Konsequent beachten, dass vertrauensvolle Beziehungskultur zum Handeln befähigt, dass positive Resultate des Handelns die guten Beziehungen verstärken und noch erfolgreichere Aktionen ermöglichen.

Die Überwindung von Kulturgrenzen Die gesellschaftlichen Sektoren Staat, Zivilgesellschaft und Wirtschaft haben unterschiedliche Kulturen mit gut gesicherten Grenzen.

Wer am Arbeitsmarkt fördern will, ja sogar Umsätze für die Mitglieder der Genossenschaft erzeugen will, muss intermediär zu argumentieren lernen und sich zum Grenzgänger (oder Ideenschmuggler) entwickeln.

So erfahren wir z. B. bei ranghöheren Mitarbeitern der Agentur für Arbeit Hochachtung für unsere Organisationsleistung, ja wir spüren so etwas wie Bedauern darüber, dass ihnen die früher möglichen Förderungsspielräume genommen wurden. Weiter unten in der Hierarchie überwiegen dann die Bedenkenträger, es wird z. B. darüber nachgedacht, ob eine Genossenschaft eine zulässige Unternehmensform für die Arbeitnehmerüberlassung sei, *„da sie ja als Ganzes keine privatwirtschaftliche Gewinnerzielungsabsicht"* hat.

Auch um zivilgesellschaftliche Ideale für eine Wirtschaftswelt der Zukunft verständlich zu machen, ist viel Übersetzungsarbeit zu leisten. Geschäftserfolg wird in traditionellen Betrieben erreicht durch viel Startkapital, schlichtes Anweisen, Sanktionieren oder Belohnen mit Geld. Dieses Vorgehen gilt auch in der modernen Organisationsentwicklung inzwischen als „Unkultur". Nicht nur in der Aufbauphase einer solidarischen Genossenschaft sind solche Methoden unpassend, ja kontraproduktiv.

In der Kultur selbstorganisierter zivilgesellschaftlicher Organisationen belohnen Mitglieder sich gegenseitig, indem sie nach dem „Bohren dicker Bretter" gelegentlich Durchbrüche feiern können. Dafür ist Geduld und viel mehr Zeit nötig als im durchorganisierten

Geschäftsleben üblich, diese Arbeit erscheint manchem möglichen Unternehmenspartner ineffizient und unprofessionell zu sein.

In der Regel nehmen Organisationen der „frei gemeinnützigen Arbeit"[8] nicht am Markt teil. Doch als Marktteilnehmer wird von unseren Genossinnen und Genossen ein Paradigmenwechsel im Kopf, *ein nicht ganz einfaches Umdenken*, verlangt: Sie sind nicht mehr betriebsratsvertretene Arbeitnehmer, sie sind nun „Unternehmer ihrer eigenen Arbeitskraft" und können lernen, damit selbstbewusst unternehmerisch zu handeln und aufzutreten.

Es geht beim *sozialen Wirtschaften* wie auch beim *Community Organizing im Stadtteil* immer eher um das Herbeiführen positiver Veränderungen als um die Abwehr von zu befürchtenden Änderungen. Diese Organisationen sind Teil einer Zivilgesellschaft, in der Ideen und Visionen darüber, *„wie wir leben wollen"*, entwickelt werden. Sie fordern Verantwortlichkeit von Staat und Politik ein und wünschen finanzielle Unterstützung aus der Wirtschaft, sofern diese ihre CSR (Corporate Social Responsibility) wirklich wahrzunehmen bereit ist.

Autor
Walter Häcker ist promovierter Diplomphysiker, hat in der „goldenen Zeit" der Halbleiterphysik in Deutschland und Rumänien als Austauschwissenschaftler gearbeitet, war 15 Jahre lang Leiter der Volkshochschule Schorndorf und ist seit 23 Jahren freiberuflich als Organisationsentwickler und Moderator im Bereich des bürgerschaftlichen Engagements tätig. Als langjähriger 2. Vorsitzender von FOCO e. V. vertritt er die Verbreitung des Community Organizing in Deutschland und engagiert sich in Osteuropa im ECON (European Community Organizing Network). Er ist geschäftsführender Vorstand der „ARBEIT ZUERST e.G.", Beirat beim „myself e. V. zur gegenseitigen Förderung am Arbeitsmarkt in Stuttgart" und wissenschaftlicher Mitarbeiter der Katholischen Stiftungshochschule München (KSFH).
Weiterführende Informationen
- http://www.fo-co.info
- http://myself-eV.de
- http://arbeitzuerst.de

---

[8] Mit „frei gemeinnütziger Arbeit" ist in der Schweiz das gemeint, was bei uns als „ehrenamtlich" bezeichnet wird. Dieser Begriff gefällt mir weit besser, tun wir doch das, was wir tun, damit es uns einer „Gesellschaft, in der alles alle stärkt" (Frithjof Bergmann), näher bringt, und nicht der „Ehre" wegen.

Teil IV
Herausforderung Zivilisationskrankheiten

16 Einführung: Zum Wohl! Soziale Innovationen bieten Chancen zur Vermeidung und zum Umgang mit Zivilisationskrankheiten

Hartmut Kopf, Susan Müller, Dominik Rüede, Kathrin Lurtz und Peter Russo

Ernährungs- und Lebensgewohnheiten spielen eine wichtige Rolle bei der Entwicklung von Krankheiten wie Krebs, Herz-Kreislauf-Erkrankungen oder Diabetes. So sind die Risikofaktoren Bewegungsmangel, Rauchen und Übergewicht für einen Großteil der Krankheitsbelastungen der Deutschen verantwortlich.[1] Die steigende Lebenserwartung trägt ebenfalls dazu bei, dass die Anzahl der Betroffenen zunimmt, da viele der erwähnten Krankheiten, beispielsweise Krebs, verstärkt im Alter auftreten.

Die Ausmaße der Zivilisationskrankheiten sind enorm. So leben derzeit in Deutschland mehr als 1,4 Mio. Demenzkranke, jährlich kommen 300.000 Neuerkrankungen hinzu.[2] Die Anzahl der Krebs-Neuerkrankungen in Deutschland liegt bei fast 500.000 Menschen pro Jahr.[3] Circa sechs Millionen Deutsche, insgesamt neun Prozent der Bevölkerung,

---

[1] Robert Koch-Institut, Statistisches Bundesamt (2006). *Gesundheitsberichterstattung des Bundes – Gesundheit in Deutschland*. http://www.gbebund.de/gbe10/owards.prc_show_pdf?p_id=9965&p_sprache=d Zugegriffen: 08. Oktober 2013.

[2] Deutsche Alzheimer Gesellschaft (2013). *Die Epidemiologie der Demenz. Informationsblatt*. http://www.deutsche-alzheimer.de/fileadmin/alz/pdf/factsheets/FactSheet01_2012_01.pdf Zugegriffen: 08. Oktober 2013.

[3] Robert Koch-Institut und die Gesellschaft der epidemiologischen Krebsregister in Deutschland e. V. (Hrsg.) (2012). *Krebs in Deutschland 2007/2008*. 8. Ausgabe. Berlin.

H. Kopf · S. Müller (✉) · D. Rüede · K. Lurtz
EBS Business School, World Vision Center for Social Innovation, Oestrich-Winkel, Deutschland
E-Mail: susan.mueller@gmx.de

P. Russo
EBS Business School, Institute for Transformation in Business and Society (INIT), Oestrich-Winkel, Deutschland

leiden an Diabetes. Dabei lässt sich beobachten, dass der Typ-2-Diabetes, der sich in der Regel erst in höherem Alter bemerkbar macht, zunehmend früher auftritt.[4] Auf Herz-Kreislauf-Erkrankungen geht fast jeder zweite Todesfall in Deutschland zurück. Meist sind ältere Männer davon betroffen. Übergewicht, Rauchen, Bluthochdruck und ein erhöhter Cholesterinspiegel sorgen aber dafür, dass sich Herz-Kreislauf-Erkrankungen immer häufiger bereits bei den unter 50-Jährigen bemerkbar machen.[5]

Die Zahlen sind alarmierend, bieten jedoch für Sozialinnovatoren viele Chancen, gerade auch deshalb, weil ein Großteil der Krankheiten durch Verhaltensänderungen oder Prävention vermieden oder früher entdeckt und dadurch besser behandelt werden kann. In den folgenden Beiträgen finden sich daher auch viele soziale Innovationen, die präventiv wirken.

So sorgt die Kinderturnstiftung Baden-Württemberg mit zielgruppenspezifischen und leicht zugänglichen Angeboten dafür, dass Kinder in Baden-Württemberg ihren Bewegungsdrang ausleben können. In dem entsprechenden Beitrag wird ausführlich beschrieben, wie die Vision, alle Kinder Baden-Württembergs in Bewegung zu bringen, umgesetzt wird und gleichzeitig nicht nur die Kinder sondern auch Eltern, Lehrerinnen und Lehrer und die Öffentlichkeit erreicht werden.

Der Verein Irrsinnig Menschlich stärkt mit dem Projekt „Verrückt? Na und!" die seelische Gesundheit von Jugendlichen und jungen Erwachsenen und setzt sich gegen die Stigmatisierung, Ausgrenzung und Diskriminierung von Menschen mit seelischen Gesundheitsproblemen ein. In dem Beitrag zu „Verrückt? Na und!" wird gezeigt, wie es dank guter und vielfältiger Kommunikation gelang, dass aus einem Forschungsprojekt ein dauerhaftes Sozialunternehmen wurde – was so gar nicht geplant war.

Das Thema Ernährung wird von Kulina in den Vordergrund gestellt: Der Verein möchte das Bewusstsein für eine gesunde und gute Ernährung stärken. In Kochkursen können Kinder, Jugendliche und junge Erwachsene jenseits von Industrie- und Fertigprodukten herausfinden, was ihnen schmeckt und was gut für sie ist. Letztlich geht es um eine selbstbestimmte Ernährung, die die Zielgruppe in die Lage versetzt, sich mit den finanziellen Mitteln, die sie zur Verfügung hat, ideal zu ernähren. In ihrem Beitrag geht die Autorin vor allem darauf ein, welche Erfahrungen sie im Laufe der Zeit sammeln konnte und wie diese es ihr ermöglicht haben, ihre Zielgruppen ausfindig zu machen und deren Bedürfnisse besser zu verstehen.

Auch das Projekt McMöhre möchte junge Menschen für das Thema Ernährung sensibilisieren. Das vom BUND und BUNDjugend in Baden-Württemberg lancierte Projekt unterstützt Schülerinnen und Schüler sowie die Lehrerinnen und Lehrer, die die Projekte

---

[4] Heidemann, C., Du, Y., Scheidt-Nave, C. (2011). Diabetes mellitus in Deutschland. Hrsg. Robert Koch-Institut Berlin. *GBE kompakt 2(3)*. http://www.rki.de/DE/Content/Gesundheitsmonitoring/Gesundheitsberichterstattung/GBEDownloadsK/2011_3_diabetes.pdf?__blob=publicationFile Zugegriffen: 08. Oktober 2013.

[5] BMBF (2012). *Herz-Kreislauf-Erkrankungen.* http://www.bmbf.de/de/1135.php?hilite=Herz-Kreislauf-Erkrankungen Zugegriffen: 08. Oktober 2013.

begleiten, dabei, einen Schulkiosk zu gründen und zu betreiben. Anstatt Schokocroissants, Chips und Cola werden dort regionale, saisonale und fair gehandelte Produkte verkauft. Wie im Beitrag über das Projekt dargestellt, sind Partizipation und Eigenverantwortung der Schülerinnen und Schüler sowie der hohe Praxisbezug entscheidend für den Erfolg des Projektes.

Soziale Innovationen können jedoch auch dann Nutzen stiften, wenn eine Krankheit bereits vorliegt. Ein Beispiel hierfür ist die Organisation Ilses weite Welt, die sich dem Tabuthema Demenz widmet und mit speziellen Filmen, Büchern, „Fühlprodukten" und Workshops ein umfangreiches Aktivierungskonzept anbietet. So wird pflegenden Angehörigen und Mitarbeiterinnen und Mitarbeitern von ambulanten Pflegediensten oder stationären Einrichtungen ein neuer Zugang zu demenziell veränderten Menschen ermöglicht. In dem Beitrag über Ilses weite Welt wird vor allem darauf eingegangen, wie das Thema Demenz annehmbar und interessant kommuniziert wird und wie Gefühle und Empathie genutzt werden können, um mit den Betroffenen Kontakt aufzunehmen.

17 Kinderturnstiftung Baden-Württemberg: Wir bringen Kinder in Schwung!

Susanne Heinichen

Inhaltsverzeichnis

Zusammenfassung 195
Die Organisation in Kürze 196
Die Idee und ihre Umsetzung 197
    Funktionsweise der sozialen Innovation 197
    Schwerpunkt: Wie wird die Vision der Kinderturnstiftung Wirklichkeit? 199
    Nächste Schritte auf dem Weg zu mehr Bewegung im Alltag 204
Fazit: Wir bleiben in Bewegung 206

Zusammenfassung

Kinder sind unsere Zukunft. Es liegt in unserer Hand, sie auf ihrem Weg zu einer gesunden und starken Persönlichkeit zu begleiten. Dazu gehört eine Welt, in der sie ihren natürlichen Bewegungsdrang ausleben dürfen und ihre Fähigkeiten entwickeln können. Kinder erschließen sich von Geburt an ihre Umwelt durch Bewegung. Durch Bewegung bauen sie ihre Persönlichkeit auf. Sie lernen, sich mit sich selbst und mit anderen Kindern auseinanderzusetzen, sie lernen ihren Körper kennen sowie seine Möglichkeiten und Grenzen. Bewegung ist ein wichtiger Bestandteil einer gesunden körperlichen, geistigen und sozialen Entwicklung von Kindern. Kinderturnen als Angebot der Turn- und Sportvereine bietet Bewegungs- und Erfahrungsraum, um sich diese Kompetenzen zu erwerben. Deshalb setzt sich die Kinderturnstiftung Baden-Württemberg dafür ein, allen Kindern

---

S. Heinichen (✉)
Kinderturnstiftung Baden-Württemberg, c/o Schwäbischer Turnerbund e.V.,
Fritz-Walter-Weg 19, 70372 Stuttgart, Deutschland
E-Mail: info@kinderturnstiftung-bw.de

in Baden-Württemberg eine motorische Grundlagenausbildung durch Kinderturnen zu ermöglichen. In diesem Artikel möchten wir Ihnen die Vision der Stiftung sowie die Umsetzung dieser Vision anhand der Projekte „Kinderturnen on Tour" und „Kinderturn-Welt in der Wilhelma" vorstellen.

Die Organisation in Kürze

Initiatoren: Sparda-Bank Baden-Württemberg eG sowie der Badische und der Schwäbische Turnerbund e. v.

Der Tagesablauf vieler Kinder in Baden-Württemberg ist von Bewegungsarmut gekennzeichnet. Wissenschaftliche Untersuchungen zeigen die Defizite auf, die Kinder aufgrund von Bewegungsmangel haben. Jedoch bestätigen die Forschungen auch, dass Kinder, die sich regelmäßig unter qualifizierter Anleitung bewegen, deutlich höhere Lernleistungen zeigen, weniger gesundheitliche Risiken haben, schon früh soziale Kompetenzen erwerben und trotz unterschiedlicher Herkunft mit einfachen Mitteln integriert werden können.

Kinder erleben und erfahren von Geburt an ihre Umwelt und sich selbst über Bewegung. Demzufolge hat Bewegung von Anfang an eine vielseitige Bedeutung für die kindliche Entwicklung. Sie fördert eine gesunde körperliche, geistige, soziale und, psycho-emotionale Entwicklung sowie die Entwicklung des Selbst. In einer immer bewegungsärmeren Umwelt ist es deshalb umso wichtiger, Bewegungs- und Erfahrungsräume zu schaffen und den natürlichen Bewegungsdrang von Kindern zu unterstützen. Alle Kinder in Baden-Württemberg sollen die Möglichkeit erhalten, sich zu einer gesunden und starken Persönlichkeit zu entwickeln.

Kinderturnen, ein Angebot der Turn- und Sportvereine vor Ort, bietet dazu Bewegungs- und Erfahrungsräume, in denen Erfahrungen und Kompetenzen erschlossen werden, die im Alltag angewendet werden können. Kinder erproben und üben grundlegende Bewegungsformen an und mit Geräten in unterschiedlichen Sozialformen (alleine, zu zweit, in Gruppen). Dies ermöglicht es ihnen, vielfältige Lernerfahrungen zu sammeln, Selbstvertrauen zu gewinnen, einen sicheren Umgang im helfenden Miteinander zu erlangen, Rollen zu erproben, Probleme selbstständig zu lösen sowie grundlegende Bewegungsformen zu erproben, üben, schulen und zu festigen. Über 2.800 Mitgliedsvereine des Badischen und des Schwäbischen Turnerbundes bieten diese qualitativ hochwertige motorische Grundlagenausbildung in Baden-Württemberg an.

Aus Anlass der EnBW Turn-WM™ im Jahr 2007 in Stuttgart gründeten die Sparda-Bank Baden-Württemberg, der Badische und der Schwäbische Turnerbund die Kinderturnstiftung Baden-Württemberg, um die oben beschriebenen Zusammenhänge einer breiten Öffentlichkeit plausibel zu machen, das Kinderturnen in der Öffentlichkeit zu stärken und Wissenschaft und Forschung dafür zu gewinnen, die Bewegungsangebote für Kinder weiter zu optimieren und innovative Vorhaben zu fördern.

Damit gehen die Stiftung und die Turnerbünde gemeinsam mit ihrem Partner, der Sparda-Bank Baden-Württemberg, eine der größten Herausforderungen der gesamtgesellschaftlichen Entwicklung an. Weil die Bewegung von Kindern „in den Köpfen der Erwachsenen beginnt", setzen wir uns als Stiftung für eine umfassende Bewusstseinsveränderung in der Bevölkerung ein, damit Bewegung ein fester Bestandteil im Alltag von Kindern werden kann.

Wir versuchen vorhandenes Wissen zu bündeln und dieses gemeinsam mit unseren Partnern für Eltern, Erzieher, Lehrer, Übungsleiter und insbesondere Entscheidungsträger aus Kindertageseinrichtungen, Schulen, Vereinen und Kommunen aufzubereiten und zur Verfügung zu stellen. Unser äußeres Zeichen dafür ist die Wissensplattform unter www.kinderturnstiftung-bw.de, auf der viele Informationen rund um das Thema Bewegung im Kindesalter und Kinderturnen zusammengefasst sind. Die Stiftung führt auch eigene Projekte durch, wie beispielsweise „Kinderturnen on Tour", „Kinderturn-Welt in der Wilhelma", den TV-Ratgeber „Babys in Bewegung" oder „Bewegter Kindergarten". Mit der Kampagne „Bewegte Kommune – Kinder" bündelt die Stiftung vorhandenes Wissen, die Aktivitäten der Träger sowie der verschiedenen Partner und spricht alle Städte und Gemeinden in Baden-Württemberg an.

Im Jahr 2010 wurde die Stiftung von einer unselbstständigen Zustiftung der Deutschen Kinderturn-Stiftung in eine rechtsfähige Stiftung umgewandelt. Sie beschäftigt mittlerweile vier hauptamtliche Mitarbeiter. Schirmherr und Mitinitiator der Stiftung ist EU-Kommissar Günther H. Oettinger, der zum Gründungszeitpunkt der Stiftung Ministerpräsident des Landes Baden-Württemberg war. Der Schirmherr, die vier Stiftungsratsmitglieder, die beiden Vorstände und die 19 Kuratoriumsmitglieder unterstützen unsere Arbeit auf ehrenamtlicher Basis. Darüber hinaus helfen über fünfzig ehrenamtliche Mitarbeiter und Mitarbeiterinnen bei der Umsetzung unserer Projekte.

Die Idee und ihre Umsetzung

Funktionsweise der sozialen Innovation

Kinder erleben und erfahren von Geburt an ihre Umwelt und sich selbst über Bewegung. Im Laufe der Kindheit sind es der bewegungsarme Alltag sowie die steigende Attraktivität der Medien, die den natürlichen Bewegungsdrang von Kindern negativ beeinflussen. Bewegungsmangel ist neben Übergewicht und Rauchen einer der zentralen Risikofaktoren, die für die Krankheitsbelastungen in Deutschland verantwortlich sind. Demgegenüber zeigen zahlreiche wissenschaftliche Untersuchungen, dass regelmäßige Bewegung unter qualifizierter Anleitung positive Effekte auf die körperliche, geistige und soziale Entwicklung von Kindern haben kann.

Bewegungserziehung sowie Bewegung, Spiel und Sport sind in den Orientierungs- und Lehrplänen der Bildungseinrichtungen wie Kindertageseinrichtungen und Grundschulen verankert. Häufig sind es jedoch gerade diese Fächer, die beispielsweise im Schulalltag ausfallen. Fest steht auch, dass die vorhandenen Defizite nicht nur von den Bildungsein-

Abb. 17.1 Lebenslanges Sporttreiben als strategische Herausforderung für den Verein. (©Schwäbischer Turnerbund, 2012)

richtungen bewältigt werden können. Auch Eltern sind aufgefordert, sich dem Thema Bewegung anzunehmen und mehr Bewegung in den Alltag ihre Kinder bzw. der Familie zu integrieren sowie Bewegungsanlässe zu schaffen.

Der Zugang zum Sport ist allerdings nicht allen Kindern in gleicher Art und Weise möglich. Für Kinder aus einkommensschwachen und bildungsfernen Familien sowie für Kinder mit Migrationshintergrund, hier insbesondere für Mädchen mit Migrationshintergrund, ist die Teilhabe am Sport schwerer als für andere Bevölkerungsgruppen. Teilweise ist die Institution Turn- und Sportverein den Eltern und somit auch Kindern nicht mehr bekannt. Die rund 2.800 Mitgliedsvereine des Badischen und des Schwäbischen Turnerbundes bieten Bewegungsangebote für alle Altersbereiche. Darüber hinaus sind sie in fast jedem Ort zu finden. Sie übernehmen traditionell soziale Verantwortung für die Gesellschaft und sind Partner im Freizeit-, Fitness- und Gesundheitssport für alle Menschen auf den verschiedenen Stufen der Lebenstreppe – vom Babyalter bis zu den Hochaltrigen. Kinderturnen ist der Einstieg in ein gesundes Leben und die Basis für alle Sportarten. Hier werden die Grundlagen für lebenslanges Sporttreiben gelegt (Abb. 17.1).

Kinderturnen ist ein Bewegungsangebot für Kinder von der Geburt bis zum zwölften Lebensjahr und aufgeteilt in die folgenden Angebotsformen:

- Babys in Bewegung (von Geburt bis zum ersten Lebensjahr)
- Eltern-Kind- und Kleinkinderturnen (1–3 und 4–5 Jahre)
- Kleinkinderturnen (ca. 4–6 Jahre)
- Kinderturnen (5–12 Jahre)

Tagtäglich bieten Tausende von Übungsleitern und Übungsleiterinnen Kinderturnen im Turn- und Sportverein vor Ort an. Trotz dieses sehr großen Engagements können die Turnerbünde mit ihren Mitgliedsvereinen die gesellschaftliche Herausforderung, Kinder zukünftig eine motorische Grundlagenausbildung durch Kinderturnen zugänglich zu machen, nicht alleine leisten. Dies war Anlass, eine Stiftung zu gründen, die es sich zur Aufgabe macht, Kinderturnen in der Öffentlichkeit als motorische Grundlagenausbildung zu kommunizieren, die Zusammenhänge einer breiten Öffentlichkeit verständlich zu erläutern und Kinderturnen für alle Kinder erreichbar und zugänglich zu machen.

Mit einem Weltsportereignis, der EnBW Turn-WM^{TM} und der damit verbundenen Qualifikation für Olympia im Jahr 2007 in Stuttgart, richtete sich das Interesse der breiten Öffentlichkeit einmal mehr auf Baden-Württemberg. Eine im Vorfeld der WM in Auftrag gegebene Marktforschungsstudie „Sport und Markt" zum Thema „Geräte- und Kunstturnen" sowie „Fitness und Gymnastik über 30" ergab, dass „Kinderturnen" die höchsten Sympathiewerte in der Bevölkerung hat. Die Weltmeisterschaft bot deshalb einen guten Rahmen, um das Thema als gesellschaftliche Herausforderung für die Turnerbünde in den Medien zu platzieren und Kinder zukünftig in ihrer motorischen Grundlagenausbildung zu unterstützen sowie eine nachhaltige Bewegungsförderung zu gewährleisten.

Das damalige Kuratorium der EnBW Turn-WHTH initiierte im Vorfeld der EnBW Turn-WM^{TM} eine „Kinderturn-Kampagne", die bundesweit Inhalte, Bedeutung und Möglichkeiten des Kinderturnens für die körperliche, geistige und soziale Entwicklung von Kindern in den Vordergrund rückte. Vorsitzender des Gremiums war der damalige Ministerpräsident des Landes Baden-Württemberg, Günther H. Oettinger, der in seiner Amtszeit die Leitidee vom „Kinderland Baden-Württemberg" gesetzt hatte, mit dem Ziel, für alle Kinder im Land ein kindgerechtes Lebensumfeld zu schaffen.

Das Thema Kinderturnen wurde im Rahmenprogramm der EnBW Turn-WM^{TM} in der Eröffnungsfeier und mit einem großen „Kinderturn-Park" thematisch umgesetzt. 30.000 Kinder und Jugendliche mit ihren Familien besuchten während der Weltmeisterschaft den „Kinderturn-Park", der 230 Quadratmeter umfasste. Fantasievoll arrangierte Matten, Turnbänke, Kästen, Barren und vieles mehr boten den Besuchern eine abenteuerreiche Bewegungslandschaft und „Kinderturnen" zum Mitmachen. Mit der eigens für die EnBW Turn-WM^{TM} entwickelten „Kampagne Kinderturnen" ging es vor allem darum, Eltern und Kinder anzusprechen und für ein Leben mit mehr Bewegung zu gewinnen.

Im Rahmen der feierlichen Eröffnungsveranstaltung der EnBW Turn-WM^{TM} wurde die Gründung der Deutschen Kinderturn-Stiftung mit deren Zustiftung, der Kinderturnstiftung Baden-Württemberg, bekannt gegeben und von den Medien mit der Überschrift „Turnen ist die Kinderstube des Sports" betitelt.

Viele Menschen haben sich persönlich vor und während der Weltmeisterschaft für die Sache engagiert und Türen geöffnet, weil sie sich mit dem Ziel und der Vision identifizieren konnten. Mit der Sparda-Bank Baden-Württemberg konnten die Turnerbünde einen langjährigen Partner gewinnen, für den soziales Engagement schon immer dazugehört und der diese Herausforderung annehmen wollte.

Schwerpunkt: Wie wird die Vision der Kinderturnstiftung Wirklichkeit?

Um allen Kindern den Zugang zum Kinderturnen und damit zu einer hochwertigen motorischen Grundlagenausbildung zu ermöglichen, müssen aus unserer Sicht zunächst die

Eltern, Fachkräfte (Erzieher, Lehrer und Übungsleiter), aber auch Entscheidungsträger aus Kindertageseinrichtungen, Schulen, Vereinen und Kommunen für das Thema sensibilisiert werden sowie das Bewusstsein hin zu mehr Bewegung im Alltag von Kindern verändert werden. In unseren Leitlinien haben wir formuliert, wie wir diese Vision und unser Ziel umsetzen möchten. Wir möchten diejenigen unterstützen, die die gesunde Entwicklung unserer Kinder auf dem Weg zu einer starken Persönlichkeit begleiten. Indem wir Eltern, Fachkräfte und Entscheidungsträger für das Thema Bewegung sensibilisieren, über die Möglichkeiten von Kinderturnen in der alltäglichen Arbeit mit Kindern aufklären und Angebote in Kindergarten, Schule und Turn- und Sportverein entwickeln und überarbeiten und weiterentwickeln. Da wir wissen, dass wir unsere Vision nicht alleine umsetzen können, möchten wir neben unseren Partnern, der Stiftung „Sport in der Schule in Baden-Württemberg" und der AOK Baden-Württemberg, sowie den bestehenden Projektförderern weitere Kooperationspartner für den Aufbau von lokalen, regionalen und landesweiten Netzwerken gewinnen. Partner, die gemeinsam mit uns Projekte umsetzen, Kooperationen anstreben und die Synergien in unterschiedlichen Projekten ermöglichen sowie Kommunikationswege eröffnen. Darüber hinaus möchten wir vorhandenes Wissen und Finanzmittel bündeln, um eine flächendeckende Umsetzung unserer Vision und mittel- und langfristig alle Kinder in Baden-Württemberg zu erreichen. Da wir davon überzeugt sind, dass es uns nicht an Wissen über die Notwendigkeit von mehr Bewegung in unserem Alltag mangelt, suchen wir den Dialog mit politischen, wirtschaftlichen und gesellschaftlichen Institutionen, um sie für unsere Vision zu gewinnen und dafür zu sorgen, dass das Wissen im Lebensalltag unserer Kinder Anwendung findet. Neben den Partnern suchen wir Menschen, die sich persönlich für die Sache einsetzen möchten und unsere Projekte begleiten. Diese Leitlinien verfolgen wir in jedem unserer Projekte und versuchen somit alle Ebenen für die Sache zu gewinnen. Unsere Projekte orientieren sich an der Angebotsstruktur des Kinderturnens und werden den Bereichen frühkindliche Bildung (bis zum dritten Lebensjahr), vorschulische Bildung (vier bis sechs Jahre) und schulische Bildung (sechs bis zehn Jahre) zugeordnet. Außerdem unterscheiden wir unsere Projekte in Maßnahmen zur Bewusstseinsveränderung sowie Sensibilisierung und Maßnahmen zur Förderung des Kinderturnens. Wie wir die Leitlinien in unseren verschiedenen Projekten umsetzen, möchten wir Ihnen beispielhaft anhand der Projekte „Kinderturnen on Tour" und „Kinderturn-Welt in der Wilhelma" erläutern.

„Kinderturnen on Tour"

Aufgrund der positiven Erfahrungen mit dem „Kinderturn-Park" bei der EnBW Turn-WM^{TM} im Gründungsjahr unserer Stiftung entstand die Idee, den „Kinderturn-Park" als mobile Bewegungslandschaft umzusetzen. Damit machen wir Kinderturnen für Kinder im Alter von drei bis acht Jahren erlebbar und fordern zum Mitmachen auf. Mit der mobilen Variante haben wir die Möglichkeit, zu den Kindern sowie deren Familien zu fahren, ihnen Freude an Bewegung zu vermitteln und gleichzeitig die Eltern für das Thema Bewegung im Kindesalter zu sensibilisieren. „Kinderturnen on Tour" ist unser erstes Projekt. Seit 2008 sind wir damit in ganz Baden-Württemberg unterwegs, um die mobile Bewegungslandschaft bei Kindertageseinrichtungen, Schulen, Vereinen, Firmen, Kinder-, Schul-,

Abb. 17.2 Kinderturnen on Tour. (Kinderturnstiftung Baden-Württemberg, 2009)

Vereins- und Stadtfesten, Messen und anderen Großveranstaltungen aufzustellen und auf diese Weise unser Anliegen zu transportieren. Gemeinsam mit der Agentur spiel & sport team GmbH entwickelten wir ein pädagogisches Konzept, wie wir die Kinder im relevanten Altersbereich ansprechen. Entstanden ist eine Bewegungslandschaft in Form eines Sternes mit sieben Armen. Jeder dieser Arme stellt einen Kontinent dar. Auf jedem Kontinent lebt ein bekanntes Tier, das eine motorische Fähigkeit und verschiedene grundlegende Bewegungsformen repräsentiert. Kinder sind aufgefordert, sich wie die Tiere zu bewegen und zum Beispiel in Australien wie Kevin das Känguru zu springen oder in Europa zu balancieren wie die Katze Kim. Ein Team begleitet die mobile Kinderturn-Welt und informiert die Eltern im Info-Mobil über das Thema Bewegung im Kindesalter sowie das Angebot Kinderturnen. Dies erfolgt meistens gemeinsam mit dem Turn- und Sportverein vor Ort. Ein Reisepass für Kinder ergänzt die Reise um die Kinderturn-Welt und beinhaltet analog zu den Bewegungsaufgaben bei „Kinderturnen on Tour" Aufgaben für zu Hause, Mal- und Schreibübungen und Informationen zu unseren Projekten, die für die Kinder interessant sind, sowie zur Stiftung allgemein. Auf allen Kontinenten können sich die Kinder einen Stempel für den Reisepass abholen. Auf der Rückseite des Reisepasses hat der Turn- und Sportverein, der den Einsatz von „Kinderturnen on Tour" mit einem Helferteam unterstützt, die Möglichkeit, mit einem Vereinsstempel für sein Kinderturnangebot von Ort zu werben. Somit ist der Transfer geschaffen, mit dem die Kinder sowie deren Eltern mit den lokalen Anbietern von qualifizierten Bewegungsangeboten vernetzt werden können und ihnen Kinderturnen zugänglich gemacht wird (Abb. 17.2).

In der Konzeptionierungsphase wurde deutlich, dass die Stiftung die Realisierung dieser mobilen Bewegungslandschaft nicht komplett aus Eigenmitteln finanzieren konnte. Deshalb waren wir gemäß unseren Leitlinien auf der Suche nach Partnern, die uns unterstützen konnten. Für die Anschaffung der Fahrzeuge, der Anhänger sowie der Geräte der mobilen Bewegungslandschaft konnten Projektförderer aus dem Bereich Automobil, die Schwabengarage Stuttgart und Auto Palazzo (Emil Frey Gruppe), und der Sportgerätehersteller BENZ Sport gewonnen werden, die die Kosten für das Fahrzeug, die Sonderanfertigung des Anhängers und die Anschaffung der Turn- und Sportgeräte übernahmen. Das Team von „Kinderturnen on Tour" besteht aus freiwilligen Betreuern, die eine Übungsleiterlizenz erworben haben. Die Koordination der Einsätze sowie die Einsatzplanung der Helfer werden vom Badischen und dem Schwäbischen Turnerbund übernommen. Die Einsätze von „Kinderturnen on Tour" werden darüber hinaus durch Spenden finanziert. Im Jahr 2012 konnten wir die Herzenssache e. V. für eine zweijährige Unterstützung von „Kinderturnen on Tour" gewinnen.

Seit dem Jahr 2008 sind zwei mobile Bewegungslandschaften an insgesamt ca. 140 Einsatztagen pro Jahr in Baden-Württemberg unterwegs. Durchschnittlich werden 300 Kinder pro Einsatz erreicht. Darüber hinaus kommunizieren wir die Einsätze von „Kinderturnen on Tour" und nutzen diese für die Pressearbeit, um eine Bewusstseinsveränderung hin zu mehr Bewegung im Alltag von Kindern zu erreichen. Dafür stellen wir den Veranstaltern Material für die Pressearbeit zur Verfügung und nutzen unsere eigenen Kommunikationswege.

„Kinderturn-Welt in der Wilhelma"

Auf Grundlage des pädagogischen Konzepts von „Kinderturnen on Tour" entstand im Jahr 2011 eine „Kinderturn-Welt in der Wilhelma". Auch hier sind Tiere die Bewegungsvorbilder für die Kinder. Kulisse ist eine denkmalgeschützte Parkanlage des 19. Jahrhunderts, die Wilhelma, zoologisch-botanischer Garten in Stuttgart. Mit über zwei Millionen Besuchern im Jahr ist die Wilhelma die beliebteste Freizeiteinrichtung Stuttgarts und einer der besucherstärksten Zoos in Deutschland. Die Idee, Bewegungsareale für Kinder zu schaffen, passte ideal zu den Spielplatzkonzepten der Wilhelma, die in den Jahren zuvor aufgrund einer Besucherumfrage für den Park erarbeitet worden waren. Der Förderverein Freunde und Förderer der Wilhelma e. V. unterstützte unsere Initiative sowohl in der Sache als auch finanziell. Auf neun von der Wilhelma ausgewiesenen Flächen entstanden von August 2010 bis April 2011 verschiedene Bewegungsareale, auf denen Kinder den tierischen Vorbildern nacheifern können. Den Bau und die Umsetzung vor Ort betreute die Wilhelma maßgeblich, und sie ist seit der Eröffnung im April 2011 für die Pflege und Instandhaltung verantwortlich.

Gemeinsam mit der Agentur spiel & sport team GmbH wurde das pädagogische Konzept ausgehend von dem Konzept von „Kinderturnen on Tour" für die „Kinderturn-Welt in der Wilhelma" weiterentwickelt und umgesetzt. Auf kindgerecht aufbereiteten Informationstafeln erfahren die Kinder mehr über die Tierart, deren besondere körperliche Fähigkeiten und wie diese ihnen helfen, sich in ihren Lebensräumen zu behaupten. Zudem werden die Kinder, wie auch bei „Kinderturnen on Tour", von den Tieren aufgefordert, es ihnen gleichzutun und ihre typischen Bewegungen an der Station nachzuahmen. Das

Besondere an den Bewegungsarealen ist, dass sie sich in unmittelbarer Nähe der entsprechenden Tiergehege befinden. Darüber hinaus begleitet ein sogenanntes „Reiseheft" die Kinder auf ihrer Entdeckertour durch die Kinderturn-Welt. Darin erfahren sie mehr über die Tiere, deren Lebensraum und motorischen Fähigkeiten. Außerdem haben die Kinder die Möglichkeit, das „Kinderturn-Diplom" zu erlangen. An jeder Station kann die jeweilige Aufgabe umgesetzt und durch einen Stempel abgehakt werden. Im Reiseheft enthalten sind außerdem Bewegungsaufgaben, mit denen die Kinder auch zu Hause ihre motorischen Fähigkeiten üben können. Ein Teil des Reisehefts richtet sich aber auch an die Eltern und informiert diese über die Bedeutung der Bewegung sowie das Angebot Kinderturnen. Kontaktdaten der Turnerbünde erleichtern die Suche nach einem Angebot in der Nähe. Auch viele Kindergruppen mit ihren Erziehern, Lehrern und Übungsleitern besuchen die Kinderturn-Welt und nutzen die kostenlosen Führungen der Stiftung durch die Bewegungsareale. Ehrenamtliche Helfer bieten diese nach vorheriger Anmeldung und Abstimmung an. Die Kinder werden an zwei bis drei Stationen von unserem Team angeleitet.

Eine weitere Besonderheit des Konzepts ist, dass es mit dem Bildungsplan für Grundschulen und dem Orientierungsplan der baden-württembergischen Kindergärten eng verknüpft ist. Dies erfolgte in Abstimmung mit dem Ministerium für Kultus, Jugend und Sport und dem Landesinstitut für Schulsport, Schulkunst und Schulmusik. Mit dem ganzheitlichen pädagogischen Ansatz des Konzepts haben wir auch die Lehrer und Erzieher in den Grundschulen, Vorschulen und Kindergärten durch zusätzliche Informationen und Anregungen für ihren Sport- und „MeNuK"-Unterricht (MeNuK = Mensch, Natur und Kultur) sowie die Bewegungserziehung in Form von Handreichungen eingeschlossen.

Mit der „Kinderturn-Welt in der Wilhelma" erreichen wir zusätzlich zu den Eltern und Kindern bis zum zehnten Lebensjahr auch eine weitere unserer Zielgruppen: die Bewegungsfachkräfte. In den Handreichungen haben wir, gemäß unseren Leitlinien, bestehendes Wissen gebündelt und für die Zielgruppe aufbereitet, damit das Wissen im Alltag der Kinder Anwendung findet. Wir unterstützen damit die Fachkräfte bei ihrem Auftrag, eine grundlegende Bewegungserziehung sowie Bewegung, Spiel und Sport durchzuführen. Darüber hinaus möchten wir sie auf das Angebot „Kinderturnen" und den Turn- und Sportverein vor Ort als Partner aufmerksam machen und sie überzeugen, Kinder, die Spaß an Bewegung haben, an die Turn- und Sportvereine zu verweisen.

Die Umsetzung der „Kinderturn-Welt in der Wilhelma" war für beide Seiten, Wilhelma und Kinderturnstiftung Baden-Württemberg, eine Herausforderung. Durch den Bau in der denkmalgeschützten Parkanlage mussten Vorgaben eingehalten werden und bei der Verwendung der Materialien war aufgrund der hohen Besucherzahlen und der permanent der Witterung ausgesetzten Installation die notwendige Langlebigkeit zu berücksichtigen. Mittlerweile ist die „Kinderturn-Welt in der Wilhelma" drei Jahre alt und wir haben über 300.000 Reisehefte an Kinder ausgegeben. Die Wilhelma geht davon aus, dass jedes Kind der jährlich insgesamt zwei Millionen Besucher an zwei bis drei der Bewegungsareale turnt.

Beide Projekte stehen für eine direkte Ansprache unserer Hauptzielgruppen. Sie werden aufgefordert, sich mit dem Anliegen und dem Ziel der Stiftung auseinanderzusetzen

Abb. 17.3 Kinderturn-Welt in der Wilhelma. (Kinderturnstiftung Baden-Württemberg, 2011)

und selbst aktiv zu werden. „Kinderturnen" wurde für die Öffentlichkeit zugänglich gemacht. Mittlerweile ist die „Kinderturn-Welt in der Wilhelma" bei Eltern und Kindern in der Region Stuttgart und auch in Baden-Württemberg bekannt und häufig treffen wir auf Menschen, die „Kinderturnen on Tour" auf der Straße oder bei einer Veranstaltung gesehen haben. Dies bestätigt uns darin, dass wir mit unseren Projekten auf dem richtigen Weg sind, Erwachsene für das Thema „Bewegung im Kindesalter" und „Kinderturnen" zu sensibilisieren und dieses in ihren Köpfen zu verankern (Abb. 17.3).

Nächste Schritte auf dem Weg zu mehr Bewegung im Alltag

In den vergangenen fünf Jahren haben wir festgestellt, dass eine große Offenheit dafür besteht, unsere Vision zu unterstützen. Viele Personen des öffentlichen Lebens sind bereit, in unserem Kuratorium mitzuwirken und weitere Türen zu öffnen. Auch in der Koalitionsvereinbarung der Landesregierung im Jahr 2011 erhielt das Thema „Bewegung im Kindesalter" einen hohen Stellenwert. Darin sehen wir eine Bestätigung für unsere Arbeit und für die Gründung unserer Stiftung. Darüber hinaus haben wir festgestellt, dass überall, wo Kinder institutionell betreut und gefördert werden, aufgrund der gesellschaftlichen Veränderungen und der Entwicklung hin zur Ganztagsbetreuung in Schulen und Kindertageseinrichtungen der Bedarf an Unterstützung groß ist. Werden die Turn- und Sportvereine bei der Koordination der Ganztagsbetreuung nicht eingebunden, wird ein Großteil der Angebote zukünftig wegfallen, Kinderturnen wird seltener stattfinden und die Zahl der Vereinsmitglieder zurückgehen. Gemeinsam mit den Turnerbünden nehmen wir uns deshalb dieses bedeutenden Themas an und erarbeiten Lösungswege.

Im Setting Kommune versuchen wir, unsere Vision „im Kleinen" umzusetzen, und erarbeiten gemeinsam in dem Netzwerk von Kommune, Turn- und Sportvereinen, Schulen und Kindertageseinrichtungen Maßnahmen und Lösungswege, um mehr Bewegung im Alltag von Kindern zu verankern, eine motorische Grundlagenausbildung zu ermöglichen und Kindern Wege zum Kinderturnen aufzuzeigen. In diese Arbeit fließen die oben genannten aktuellen Entwicklungen mit ein und wir suchen gemeinsam mit den Ansprechpartnern vor Ort individuelle Lösungen. Darüber hinaus binden wir übergreifende Institutionen, wie Ministerien und Schulämter, Träger, wie den Badischen und Schwäbischen Turnerbund, sowie unsere Partner, die Stiftung „Sport in der Schule in Baden-Württemberg" und die AOK Baden-Württemberg, in die Erarbeitung der Problemlösungen mit ein, um nachhaltige Effekte zu erzielen. Im ersten Schritt führen wir diese Kampagne in Modellkommunen durch, bündeln die Erfahrungen und Ergebnisse, um diese aufzubereiten und zukünftig allen Kommunen in Baden-Württemberg zur Verfügung zu stellen.

Um Kinder für ein lebenslanges Sporttreiben zu gewinnen, müssen schon im frühen Kindesalter die Grundlagen gelegt und das Bewusstsein hin zu mehr Bewegung im Alltag verändert werden. 2012 haben wir deshalb den TV-Ratgeber „Babys in Bewegung" produziert. Damit sprechen wir Eltern von Kindern bis zum zweiten Lebensjahr an und informieren sie über die motorische Entwicklung ihrer Kinder und zeigen ihnen auf, wie sie diese mit einfachen Bewegungsanregungen aktiv unterstützen können. Alle Bewegungsanregungen der 20 Folgen können zu Hause einfach durchgeführt und auf der Internetseite der Kinderturnstiftung Baden-Württemberg sowie auf Kabel BW in der Sparda-Welt der Sparda-Bank Baden-Württemberg kostenfrei angeschaut werden. Das Wohnzimmer als Drehort dient dazu, die Eltern abzuholen. Vor allem unmittelbar vor und nach der Geburt sind Eltern besonders sensibel und machen sich Gedanken darüber, was für ihr Kind wichtig und richtig ist.

Da sich Kinder immer unterschiedlich entwickeln und Eltern sich oft unsicher sind, empfehlen wir den Eltern über den TV-Ratgeber, das gleichnamige Angebot der Turn- und Sportvereine „Babys in Bewegung" vor Ort zu nutzen und somit eine Möglichkeit zu haben, sich mit anderen Eltern auszutauschen und schon früh den Einstig in ein lebenslanges Sporttreiben zu finden. Um alle Kinder zu erreichen bzw. allen Eltern von Neugeborenen in Baden-Württemberg diesen TV-Ratgeber zur Verfügung zu stellen, bauen wir ein landesweites Partnernetzwerk auf. In Willkommenspaketen von Krankenkassen, Kommunen und Geburtsstationen verteilen wir Broschüren mit einer DVD, die die ersten zehn Folgen des TV-Ratgebers beinhaltet. Darüber hinaus sehen wir bei Kinderarztpraxen, Ärzten, Hebammen und Firmen aus den Branchen Kinderausstattung, Kinderkleidung sowie Babynahrung Möglichkeiten für weitere Vertriebswege. In Baden-Württemberg werden jährlich rund 90.000 Kinder geboren. Eine Finanzierung der Broschüre mit DVD in dieser Auflage ist für uns alleine nicht zu leisten. Deshalb sind wir auch hier auf der Suche nach Partnern, die von dem TV-Ratgeber begeistert sind und die Produktion der Broschüren sowie den Vertrieb und die Kommunikation zukünftig unterstützen wollen.

Hundert Prozent der Kinder zu erreichen, schließt auch Kinder mit Migrationshintergrund sowie deren Eltern mit ein. Der Anteil der Geburten von ausländischen Müttern an allen Geburten in Baden-Württemberg lag in den letzten Jahren bei gut einem Fünftel. Um auch die Eltern mit Migrationshintergrund zu erreichen, werden wir den TV-Ratgeber in drei weiteren Sprachen veröffentlichen, um Sprachbarrieren zu überwinden. Auch hier werden wir wieder gemäß unseren Leitlinien vorgehen.

Fazit: Wir bleiben in Bewegung

Unsere Vision, allen Kindern eine motorische Grundlagenausbildung durch Kinderturnen zu ermöglichen, ist eine Langzeitaufgabe, darin sind wir uns sicher. Eine Bewusstseinsveränderung hin zu mehr Bewegung im Alltag von Kindern zu erreichen und dies in den Köpfen der Erwachsenen zu verankern, ist eine große Herausforderung und bedarf Ausdauer. Der Erfolg unserer Arbeit hängt vor allem davon ab, ob die Verantwortlichen, Eltern, Erzieher, Lehrer, Übungsleiter sowie die Entscheidungsträger, bereit sind, sich selbst und ihre Arbeit zu reflektieren und diese gemeinsam mit uns zu optimieren. Nicht selten treffen wir hierbei auf Widerstände. Fehlende Gesprächsbereitschaft, Angst vor Veränderung, fehlende finanzielle und personelle Ressourcen und die Meinung, dass keine Experten von extern und ein weiteres Projekt benötigt würden – dies sind Aussagen, mit denen wir konfrontiert werden. Sicherlich gibt es gute Gründe, diese Argumente vorzubringen, denn in Kindertageseinrichtungen, Schulen, Vereinen und Kommunen sowie anderen Institutionen gehen große Umbrüche vonstatten und führen zu überwiegend ressourcenknappen Situationen. Der gesetzliche Anspruch auf einen Krippenplatz ab August 2013 und die damit verbundene kurzfristige Steigerung der Plätze sowie der Nachfrage nach Fachkräften ist ein Beispiel. Hier befürchten wir als Stiftung vor allem im Hinblick auf das Thema Bewegungsförderung einen Qualitätsverlust bei der Ausbildung der Fachkräfte und der Gestaltung der räumlichen Gegebenheiten.

Und dennoch oder gerade deswegen lohnt es sich in diesen Zeiten, einen Dialog über unsere Vision zu eröffnen. Es gilt, diese mit teils viel Fingerspitzengefühl anzusprechen, die Bedürfnisse gezielt zu eruieren und im Sinne der Sache in die Zukunft unserer Kinder zu investieren und die gemeinsamen Schritte zu gehen. Denn wir sind davon überzeugt, dass wir alle das gleiche möchten: gesunde, fitte und intelligente Kinder, die zu starken Persönlichkeiten heranwachsen. Auf dieser Basis können wir die Vision der Kinderturnstiftung Baden-Württemberg gemeinsam mit den Verantwortlichen unter Berücksichtigung der vorhandenen Ressourcen und Bedürfnisse auf lokaler Ebene entwickeln. Gemäß unseren Leitlinien wollen wir vorhandenes Wissen, Finanzmittel und Ressourcen vor Ort bündeln und allen zugänglich machen. Deshalb suchen wir den Dialog mit den Ansprechpartnern und bieten uns als Kooperationspartner dafür an, gemeinsam mit den Verantwortlichen die Vision der Kinderturnstiftung Baden-Württemberg auf die lokale Ebene herunterzubrechen und gemeinsam Lösungen zu erarbeiten, wie die Kommune die gesündesten, fittesten, intelligentesten sowie sozial integrierte Kinder erhält. Die Stiftung unterstützt beim Aufbau eines funktionierenden Netzwerks zwischen Eltern, Kindertageseinrichtung, Schule, Verein und Kommune. Die vielen guten Beispiele und die positiven Reaktionen auf unser Engagement motivieren uns, an der Vision festzuhalten und auf Menschen, die wir im ersten Schritt nicht gewinnen konnten, nochmals zuzugehen.

Wir wissen, dass wir unsere Vision nicht alleine realisieren können. Ein wichtiger Baustein beim Aufbau der Kinderturnstiftung Baden-Württemberg waren und sind die Träger Sparda-Bank Baden-Württemberg sowie Badischer und Schwäbischer Turnerbund und das bestehende Partnernetzwerk, das sie mitbringen. Viele der Partner, die mit den

Trägern zusammenarbeiten, unterstützen auch unsere Vision und öffnen weitere Türen. Die Erfahrungen der vergangenen fünf Jahre haben gezeigt, dass wir auf dem richtigen Weg sind. Wie die Kinder in der „Kinderturn-Welt in der Wilhelma" begeben auch wir uns tagtäglich auf eine Entdeckungsreise und erfahren neue Möglichkeiten und Wege, wie sich unsere Vision weiter realisieren lässt. Die Leitlinien, die wir uns gegeben haben, sind unser Kompass, der uns immer wieder den richtigen Weg zeigt. Denn wir dürfen unser Ziel nicht aus den Augen verlieren. Deshalb reflektieren auch wir immer wieder unsere Arbeit und überprüfen, ob wir auf dem richtigen Weg sind: auf dem Weg, allen Kindern in Baden-Württemberg eine motorische Grundlagenausbildung durch Kinderturnen zu ermöglichen.

Autorin
Susanne Heinichen wurde 1980 in Pforzheim geboren. Nach ihrem Studium der Sportwissenschaft am Karlsruher Institut für Technologie (KIT) begann ihr beruflicher Werdegang im Bereich „Entwicklung und Beratung" beim Schwäbischen Turnerbund e. V., einem der Träger der Kinderturnstiftung Baden-Württemberg, wo sie das Projekt „Kinderturnen on Tour" koordinierte. Mit der Umwandlung der Kinderturnstiftung Baden-Württemberg in eine rechtsfähige Stiftung wechselte Susanne Heinichen zur Kinderturnstiftung Baden-Württemberg und wurde im Juni 2012 vom Stiftungsrat zur Geschäftsführerin bestellt. Derzeitig koordiniert sie unter anderem das Projekt „Bewegter Kindergarten". Ziel des Projektes ist es, die Ausbildung von Erziehern und Erzieherinnen im Bereich der Bewegung mit einem Handbuch für Lehrer und Lehrerinnen flankierend zu unterstützen. Die Inhalte orientieren sich am Lehrplan der Ausbildung an den Fachschulen für Sozialpädagogik. Ergänzend dazu wurde ein Praxishandbuch für die Bewegungserziehung in der Kita entwickelt, das mit dem Orientierungsplan für Bildung und Erziehung für die baden-württembergischen Kindergärten verknüpft ist. Das Projekt wird gefördert von der Robert Bosch Stiftung und der Stiftung „Sport in der Schule in Baden-Württemberg" und gemeinsam mit dem Ministerium für Kultus, Jugend und Sport, dem Landesinstitut für Schulsport, Schulkunst und Schulmusik, den dort verankerten Motorikzentren, der Universität Konstanz und dem Badischen und Schwäbischen Turnerbund realisiert.
Weiterführende Informationen
www.kinderturnstiftung-bw.de

Irrsinnig Menschlich: „Verrückt? Na und! Seelisch fit in Schule und Ausbildung" – Der Weg einer Idee aus der Tabuzone in die Mitte der Gesellschaft

18

Manuela Richter-Werling

Inhaltsverzeichnis

Zusammenfassung	209
Die Organisation in Kürze	210
Die Idee und ihre Umsetzung	213
Funktionsweise der sozialen Innovation	213
Schwerpunkt: Dank guter Kommunikation gibt es uns heute noch immer – dass aus dem geplanten Forschungsprojekt ein dauerhaftes Sozialunternehmen wird, war so gar nicht geplant…	217
„Verrückt? Na und!" – Ansichten, Einsichten, Aussichten	223
Fazit: Es ist nie zu spät, die Dinge zum Besseren zu wenden.	225

Zusammenfassung

Der Beitrag zeigt, wie es Manuela Richter-Werling gelang, „Irrsinnig Menschlich: Stärkt Ihre Psyche - Deine auch e. V." zu einer Organisation zu entwickeln, die mit wenig Mitteln eine große Reichweite aufbaut und Menschen mit unterschiedlichen Professionen, Ideen und Lebenserfahrungen zusammenbringt, die normalerweise nicht zusammenkommen. Heute ist Irrsinnig Menschlich e. V. mit seinem Programm „Verrückt? Na und! Seelisch fit in Schule und Ausbildung" ein vorbildliches Projekt für die Umsetzung der nationalen Gesundheitsziele „Gesund aufwachsen" und „Depressive Erkrankungen verhindern".

M. Richter-Werling (✉)
Philipp-Rosenthal-Straße 55,
04103 Leipzig, Deutschland
E-Mail: m.richter-werling@irrsinnig-menschlich.de

Menschen mit psychischen Gesundheitsproblemen und Menschen, die professionell in der psychiatrischen Versorgung arbeiten, laden Jugendliche und ihre Lehrer zu einem offenen Austausch über die großen und kleinen Fragen zur seelischen Gesundheit ein - entgegen vorherrschenden Ängsten, Vorurteilen und Tabus. In den letzten Jahren konnte Irrsinnig Menschlich e. V. mehr als 40 Regionalgruppen in elf Bundesländern aufbauen, die das Projekt selbstständig in Schulen durchführen. Manuela Richter-Werlings Ziel ist, das Angebot möglichst flächendeckend in Deutschland zu verbreiten: in jedem Landkreis und jeder Stadt. International arbeiten Organisationen in Tschechien, Österreich und der Slowakei mit dem Programm.

Dieser Beitrag zeigt, welche Widerstände Manuela Richter-Werling für ihre Idee überwinden musste, bis sie ein solides Fundament von Unterstützern und Förderern gefunden hat, wie es Irrsinnig Menschlich e. V. gelungen ist, trotz Tabuisierung ein tragfähiges Geschäftskonzept zu entwickeln, und welches Durchhaltevermögen weiterhin nötig sein wird, bis die Idee tatsächlich in der Mitte der Gesellschaft angelangt ist.

Die Organisation in Kürze

Irrsinnig Menschlich e. V. ist ein gemeinnütziger Verein und Träger der freien Jugendhilfe, gegründet im Jahr 2000 in Leipzig. Wir fördern die seelische Gesundheit von Jugendlichen und jungen Erwachsenen in Schule und Ausbildung, unterstützen die Gesundung seelisch erkrankter Menschen und wenden uns gegen Stigmatisierung, Ausgrenzung und Diskriminierung von Menschen mit seelischen Gesundheitsproblemen. Das tun wir mit Leidenschaft, Verstand und Überzeugung, weil wir wissen, dass die Förderung der psychischen Gesundheit zu wirksamen gesundheitlichen, sozialen und wirtschaftlichen Verbesserungen in der Gesellschaft führt.

Psychische Gesundheitsprobleme treten im Laufe des Lebens in fast jeder Familie auf. Sie sind in allen Altersstufen ähnlich häufig und selbst unter Kindern und jungen Erwachsenen weit verbreitet. Die Hälfte aller psychischen Erkrankungen beginnt vor dem 20. Lebensjahr. Dennoch stoßen die davon betroffenen Menschen immer noch auf Ängste, Vorurteile, schämen sich und fühlen sich ausgeschlossen. Die gesellschaftliche und politische Tendenz, psychische Erkrankungen und damit die betroffenen Menschen zu marginalisieren und zu stigmatisieren, hält an. Höchstens ein Drittel aller Betroffenen in der EU erhält irgendeine Form professioneller Aufmerksamkeit oder eine Therapie. Dafür zahlt die Gesellschaft einen hohen Preis: menschliches Leid, empfindliche Einbußen an Lebensqualität, enorme volkswirtschaftliche Kosten. Nicht zuletzt durch Veränderungen in der Lebens- und Arbeitswelt sind psychische Erkrankungen in Europa zur größten gesundheitspolitischen Herausforderung des 21. Jahrhunderts geworden. Dabei steht Deutschland im europäischen Vergleich gesunder Lebensjahre alarmierend schlecht da.[1]

---

[1] Wittchen, H.-U., & Jacobi, F. (2005). Size and burden of mental disorders in Europe – A critical review and appraisal of 27 studies. *European Neuropsychopharmacology 15*(4), 357–376.

Hier wird Irrsinnig Menschlich e. V. mit seinem einzigartigen Programm „Verrückt? Na und! Seelisch fit in Schule und Ausbildung" tätig: mit MUT-Machern zu mehr Offenheit und Achtsamkeit im Umgang mit der Ressource und dem Schatz seelischer Gesundheit. MUT-Macher sind Menschen, die durch ihren Beruf und/oder ihr eigenes Leben Erfahrungen mit psychischen Gesundheitsproblemen und Gesundung haben. Sie führen Workshops und Seminare für Schüler, Azubis und Studenten zum Thema durch. Denn eine der besten Arten, zu lernen, wie Probleme bewältigt werden können, ist der Austausch mit Menschen, die vergleichbare Situationen bereits gemeistert haben.

Das Programm wirkt dreifach: Es hilft, psychischen Krisen vorzubeugen, und macht Jugendlichen und jungen Erwachsenen Mut, aufeinander zuzugehen und offener miteinander zu reden – auch über schwierige und ernste Themen. Sie lernen sich besser kennen und Probleme gemeinsam zu meistern. Und es hilft Menschen mit psychischen Gesundheitsproblemen dabei, die eigene Erkrankung schneller und besser zu verarbeiten. Die Wirksamkeit wurde wiederholt in wissenschaftlichen Evaluationen belegt.[2] Seit 2009 ist „Verrückt? Na und!" Modellprojekt für die vorbildliche Umsetzung der nationalen Gesundheitsziele „Gesund aufwachsen: Lebenskompetenz, Bewegung, Ernährung" und „Depressive Erkrankungen: verhindern, früh erkennen, nachhaltig behandeln".

Unser Angebot setzen wir in Netzwerken um – national und international. Inzwischen gibt es mehr als 40 Regionalgruppen in Deutschland und zwei in Tschechien und der Slowakei. 2014 werden Regionalgruppen in Österreich dazukommen (siehe Abb. 18.1 für eine Übersicht der Organisation und Abb. 18.2 zur Gründung von Regionalgruppen). In unserem Netzwerk engagieren sich über 450 Menschen ehrenamtlich. Im Team von Irrsinnig Menschlich e. V. gibt es viereinhalb Stellen für hauptamtliche Mitarbeiterinnen und Mitarbeiter (Stand 2013).

Unsere Partner sind Wohlfahrtsverbände, Ministerien, Kommunen, Schulen, Studentenwerke und Unternehmen, denen wir Fort- und Ausbildung, Material, Programme und Grundlagenforschung anbieten. Die wichtigsten Produkte, mit denen wir Einnahmen erwirtschaften, sind Aus- und Fortbildung und die Entwicklung von Modellprojekten, von der Konzeptentwicklung bis zum Netzwerkaufbau.

Qualitätsmanagement und die Weiterentwicklung des Angebots werden bei uns großgeschrieben. Deshalb kooperieren wir mit nationalen und internationalen Netzwerken und Partnern aus Forschung und Praxis. Dazu gehören u. a. die BARMER GEK und der Kooperationsverbund *gesundheitsziele.de*, der Dachverband Gemeindepsychiatrie, das Bündnis gegen Depression, die Universität Leipzig und das Aktionsbündnis Seelische Gesundheit.

Auszeichnungen 2012 – PHINEO „Wirkt-Siegel" im Themenreport Depression
2011 – „Die 150 Verantwortlichen", Robert Bosch Stiftung
2011 – 2. Preis „Gesundes Land NRW"

---

[2] Conrad, I., Dietrich, S., Heider, D., Blume, A., Angermeyer, M. C., & Riedel-Heller, St. (2009). "Crazy? So what!" A school programme to promote mental health and reduce stigma – results of a pilot study. *Health Education 109*(4), 314–328.

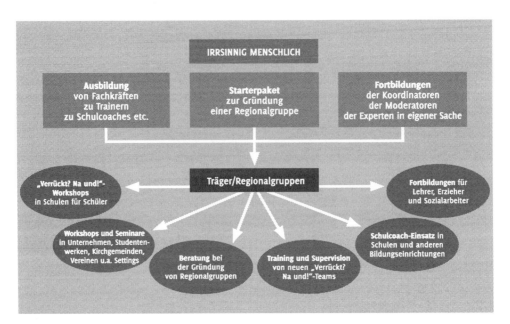

Abb. 18.1 Übersicht der Organisation

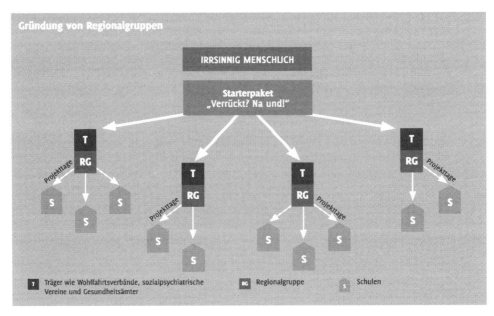

Abb. 18.2 Gründung von Regionalgruppen

2010 – Preis der Fairness-Stiftung
2009 – Aufnahme in die internationale Ashoka-Fellowship

Die Idee und ihre Umsetzung

Funktionsweise der sozialen Innovation

Psychische Erkrankungen manifestieren sich oft in der Jugend und haben Konsequenzen für das weitere Leben: Sie beeinträchtigen die Bewältigung altersspezifischer Entwicklungsaufgaben und Bildungschancen. In Deutschland gelten zwischen 20 und 30 % der Heranwachsenden als psychisch auffällig.[3] Über 4 Mio. Kinder leben mit psychisch und/oder suchtkranken Eltern zusammen.[4] Chronische körperliche Erkrankungen bei Heranwachsenden werden von chronischen psychischen Erkrankungen abgelöst. Die KiGGS-Studie (eine Langzeitstudie des Robert Koch-Instituts zur gesundheitlichen Lage der Kinder und Jugendlichen in Deutschland) von 2007 konnte erstmals den Zusammenhang von Armut und schlechterem Gesundheitszustand bei Kindern wissenschaftlich nachweisen. Mit Schuleintritt nehmen psychische Krisen zu und werden in der Schule häufig erstmals erkannt. Andererseits ist ein gutes Schulklima neben dem guten Familienklima der wichtigste Schutzfaktor für die Erhaltung der seelischen Gesundheit von Heranwachsenden. Die Schule als Ort, den alle jungen Menschen durchlaufen müssen, ist damit das ideale Setting für Aufklärung und Prävention im Bereich seelischer Gesundheit. Und umgekehrt lässt sich mit psychischer Gesundheit gute Schule machen.[5]

Wirksame, lebensnahe und flächendeckende Präventionsansätze zur Erhaltung und Förderung der seelischen Gesundheit in Schule und Ausbildung sind deshalb mehr denn je gefragt. Im täglichen Miteinander brauchen junge Menschen weit mehr Offenheit und Verständnis. In der Jugendphase werden die Weichen für das gesamte Leben gestellt. Ältere Schüler stehen jedoch selten im Fokus, wenn es um Gesundheitsförderung und Prävention geht, obwohl gerade die Jugendphase wie kein anderes Lebensalter anfällig für Probleme ist, die die eigenen Lösungsmöglichkeiten überschreiten.[6] Sie müssen lernen, dass sie nicht allein sind, dass es anderen genauso geht – und dass man gemeinsam stark ist. „Verrückt?

---

[3] Ravens-Sieberer, U., Wille, N., Bettge, S. & Erhart, M., (2007). Psychische Gesundheit von Kindern und Jugendlichen in Deutschland. Ergebnisse aus der BELLA-Studie im Kinder- und Jugendgesundheitssurvey (KiGGS). *Bundesgesundheitsblatt – Gesundheitsforschung – Gesundheitsschutz 50*, 871–878.

[4] Mattejat, F., & Remscheidt, H. (2008). Kinder psychisch kranker Eltern. *Deutsches Ärzteblatt 105 (23)*.

[5] Enderlein, O., & Schattat, M. W. (2008). *DIE SCHULE GESUND MACHEN! Eine Einladung zum Umdenken*. Berlin: Deutsche Kinder-und Jugendstiftung.

[6] KKH-Allianz (2011). *Weißbuch Prävention 2010/2011: Gesund jung?!* Berlin, Heidelberg: Springer-Verlag, S. 221.

Na und!" schließt die Lücke und macht Schülern, Lehrkräften und Eltern Mut, Probleme gemeinsam mit anderen besser zu bewältigen.

Handlungsansatz: Mit MUT-Machern zu mehr Offenheit und Achtsamkeit „Verrückt? Na und!" lädt junge Menschen ab der achten Klasse und ihre Lehrkräfte zu einem offenen Austausch über die großen und kleinen Fragen zur seelischen Gesundheit ein. Ein Team aus einem Moderator (ein Arzt, Psychologe oder Sozialarbeiter) und einem Experten in eigener Sache (ein Betroffener oder ehemals Betroffener) führt in Schulen und Bildungseinrichtungen eintägige Workshops zum Thema durch. Besonders wichtig ist das Gespräch mit dem Experten in eigener Sache. Dadurch bekommt das komplexe Konstrukt „seelische Gesundheit" ein Gesicht, ist zum Greifen nah – und dabei ganz normal. Das Projekt findet an einem Projekttag in der Schule statt, dauert ca. fünf bis sechs Stunden und erfolgt in drei Schritten:

- **1. Schritt: Wachmachen für das Thema „Psychische Gesundheit/Wohlbefinden".** Das Team knüpft an die Lebenserfahrungen der Schüler an und ermuntert sie, sich mit ihren Erfahrungen, Fragen und Vorstellungen zum Thema einzubringen und auseinanderzusetzen.
- **2. Schritt: Glück und Krisen.** Die Schüler beschäftigen sich in Gruppen mit Aufgaben von „Sich zu helfen wissen" über „Wie Körper und Seele zusammenhängen" bis zu „Neue Medien: nützlich für die Seele?" Das Team begleitet und unterstützt die Gruppen.
- **3. Schritt: Gesprächsrunde mit „Experten in eigener Sache".** Jetzt gibt sich der Experte in eigener Sache als Betroffener zu erkennen. Das löst immer großes Erstaunen bei den Projektteilnehmern aus. Sie können es kaum glauben, dass ausgerechnet dieser Mensch psychische Krisen erlebt hat. Die Schüler erfahren, wie sich eine Depression oder Psychose anfühlt, wo man Hilfe bekommt und wie wichtig es ist, gute Freunde zu haben und mit ihnen nicht nur die guten Zeiten zu genießen, sondern auch gemeinsam Probleme zu meistern. Diese „unerwartete" Begegnung ist der Schlüssel zur Veränderung von Einstellungen und bestenfalls Verhalten.

„Verrückt? Na und!" eignet sich für Klassen und Gruppen und kann fortgeführt werden (z. B. in Form von Elternabenden, Lehrerfortbildung, Beratung). Unterstützt wird das Projekt durch jugendgerechte Medien: Krisen-Ausweg-Weiser und Seelen-Fitmacher zu zwölf Themen rund um psychische Gesundheit im Pocket-Guide-Format, die DVD „...und Du so?", die Wanderausstellung „Wie geht×s?", die Internetplattform www.verrückt-naund.de und Social-Media-Foren.

Das unabhängige, gemeinnützige Analyse- und Beratungshaus für wirkungsvolles gesellschaftliches Engagement PHINEO kommt zu dem Schluss, dass Wissensvermittlung verbunden mit dem Austausch von Lebenserfahrungen, Hilfs- und Bewältigungsstrategien und Ressourcen der Gesunderhaltung ein wirksames Konzept ist, um langfristig ein Bewusstsein für den Schatz der psychischen Gesundheit zu schaffen und Stigma zu reduzieren.

Die Verbreitung Wir sind auf dem Feld des gesundheitlichen Coachings im Setting Schule und Kommune unterwegs. Ein klassischer Non-Profit-Bereich, der von staatlichen Trägern bezuschusst wird und in dem sich kaum Geld verdienen lässt. Deshalb haben wir es vor allem mit Non-Profit-Organisationen aus dem Sozial-, Gesundheits- und Bildungssektor als Wettbewerber zu tun. Dazu gehören „Irre menschlich e. V." in Hamburg und „BASTA e. V." in München, die zeitgleich mit Irrsinnig Menschlich e. V. entstanden sind und ebenfalls Schulkonzepte zum Thema seelische Gesundheit entwickelt haben. Diese Angebote sind jedoch bewusst regional ausgerichtet. Irrsinnig Menschlich e. V. ist die einzige Organisation, die bundesweit agiert und eine Produktpalette für ein umfassendes Setting entwickelt hat.

Das Konzeptgerüst von „Verrückt? Na und!" ist einfach und vor Ort leicht umsetzbar, der Nutzen für die Zielgruppen leicht kommunizierbar. Deshalb haben wir uns 2011 für die Verbreitung via Social Franchise entschieden. Das ermöglicht uns, „Verrückt? Na und!" in allen Regionen Deutschlands in gleicher Weise und Qualität anzubieten. Langfristiges Ziel ist es, Regionalgruppen von „Verrückt? Na und!" in allen Landkreisen und kreisfreien Städten Deutschlands zu gründen.

Folgende Basisprodukte haben wir dafür entwickelt, erprobt und eingeführt:

- *Starterpaket „Verrückt? Na und!" zur Regionalgruppengründung* (vier Kompakttage: Auftaktveranstaltung, zweitägiger Trainingsworkshop für Moderatoren und Experten in eigener Sache, Hospitation in Schule + Handbuch + Schnupperpaket „Material & Medien")
- *Projekttag: „Verrückt? Na und! Seelisch fit in Schule und Ausbildung"* (ein Schultag à fünf Unterrichtsstunden für Schüler ab der achten Klasse, für Regelschulen, Berufsschulen, Schulen in freier Trägerschaft)
- *Material & Medien* (Ausstellung „Wie geht×s?", DVD „...und Du so?", Krisen-Ausweg-Weiser, Seelen-Fitmacher, Buttons etc.)

Diese Basisprodukte werden ergänzt durch:

- Thematische Fortbildungen für Schulsozialarbeiter, Lehrkräfte, Erziehungsberater, Juristen, Mitarbeiter von Verwaltungen zum Thema psychische Gesundheit/Krankheit von Heranwachsenden
- Ausbildung von Schulcoaches und „Verrückt? Na und!"-Trainern

Mit dem Starterpaket unterstützen wir mögliche Franchisenehmer wie Wohlfahrtsverbände, Vereine, Unternehmen (u. a. Kliniken) und kommunale Einrichtungen dabei, Regionalgruppen zu gründen. Das Social-Franchise-Konzept hat den Vorteil, dass Irrsinnig Menschlich e. V. nicht mit den Verbänden und Vereinen um lokal zu vergebende Mittel konkurrieren muss. Die Regionalgruppen sind wirtschaftlich selbstständig und kümmern sich selbst um ihre Finanzierung. Außerdem erspart die Kooperation mit Irrsinnig Menschlich e. V. den Trägern die zeit- und kostenintensive Entwicklung eines nachweislich wirksamen Konzepts.

Ein Kooperationsvertrag von Irrsinnig Menschlich e. V. mit dem Franchisenehmer regelt die Übertragung der Nutzungsrechte für ein definiertes Gebiet (Stadt, Landkreis etc.), die Qualitätsstandards, das öffentliche Erscheinungsbild, die Kostenbeteiligung an der Koordination des Netzwerkes und die Weiterentwicklung des Projekts. Wir beraten und begleiten die Franchisenehmer von der Vertragsunterzeichnung bis zur Finanzierung und Umsetzung von „Verrückt? Na und!" in der Stadt oder Region. In einem Praxis- und Methodenhandbuch haben wir das Know-how zur Nachnutzung für die Regionalgruppen festgehalten. Es dient den Franchisenehmern als Leitfaden für den Aufbau ihrer Regionalgruppe.

Jede „Verrückt? Na und!"-Regionalgruppe besteht aus engagierten Menschen, die durch ihren Beruf und/oder durch ihre Lebensgeschichte (eigene Betroffenheit oder Betroffenheit als Angehöriger) Wissen und Erfahrungen mit seelischer Gesundheit haben oder sich für das Thema interessieren. Im Schulprojekt wirken sie in Teams aus Moderatoren und Experten in eigener Sache mit. Die Regionalgruppen bieten den Schulen und Bildungseinrichtungen ihrer Region das Projekt inklusive Material und Medien an. Jede Regionalgruppe kooperiert langfristig mit ca. fünf bis acht Schulen und absolviert jährlich ca. 15 bis 25 Projekte. Dadurch steigt in den Schulen der Bedarf nach Lehrerfortbildungen und thematischen Elternabenden, die ebenfalls von den Regionalgruppen und ihren Netzwerken vor Ort abgedeckt werden. So entstehen zahlreiche Synergieeffekte mit anderen kommunalen Angeboten.

Die Regionalgruppen sind in einem überregionalen Netzwerk zusammengeschlossen, das von Irrsinnig Menschlich e. V. koordiniert wird. Seit 2010 organisieren wir jedes Jahr bundesweite Netzwerktreffen und bieten dem Netzwerk je nach Bedarf Supervision und Fortbildung an.

Unsere Angebote stiften einen hohen Nutzen für die Zielgruppen:

Jugendliche und junge Erwachsene lernen sich selber besser kennen und werden dazu angeregt, über eigene Ressourcen zur Gesunderhaltung nachzudenken, sie gewinnen ein besseres Verständnis für Menschen mit psychischen Gesundheitsproblemen, erfahren, dass psychische Krisen zum Leben dazugehören und dass es Hilfe gibt. Damit verbessern sich ihre Bildungschancen. Denn psychische Gesundheitsprobleme hängen eng mit schlechten schulischen Leistungen und Schulentfremdung zusammen.

Lehrkräfte/Schulsozialarbeiter/Ausbilder werden sensibilisiert für ihre eigene seelische Gesundheit und die ihrer Schüler und Auszubildenden. Sie lernen, wie sie durch die Förderung der psychischen Gesundheit die Qualität von Bildung, Erziehung und Ausbildung verbessern können, und werden entlastet.

Eltern werden über den Zusammenhang zwischen gutem Familienklima und seelischem Wohlbefinden ihrer Kinder aufgeklärt und in ihrer Erziehungsverantwortung gestärkt.

Menschen mit psychischen Gesundheitsproblemen hilft der Einsatz im Schulprojekt, die eigene Krise oder Erkrankung besser zu verarbeiten und über Hilfe und Gesundung zu reflektieren. Viele Experten in eigener Sache sprechen von einer „Therapie der anderen Art". Insbesondere jüngere Experten in eigener Sache fühlen sich durch die Arbeit mit den Schülern so gestärkt, dass sie wieder den Einstieg in Berufsausbildung oder Studium finden. Das fördert Empowerment, Recovery und Inklusion.

Träger bzw. Franchisenehmer erhalten mit „Verrückt? Na und!" ein einfaches und machbares Programm, das in verschiedene Richtungen der gemeindepsychiatrischen Versorgung, Jugendhilfe, Erziehung und Bildung ausbaufähig und mit anderen regionalen Aktivitäten kombinierbar ist (z. B. Präventionsketten, „Kinder psychisch kranker Eltern", Lehrerfortbildungen etc.). Sie bereichern ihre Angebote, qualifizieren ihre Fachkräfte und fördern Inklusion in der Kommune. Sie schaffen ein neues Beschäftigungsfeld für Menschen mit psychischen Gesundheitsproblemen und helfen dabei, langfristig enorme gesellschaftliche Kosten einzusparen.

Unsere bisherigen Zielgruppen verfügen nur über begrenzte finanzielle Mittel, um unsere Angebote zu erwerben und zu nutzen. Hinzu kommt, dass die staatlichen Regelschulen keine Budgethoheit haben und Prävention bislang keine staatliche Aufgabe ist. Wir haben deshalb zwei Aufgaben zu lösen: zum einen Angebote zu entwickeln, zu erproben und auf den Markt zu bringen und zum anderen finanzielle Rahmenbedingungen in den einzelnen Bundesländern zu schaffen, damit unsere Angebote auch erworben und genutzt werden können. Für „Verrückt? Na und! Seelisch fit in Schule und Ausbildung" eine geschlossene Wertschöpfungskette zu schaffen, war deshalb für uns die größte Herausforderung. In landesweiten Modellprojekten bringen wir die BARMER GEK, die Deutsche Rentenversicherung, die Deutsche Gesetzliche Unfallversicherung (DGUV) und die Ministerien zusammen. Unsere strategischen Partner, die Hauptverwaltung der BARMER GEK und der Kooperationsverbund *gesundheitsziele.de*, unterstützen uns dabei maßgeblich. Dieser Prozess ist sehr zeitaufwendig, weil wir nicht nur für unsere Angebote werben, sondern auch Aufklärungsarbeit zum Thema seelische Gesundheit leisten müssen. Multiplikatoren in diesem Prozess sind Wohlfahrtsverbände und Berufsverbände, u. a. die Bundespsychotherapeutenkammer (BPtK), die Bundesarbeitsgemeinschaft der Leitenden Klinikärzte (BAG), das Bündnis gegen Depression und der Dachverband Gemeindepsychiatrie. Dadurch gelingt es uns immer besser, regionale und überregionale Netzwerke zu bewegen und langfristig möglicherweise ein ganzes gesellschaftliches Feld zu verändern.

Schwerpunkt: Dank guter Kommunikation gibt es uns heute noch immer – dass aus dem geplanten Forschungsprojekt ein dauerhaftes Sozialunternehmen wird, war so gar nicht geplant...

2000: Wie alles anfing ... Stigmaforscher suchen Praktiker 1999 erzählte mir einer meiner Kollegen beim MDR, dass die Klinik für Psychiatrie an der Universität Leipzig dringend eine Journalistin sucht, die „irgendetwas mit Jugendlichen machen soll" und Ahnung von Öffentlichkeitsarbeit hat. Das öffentliche Bild von psychisch kranken Menschen solle verbessert werden. Das klang einerseits nebulös, andererseits spannend und nach interessanten Lebensgeschichten. Psychische Krankheit war mir nicht fremd, meine Familie ist wie viele andere Familien davon betroffen. Und mit Jugendlichen zu arbeiten, das hat mir schon immer Freude gemacht. Ich bewarb mich und wurde engagiert: „Machen Sie mal!", war die Devise. Was Besseres konnte mir nicht passieren: Ich konnte etwas Neues aufbauen!

„Together Against Stigma": Weltweit überlegten um die Jahrtausendwende Mediziner, Betroffenenverbände und Angehörigeninitiativen, wie man Stigma, Vorurteile und Diskriminierung gegenüber Menschen mit psychischen Gesundheitsproblemen verringern kann. Das Stigma ist einer der schwerwiegendsten Gründe, die Menschen mit psychischen Problemen davon abhalten, sich rechtzeitig Hilfe zu suchen, selbst wenn wirksame Behandlungsmöglichkeiten da sind. „Open the Doors" hieß die Kampagne der World Psychiatric Association, bei der die Schizophrenie als eine der schwersten Erkrankungen im Mittelpunkt stand. Finanziert wurde diese Kampagne für drei Jahre von Eli Lilly and Company. Prof. Matthias C. Angermeyer, einer der renommiertesten Stigmaforscher in Deutschland, damals Direktor der Klinik für Psychiatrie der Leipziger Universität, beteiligte sich an „Open the Doors". Leipzig war eines der fünf deutschen Projektzentren. Hier sollte erforscht werden, durch welche Interventionen und Maßnahmen Stigma reduziert und Einstellungen gegenüber Menschen mit psychischen Krankheiten verbessert werden können. Und dafür brauchten die Stigmaforscher Praktiker, die für bestimmte Settings Projekte entwickelten und durchführten, damit die Forscher mittels Fragebögen und Fokusgruppen Daten erheben konnten. Das ist mir jedoch erst später klar geworden. Und möglicherweise haben Angermeyer und sein Forscherteam damals gedacht, die Sache sei nach der dreijährigen Projektlaufzeit inklusive Datenerhebung und Auswertung zu Ende.

Zurück zum Anfang: Im Frühjahr des Jahres 2000 gründeten wir den Verein „Irrsinnig Menschlich – Verein für Öffentlichkeitsarbeit in der Psychiatrie". Der Verein war von Anfang an unabhängig von der Universität Leipzig und ich war nicht bei der Universität angestellt. Zu den Gründungsmitgliedern gehörten Wissenschaftler, Angehörige von psychisch kranken Menschen und Betroffene. Zwei Aufgaben standen auf der Agenda: zum einen zu erreichen, dass die Medien positiver über Menschen mit psychischen Erkrankungen berichten, zum anderen ein Projekt für Schüler zu entwickeln, um frühzeitig etwas gegen Stigmatisierung und Vorurteile zu tun. Erste wissenschaftliche Versuche mit Jugendlichen gab es in Australien mit folgendem Ergebnis: Am erfolgversprechendsten sind Projekte, die auf Edukation und Kontakt mit psychisch erkrankten Menschen setzen.

Edukation versucht, Stigma durch gegenläufige Informationen zu verringern. Solche Programme sind am wirksamsten für Teilnehmer, die bereits zuvor ein größeres Wissen über psychische Erkrankungen aufwiesen oder Kontakt zu Menschen mit psychischen Erkrankungen hatten.

Kontakt zu Menschen mit psychischen Erkrankungen hilft, die Wirksamkeit von Edukation für die Verringerung des Stigmas zu verstärken. Neuere Forschungen zeigen, dass Kontakt mit Menschen, die psychische Erkrankungen erfahren haben, zu einer stärkeren Verringerung negativer Zuschreibungen im Zusammenhang mit psychischen Erkrankungen führt als Edukation allein. Ein partnerschaftlicher Umgang und ebenbürtiger Status zwischen den Teilnehmern und eine kooperative Interaktion erleichtern den Kontakt.

Abb. 18.3 Das Schulprojekt „Verrückt? Na und!" macht mit psychischer Gesundheit gute Schule

2001: Berührungspunkte schaffen, Ansichten „ver-rücken" 2001 hatten wir unser Konzept für ein Schulprojekt fertig. Dabei haben wir uns von Erkenntnissen der neueren Stigma- und Schulforschung leiten lassen. Wir wollten nicht nur, wie andere Antistigma-Initiativen, das Image von Menschen mit psychischen Erkrankungen verbessern, sondern etwas für die psychische Gesundheit von Schülern tun, mit psychischer Gesundheit gute Schule machen. Weil uns kein Name für das Projekt einfiel, riefen wir Leipziger Schüler auf, einen zu finden: „Verrückt? Na und! Stark, wenn sich einer traut, über seelische Probleme zu reden!" Der Name knüpfte aus der Sicht der Schüler an die Pubertät an: In dieser Zeit offen über Probleme zu sprechen, das fanden sie mutig und stark. Ein treffender Name also für unser Vorhaben. 2001 führte ich zusammen mit einem jungen Mann, der Erfahrungen mit Psychosen und Drogen hatte, das erste Schulprojekt in einer Leipziger Schule durch – für eine elfte Klasse. Damals war es sehr schwer, Menschen mit psychischen Gesundheitsproblemen zu finden, die sich zutrauten, einen Tag lang in Schulklassen zu gehen und über ihr Leben mit der Erkrankung zu erzählen. Wir waren sehr aufgeregt und dachten uns: Pflichtbewusst, wie wir sind, ziehen wir die Sache durch, schließlich hat sich unser Verein die Arbeit mit Schülern auf die Fahne geschrieben. Vom Erfolg unseres Tuns waren wir nicht überzeugt. Doch bereits das erste Schulprojekt begeisterte die Schüler. Wir sollten unbedingt weitermachen und in alle Schulen in Deutschland gehen. Mit diesem Auftrag entließen uns die Schüler.

2008 änderten wir den Namen für das Schulprojekt in „Verrückt? Na und! Seelisch fit in Schule und Ausbildung". Mitglieder unseres Netzwerkes, die deutschlandweit mit dem Schulprojekt unterwegs waren, rieten uns, das Wort „Problem" aus dem Namen herauszunehmen. Es würde Lehrer und Schulleiter abschrecken, das Projekt an ihre Schulen zu holen. Lehrer hätten schon genug Probleme und wir würden ja etwas tun, was Lehrer entlastet (Abb. 18.3).

2001: Gegen die Bilder im Kopf Parallel zur Entwicklung des Schulkonzeptes versuchte ich, meine Kontakte als Journalistin zu nutzen, und initiierte verschiedene Medienprojekte: 2001 entstand für den MDR die TV-Reportage „Ich bin schizophren, aber nicht verrückt!"

von Klaus Simmering. Das erste Mal drehte ein Filmteam in der Leipziger Uniklinik für Psychiatrie. Da galt es Widerstände zu überwinden. Doch ich war fest entschlossen: Wenn wir Stigma und Diskriminierung abbauen wollen, dann müssen wir auf vielen Ebenen ansetzen. 2002 kam der Journalist und Filmemacher Norbert Göller ins Spiel. Er hatte Kontakt zu Dr. Petr Nawka, Psychiater, Querdenker und Psychiatriereformer in der Slowakei, und zur slowakischen Antistigma-Initiative „ODOS – Öffnet die Türen, öffnet Eure Herzen". Gemeinsam entwickelten wir die Kampagne „Gegen die Bilder im Kopf" – vier Filmworkshops, in denen Menschen mit Schizophrenie aus der Slowakei und Deutschland die journalistischen, technischen und handwerklichen Grundlagen der Medienarbeit kennenlernten, um mit ihren eigenen Geschichten und Bildern Vorurteile, Klischees und Tabus entgegenzuwirken. Die Robert Bosch Stiftung unterstützte mit dem Projekt in Michalovce/Slowakei als erste Stiftung unsere Arbeit.

In dieser Zeit überzeugte ich den MDR, einen ARTE-Themenabend zu Schizophrenie zu planen. Norbert Göller und ich produzierten dafür den Film „Der Boss ist der Patient", ein Porträt über Dr. Petr Nawka und seine Patienten. Am 19. März 2004 wurde der ARTE-Themenabend mit einem Livescreening in den Passage Kinos Leipzig ausgestrahlt und machte Irrsinnig Menschlich e. V. bundesweit bekannt. 2006 drehten Norbert Göller und ich mit einem sehr schmalen Budget, dafür aber hohem Engagement den nächsten Film „Zivot heißt Leben". Hier kommen ausschließlich die Teilnehmer der Filmworkshops in der Slowakei zu Wort. Alle drei Filme sind inzwischen so etwas wie Klassiker und ein Aushängeschild für Irrsinnig Menschlich e. V. geworden.

2003–2005: MUT-Preis – politisches Engagement macht Schule Wie finanzieren wir uns? Wie gestalten wir die Organisation hinter der Idee? Wie können wir den Projektansatz von „Verrückt? Na und!" verbreiten. Wie gewinnen wir Fürsprecher und Unterstützer aus Politik, Wirtschaft und Gesellschaft? Diese Fragen, die wir hatten, muss man vor dem Hintergrund der Jahrtausendwende betrachten. Das Thema seelische Gesundheit/Krankheit als gesellschaftliche Herausforderung stand damals auf keiner staatlichen Agenda in Europa, dafür gab es auch keine Förderrichtlinien oder Programme von Stiftungen. Wir mussten alles so drehen und wenden, dass wir trotzdem reinpassten. Dass uns das gelang, ist insbesondere meinem Kollegen Norbert Göller zu verdanken, der ab 2003 dauerhaft mit ins Boot kam. Bis dahin „steuerte" ich Irrsinnig Menschlich e. V. mehr oder weniger allein – auf Honorarbasis und mit viel ehrenamtlichem Engagement. Norbert Göller kümmerte sich fortan um die Finanzierung, Projektanträge und Netzwerke. Wir navigierten damals kühn von Projekt zu Projekt und gewannen quasi im „Feldversuch" einen immensen Erfahrungsschatz, den wir später für unsere Organisationsentwicklung nutzen konnten.

Um mehr Unterstützung von Politikern zu bekommen, hatten wir 2002 die Idee, den „MUT-Preis" für couragierte Politiker auszuloben, die sich bahnbrechend für die Verbesserung der Lebenssituation von Menschen mit psychischen Erkrankungen einsetzten – eine in dieser Form einzigartige Auszeichnung. Preisträger waren u. a. Regina Schmidt-Zadel, ehemals gesundheitspolitische Sprecherin der SPD und Vorsitzende der „Aktion

Psychisch Kranke", und Kurt Beck, ehemals Ministerpräsident von Rheinland-Pfalz. Die Preisausschreibung und die Preisverleihung wurden medial begleitet. Dabei unterstützte uns die bekannte TV-Moderatorin Inka Bause. 2004 haben wir versucht, die Preisverleihung erstmals mit einer Benefizgala für Menschen mit psychischen Erkrankungen zu verbinden. Leider war der Aufwand für den MUT-Preis so hoch, dass wir ihn nur 2003, 2004 und 2005 vergeben konnten. Trotz großer Anstrengung ist es uns nicht gelungen, dauerhaft Partner als Unterstützer für den MUT-Preis zu gewinnen. Dennoch hat uns diese Aktion deutschlandweit bekannt gemacht, besonders bei Trägern der psychosozialen Versorgung, bei Berufsverbänden der Psychiater, Psychologen und Psychotherapeuten, bei Krankenkassen, beim Bundesverband der Angehörigen psychisch Kranker und dem Bundesverband Psychiatrie-Erfahrener. Und mit Regina Schmidt-Zadel haben wir eine Politikerin gewonnen, die uns seit zehn Jahren begleitet und unterstützt.

2005: Erste Erfahrungen mit EU-Projekten Um die Zusammenarbeit mit unseren slowakischen Partnern in Michalovce fortzuführen, beantragten wir über das EU-Programm „Förderung einer aktiven europäischen Bürgerschaft" eine Förderung zum Aufbau eines Netzwerkes zur sozialen Integration psychisch kranker Menschen und ihrer Angehörigen – gegen Diskriminierung und Ausgrenzung. Dazu brauchten wir einen dritten Partner und fanden diesen in Fokus Prag, dem größten Träger der gemeindepsychiatrischen Versorgung in Tschechien. Aus diesem Projekt entstanden in Michalovce und in Prag Schulprojektteams, die heute noch aktiv sind und an der landesweiten Verbreitung arbeiten – für uns die Bestätigung, dass das Konzept von „Verrückt? Na und!" auch international funktioniert.

Daraufhin beantragten wir 2007 ein EU-Projekt über das Comenius-Netzwerk-Programm „Mental Health Promotion in Schools". Ein Testballon für das internationale Interesse an „Verrückt? Na und!". Wir schrieben die Teilnahme an dem Projekt in Richtung Ost- und Westeuropa aus und waren verblüfft über die Reaktion: 17 Organisationen aus 13 Ländern wollten mitmachen. Das Projekt wurde mit zwei Punkten zu wenig in der Bewertung abgelehnt. Letztendlich war das gut, denn damals hätte uns das Projektmanagement überfordert.

2006–2010: Ausnahme | Zustand mit Irrsinnig Menschlich e. V. im Kino 2005 fand in Helsinki die Europäische Ministerielle WHO-Konferenz Psychische Gesundheit statt. Für Optimisten war diese Konferenz ein Durchbruch, für Pessimisten eine Veranstaltung mit großartigen Absichtserklärungen, für Realisten Ermutigung und Vision für die „Mühen der Ebenen". Im Aktionsplan der Konferenz wurde ausdrücklich auf die unverzichtbare Arbeit von Nichtregierungsorganisationen bei der Förderung der psychischen Gesundheit hingewiesen.

Für uns, die wir Erfahrungen als Filmemacher hatten und um die starke Wirkung von Filmen wussten, war es Zeit, unser Know-how in einem bundesweiten Filmfestival zum Thema „Seelische Gesundheit" einzubringen. 2006 starteten wir gemeinsam mit EYZ Media, unterstützt von der Aktion Mensch, das bundesweite Filmfestival Ausnahme | Zustand, das ausschließlich von uns ausgesuchte neue internationale Produktionen zum Thema Depression und psychische Erkrankungen im Programm hatte. Das Filmfest tourte durch 56 deutsche und österreichische Städte und Regionen und brachte überall Menschen und Institutionen zusammen, die sonst kaum Berührungspunkte haben: „normale" Kinobesucher, Kinobetreiber, Filmemacher, Menschen mit psychischen Erkrankungen, Politiker, Angehörige von psychisch kranken Menschen, Schüler, Lehrer, Studenten, Journalisten, Menschen, die in der psychiatrischen Versorgung arbeiten. An jedem Festivalort gab es Gespräche zu den Filmen, Ausstellungen und Konzerte. Der Erfolg und die Nachfrage aller Beteiligten waren so groß, dass wir 2008 bis 2010, wieder unterstützt von der Aktion Mensch, die zweite Auflage starteten: Ausnahme | Zustand – Verrückt nach Leben, nunmehr für die Zielgruppe Jugendliche und junge Erwachsene, mit zwölf aktuellen internationalen Filmproduktionen: Dokumentarfilme, Spielfilme und Kurzfilme. Dazu gab es Gespräche mit Filmhelden und Filmemachern, Aktionen und Partys (www.ausnahmezustand-filmfest.de). Diesmal erreichten wir in mehr als 600 Veranstaltungen in fast 80 Städten in Deutschland 45.000 junge Menschen und Erwachsene. Wir kooperierten vor Ort mit 290 Vereinen, Verbänden und kommunalen Einrichtungen. Und das mit einem Team aus nur zweieinhalb Personalstellen. Das Konzept für die dritte Auflage von Ausnahme | Zustand liegt vor, ebenso wie Anfragen aus den vielen Filmfestorten – allein die finanzielle Unterstützung fehlt. Durch Ausnahme | Zustand ist es uns aber gelungen, ein bundesweites Netzwerk aufzubauen, auf das wir bis heute bei der Verbreitung von „Verrückt? Na und! Seelisch fit in Schule und Ausbildung" zurückgreifen können. Die Netzwerkpartner schätzen uns als verlässliche, innovative Organisation.

2006–2008: Erste bundesweite Verbreitung von „Verrückt? Na und!" Die Nachfrage nach dem Schulprojekt „Verrückt? Na und!" war seit 2001, als wir es das erste Mal ausprobiert hatten, groß. Jahrelang bin ich durch Deutschland gereist und habe es auf Kongressen, Konferenzen und Fortbildungen vorgestellt. Zusammen mit den ersten mutigen Experten in eigener Sache haben wir das Schulprojekt an vielen Schulen in verschiedenen Bundesländern durchgeführt. Irgendwann reifte die Erkenntnis: „Entweder wir kaufen uns einen Zirkuswagen und reisen weiter von Süden nach Norden oder wir geben unsere simple Idee an andere weiter." Wir entschieden uns für die zweite Variante.

Von 2006 bis 2008 förderte die Aktion Mensch die erste bundesweite Verbreitungswelle von „Verrückt? Na und!". In den drei Projektjahren habe ich 24 regionale Schulprojektgruppen (Moderatoren und Experten in eigener Sache) in 13 Bundesländern für ihren Einsatz in Schulen trainiert und begleitet. Darüber hinaus ermutigten wir weitere Multiplikatoren und Akteure vor Ort wie Politiker, Unternehmer, Stifter, Entscheider aus Stadt- und Kreisverwaltungen u. a., das Engagement der regionalen Schulprojektgruppen zu unterstützen. Eine Frage, die uns mit Auslaufen der Projektförderung schlaflose Nächte bereitete, war: Wird das Netzwerk von regionalen Schulprojektgruppen nunmehr ohne finanzielle Förderung weiter wachsen? Sind neue Regionalgruppen bereit, für ihre Ausbildung zu bezahlen? Oder bleibt alles auf dem Stand von 2008? Bis heute entstehen neue regionale Schulprojektgruppen. Unsere Befürchtungen haben sich nicht bestätigt.

2009: Irrsinnig Menschlich e. V. gewinnt ersten strategischen Partner 2009 kam die Hauptverwaltung der BARMER GEK auf uns zu. Die für Prävention Verantwortlichen waren begeistert von unserem Filmfest und von der Gestaltung unserer Materialien für junge Menschen. Erstmals waren nicht wir es, die Türen einrannten, sondern Vertreter der größten deutschen gesetzlichen Krankenkasse, die mit uns zusammenarbeiten wollten. Die BARMER GEK brachte finanzielle Unterstützung und einen wichtigen Partner, den Kooperationsverbund *gesundheitsziele.de*, mit – wir unsere Kreativität, unsere Kompetenz in der Arbeit mit Heranwachsenden und unser Netzwerk.

Seit 2009 haben wir, unterstützt von der BARMER GEK, zahlreiche Materialien und Medien zum Thema seelische Gesundheit für Jugendliche und junge Erwachsene entwickelt, getestet und verbreitet: u. a. das Informationsportal www.verrückt-na-und.de mit einem Social-Media-Forum, die Hilfebox für die Seele, Seelen-Fitmacher im Pocket-Guide-Format passend für Hosentasche und Portemonnaie, die Ausstellung „Wie geht×s?" und die DVD „. . . und Du so?" mit 20 Videos zum Thema seelische Gesundheit für Unterricht, Beratung und Öffentlichkeitsarbeit. Die DVD entstand in Kooperation mit den Freunden fürs Leben e. V. in Berlin, den Machern des ersten YouTube-TV-Kanals FRND.TV zum Thema seelische Gesundheit für junge Leute. Einige dieser Filme, wie die Interviews mit TV-Entertainer Klaas Heufer-Umlauf und Justin, dem Sänger der US-amerikanischen Rockband Blue October, der an einer manisch-depressiven Erkrankung leidet, öffneten die Herzen Zigtausender Menschen.

Mithilfe der BARMER GEK kamen wir u. a. mit der Deutschen Gesetzlichen Unfallversicherung und der Deutschen Rentenversicherung in Kontakt. Auch innerhalb der BARMER GEK hat sich unser Netzwerk ständig erweitert. Die Präventionsverantwortlichen begeistern immer mehr Landes-, Bezirks- und Regionalgeschäftsführer der Krankenkasse für „Verrückt? Na und! Seelisch fit in Schule und Ausbildung". Der Kooperationsverbund *gesundheitsziele.de* öffnete uns darüber hinaus die Türen zu den Ministerien in den Bundesländern.

Innerhalb von zwölf Jahren ist es uns gelungen, unsere Netzwerke in alle Richtungen zu entwickeln und Impulse zu geben: bottom-up und top-down. Immer besser verstehen wir es, Verbündete zu finden und mit ihnen andere von unseren Ideen zu überzeugen: Berufs- und Wohlfahrtsverbände, Vereine, Gesundheits-, Jugend- und Schulämter von Kommunen, Versicherungen, Unternehmen und Ministerien auf regionaler und überregionaler Ebene.

„Verrückt? Na und!" – Ansichten, Einsichten, Aussichten

Einerseits gibt es unendliche Möglichkeiten zu Entwicklungen, die wir uns heute noch gar nicht vorstellen können. Andererseits wissen wir genau: Die Zukunft liegt nicht in der Technologie, sondern in unseren Kindern, denen wir als Erwachsene das Gefühl geben können, dass die Welt auf sie wartet, dass es auf sie ankommt, dass sie sich ein Leben in Zufriedenheit und Optimismus aufbauen können. All das hat zutiefst mit seelischer Gesundheit und der Zukunft unserer Gesellschaft zu tun. Dafür braucht es wirklich ruhelose Menschen, die mit Überzeugung, Leidenschaft, Geduld und Zuversicht dranbleiben.

Burn-out, Depression und Suizide von Prominenten sorgen für Schlagzeilen. Das Thema der psychischen Gesundheit/Krankheit ist in den Medien präsent wie nie zuvor und für die Befriedigung unserer Neugier wie geschaffen. Für Betroffene hat sich dadurch kaum etwas geändert: Sie befürchten und erleben nach wie vor allzu oft Stigma, Benachteiligung und Ausgrenzung. Das zeigt eindrücklich die 2013 im Fachmagazin „Lancet" veröffentlichte Studie eines internationalen Wissenschaftlerteams um den britischen Stigmaforscher Graham Thornicroft: Menschen mit Depressionen erfahren in der Familie und am Arbeitsplatz Zurückweisung – ausgerechnet dort, wo sie die meiste Unterstützung benötigen würden. Sie fühlen sich alleingelassen und von der Gemeinschaft ausgeschlossen – oder haben schlichtweg Angst davor.[7] Zu einem ähnlichen Befund kommen deutsche Studien: Zwischen 1990 und 2011 hat die Akzeptanz professioneller psychiatrischer und psychotherapeutischer Behandlung im Falle von Schizophrenie, Depression und Alkoholabhängigkeit deutlich zugenommen. Im gleichen Zeitraum hat sich die Haltung der Bevölkerung gegenüber Menschen mit psychischen Erkrankungen jedoch nicht zum Positiven verändert. Im Zusammenhang mit Schizophrenie hat sie sich sogar verschlechtert. Die Stigmatisierung von Menschen mit psychischen Gesundheitsproblemen gehört damit zu den großen, ungelösten Problemen der Psychiatrie, der Gesellschaft.[8]

Für Initiativen, die sich auf dem Feld der seelischen Gesundheit engagieren, hat sich trotz medialer Aufmerksamkeit ebenfalls wenig geändert: große Bewunderung – zaghafte Unterstützung – ein Thema aus der „finsteren" Ecke des Lebens, obwohl fast jede Familie damit zu tun hat. Ein Thema, das so lebensübergreifend und lebenseingreifend ist, dass es in keine Schublade zu passen scheint und in keine vorhandenen Strukturen. Ein Thema, das dabei total normal ist und alle angeht.

Man kann das Dilemma auch so umschreiben: Alle reden darüber, aber nur wenige tun wirklich etwas – jenseits der medizinischen Versorgung. Dabei kann die Zivilgesellschaft schon viel früher ansetzen und auch nach Therapieende wertvolle Alltagshilfe leisten. Die hohe Schulabbrecherquote werden wir u. a. nur dann nachhaltig verringern können, wenn wir uns den Zusammenhang von psychischen Gesundheitsproblemen und Schulklima anschauen. Das bedeutet, dem Thema psychische Gesundheit mehr Aufmerksamkeit zu schenken, Zusammenhänge zu erkennen und Veränderungen herbeizuführen. Zum Beispiel mit „Verrückt? Na und! Seelisch fit in der Schule und Ausbildung". Für uns heißt das weitermachen, denn psychische Gesundheit geht alle an. Es handelt sich nicht um ein eng begrenztes Problem oder um ein Anliegen der öffentlichen Gesundheit. Psychische Gesundheit zu fördern, ist eine gemeinsame Aufgabe. Gesundheitliche und wirtschaftliche

---

[7] Lasalvia, A., Zoppei, S., & Van Bortel, T. (2013). Global pattern of experienced and anticipated discrimination reported by people with major depressive disorder: A cross-sectional survey. *The Lancet 381*(9860), 55–62.

[8] Schomerus, G., & Angermeyer, M. C. (2013). Psychiatrie – Endlich entstigmatisiert? *Psychiatrische Praxis, 40*.

Zugewinne lassen sich nur durch die Unterstützung und das Handeln vieler verschiedener gesellschaftlicher Bereiche erzielen.

Für uns als Organisation haben die Erfahrungen der letzten Jahre eine nachhaltige Wirkung. Wir haben uns mehr als ein Jahr Zeit genommen, um unsere Zielgruppen und das gesellschaftliche Feld zu analysieren. Wir wollten herausfinden, wie wir als Organisation wachsen und uns nachhaltig finanzieren können – trotz des Tabus, das möglicherweise noch lange auf dem Thema psychische Gesundheit lastet: Wir haben unseren ersten Businessplan aufgestellt und uns intensiv mit dem Marketing und Vertrieb unserer Produkte befasst. Uns ist klar geworden, dass die Besonderheit unseres Themas auch unseren Weg besonders macht.

Wir werden:

- uns breiter aufstellen, d. h., den Konzeptansatz von „Verrückt? Na und!" auf die Zielgruppe der Studierenden, der jungen Berufseinsteiger und Nachwuchsführungskräfte in Unternehmen ausweiten. Gesundheitliche und insbesondere psychische Probleme nehmen in der „modernen" Arbeitswelt nachweislich zu. Wir können psychische Belastungen enttabuisieren und das kollektive Ausblenden bei Arbeitnehmern und Arbeitgebern verändern, hin zu einem gesellschaftspolitischen Diskurs über Arbeit.
- für diese Zielgruppen Produkte und Dienstleistungen entwickeln, die unser finanzielles Standbein stärken.
- noch systematischer mit Akteuren aus dem Sozialsektor und der Wirtschaft kooperieren, um den Konzepttransfer zu beschleunigen. Nicht zuletzt deshalb, weil die entscheidenden Grundlagen für Gesundheit, soziale und berufliche Kompetenz in den Jahren des Heranwachsens gelegt werden.[9]

Für unsere Organisation bedeutet das, dass wir in Zukunft weiterhin ein schlagkräftiges Kernteam in Leipzig haben werden – möglicherweise ergänzt von „Verrückt? Na und!"-Büros in einzelnen Bundesländern. Vor Kurzem wurden wir von einem hochrangigen EU-Beamten gefragt, ob es denkbar wäre, Organisationen wie Irrsinnig Menschlich e. V. in anderen EU-Ländern zu gründen. Auch das können wir uns vorstellen.

Fazit: Es ist nie zu spät, die Dinge zum Besseren zu wenden...

(1) Anfangen, ausprobieren, dranbleiben – die Freude mit anderen teilen Ich bin in der DDR groß geworden: Karriere machen, Start-up-Unternehmen gründen, Sozialunternehmer werden – alles Fremdwörter. Und selbst heute noch, über 20 Jahre nach der Wende, kommen diese Wörter schwer aus meinem Mund und ich hinterfrage immer wieder, was sie genau bedeuten. Was für mich wichtig ist: Ich habe schon als Jugendliche gern Dinge anders gemacht als andere. Das bringt nicht unbedingt Lob und Anerkennung ein. Und

---

[9] Bauer, J. (2013). Arbeit. Warum unser Glück von ihr abhängt und wie sie uns krank macht. München: Karl Blessing Verlag.

ich habe mich schon früh dafür interessiert, wie andere Menschen ihr Leben meistern – trotz Krieg, Hunger, Armut, Krankheit. Ich wollte mithelfen, die Dinge zum Besseren zu wenden. So kam eins zum anderen. Oft werden wir nach unserer Mission und Vision gefragt. Über so etwas habe ich erst später nachgedacht und es fiel mir schwer, passende Formulierungen zu finden. Weil wir schon mitten im Tun, im Ausprobieren waren und es immer Menschen gab, die gesagt haben: „Macht weiter, das brauchen wir für unser Leben." Was ich damit sagen will: Es braucht Leidenschaft, Bescheidenheit, Neugier, Durchhaltevermögen, Konzentration, Menschen, die an einen glauben, ein bisschen Glück und Gesundheit. Und es ist nie zu spät, damit anzufangen, die Dinge zum Besseren zu wenden.

(2) Bereit sein, Grenzen zu überwinden Ich habe mich von Anfang an als Brückenbauerin verstanden und wollte scheinbar unvereinbare Systeme zusammenbringen. Dazu gehören für mich im Rückblick eine große Portion Neugier, kindliche Naivität und die Überzeugung, dass wir Menschen ganzheitliche Wesen sind und nicht in Schubladen passen. Ich erinnere mich noch gut, dass ich in den ersten Monaten die Sprache der verschiedenen Gruppen nicht verstand. Psychiater, Psychologen und Sozialarbeiter benutzten für die gleiche Sache andere Wörter als Menschen mit psychischen Gesundheitsproblemen, Politiker, Rentenversicherungsträger, Lehrer oder Angehörige von Menschen mit psychischen Erkrankungen. Überall lauerten „Tretminen". Wie soll man da Brücken bauen? Doch relativ unabhängig von eingefahrenen Strukturen zu sein hilft, vorherrschende Auffassungen zu hinterfragen, sich von ihnen zu befreien und neue soziale Verbindungen herzustellen. Das heißt, Menschen mit ihren Professionen, Ideen und Lebenserfahrungen zusammenzubringen, die normalerweise nicht zusammenkommen, und ihre Perspektive einzunehmen: Menschen mit psychischen Gesundheitsproblemen und ihre Angehörigen, Jugendliche und junge Erwachsene, Schulen, Lehrer, Eltern, Menschen, die professionell in der psychiatrischen Versorgung arbeiten, kommunale Träger, engagierte Bürger, Unternehmer u. a. Daraus entstehen im besten Falle neue, ungewöhnliche Lösungen für gesellschaftliche Probleme. Dafür braucht es Leidenschaft, Überzeugung, Geduld und Ausdauer.

(3) Die Grundidee „destillieren" und weiterentwickeln Irrsinnig Menschlich e. V. hat einige Wandlungen durchlaufen. Wir haben unsere Strategie, unsere Geschäfts- und Verbreitungsmodelle hinterfragt, korrigiert und verändert. Wichtig dabei ist für mich, immer „einfach" zu bleiben. Das bedeutet einerseits, es anderen Menschen leicht zu machen, sich zu beteiligen, die Idee zu übernehmen, selbst zum Changemaker zu werden. Andererseits bedeutet das für mich, sich auf die Grundidee zu konzentrieren, die ein Fundament für gutes Wachstum ist: Eine der besten Arten, zu lernen, wie Probleme bewältigt werden können, ist der Austausch mit Menschen, die vergleichbare Situationen bereits gemeistert haben. In unserem Falle sind das Menschen, die Erfahrungen mit seelischen Gesundheitsproblemen haben. Bei allen Fragen, Vorurteilen und Ängsten glaube ich, dass viel zu wenig über hilfreiche Erfahrungen gesprochen wird. Wenn laut Statistik jeder dritte Mensch im Laufe seines Lebens von psychischer Krankheit betroffen ist, muss es zwangsläufig einen großen Erfahrungsschatz geben. Menschen, die selbst Erfahrungen mit psychischen Gesundheitsproblemen haben, als Betroffene oder Angehörige, könnten kompetente und engagierte Förderer der psychischen Gesundheit in Familie, Schule, Studium und Arbeit werden. Sie sind es, die am meisten motiviert sein sollten, etwas gegen Stigmatisierung, Vorurteile und Ausgrenzung zu tun. Wahrscheinlich würden ihre Erfahrungen nicht nur das gesamte psychiatrische Versorgungssystem ändern, sondern weit in die Gesellschaft hineinwirken.

(4) Rückenwind bekommen Seit 2009 gehöre ich zur Ashoka-Fellowship in Deutschland. Ashoka ist die erste und weltweit führende Organisation zur Förderung von Social Entrepreneurship. In einem mehrstufigen Auswahlprozess identifiziert Ashoka gesellschaftliche Innovationen und unterstützt die dahinterstehenden Sozialunternehmer. Ich habe mich bis dahin nicht als Sozialunternehmerin gesehen, habe immer erst nach den Inhalten und Ideen gefragt und zuletzt an Geld gedacht, viele Fragen und Begriffe nicht verstanden. Alles, was ich getan habe, hat sich ganz normal aus meinem Leben, aus der Idee, Menschen zusammenzubringen und glücklicher zu machen, ergeben und war für mich selbstverständlich. Im Nachhinein bin ich unglaublich froh, mich dem Ashoka-Auswahlprozess gestellt zu haben. Seitdem hat unsere Organisation einen Sprung nach vorn gemacht. Das hat wenig mit Geld zu tun, sondern mit neuen Fragen und Antworten, neuen Kontakten und Ideen, mit Gleichgesinnten, Unterstützung und Glaubwürdigkeit.

Autorin
Manuela Richter-Werling, 1959 geboren, wuchs in der DDR auf, studierte Lehramt für Geschichte und Deutsch, promovierte, arbeitete als Kulturmanagerin, Hochschullehrerin und ist Systemischer Coach (DGSF). Nach der Wende ging sie als Hörfunk- und TV-Journalistin zum MDR. Das wollte sie schon als Jugendliche. Als Journalistin interessierte sie sich beruflich v. a. für die speziellen Herausforderungen von Kindern und Jugendlichen, arbeitete als Freiwillige u. a. in Flüchtlingslagern in Bosnien und Kroatien. Im Jahr 2000 war sie Mitbegründerin des Vereins „Irrsinnig Menschlich". Ziel war es, Berührungsängste beim Thema psychische Gesundheit/Krankheit abzubauen. Sie erkannte, dass der persönliche Kontakt zu Betroffenen dabei hilft, Vorurteile und Stigma abzubauen und Mut zu machen. Schließlich kommen psychische Erkrankungen häufig vor. Auch ihre Familie ist davon betroffen. Sie entwickelte das Konzept „Verrückt? Na und! Seelisch fit in Schule und Ausbildung" und verbreitet es seither durch Regionalgruppen national und international.
Weiterführende Informationen
www.irrsinnig-menschlich.de

19 Kulina e. V.: Ernährungsbildung in gesellschaftlichen Randgruppen

Florence Klement

Inhaltsverzeichnis

Die Organisation in Kürze 229
Die Idee und ihre Umsetzung 231
    Funktionsweise der sozialen Innovation 231
    Schwerpunkt: Übergewicht – Symptom statt Ursache? 235
    Personalführung, Marktanalyse und Finanzierung als Erfolgsfaktoren 240
Fazit: Interesse für Ernährung durch Interesse an sich selbst 241

Die Organisation in Kürze

Seit seiner Gründung im Jahr 2011 in Berlin verfolgt der Kulina e. V. die Vision, Essen zu einem relevanten gesellschaftlichen Thema zu machen, getreu dem Motto „*Bring the conversation to the table*". Seine Mission ist es, Menschen unabhängig von ihrem Bildungsstand und ihrer Herkunft zu einer selbstbestimmten Ernährung zu verhelfen und zur Bildungsgerechtigkeit in Deutschland beizutragen. Daher setzt sich der Verein primär für sozial benachteiligte junge Menschen ein und regt dazu an, das eigene Essverhalten kritisch zu hinterfragen und mehr Vertrauen in das Bauchgefühl zu entwickeln. Gleichzeitig vermittelt Kulina e. V. grundlegende Kochkenntnisse und hilft dabei, sich der Bedeutung des Kochens in kultureller, ökonomischer und ökologischer Hinsicht bewusst zu werden. Der Verein bietet *Ernährungsalternativen* statt *Definitionen* und unterstützt seine Zielgruppe dabei, den jeweils idealen Weg zu einem ausgewogenen Ernährungsverhalten zu finden.

F. Klement (✉)
Reinickendorferstr. 118, 13347 Berlin, Deutschland
E-Mail: klement@kulina-ev.de

Hierbei orientiert sich Kulina e. V. an den Anforderungen der Zielgruppe und richtet sein Programm an den Kriterien *Einfachheit*, *Kostengünstigkeit* und *Zeiteffizienz* aus.

Kulina e. V. begreift sich als Organisation zur Ernährungsbildung und -aufklärung. Dies beinhaltet ein Angebot, das in der zweijährigen Vereinsexistenz kontinuierlichen Veränderungen unterworfen war, als Reaktion auf die Bedürfnisse seiner Zielgruppe. Neben *Kochkursen* für Kinder, Jugendliche und junge Erwachsene aus sozial benachteiligten Familien werden *Werkstätten* – Einzelveranstaltungen mit bestimmtem Themenfokus – und *Exkursionen* in die Ernährungswirtschaft angeboten. Darüber hinaus veranstaltet Kulina e. V. öffentliche interkulturelle kulinarische Dialoge wie das *1. Wedding Moschee Essen* (Dezember 2012) im Berliner Stadtteil Wedding. Zusätzlich weckt der Verein das gesellschaftliche Interesse für Ernährung durch *Auftritte* auf diversen Plattformen des Austauschs, durch die Entwicklung von *Kampagnen* sowie durch die Zusammenarbeit mit öffentlichen und gemeinnützigen Organisationen. Seit 2013 wird das Angebot von Kulina e. V. durch die Bereiche *Urbane Landwirtschaft* – insbesondere die Errichtung „essbarer Dachgärten" zur Bildung und Nahrungsmittelversorgung – sowie *Caterings* zur finanziellen Tragbarkeit seiner Vereinsaktivitäten ergänzt.

Der Verein wurde von einem multikulturellen, achtköpfigen Kreis um die Studentin mit tschechisch-marokkanischen Wurzeln Florence Klement gegründet. Heute besteht das Team aus 15 hauptsächlich studentischen Ehrenamtlichen unterschiedlicher Fachrichtungen und Universitäten. Diese weisen zumeist keinen professionellen Hintergrund im Ernährungsbereich auf, haben jedoch alle einen persönlichen Bezug zur Zielgruppe und ein ausgeprägtes Verhältnis zum Kochen. Dennoch achtet der Verein auf einen wissenschaftlichen Bezug durch diverse Forschungspartnerschaften, um eine gewisse Qualität und Tiefe des Angebots gewährleisten zu können.

In den zwei Jahren seiner Existenz hat sich der Verein rasant entwickelt, zahlreiche Förderungen und Auszeichnungen entgegennehmen dürfen und ein stetig wachsendes Netzwerk aus derzeit 30 institutionellen Unterstützern und Partnern aus den Bereichen Gesundheit und Bildung und Social Entrepreneurship sowie zahlreichen Privatpersonen aufgebaut. Zu den namhaftesten Verbindungen gehören die *Gesellschaft für Internationale Zusammenarbeit (GIZ)*, das *Studentenwerk Berlin*, die *Technische Universität Berlin* sowie Kontakte zu Persönlichkeiten wie *Tim Mälzer*. Als größte Errungenschaften sind die Auszeichnung als *Botschafter des Ehrenamts 2013* durch das *Verbundnetz der Wärme*, ein persönlicher Dankesbrief der ehemaligen Verbraucherministerin *Renate Künast*, die Nominierung für den *Deutschen Engagementpreis* und ein *startsocial*-Stipendium zu erwähnen.

Die Idee und ihre Umsetzung

Funktionsweise der sozialen Innovation

Eingangs wurde beschrieben, dass wir unseren Fokus auf benachteiligte Menschen in *sozialen Brennpunkten* setzen. Soziale Brennpunkte oder *Problemviertel* sind Stadtteile, *„in denen Faktoren, die die Lebensbedingungen ihrer Bewohner und insbesondere die Entwicklungschancen beziehungsweise Sozialisationsbedingungen von Kindern und Jugendlichen negativ bestimmen, gehäuft auftreten."*[1] Sie charakterisieren sich durch Bildungsarmut, Armut, Kriminalität und in Großstädten zusätzlich durch einen überproportional hohen Anteil an Menschen mit Migrationshintergrund. Oft wird von einer Parallelgesellschaft gesprochen, als Folge fehlender Integration beziehungsweise Inklusion in die Gesellschaft. Auch viele Politiker haben ein verzerrtes Bild von den Einwohnern dieser Problemviertel und dabei ist es irrelevant, ob der Sitz ihrer Partei mitten in einem Brennpunkt gelegen ist oder nicht. Aufgreifen möchte ich dazu das bekannte Beispiel eines Politikers, der mit seinen rassistisch angehauchten Parolen vor ca. drei Jahren negativ von sich hat reden machen. Der ehemalige Berliner Finanzsenator und Bundesbankvorstand *Thilo Sarrazin*, dessen Arbeitsplatz lange Zeit der Sitz des SPD-Landesverbandes in einer von Berlin-Weddings Hauptgeschäftsstraßen war, assoziierte mit den im Wedding und anderen Brennpunkten lebenden Einwohnern Folgendes: Arbeitsunwilligkeit, die Verwahrlosung der dort lebenden Kinder und die Produktion *„ständig neue[r] kleine[r] Kopftuchmädchen [...]. Das gilt für 70 % der türkischen und 90 % der arabischen Bevölkerung in Berlin."*[2] Diese und ähnliche Aussagen haben ihn nicht nur den politischen Kopf gekostet, sondern außerdem zu einer hitzigen Debatte um die Bevölkerung mit Migrationshintergrund beigetragen – der auch ich zugeordnet werde. Ohne näher auf den Wahrheitsgehalt der oben zitierten Beschreibungen einzugehen, möchte ich mich der Frage annähern, ob es einen Zusammenhang zwischen sozialen Brennpunkten und Fehlernährung gibt. Häufig wird davon ausgegangen, *ungesunde* Ernährung würde nur bestimmte soziale Randgruppen betreffen: die Bildungsarmen am Existenzminimum. Es wird nicht infrage gestellt, die Qualität der Ernährung mit dem Grad an Bildung in Verbindung zu bringen. Das bedeutet nicht, dass nicht auch eine Menge anderer Faktoren darüber bestimmen, wie wir uns ernähren. Fehlernährung ist ein jenseits von Problemvierteln herrschendes Problem, doch die Gefahr der Manipulierbarkeit steigt mit sinkender Bildung. Kulina e. V. setzt sich für Bildungsgerechtigkeit und gleiche Zukunftsperspektiven ein – aus diesem Grund legen wir unseren Fokus auf Menschen, die bisher vernachlässigt wurden. Wirft man einen Blick auf die Vielfalt an Angeboten in der Ernährungsbranche, stechen sechs Typen von Organisationen aus dem Markt hervor:

---

[1] Deutscher Städtetag (Hrsg.) (1979). *Hinweise zur Arbeit in sozialen Brennpunkten.* DST-Beiträge zur Sozialpolitik, Reihe D, 10. Köln.
[2] Berberich, F. (2009). Berlin auf der Couch – Autoren und Künstler zu 20 Jahren Mauerfall. *Lettre International 86,* deutsche Ausgabe, 197–201.

- *Typ 1: Die Investigativjournalisten.* Sie decken Skandale in der Ernährungswelt auf und bringen sie an die Öffentlichkeit. Beispiel: *foodwatch e. V.*
- *Typ 2: Die Gourmets.* Sie essen nicht, um zu leben, sondern sie leben, um zu essen – Kosten spielen keine Rolle. Beispiel: *Slow Food Deutschland e. V.*[3]
- *Typ 3: Die Revolutionäre.* Sie fordern eine *Food Revolution*, oft ohne zu wissen, wie und warum – Hauptsache radikal. Anderen ein schlechtes Gewissen einzureden, ist die Hauptfunktion dieser moralischen Terroristen. Hierbei kämpfen sie sogar in den eigenen Reihen. Beispiel: Veganer gegen Vegetarier.
- *Typ 4: Die Alchemisten.* Ihr Ziel ist es, kulinarische Perfektion zu erlangen oder vorzugeben, andere könnten sie bei ihnen finden. Beispiel: *b.alive! dinner club – the art of gourmet raw cuisine.*[4]
- *Typ 5: Die Farmer.* Sie bauen gern Gemüse und Obst an. Beispiel: *Prinzessinnengarten Berlin.*[5]
- *Typ 6: Die Akademiker.* Sie setzen sich für die Bekämpfung statistisch relevanter Probleme ein. Implementierung ist ihre Schwachstelle. Beispiel: *Plattform Ernährung und Bewegung e. V.* mit Fokus auf die Übergewichtsprävention von Kindern und Jugendlichen.[6]

Es mag Mischformen dieser Typen geben, dennoch fehlen mir zwei entscheidende Aspekte in Bezug auf Ernährungsbildung: langfristige Wirkung und ein umfassendes Verständnis. Nahezu alle Organisationen weisen eine homogene Zielgruppe aus gutbürgerlichen Kreisen auf und ein Angebot, dessen Wirkung aufgrund der Einmaligkeit nach kurzer Zeit verpufft. Aufgrund fehlender Schnittstellen zwischen all diesen Typen wird kein umfangreicher Einblick in die Ernährungswelt vermittelt, sondern nur ein kleiner Ausschnitt wiedergegeben, abgesehen von der teilweise fraglichen Herangehensweise an die Zielgruppe.

Meine Vision war nicht, unterhaltende „Kinderbespaßung" für gutbürgerliche Familien am idyllischen Rande Berlins anzubieten oder eine radikale Institution ins Leben rufen, die gegen den großen Feind, *die Industrie,* kämpft. Mit starken Begriffen wie *Revolution* assoziiere ich blutige, politische Umstürze wie in Frankreich 1789 oder auf Kuba 1953, aus denen Machtkämpfe um die Interessendurchsetzung Einzelner gepaart mit legalisiertem Terror hervorgingen. Dies kann nicht im Sinne einer Nachhaltigkeitsdebatte sein. Kulina e. V. unterstützt Menschen dabei, den Mut zu einer eigenen *Meinung* in Bezug auf Ernährung zu bilden und resistent gegen Manipulation zu werden. Nennen wir diese Mission daher den *kulinarischen Frühling*.

---

[3] Rosenbaum, U. (2012). *Ein Fest für die kleinen Köche – Slow Food Kinderkochkurs auf dem Brandenburger Spezialitätenmarkt*. Slow Food Deutschland e. V. http://www.slowfood.de/projekte_und_ aktionen/convivium_aktuell/brandenburger_spezialitaetenmarkt/. Zugegriffen: 28. Juni 2013.
[4] http://www.balive.org/dinner-club/.
[5] http://prinzessinnengarten.net/.
[6] http://www.ernaehrung-und-bewegung.de/ueber-den-verein.html.

Umgesetzt wird unsere Mission durch verschiedene Aktivitäten. In unseren Kochkursen, die mit einer Mindestdauer von drei Monaten stattfinden, lernen junge Menschen neben grundlegenden Kochkenntnissen, ihren Bedürfnissen durch mehr Selbstachtung Aufmerksamkeit zu widmen und dadurch bewusste Ernährungsentscheidungen zu treffen. Hierbei wird eine Gruppe von maximal sieben Teilnehmern derselben Altersstufe wöchentlich von zwei Ehrenamtlichen des Vereins durch einen thematischen Schwerpunkt geleitet. Komplexe globale Themen (z. B. fairer Lebensmittelhandel) werden anschaulich heruntergebrochen und mittels verschiedener Medien vermittelt. Ein Bestandteil außer dem Kochen ist der gemeinsame Gang in den Supermarkt. Hier wird gelehrt, wie Lebensmittel (ernährungsphysiologisch und finanziell) günstig und vorausschauend bezogen werden können. Am Ende des Kurses findet ein Abschlussessen mit den Angehörigen der Teilnehmer statt, in dem der Kurs und das Gelernte reflektiert werden. An einer wiederholten Evaluation des Kurses mit zeitlichem Abstand wird gearbeitet, um dessen Langzeiteffekt auf die Teilnehmer und ihre Familien messbar zu machen.

Aufgrund unseres Aktionsraumes war zu Beginn klar, dass die Kochkurse von Kulina e. V. beitragsfrei sein würden. Wie sich im Verlauf herausstellte, war dies jedoch mit mehr Nachteilen als Vorteilen verbunden. Durch das kostenlose Angebot sollte es jedem ermöglicht werden, Zugang zu Ernährungsbildung zu erhalten. Nicht bedacht haben wir dabei, dass die *bedingungslose Kostenfreiheit*, mit der wir warben, den Wert unserer Arbeit für Außenstehende wesentlich verringerte. *Der Wert eines Gutes misst sich an seinem Preis.*[7] Wo kein Preis, da kein Wert. Dies sahen Bildungseinrichtungen und Zielgruppe gleichermaßen.

Die Schulen, die wir ansprachen, um potenzielle Teilnehmer für unsere Kurse zu akquirieren, sahen unserem Angebot zu Beginn mit großer Skepsis entgegen – trotz der Überbelastung ihres Lehrpersonals. Schritt für Schritt wurden Lehrer dennoch auf uns aufmerksam und auf ihre Initiative hin betreuten wir insgesamt drei Schulen und einen Kindergarten. Obwohl wir unsere Kochkurse kostenlos anboten, hielt sich die Anerkennung des Lehrpersonals in Grenzen. Keiner der betreuenden Lehrer war in der Lage, auf unsere Bedingung, eine Kooperationsvereinbarung zu unterzeichnen, einzugehen. Diese hatte die alleinige Funktion, die Verantwortlichkeiten seitens Kulina e. V. und seitens der Schule schriftlich festzuhalten. Wir regelten darin den Ablauf der Kooperation, forderten unter anderem einen festen Ansprechpartner für die Ehrenamtlichen, die kontinuierliche Betreuung der Schüler durch die zuständige Lehrperson und einen regelmäßigen Austausch zwischen beiden Parteien. Wir sicherten der Schule eine gewissenhafte Vermittlung von Wissen und Kochkunst und ein verantwortungsbewusstes Handeln zu. Für ein Angebot, das als Pflichtunterricht von der Schule vermarktet wird, hielt ich es für das Mindeste, auf unsere Forderung einzugehen. Das Gegenteil war leider der Fall. Regelmäßig informierten die Ehrenamtlichen die zuständigen Lehrpersonen über die Leistungen oder das Fehlen der Schüler, baten um Unterstützung und Austausch bei Problemen. Mit zwei der

---

[7] Gabler Verlag (Hrsg.) (2013). *Gabler Wirtschaftslexikon.* Stichwort: Preis. http://wirtschaftslexikon.gabler.de/Archiv/54632/preis-v4.html. Zugegriffen: 29. Juni 2013.

drei Schulen kam nie ein persönlicher Kontakt zustande, die Lehrer ließen uns komplett mit der Schulgruppe und den Herausforderungen alleine, fragten zum Ende des Schulhalbjahres aber eine Erweiterung unseres Angebots auf das kommende Schuljahr an. Es handelte sich bei diesen Kooperationen nicht nur um Brennpunktschulen, sondern auch um eine Privatschule in einem Brennpunktbezirk. Auch wenn die Kurse im Großen und Ganzen erfolgreich zu Ende geführt wurden, habe ich einiges aus diesen Erfahrungen gelernt. Es war eine große Überwindung für die Ehrenamtlichen, trotz Frustration über unentschuldigtes Fehlen der Schüler während der gesamten Kurslaufzeit ein konstant hohes Motivationsniveau aufrechtzuhalten. Des Weiteren waren die zunehmenden unentschuldigten Fehltage der Schüler ein Zeichen dafür, dass das kostenlose Angebot nicht zur Wertschätzung beigetragen hat. Abgesehen von der Verpflichtung der Schüler gegenüber ihrer Schule war die Motivation, den Kurs erfolgreich abzuschließen, bei der Mehrheit relativ gering. Während die Anwesenheit am Anfang noch zu 100 % bestand, ließ sie von Woche zu Woche nach. Die Disziplin der Schüler blieb im wahrsten Sinne des Wortes auf der Strecke: Der Weg von der Schule zum Kochort brachte Opfer mit sich, viele gingen wöchentlich *zum Arzt*, ohne Ankündigung oder Beleg. Die Anwesenheitslisten, die wir regelmäßig an die zuständigen Lehrer weitergaben, riefen niemals eine Reaktion hervor. Wir bewerteten die Partizipation der Schüler intern und entschieden, ob jemand den Kurs bestehen oder nicht bestehen sollte. Dies wäre ein adäquates Mittel gewesen, wenn die Schulen ein Notensystem gehabt hätten – dies wurde aber erst für die zehnten und höheren Klassen eingeführt und betraf unsere Schüler nicht. Aufgrund des negativ behafteten schulischen Bezugs fiel es den Schülern schwer, ein freundschaftliches Verhältnis ohne Distanziertheit und Misstrauen aufzubauen. Wir bemühten uns, eine lockere Kursatmosphäre entstehen zu lassen, aber das setzt regelmäßige Beteiligung und Respekt voraus, welche in unserem Fall irgendwann nicht mehr gegeben waren. Zu oft kamen Schüler gesättigt zum Kurs, ließen ihre gerade angefangene Chipstüte offen aus ihrer Tasche gucken.

Leider zeigten unsere durchschnittlich einjährigen Schulkooperationen in Berlin, dass eine Zusammenarbeit unter den gegebenen Zuständen nicht funktionieren konnte. Eine zwanghafte Lernsituation zu kreieren und dann rege Beteiligung ohne Druckmittel zu erwarten, ist nicht realitätsnah. Letztendlich haben aber dennoch alle Kurse ein gutes Ende gefunden. Die Gruppen, in denen Jungen und Mädchen gleichmäßig vertreten waren, konnten ihre Vorurteile gegenüber dem Kochen und gegenüber Ernährung größtenteils ablegen, ihre Kenntnisse vermehren und einen Einblick in unterschiedliche Kulturen erhalten.

Was wir daraus gelernt haben, ist erstens, einen symbolischen Beitrag zu fordern – *„Pay what you can"* genannt –, und zweitens, keine Kooperation mehr mit Schulen einzugehen, sondern stattdessen unser Angebot auf die Freizeit zu verlegen. Denn die Aneignung von Ernährungswissen und Kochkenntnissen soll Spaß machen und nicht zu einer Belastung für alle Beteiligten werden.

Schwerpunkt: Übergewicht – Symptom statt Ursache?

Zielgruppe: Inklusion durch Perspektive Im Rahmen der Integrationsdebatte wird häufig ein Zusammenhang zwischen der sozialen Herkunft und der Qualität der Bildung hergestellt, der die Diskrepanz zwischen deutschen Jugendlichen und solchen mit Migrationshintergrund zu erklären versucht.

Bildung ist die *„zentrale Zugangsvoraussetzung zu Kultur und Erwerbssystem einer Gesellschaft [...]. Stufen der Integration lassen sich [...] entsprechend der Schulformen und Schulabschlüsse beobachten."*[8] Kinder aus Migrationsfamilien erreichen doppelt so häufig keinen Schulabschluss, haben schlechtere Ernährungsgewohnheiten, ihre Eltern sind doppelt so oft armutsgefährdet oder arbeitslos[9] – ein Viertel der Migranten bezieht Mindestsicherungsleistungen.[10] Menschen mit Migrationshintergrund scheinen in der deutschen Gesellschaft also schlechtere Zukunftsperspektiven zu haben. Aber um wen handelt es sich eigentlich genau?

Als Menschen mit Migrationshintergrund werden *„alle nach 1949 auf das heutige Gebiet der Bundesrepublik Deutschland Zugewanderten, sowie alle in Deutschland geborenen Ausländer und alle in Deutschland als Deutsche Geborenen mit zumindest einem zugewanderten oder als Ausländer in Deutschland geborenen Elternteil"* bezeichnet. Sechs von zehn dieser Menschen mit Migrationshintergrund sind entweder in Deutschland Geborene – so wie ich – oder tragen den Status als deutsche Bürger – so wie meine Eltern. Knapp ein Fünftel der deutschen Bevölkerung hat einen Migrationshintergrund. In Berlin ist diese Zahl überproportional hoch, sie liegt bei über 800.000 ($\sim 25\,\%$) – in anderen Großstädten Deutschlands wie Dortmund oder Hamburg ist dieses Verhältnis ähnlich.[11]

Oft mit Bildungsmangel verbunden ist eine Fehlernährung, die das Leben junger Menschen für ihr gesamtes Leben prägt. Um uns unserer Zielgruppe im Detail zu nähern, möchte ich exemplarisch auf die Berliner Bezirke Neukölln, Kreuzberg, Wedding (Mitte) mit Migrationsquoten von annähernd 50 % eingehen.[12] Hier aufgewachsen war es keine Besonderheit, Kinder zu sehen, die um acht Uhr morgens zum Frühstück einige Burger verspeisten, zu Mittag trockene Asia-Nudeln aßen und ihre Konzentration in der Schule mit *Nutella*-Toasts aufzubringen versuchten. Den Ergebnissen des bundesweiten Kinder- und Jugendgesundheitssurveys KiGGS zufolge sind 15 % der Drei- bis 17-Jährigen von

---

[8] Engels D. et al. (2011). *Zweiter Integrationsindikatorenbericht – erstellt für die Beauftragte der Bundesregierung für Migration, Flüchtlinge und Integration.* Köln/Berlin.
[9] Statistisches Bundesamt (Hrsg.) (2012). *Nachhaltige Entwicklung in Deutschland.* Indikatorenbericht 2012. Wiesbaden.
[10] Engels D. et al. (2011). *Zweiter Integrationsindikatorenbericht – erstellt für die Beauftragte der Bundesregierung für Migration, Flüchtlinge und Integration.* Köln/Berlin.
[11] Statistisches Bundesamt (Hrsg.) (2012). Bevölkerung und Erwerbstätigkeit. Bevölkerung mit Migrationshintergrund – Ergebnisse des Mikrozensus 2011. Fachserie 1. Reihe 2.2. Wiesbaden.
[12] Amt für Statistik Berlin Brandenburg (Hrsg.) (2013). *Statistischer Bericht A I 5– hj 2/12. Einwohnerinnen und Einwohner im Land Berlin am 31. Dezember 2012.* Potsdam.

Übergewicht betroffen[13], wobei die Übergewichtsrate mit der Höhe der Schulbildung korreliert[14] und laut Indikatorenbericht 2012 für junge Menschen mit Migrationshintergrund etwas höher liegt als für solche ohne.

Ich war 13 Jahre alt, als ich begann, mich für Integration und Bildung sozial benachteiligter junger Menschen zu engagieren. Meine Ehrenamtslaufbahn begann als Sprachförderin für Kinder im Vorschulalter mit ausländischen Eltern. Woche für Woche besuchte ich ein bis zwei Kinder zu Hause und lehrte ihnen die deutsche Sprache. In den fünf Jahren meiner Tätigkeit erhielt ich einen Einblick in das Leben vieler türkischer und arabischsprachiger Familien. Trotz der kulinarischen Vielfalt ihres Herkunftslandes ernährten sich die Kinder hauptsächlich von Fertigprodukten, denn sie hatten die volle Entscheidungsfreiheit über ihr Essen. Während ich also an einem Problem – der Sprache – arbeitete, konnte ich zusehen, wie sich andere manifestierten. An einem gewissen Punkt im Jahr 2010 entschloss ich mich, mehr zu tun, als die Chipstüte aus dem Unterricht zu verbannen. Es war eine Zeit, als die Begriffe *Inklusion* und *Sprachförderung* auf politischer Ebene Einzug fanden und das Ehrenamt als Lösung für das Haushaltsloch des Bundes entdeckt wurde. Ich wollte mich gezielt für Ernährungsbildung einsetzen und gründete eine Institution, in der junge Menschen wie ich bei Gleichaltrigen und Jüngeren das Interesse für Ernährung wecken konnten. Ich wollte den Teufelskreis aus von Generation zu Generation fortgetragener Fehlernährung durch Unwissenheit brechen, indem Kindern und Jugendlichen aus sozial schwachen Familien grundlegende Kenntnisse im Umgang mit Lebensmitteln vermittelt werden sollten – nicht mit dem Attribut *gesund*, sondern mit dem Attribut *selbstreflektiert*. Sechs Monate vergingen zwischen der ersten Idee und dem offiziellen Status als gemeinnütziger Verein; wertvolle Zeit, um einen spontanen Gedanken reifen zu lassen. Wir, das noch kleine Team aus fünf aktiven Ehrenamtlichen, nahmen vorerst in Wedding und Kreuzberg unsere Arbeit auf und boten Kochkurse, Exkursionen und Diskussionsplattformen an. Doch es dauerte einige Zeit, bis ich Kulina aus der Schubladenkategorie *gesunde Ernährung* herausholte und mich von den gängigen *Definitionen* in der Ernährungswelt loslösen konnte. Ich tat mich schwer damit, konkrete Maßnahmen zur Umsetzung unserer Vision und Mission zu ergreifen, weil mir zu diesem Zeitpunkt nicht klar war, was Worte wie *gesund* und *öko* bedeuteten. Ich merkte, dass sich der Verein nicht entwickeln konnte, solange wir nicht eine Formulierung fänden, die keinen Abklatsch der Ernährungsszene darstellte, sondern unser eigenes Gedankengut. Schritt für Schritt dachte ich über alle Schlüsselbegriffe in Bezug auf Ernährung nach und stieß auf diverse Definitionen, wie die der Weltgesundheitsorganisation *WHO*:

---

[13] Kurth, B.-M., & Schaffrath, Rosario A. (2007). *Die Verbreitung von Übergewicht und Adipositas bei Kindern und Jugendlichen in Deutschland – Ergebnisse des bundesweiten Kinder- und Jugendgesundheitssurveys (KiGGS)*. Bundesgesundheitsblatt – Gesundheitsforschung – Gesundheitsschutz 5/2007, 736–743.

[14] Robert Koch Institut, Statistisches Bundesamt (Hrsg.) (2010). *Gesundheitsberichterstattung des Bundes. Gesundheit in Deutschland*. Datentabellen. Berlin.

"Health is a state of complete physical, mental and social well-being and not merely the absence of disease or infirmity."[15]

Gesundheit ist demzufolge ein Zustand vollständigen physischen, mentalen und sozialen Wohlbefindens und nicht allein die Abwesenheit von Krankheit oder Gebrechen. Ich fragte mich, wie dieser Zustand mittels einzelner Lebensmittel erreicht werden sollte; wie ein Salat als *gesund* oder ein fettarmer Joghurt als *gesundheitsfördernd* bezeichnet werden kann. Je mehr ich mich theoretisch und praktisch in die Materie einarbeitete, Kochkurse leitete und den Markt an uns ähnlichen Angeboten auskundschaftete, desto mehr wurde mir klar, was den Kulina e. V. von anderen Institutionen aus der Ernährungsbranche unterscheidet: Er ist kein Verein, der bestimmte Worte herunterbetet wie *die 99 Namen Allahs* im Islam. Begriffe wie *nachhaltig, regional, saisonal* oder *bio* haben einen hohen Wert und man sollte sie nicht gebrauchen, weil sie im Trend liegen, sondern weil sie das Handeln einer Institution charakterisieren. Viele Organisationen sehen sich in der Pflicht, Begriffe zu adaptieren, um ein bestimmtes Bild von sich zu erschaffen, das ohne großes Nachdenken auf breite Akzeptanz stößt. Selten wird berücksichtigt, welche Zielgruppe Kulina e. V anspricht, dass der Zugang zu einem Lebensstil von den finanziellen und sozialen Rahmenstrukturen des Individuums abhängt und sich bestimmte Ernährungsweisen nicht *so* realisieren lassen, wie es auf Papier geschrieben steht. Eine selbstbestimmte Ernährungsweise wird hauptsächlich dadurch erreicht, dass das Interesse am Essen und das Interesse an sich selbst gegeben sind. Durch die zunehmende Globalisierung unserer Esskultur haben wir einerseits die nahezu unbegrenzte Möglichkeit, Lebensmittel und Gerichte aus unterschiedlichen Ländern kennenzulernen, andererseits sind wir einem Nahrungsmittelüberfluss ausgesetzt, der uns eine geeignete Auswahl erschwert. Die Industrie will uns einreden, etwas sei *gesund*, ohne zu wissen, ob es unseren individuellen Ansprüchen entspricht, und rechtfertigt durch den Zusatznutzen der Gesundheit einen angehobenen Preis in den Supermarktregalen. Alles ist *low fat, zero sugar* oder *reich an Vitaminen* und soll uns helfen, auf einem konstant hohen Leistungsniveau zu verharren. Lebensmittelkennzeichnungen wie Siegel, Ampeln und Nährwerttabellen tun ihr Übriges zur Manipulation und Verwirrung. Sich dieser Manipulation bewusst zu sein, ist wichtig, funktioniert aber nur, wenn man sich selbst schätzt. Kinder und Jugendliche, die in der Schule als mangelhaft und faktisch unbrauchbar eingestuft werden, weil sie nicht ins System passen, und zu Hause keine Förderung erfahren, stellen die Realität in sozialen Brennpunkten dar. Es ist mir wichtig, dass gerade diese Gruppe an Menschen durch unser Angebot Wertschätzung erfährt und an Selbstvertrauen gewinnt, als Voraussetzung zur nachhaltigen Behandlung ihrer sozialen und ökologischen Umwelt. Gerade in einem Feld wie Ernährung, in dem mehr behauptet als bewiesen wird, ist es essenziell, Informationen systematisch zu selektieren und nicht die Meinung anzunehmen, die am lautesten kommuniziert wird. Nicht die

---

[15] World Health Organisation (WHO) (Hrsg.) (1948). *Preamble to the Constitution of the World Health Organization as adopted by the International Health Conference,* New York, 19–22 June, 1946; signed on 22 July 1946 by the representatives of 61 States (Official Records of the World Health Organization, no. 2, p. 100) and entered into force on 7 April 1948.

Übergewichtsstatistiken waren ausschlaggebend für die Gründung von Kulina e. V., sondern die Menschen, die nicht mit ihrem Körper und ihrem Essen umzugehen wissen und denen der Zugang zu Entscheidungsalternativen verwehrt bleibt. Frühkindliche positive Erfahrungen mit dem Kochen und die Auseinandersetzung mit dem Essen auf spielerische Art helfen dabei, zukünftig ein vorurteilsfreies Verhältnis zur Ernährung aufzubauen und sich mit den finanziellen Gegebenheiten ideal zu ernähren.

Das letzte Stündlein des Tim M. 2011 lernte ich den in Deutschland berühmten Fernsehkoch *Tim Mälzer* im Rahmen des *Culinary Project* kennen, in dem ich zusammen mit vier internationalen Studenten in drei Monaten ein Maximum an Erfahrungen im Zusammenhang mit Ernährung sammelte: Die Leitung eines eigenen Restaurants, die Arbeit in Mälzers Restaurant *Bullerei*, die Aufzeichnung seiner Sendung *Tim Mälzer kocht!*, der Anbau von eigenem Obst und Gemüse auf dem Pinneberger Feld und die Herstellung von Olivenöl auf Mallorca sind nur einige Ausschnitte dieser spannenden Zeit. Doch am meisten prägte mich die Schlachtung von *Tim M.* Das Schwein, auf dessen Rücken der Name seines Käufers gesprayt wurde, spürte, was ihm bevorstand, versuchte seinem Tode zu entgehen – zwecklos. Mit einem elektrischen Schlag wurde es zuerst bewusstlos gemacht, dann getötet, dutzende Male auf der Enthaarungsbank gedreht, seiner Krallen entledigt und anschließend halbiert. Dies war eine ganz andere Kategorie der Schlachtung, als ich vom Ramadan-Fest in Marokko gewohnt war. Auf dem Weg in den Wurstverarbeitungsbereich bestaunte ich den Kühlraum mit riesigen, hängenden Kühen und Schweinen. Die zwei Köche und der Fleischer nahmen mit uns fünf Studenten das Tier aus, schnitten es zurecht, drehten es mit Freude über die gute Qualität durch den Fleischwolf und fügten Gewürze hinzu, bevor es in Naturdärme abgefüllt wurde. Zum ersten Mal sah ich, welcher Teil zum Filet wird und dass es pro Tier nur zwei gibt! Einige Curry-, Blut- und Weißwürste später war mir mehr denn je bewusst, wie sehr es Tiere zu schätzen gilt. Diese und andere Erkenntnisse sollten einen festen Platz bei Kulina e. V. finden. *Mälzer* konfrontierte mich mit Fragen, die mich schon lange beschäftigten, auf die ich zu diesem Zeitpunkt aber noch keine Antworten wusste: *Woher weißt du, dass selbstgekochtes Essen im Vergleich zu Fertigprodukten gesünder ist? Welche Beweise hast du dafür?*

Erst durch meine Arbeit bei Kulina fand ich zu einer Antwort, indem ich mir viele andere Fragen stellte. Ich fragte mich, wie jemand täglich akzeptieren konnte, nicht zu wissen, was auf seinem Teller liegt; wie jemand seinen Körper der Gefahr aussetzen konnte, nicht das Beste zu bekommen; wieso es einigen von uns wichtiger ist, ihr Auto vor potenziell schädigendem E10-Kraftstoff zu schützen, als ihren Körper vor dem Verfall. Wieso sollte Essen nur funktional sein, der Aufnahme von Mikro- und Makronährstoffen dienen? Wie konnte uns bisher entgehen, dass Essen Ausdruck einer Kultur und evolutionären Entwicklung ist, die uns von anderen Lebewesen unterscheidet und auf eine primitive, intime Art doch so verbindet? Wir haben eindeutig den Bezug zur Natur verloren. Kaum ein Kind kennt heute mehr als fünf Obst- und Gemüsesorten, geschweige denn isst sie auch. Die Industrie versucht, den Zustand der Gesundheit zu verkaufen, aber diesen Zustand muss man sich zuerst verdienen! In der Hoffnung, der Komplexität der Natur zu entfliehen, nehmen wir Definitionen an und verlieren die Verbindung zu der eigentlichen Quelle unseres Wohlbefindens – den Lebensmitteln. Übergewicht oder Fettleibigkeit sind nur offensichtliche Symptome eines tiefgreifenden Problems: Wir haben verlernt, unsere Bedürfnisse und Intuition bei dem Überangebot an Nahrung zu berücksichtigen. Kulina e. V. wurde nicht mit dem Gedanken gegründet, jemandem vorzugeben, was *gesund* ist und was nicht. Wir versuchen vielmehr zu zeigen, dass es *die* universell richtige Ernährung nicht gibt, und wir unterstützen mit unserem Engagement Menschen, die für sie jeweils richtige Ernährung auf Basis eigener Entscheidungen zu entwickeln. Das Beispiel von *Tim M.* zeigt, wie wichtig es ist, Wertschätzung für Lebensmittel durch direkten Kontakt zu denselben zu entwickeln, zu sehen, wer und was damit verbunden ist. Es ist nicht genug, die Wertschöpfungskette der Lebensmittel beim Einkauf zu beginnen, und auch Kochen allein trägt nicht dazu bei, den Wert des Essens bei unserer Zielgruppe zu fördern. Dies hat uns dazu gebracht, neben Kochkursen und Exkursionen den Anbau eigener Lebensmittel ins Programm aufzunehmen. Unser im Frühjahr 2013 gestartetes Projekt *roofTUBgarden* – ein essbarer Gemeinschaftsgarten auf dem Dach des Hauptgebäudes der *Technischen Universität Berlin* – bietet auf vorerst 100 Quadratmetern jungen Menschen aus sozialen Brennpunkten und Angehörigen der Universität die Möglichkeit, sich aktiv in den Anbau von Obst, Gemüse und Kräutern zu involvieren. Der Garten dient neben einer Lebensmittel-Bezugsquelle für unsere Kochkurse auch als Forschungsplattform zur Entwicklung einer einfachen Lösung für die Umsetzung von *essbaren Dachgärten* in sozialen Brennpunkten.

Ein anderes Mittel für Kulina e. V., um auf Ernährung aufmerksam zu machen, sind öffentliche Auftritte und Presseartikel. Dabei gestalten sich die thematischen Schwerpunkte so vielfältig wie die Plattformen, auf denen wir uns präsentieren:

- *enorm (2011)* – Das Magazin für nachhaltiges Wirtschaften.
- *Enter (2011)* – Das Engagement Magazin.
- *TEDxYouth@Berlin (2011)* – Publikum: Jugendliche im Alter von 17–24 Jahren.
- *EXPERIMENTDAYS (2012)* – Plattform für gemeinschaftliche Wohnprojekte, Ideen und Akteure der kreativen Nachhaltigkeit.
- *T. Kearney Falling Walls Lab (2012)* – A challenging, inspiring and interdisciplinary format for young academics and professionals to present their outstanding ideas, research projects and initiatives.
- *openTransfer CAMP Berlin (2012)* – Barcamp (offene Tagung) zur erfolgreichen Verbreitung sozialer Ansätze.
- *Internationale Grüne Woche (2013)* – Internationale Ausstellung der Ernährungswirtschaft und Landwirtschaft sowie des Gartenbaus.
- *Werkstatt-N-Jahreskonferenz (2013)* – Diskussionsplattform für (inter-)nationale Gäste zu Themen der Nachhaltigkeit, organisiert durch den Rat für Nachhaltige Entwicklung.
- *Tagesspiegel (2013)*
- *Berliner Woche (2013)*
- *DOMIZIL Hausverwaltung Berlin (2013)*

Immer deutlicher in unserer Entwicklung zeichnet sich die beratende Funktion von Kulina e. V. ab. Regelmäßig erreichen uns Anfragen von Privatpersonen und Initiativen, die sich mit Ernährungsfragen an uns wenden und um Austausch bitten. Auch dieser Bereich wird in Zukunft stärker ausgebaut. Wir möchten gerade für Menschen, die sich nicht selbst Informationen beschaffen können, eine Möglichkeit darstellen, diese zu erhalten, und bieten unter anderem Beratung für Studierende sowie junge oder alleinerziehende Eltern an. Langfristig arbeiten wir auf eine deutschlandweite Ausweitung unseres Angebots hin, mit Lokalgruppen, die das Programm direkt für die dort lebende Zielgruppe anpassen.

Personalführung, Marktanalyse und Finanzierung als Erfolgsfaktoren

Als Wirtschaftsingenieurin *in spe* ist die Funktionsweise von Unternehmen Teil meiner Ausbildung. Doch erst durch den Aufbau eines gemeinnützigen Vereins wurde mir bewusst, dass dieser einem wirtschaftlichen Betrieb in nichts nachsteht. Ich gehe deshalb im Folgenden auf das Geschäftsmodell mit den Themen *Personalführung, Marktanalyse* und *Finanzierung* ein.

Im Ehrenamt sind zwischenmenschliche Beziehungen zwischen Zielgruppe und Ehrenamtlichen das *Nonplusultra*. Neben einem ausgeprägten Interesse für Ernährung und Kochkunst müssen unsere Ehrenamtlichen souverän mit sozial benachteiligten Menschen und fremden Kulturen umgehen können sowie die Zielgruppe verstehen – dabei ist die Motivation der Ehrenamtlichen von großer Bedeutung. Gerade in der Arbeit mit studentischen Ehrenamtlichen sind *Fluktuation* und ein *Anreizsystem* regelmäßige Herausforderungen. Um Frust und vorzeitigem Ausstieg entgegenzuwirken, die das Ehrenamt oft begleiten, bedarf es einer großen intrinsischen Motivation des Ehrenamtlichen, wie *Herzbergs Zwei-Faktoren-Theorie* veranschaulicht.[16] Ihr zufolge wird zwischen den Unzufriedenheit erregenden *Hygienefaktoren* und den Zufriedenheit fördernden *Motivatoren* unterschieden. Die Vergütung der Tätigkeit, der Einfluss auf das Privatleben, Arbeitsbedingungen oder zwischenmenschliche Beziehungen werden den Hygienefaktoren zugeordnet: Man setzt sie als gegeben voraus und stört sich an ihnen, sobald sie einen negativen Einfluss ausüben, z. B. durch zu wenig Geld oder Freizeit. Zu den Motivatoren gehören Leistung und Erfolg, Anerkennung, Verantwortung und Wachstum. Ihre positive Ausprägung führt zu Zufriedenheit des Arbeitenden, ihr Fehlen aber nicht unbedingt zu Unzufriedenheit.

Gerade im Ehrenamt spielen die Hygienefaktoren eine große Rolle für die Motivation: Man verdient kein Geld, wendet seine Freizeit auf und hat nicht immer ein ideales Arbeitsumfeld. Hier erst erkennt ein Verein, ob das Ehrenamt als Kosmetik des Lebenslaufs fungiert oder dem Ehrenamtlichen wirklich etwas an der Arbeit liegt. Auch als gemeinnütziger Verein hat man das Recht, Ehrenamtliche zu selektieren, denn unbezahlte Arbeit heißt nicht wertlose Arbeit. Sie erfordert mindestens die gleiche Disziplin und das gleiche Verantwortungsbewusstsein wie eine entgeltliche Tätigkeit.

---

[16] Herzberg F. et al. (1959). *The Motivation to Work*. 2. Aufl. New York: Wiley.

Neben *Personalführung* geht es beim Geschäftsmodell unter anderem um die *finanzielle Nachhaltigkeit*. Zu Beginn unserer Tätigkeit waren unsere einzigen Einnahmequellen Fördergelder, Spenden und Mitgliedsbeiträge. Doch bei unregelmäßigen Einkünften ist ein strategisches Wachstum einer Organisation unmöglich. Mittel- und langfristige – oder: *größere* – Projekte lassen sich nicht planen, wenn die Ressourcenverfügbarkeit in den Sternen steht. Aus diesem Grund ist es eines der Ziele von Kulina e. V., sich selbst tragen und in seine Projekte reinvestieren zu können. Neben dem in 2.1 beschriebenen *Pay-what-you-can*-Konzept bestand unsere eigentliche Überlegung darin, unsere Fähigkeiten für Zielgruppen anzubieten, die über finanzielle Mittel verfügen. Seit 2013 bieten wir im kleinen Umfang *Caterings* für ausgewählte Unternehmen wie die *Deutsche Gesellschaft für Internationale Zusammenarbeit (GIZ)* an. Ähnliches werden wir auch hinsichtlich unserer Werkstätten, Exkursionen und Dachgärten umsetzen.

Nach Forschungspartnerschaften mit der *Fachhochschule Potsdam*, dem Berliner Berufsausbildungszentrum *Lette-Verein*, dem *Hasso-Plattner-Institut School of Design Thinking* und der *Technischen Universität Berlin*, Seminar- und Abschlussarbeiten zum Thema sowie studentischen Projektwerkstätten arbeiten wir daran, das Netzwerk in der Ernährungsbranche zu erweitern, unter anderem, um Jugendlichen ohne Zukunftsperspektive eine Chance auf einen Ausbildungsplatz zu ermöglichen. Ein Netzwerk aus lokalen und nationalen Initiativen wie der *Deutschsprachige Muslimkreis Berlin e. V.* wird ergänzt durch politische Einrichtungen wie den *Berliner Senat* sowie durch Politiker wie die ehemalige Verbraucherministerin *Renate Künast*.

Fazit: Interesse für Ernährung durch Interesse an sich selbst

Ernährung ist für viele Menschen ein uninteressantes, da komplexes Themengebiet. Die Konsequenzen, die sich aus dem mangelnden Interesse ergeben, zeigen sich insbesondere durch die Art, wie wir mit unserem Essen umgehen. Dieses fehlende Bewusstsein zieht sich durch alle gesellschaftlichen Schichten hinweg und führt dazu, dass die deutsche Ess- und Kochkultur zugunsten einer globalisierten Ernährung weicht. Die herrschende Chancenungleichheit in Deutschland erschwert es einigen gesellschaftlichen Gruppen, sich selbstbestimmt zu ernähren. Daher wendet sich Kulina e. V. gezielt an sozial benachteiligte junge Menschen und ihre Familien. Wir *diktieren nicht*, sondern zeigen Alternativen auf. Wir proklamieren keine gesunde Ernährung, wie oft falsch dargestellt wird. Auch geht es uns nicht primär um Maßnahmen zur Reduzierung von Übergewicht als Fortführung der politischen Anti-Dicken-Kampagne[17], denn Übergewicht ist nur das Symptom eines tieferen Problems. Was uns von anderen Institutionen der Ernährungsbildung unterscheidet, ist das mehrdimensionale Auftreten hinsichtlich unseres Angebots, aber auch

---

[17] Spahl, T. (2004). Die dicken Kinder von Deutschland. *Novo Magazin (Hrsg.)* 72, Sept./Okt. 2004. Frankfurt/Main.

hinsichtlich der Aspekte, die wir behandeln. Wir geben einen gesamtheitlichen Einblick in die Ernährung und wir beleuchten dabei ethische, ökologische, ökonomische, kulturelle und individuelle Aspekte. Unser Programm passt sich den Bedürfnissen unserer Zielgruppe dynamisch an. Eine weitere Erkenntnis ist die hohe Bedeutung eines stabilen Netzwerks aus Ehrenamtlichen und Partnern für das Wachstum des Vereins. Dabei handelt es sich in unserem Fall um Social Entrepreneurs, Unternehmen, Meinungsführer und Entscheidungsträger aller Themenbereiche. Der Bezug zu Bildungseinrichtungen ist besonders wichtig. Die Akquise unserer Teilnehmer erfolgt hauptsächlich über die Schule, über Ausbildungsstätten und Hochschulen. Doch mein Fazit nach eineinhalb Jahren Schulkooperation ist radikal: Zum gegebenen Zeitpunkt halte ich eine Zusammenarbeit mit Schulen in Berlin im Rahmen des Unterrichts für nicht realisierbar. Für Kulina e. V. bleibt als Lösung derzeit nur, sein Programm *außerhalb* des Unterrichts anzubieten. Was die Ehrenamtlichen betrifft, spielt der professionelle Ernährungshintergrund keine Rolle in der Arbeit mit der Zielgruppe. Andere Faktoren wie die kulturelle Sensibilität und Nähe zu sozialen Brennpunkten sind erfahrungsgemäß wichtiger für den Erfolg eines Kochkurses. Professionalität erhalten wir durch den engen Bezug zu wissenschaftlichen Einrichtungen. Hier erarbeiten Studierende Methoden zu Themen wie Evaluierung und Erfolgsmessung, die auf uns zugeschnitten sind. Um ehrenamtliche Studierende langfristig für unsere Arbeit zu motivieren, bedarf es eines Anreizsystems, beispielsweise in Form des Zugangs zu einem speziellen Netzwerk. Egal wie es *en detail* aussieht, es muss sich eine „*WIN-WIN-WIN*-Situation" für Verein, Ehrenamtliche und Zielgruppe ergeben.

Die oben ausgeführten Beschreibungen sollen zeigen: Gemeinnützigkeit ist weder mit Unprofessionalität noch mit Wertlosigkeit gleichzusetzen. Jeder erfolgreiche Verein lebt von einem guten Geschäftsmodell, dabei ist insbesondere die finanzielle Tragfähigkeit zu betonen. Professionalität ist für einen Verein ein kostbares Gut und sollte nicht mit Arroganz gegenüber seiner Zielgruppe verwechselt werden. Wichtig ist, immer an den Bedürfnissen derjenigen zu arbeiten, für die man sich engagiert. Für die Zukunft wünsche ich mir, auf gleicher Ebene mit Meinungsführern und Entscheidungsträgern die in der ehrenamtlichen Arbeit gemachten Erfahrungen zu teilen und Ernährung in Deutschland mitzugestalten.

Autorin
Florence Klement ist Studentin des Wirtschaftsingenieurwesens Studentin mit tschechisch-marokkanischen Wurzeln und Gründerin des gemeinnützigen Kulina e. V. In Berlin geboren und im Stadtteil Wedding aufgewachsen, engagiert sie sich seit ihrer frühen Jugend ehrenamtlich in sozialen Brennpunkten. Sie wurde bilingual erzogen und hat einen engen Bezug zu den Herkunftsländern ihrer Eltern, in denen ihre Familien noch heute leben. Florence Klement ist Stipendiatin der gewerkschaftsnahen Hans-Böckler-Stiftung sowie ver.di-Mitglied und beschäftigt sich seit vielen Jahren mit den gesellschaftspolitischen Themen Integration/Inklusion, Gesundheit

und Bildung mit Fokus auf sozial benachteiligten Familien. Trotz oder vielleicht gerade wegen ihres technischen Studiums wuchs ihre Motivation, sich intensiver mit ihrem Hobby Kochen und Backen sowie Ernährung zu beschäftigen, welches sie im Elternhaushalt begann. Sie hat in diesem Zusammenhang durch einen mehrmonatigen Aufenthalt in Hamburg und die dortige Arbeit bei und mit Fernsehkoch Tim Mälzer einen tiefen Einblick in die professionelle Gastronomie erhalten.

Weiterführende Informationen
http://www.kulina-ev.de
http://www.facebook.com/Kulina.de
Informationen zu Auszeichnungen und Presseartikeln des Vereins:
http://www.verbundnetz-der-waerme.destartsocial
http://www.werkstatt-n.de
http://www.falling-walls.com/lab
http://www.ted.com/tedx
Informationen zum Culinary Project mit Tim Mälzer:
http://www.goodfoodgood.com
http://www.tim-maelzer.info/news/2011/08/projekt-2011-hat-begonnen

20 McMöhre: Schüler gründen Pausenladen für gesunde Ernährung

Birgit Eschenlohr

Inhaltsverzeichnis

Zusammenfassung 245
Die Organisation in Kürze 246
Die Idee und ihre Umsetzung 248
    Funktionsweise der sozialen Innovation 248
    Schwerpunkt: Wie erreiche ich Schüler/innen? Partizipation, Eigenverantwortung und
        Praxisbezug sind die Schlüssel zum Erfolg 250
    McMöhre erlaubt Schülern, Vertrauen in die eigenen Fähigkeiten zu entwickeln 255
Fazit: Fürs Leben lernen: praxisorientiertes Lernen als wichtige Ergänzung im Schulunterricht 257

Zusammenfassung

Das Projekt McMöhre, ein eigenständiges Projekt des BUND-Landesverbandes Baden-Württemberg, möchte Jugendliche innovativ und pragmatisch für eine nachhaltige Ernährung begeistern. Seit 2007 können Schüler/innen ab der 7. Klasse Schülerfirmen gründen, die überwiegend eigenverantwortlich den Pausenladen übernehmen, um dort gesundes und nachhaltiges Essen anzubieten (siehe Abb. 20.1). Dabei lernen die Schüler nicht nur, dass gesundes Essen schmeckt, sie können zudem unternehmerische Kompetenzen erwerben und ihr Selbstbewusstsein stärken. Dazu trägt vor allem der partizipative Ansatz bei: Die Schüler/innen werden zwar von ihren Lehrern/innen unterstützt, können und müssen aber viele Dinge selbst entscheiden: Welche Produkte werden angeboten? Sozial verträgliche oder gewinnorientierte Preisgestaltung? Wann soll der Pausenladen geöffnet haben? Wer ist für welche Aufgaben zuständig? Wie soll der Pausenladen überhaupt

B. Eschenlohr (✉)
BUND Landesverband Baden-Württemberg, BUND Büro Heidelberg,
Willy Brandt Platz 5, 69115 Heidelberg, Deutschland
E-Mail: birgit.eschenlohr@bund.net; www.mcmoehre-bawue.de

Abb. 20.1 Schülerfirma: „McMorz" aus Zell im Wiesental. (Foto: Miklas Hahn)

heißen? Muss der/die Geschäftsführer/in auch an der Hygienebelehrung teilnehmen? Wer spricht mit dem/der Hausmeister/in?

McMöhre lässt den Schülerinnen und Schülern bewusst viele Freiräume. So können sie ihre eigenen Fähigkeiten ausprobieren. Dabei kommt es immer wieder vor, dass einige Schüler/innen eine enorm positive Entwicklung durchlaufen und ihre Lehrer/innen, Eltern und Mitschüler/innen durch ihr souveränes Auftreten beeindrucken. Schüler/innen, die in manchen klassischen Schulfächern so ihre Schwierigkeiten haben, trumpfen auf, wenn es um die praktische Umsetzung geht. Gerade sie können dann durch McMöhre ihre Stärken zeigen. Inzwischen gibt es McMöhre-Schülerfirmen an über 14 Schulen in Baden-Württemberg.

Die Organisation in Kürze

Der Bund für Umwelt und Naturschutz (BUND) wurde 1975 gegründet und finanziert sich vor allem aus Mitgliedsbeiträgen und Spenden. Der BUND in Baden-Württemberg stellt mit seinen über 80.000 Mitgliedern und Unterstützerinnen und Unterstützern den zweitgrößten BUND-Landesverband. Mit deutschlandweit über 495.000 Mitgliedern und Förderinnen und Förderern ist der BUND auch international ein starker Partner innerhalb von *Friends of the Earth International*, dem weltweit größten Netzwerk unabhängiger Umweltgruppen.

Der BUND beschäftigt sich insbesondere mit der Förderung des Naturschutzes und der Landschaftspflege. Als gesetzlich anerkannter gemeinnütziger Naturschutzverband ist er regelmäßig bei einer Vielzahl öffentlicher und privater Planungen formell beteiligt und kann dabei Stellungnahmen abgeben. Der Verband versteht sich als die treibende gesellschaftliche Kraft für eine nachhaltige Entwicklung in Deutschland, nicht zuletzt in den Bereichen Ernährung, Energieversorgung und Verkehrsentwicklung.

Die Ziele von McMöhre sind daher leicht zu beschreiben: Der BUND will Jugendliche innovativ und pragmatisch für eine nachhaltige Ernährung begeistern und nebenbei ihre sozialen Kompetenzen stärken. Seit 2007 ist das Projekt „McMöhre – die PowerPause" ein eigenständiges Projekt des BUND-Landesverbandes Baden-Württemberg. Primäre Zielgruppe sind Schüler/innen ab der 7. Klasse an weiterführenden Schulen. Dort initiiert der BUND die Gründung von Schülerfirmen, die dann überwiegend eigenverantwortlich den Pausenladen übernehmen und dort ein nachhaltiges und attraktives Vesper anbieten. Dabei wurden in der Vergangenheit insbesondere Förder-, Haupt- und Werkrealschulen angesprochen. Inzwischen gibt es McMöhre-Schülerfirmen an über 14 Schulen in Baden-Württemberg. Darunter sind Dorfschulen, aber auch große Schulkomplexe.

Aufgebaut hat das Projekt BUND-Mitarbeiter Miklas Hahn. Gemeinsam mit der Projektleiterin Birgit Eschenlohr wurde in der Folge das McMöhre-Handbuch entwickelt, das interessierten Schulen wertvolle Anregungen zur Umsetzung des Projekts gibt. Die Erfahrungen und Expertise des BUND in der Umweltbildung gerade im Kinder- und Jugendbereich fließen unmittelbar in das Projekt mit ein und sind ein wichtiger Faktor und Garant für den Erfolg von McMöhre.

Das Projekt hat bereits mehrere Preise erhalten. McMöhre wurde zweimal als Dekade-Projekt „Bildung für nachhaltige Entwicklung"[1] sowie im Jahr 2011 als „Werkstattprojekt N"[2] ausgezeichnet. Unterstützt wird das Projekt von der „Aktion Mensch", der „SWR Herzenssache", der Deutschen Umwelthilfe (DUH) und der Schwenninger Krankenkasse.

Alexander Bonde, Minister für Ländlichen Raum und Verbraucherschutz Baden-Württemberg, sagt über das Projekt: „Wer sich in einer McMöhre-Schülerfirma engagiert, sammelt vielfältige Erfahrungen und lernt im Team, wie ein Unternehmen in der Praxis funktioniert. In erster Linie ist McMöhre aber auch ein gelungenes Projekt, weil es Jugendlichen ausgewogenes Essen und Trinken im Alltag schmackhaft macht."[3]

---

[1] Die Deutsche UNESCO-Kommission prämiert seit 2005 im Rahmen der „Dekade Bildung für nachhaltige Entwicklung" beispielhafte Initiativen, die das Konzept der Bildung für nachhaltige Entwicklung in die Praxis umsetzen. Die Dekade-Projekte vermitteln Kindern und Erwachsenen nachhaltiges Denken und Handeln. Das heißt: heute so zu entscheiden, dass Menschen auch morgen noch ein gutes Leben führen können. Die ausgezeichneten Projekte sind Vorbilder und zeigen Antworten auf. Quelle: www.bne-portal.de.

[2] „Werkstatt N" ist ein Qualitätssiegel für ausgezeichnete Nachhaltigkeitsinitiativen aus Deutschland. Es wird vom Rat für Nachhaltige Entwicklung vergeben (www.werkstatt-n.de).

[3] Quelle: McMöhre-Flyer „Hier schmeckt die Schule!"

Abb. 20.2 Förderschule Wolfach. (Foto: Miklas Hahn)

Die Idee und ihre Umsetzung

Funktionsweise der sozialen Innovation

McMöhre richtet sich an eine Zielgruppe, die bislang noch wenig im Fokus nachhaltiger Ernährungsinitiativen stand: Schüler/innen sollen für eine ausgewogene Ernährung im Alltag sensibilisiert werden. Im Rahmen von Schülerfirmen, die weitgehend eigenverantwortlich aufgebaut und geführt werden, bieten Schüler/innen des 7. Schuljahres gesundes Essen an. Wie die Schüler/innen die Schulkioske ausgestalten, bleibt ihnen überlassen. Ihnen wird lediglich vorgegeben, dass es sich um gesunde und frische Biolebensmittel handeln muss. Wie genau sie das Sortiment gestalten, welche Öffnungszeiten es gibt, wie die Preise festgeschrieben werden, bleibt ihnen überlassen (siehe Abb. 20.2). Durch diesen partizipativen Ansatz können die Schüler/innen Gestaltungskompetenzen erwerben.

Einige Schulen setzen das Projekt im Rahmen des Unterrichts um, an anderen Schulen sind die Schüler/innen in einer AG engagiert oder es gibt Schulsozialarbeiter/innen, die Lust auf ein gutes Projekt haben und dies an einer Schule umsetzen. An einigen Schulen werden auch Jugendbegleiter/innen[4] zur Unterstützung eingesetzt, in anderen Schulen

---

[4] Das Jugendbegleiter-Programm des Landes Baden-Württemberg realisiert seit 2006 außerunterrichtliche Bildungs- und Betreuungsangebote an Schulen. Dazu gehören auch die „Jugendbegleiter/innen Natur und Umwelt": Der BUND-Landesverband hat sich beim Land Baden-

nutzen die Schülerfirmen Erfahrungswerte und das Know-how von Eltern, Großeltern oder Bekannten.

Gemeinsam entwickeln die Schüler/innen die notwendigen Schritte zur Umsetzung des Projekts. Dies fördert die Fähigkeit, vorausschauend zu denken, und macht es notwendig, sich Ziele zu setzen, die dann auch umgesetzt werden. Teamgeist, Kooperations- und Kritikfähigkeit sowie die Bereitschaft zum vernetzten Denken werden durch die Langfristigkeit des Projekts ebenfalls gefördert. Um das Startgeld von 150 € zu erhalten, erstellen die Schüler/innen einen Entwicklungsplan und kalkulieren ihre Einnahmen und Ausgaben für ein ganzes Schuljahr.

Die McMöhre-Projektstelle und ein/e Regionalberater/in des BUND beraten und unterstützen interessierte Schulen bei allen Aspekten des Projektaufbaus und begleiten die Schüler/innen in der Gründungsphase und bei Fragen im Betriebsalltag. Dazu gehören: Informationen für die Schulleitung und die Lehrer/innen, Beratung zum Konzept und zur Finanzierung an der jeweiligen Schule, Hilfe in der Gründungsphase und im Betriebsalltag, Bereitstellung von Informationsmodulen, Unterstützung bei der lokalen Öffentlichkeitsarbeit, Informationen zur Hygienebelehrung sowie Vernetzung der Schülerfirmen und Schulen. Jede Schule wird besucht, um vor Ort ein passgenaues Konzept zu erarbeiten. Nach einer ersten Testphase erfolgt ein Gründungsfest, bei dem die McMöhre-Projektleiterin der Schülerfirma eine offizielle Urkunde überreicht und die Schüler/innen bei der Pressearbeit unterstützt.

Es geht bei einer McMöhre-Schülerfirma also nicht um die Vermittlung von Faktenwissen, sondern vielmehr um eine aktive und langfristige Beschäftigung mit den Themen Ernährung, ökologische Landwirtschaft, fairer Handel und nachhaltiges Wirtschaften. Dabei lernen die Schüler/innen auch, über den Tellerrand zu schauen und die Welt zu entdecken: Was hat mein Kaufverhalten mit dem/der Milcherzeuger/in im Dorf, der biologischen Vielfalt auf der Alm und Bewohnern/innen des Regenwaldes zu tun? Da in den Schulen auch verschiedene Kulturen vertreten sind, müssen sich die Schülerfirmen bei der Auswahl ihrer Produktpalette zudem mit ihrer Zielgruppe beschäftigen. Was bedeutet „koscher" oder „halal"? Ist in der „Rindersalami" nur Rind und warum essen einige Mitschüler/innen trotzdem kein Rindfleisch? Woher kommt unser Fleisch und warum wirkt sich der persönliche Einkauf auf die Lebensbedingungen von Jugendlichen in anderen Ländern aus?

Spannend werden diese Themen vor allem dann, wenn sie ein „Gesicht" bekommen und ein persönlicher Bezug aufgebaut werden kann. Es muss ja nicht unbedingt der Besuch in einem Schlachthof sein. Der BUND vermittelt auch gerne einen Besuch in einem Biobetrieb oder einem Lernort-Bauernhof. Hier kann ein direkter Kontakt hergestellt werden. Hier leben und arbeiten reale Personen, die durch einen Einkauf der Produkte direkt unterstützt

---

Württemberg erfolgreich dafür eingesetzt, dass Schulen zukünftig auch natur- und umweltrelevante Themenfelder im Rahmen des Jugendbegleiter-Programms anbieten können. Der BUND stellt den Modellschulen konkrete, längerfristige Umweltbildungsangebote zur Verfügung (www.oekostation.de/de/themen/jugendbegleiter.htm).

werden können. Durch den Erwerb von Streuobstsaft oder Bergkäse (z. B. für die leckeren überbackenen Pizzabrote) unterstützen die Schüler/innen aktiv artenreiche Heuwiesen und die biologische Vielfalt in unserer Kulturlandschaft.

Die Themen Soja, Regenwald und virtuelles Wasser sind inzwischen in vielen Klassenzimmern angekommen. Den Schülern/innen wird klar, dass sich ihr Konsumverhalten auf andere auswirkt.

Jede Schülerfirma ist anders organisiert. Es gibt jedoch in allen Schülerfirmen mehrere Abteilungen und unterschiedliche Zuständigkeiten (siehe Abb. 20.3). Zu Beginn des Projekts sollen sich die Schüler/innen überlegen, in welcher Abteilung sie gerne arbeiten möchten. Die Abteilungen werden vorgestellt und die Schüler/innen sollen sich Gedanken über ihre eigenen Fähigkeiten machen. Eventuell gibt es auch schon einen Berufswunsch oder eine Fähigkeit, an der sie arbeiten möchten.

Jede Abteilung sollte zudem eine Abteilungsleitung wählen, die weniger als Chef/in auftreten sollte, sondern eher als Botschafter/in und Vermittler/in der Abteilung. Er oder sie kann dann bei einer Abteilungsleiterkonferenz aus seinem/ihrem Bereich berichten. Den Geschäftsführern/innen fällt eine ähnliche Aufgabe zu. Sie sollen als Vermittler/innen zwischen den Mitschülern/innen, Lehrern/innen, Eltern und Hausmeistern/innen agieren.

Und was passiert am Ende des Schuljahres? Einige McMöhre-Schülerfirmen führen das Projekt nur in einer bestimmten Klasse durch. Meist erfolgt eine Übergabe an die „Neuen" und diese können dann wieder neue Ideen, Produkte und besondere Aktionstage entwickeln. Bei einigen Schülerfirmen ist die Erfahrung der Vorgänger/innen aber stark gefragt und so fungieren einige Abteilungsleiter/innen auch nach ihrer McMöhre-Zeit noch als ehrenamtliche Berater/innen.

Gleichzeitig bieten sich zahlreiche Möglichkeiten, die Schule in die regionalen Netzwerke einzubinden und ehrenamtliches Engagement, etwa durch Eltern oder BUND-Aktive, zu fördern.

Schwerpunkt: Wie erreiche ich Schüler/innen? Partizipation, Eigenverantwortung und Praxisbezug sind die Schlüssel zum Erfolg

McMöhre möchte Schüler/innen für das Thema gesunde Ernährung begeistern. Die Schüler/innen sollen erleben, dass gesundes Essen durchaus gut schmecken kann. Wie aber kann die Zielgruppe erreicht werden? Wie schaffen wir es, die Schüler/innen wirklich mit ins Boot zu holen?

Partizipation und Eigenverantwortung spielen hier eine wichtige Rolle. Die Schüler/innen sollen sich von Anfang an mitgenommen fühlen. Sie sollen merken, dass sie ihre Schülerfirma selbst entwickeln können. Das beginnt bei der Überlegung, in welcher Abteilung sie mitarbeiten möchten, geht über in die Wahl der Abteilungsleiter/innen und mündet in der gemeinsamen Suche und Auswahl eines geeigneten Firmennamens. Hierfür kann die Marketingabteilung intern erste Entwürfe zu Namen, Logo und Werbestrategie entwickeln. Es gab auch Überlegungen, prominente Sportler/innen aus der jeweiligen

Die verschiedenen Abteilungen		
Abteilung	**Aufgaben**	**Fähigkeiten**
Finanzen	• Geldein- und -ausgang • Belege sammeln • Einnahmen und Ausgaben buchen • Genaue Buchhaltung • Finanzbericht in Form einer einfachen Überschuss-Rechnung • Finanzbedarf für Investitionen (z.B. Geräte) klären • Sponsoren ansprechen • Konto einrichten	• Mathematikkenntnisse • Exaktes und zuverlässiges Arbeiten
Einkauf	• Rohstoffe • Überblick über die Vorräte behalten • Wareneingangskontrolle • Lieferanten und Einkaufsmöglichkeiten finden • Markterkundung • Sonderkonditionen, Angebote • Liefern lassen oder selbst einkaufen • Rückkopplung mit der Produktionsabteilung und Anpassung der Bestellmengen	• Organisation • Verhandlungsgeschick • Vorausschauendes Planen, Überblick
Produktion	• Herstellung der Waren (je attraktiver, desto besserer Umsatz) • Verarbeitung • Hygienevorschriften • Ideen für Produktpalette sammeln • Rezepte ausprobieren • Gute Vorbereitung (wenig Aufwand, aber leckere Produkte) • Absprache mit dem Einkauf, auch bei Investitionen in Geräte • Arbeitsplatz einrichten und aufräumen	• Kreativität beim Entwickeln von Rezepten • Sorgfalt bei der Zubereitung • Spaß an der praktischen Arbeit / Verarbeitungsgeschick
Verkauf	• Ort für den Verkauf suchen • Kurzen Weg von der Produktion zum Verkauf beachten. Wo sind Schüler, wenn es in der Pause regnet oder die Sonne scheint? • Hygienevorschriften beachten, Schulung organisieren • Mobilen Verkaufsstand mit Spuckschutz organisieren (Herstellung im Werkkurs oder Eltern/Handwerker beauftragen?) • Zusammenarbeit mit Einkauf, Produktion und Finanzabteilung (gemeinsam den Preis festlegen) • Eigene Ausgaben decken, möglichst einen kleinen Gewinn erwirtschaften	• Spaß am Umgang mit Menschen • Gelassenheit bei großem Andrang und Stress
Marketing	• Kontakt zu Kunden pflegen • Schülerfirma bekannt machen • Ansprechenden Auftritt erstellen • Arbeit in Bild und Text dokumentieren • Gestaltung einer Pinnwand • Durchsagen • Marktforschung nach Bedarf • Namen und Logo entwerfen, z.B. durch einen Wettbewerb, Copyright beachten • Preistafel gestalten	• Kreativität • Kommunikation
Geschäftsführung (1 – 2 Personen)	• Überblick: koordinieren und organisieren (Integrativer Führungsstil) • Bindeglied: Kontakt zur Schulleitung	• Spaß an der Organisation • Überblick behalten • Entscheidungen treffen (Verantwortungsbewusstsein) • Sich mit Schülern, Lehrern und Erwachsenen auseinandersetzten

Abb. 20.3 Die verschiedenen Abteilungen der Schülerfirma. (Quelle: BUND-Landesverband Baden-Württemberg)

Abb. 20.4 Gründungsfeier Freie Schule Brigach. (Foto: Birgit Eschenlohr)

Region als Paten/Patinnen zu gewinnen. Laut der aktuellen JIM-Studie 2012 (Basisuntersuchung zum Medienumgang der 12- bis 19-Jährigen, siehe www.mpfs.de) sind über 75 % der Jugendlichen aus dem Südwesten Deutschlands Mitglied in einem Sportverein. Wie wichtig Sport für die Jugendlichen ist, wird auch in anderen Bereichen deutlich: Bei den Computerspielen etwa führt ein Fußballspiel die Hitliste an.

Nach einer ersten Überprüfung, ob die Namen patent- oder markenrechtlich geschützt sind, können die Entwürfe in der Mitarbeiterbesprechung zur Abstimmung freigegeben werden. Fachlehrer/innen oder Eltern mit Erfahrungen im Grafikbereich helfen dabei, ein ansprechendes Logo zu entwickeln. Dieses kann später, wie zum Beispiel bei der McMöhre-Schülerfirma in Brigach, auf Bistroschürzen, Postern, Bechern und Werbefaltblättern eingesetzt werden – je nachdem, für was sich die Schüler/innen begeistern Abb. 20.4.

Bei einer Umfrage des BUND hat sich herausgestellt, dass der Zeitbedarf pro Abteilung recht unterschiedlich ist. Daher werden einige Schüler/innen in Stoßzeiten auch in anderen Abteilungen eingesetzt. Einige Schülerfirmen haben Stundenkonten angelegt, bei denen Mehrarbeit in Form von Überstunden notiert wird und als Freizeitausgleich genommen werden kann. Auch die Frage, was mit einem erwirtschafteten Gewinn zu tun ist, löst jede Schülerfirma eigenverantwortlich. Einige Schülerfirmen investieren diesen Betrag und finanzieren einen Betriebsausflug, andere unterstützen eine Partnerschule in einem Entwicklungsland.

Gerechtigkeit ist ein weiteres wichtiges Thema, mit dem man Jugendliche gewinnen kann. Diese Offenheit und Sensibilität kommt nicht von ungefähr: In der Pupertät finden bei den Jugendlichen nicht nur starke hormonelle Umstellungen, sondern Umbauaktivitäten im Gehirn insgesamt statt. Dieser Umbau betrifft insbesondere den präfrontalen Cortex (PFC). Diese Hirnregion wird immer wieder im Zusammenhang mit Nachdenken, Entscheidung und Planung genannt und gilt als Sitz der Persönlichkeit. Der PFC braucht auch am meisten Zeit, bis er ausgereift ist (bis zu 25 Jahre).

Personen, die sich glaubwürdig für ihre Ideale einsetzen, können gerade Jugendlichen einen wichtigen Anstoß für ihre persönliche Entwicklung geben: Diskussionen über Kinderarbeit und das „globale Huhn" werden mit Leidenschaft geführt. Die Jugendlichen stellen sich und die Welt um sie herum infrage: Wie wirkt sich mein Konsumverhalten auf Jugendliche in anderen Ländern aus und kann ich mir faire oder regionale Bioprodukte überhaupt leisten? Jugendliche möchten sich mit ihren Fähigkeiten einbringen und „die Welt retten". Doch wo fängt man damit an? Was ist richtig, was ist falsch, oder gibt es etwa doch nur ein „so gut wie möglich"? McMöhre bietet die Möglichkeit zum Austausch, zur Meinungsbildung und zur Diskussion.

An Herausforderungen wachsen
Im Zusammenhang mit den Schülerfirmen hat der BUND die Erfahrung gemacht, dass Schüler/innen sich im Laufe des Projekts sehr stark entwickeln. Einige blühen in ihrer Funktion auf und überraschen Lehrer/innen, Eltern und Mitschüler/innen durch ihr souveränes Auftreten. So hatten eine Schülerin und ein Schüler der Karl-Friedrich-Reinhard Schule aus Schorndorf die Möglichkeit, nach Berlin zu reisen und dort bei der Gründungsveranstaltung der Stiftung „Die Gesundarbeiter" ihre Schülerfirma Bundesgesundheitsminister Daniel Bahr und vielen Ehrengästen vorzustellen (siehe Abb. 20.5). Sie begeisterten das Publikum und die mitgereisten Betreuer/innen enorm.

Schüler/innen von der Schülerfirma McMorz aus Zell im Wiesental traten 2010 beim EU-Neujahrsempfang in Brüssel auf. Eine andere Herausforderung bewältigte die Schülerfirma meet&eat in Schorndorf mit Unterstützung der ganzen Schule: Sie konnte für das Kultusministerium ein Buffet für 200 Gäste im Neuen Schloss in Stuttgart herstellen und ausgeben. Viele Schülerfirmen werden in ihrer Region für kleinere Präsentationen angefragt.

Berichte über besondere Aktionen werden in den regionalen Medien veröffentlicht. Einige Berichte wurden aber auch schon im „BUNDmagazin" abgedruckt. Das Projekt McMöhre wurde von 2010 bis 2012 durch das Projekt „Herzenssache" des SWR unterstützt. Bei Gründungsveranstaltungen oder zu besonderen Gelegenheiten kamen Mitarbeiter/innen des SWR, um mit den Jugendlichen Interviews zu führen. Die Beiträge konnten später als Podcast heruntergeladen werden.

Eine ganz besondere Herausforderung in diesem Zusammenhang war für einige Schülerfirmen die Überwindung, in ein Mikrofon zu sprechen. Im Vorfeld galt es daher, ein kleines Medientraining mit den Mitarbeitern/innen der Schülerfirmen zu starten. Wer möchte gerne ein Interview geben? Einige Fragen könnten aber auch an Abteilungen ge-

Abb. 20.5 Gründungsfeier „Die Gesundarbeiter" in Berlin. (Bildeigentümer: Schwenninger Krankenkasse, Foto: Dirk Lässig)

richtet werden, die keine erfahrenen Pressesprecher/innen haben. Daher ist es sinnvoll, in jedem Bereich zu überlegen, welche Fragen eventuell an die Jugendlichen gerichtet werden. Was würden sie als Reporter/innen fragen? Was interessiert die Zuhörer/innen und gibt es eventuell einige Stichpunkte, die ich mir vorher notieren kann, damit ich in der Aufregung nichts Wichtiges vergesse? So ein „Merkzettel" in der Hosentasche verleiht oft einen emotionalen Halt.

Neben der Vermittlung von Inhalten ging es aber auch darum, sich einen Plan zu überlegen, wie man mit Lampenfieber umgehen und welcher Kollege oder welche Kollegin einem zur Seite stehen kann, wenn man vor Aufregung vielleicht kein Wort mehr herausbringt. Die Spannung ist immer enorm – die Erleichterung nach dem Interview aber ebenso.

Peer to peer

Wir können als Erwachsene Kindern und Jugendlichen viel erzählen und auch sicherlich bei einigen einen bleibenden Eindruck hinterlassen – vor allem, wenn wir selbst authentisch sind. Für unsere Zielgruppe hat die Meinung ihrer Alterskollegen/innen aber einen höheren Wert. Werden die Themen fairer Handel und Gerechtigkeit diskutiert, ist es eindrücklicher, wenn die Schüler/innen in den direkten Austausch mit Schülern/innen oder Studenten/innen von „anderswo" kommen können. Über Skype etwa kann ein direkter Kontakt zu Schülern/innen in anderen Ländern organisiert werden. Manchmal gibt es bereits Kontakte zu Partnerstädten oder Partnerschulen, die genutzt werden können.

Wer Interesse an einer Partnerschule hat, kann sich aber auch von der McMöhre-Projektleiterin beraten lassen. Viele ehemalige Schüler/innen von der Schule oder aus der Region haben an einem „Weltwärts"-Programm teilgenommen und berichten gerne von ihren Erfahrungen. Sie haben ein ganzes Jahr im Ausland bei einem Projekt mitgeholfen und stecken voller neuer Eindrücke und Erkenntnisse.

Ab in die Praxis

Viele Schüler/innen sind einfach nur froh, wenn sie etwas Praktisches machen können. Vor allem für Schüler/innen, denen theoretisches und abstraktes Denken schwerfällt, ist McMöhre eine echte Chance zu zeigen, was in ihnen steckt. McMöhre ist aber nicht die einzige Möglichkeit, mehr Praxis in die Schule zu bringen. Immer wieder hören wir vom Wunsch der Schüler/innen, einen Schulgarten anzulegen oder ansprechende Ruhebereiche zur Entspannung einzurichten. Sie würden diese auch aktiv mitgestalten. Es stellt sich also nicht nur die Frage, was in der Pause gegessen wird, sondern auch wo und mit wem. Der sorgsame Umgang mit sich selbst, sprichwörtlich „mit Leib und Seele", ist sehr nachhaltig und sollte unterstützt werden.

Dies kann in einer eigens ausgerufenen 72-Stunden-Aktion erfolgen oder über Projekttage. Hier können Kinder und Jugendliche kreativ handwerklich aktiv werden und in der Gruppe Pläne für die gemeinsame Umgestaltung der Pausenhöfe entwickeln. Eine Schule hat in einer Gesamtaktion die ehemalige Wohnung des Hausmeisters zum Pausentreff umgebaut. Dabei haben Schüler/innen, Eltern und Lehrer/innen zusammengearbeitet und gemeinsam die Attraktivität und das Wir-Gefühl der Schule gestärkt.

Zur Frage, was mit einem Schulgarten in den Ferien gemacht werden kann, gibt es inzwischen ebenfalls neue Konzepte. Urbane Gärten schießen wie Pilze aus dem Boden und so gibt es auch schon erste Schulen, die mit mobilen Gärten experimentieren. Hierbei können einzelne Schüler/innen bepflanzte Gemüseboxen mit nach Hause nehmen und in den Ferien die Monatserdbeeren oder den Salat abernten. Außerdem bieten sich Kooperationen z. B. mit Seniorenvereinen oder Tauschringen an.

Für ihren Ferienpflegedienst könnten Senioren/innen etwa im Gegenzug eine Einführung in die Geheimnisse des neuen Handys von den Schülern/innen bekommen. Lange Zeit dachten wir auch, das Thema Abfallvermeidung wäre out. Die Aspekte Müllvermeidung und Umgang mit abgelaufenen Lebensmitteln wurden von Schülern/innen in Zukunftskonferenzen (z. B. Neuffen, Tübingen) aber immer wieder klar benannt. Neben der ethischen Fragestellung rückte auch das Thema praktischer Klimaschutz immer wieder in den Mittelpunkt.

Egal welches Thema gewählt wird, wichtig ist, dass die Schüler/innen Mitbestimmungsmöglichkeiten erhalten und sich aktiv in die Gestaltung einbringen können.

McMöhre erlaubt Schülern, Vertrauen in die eigenen Fähigkeiten zu entwickeln

Der partizipative und praxisorientierte Ansatz von McMöhre ist ein Erfolg. Er ermöglicht Schülern/innen einen ganz neuen Zugang zu Lebensmitteln und erlaubt gleichzeitig den Erwerb und Ausbau vieler wichtiger Kompetenzen:

- Vorausschauendes, vernetztes Denken
- Die Fähigkeit, sich Ziele zu setzen, die umgesetzt werden
- Aufbau und Pflege von Teamgeist
- Die Förderung von Kooperations- und Kritikfähigkeit
- Die Fähigkeit zur Reflexion typischer Handlungsweisen und Einstellungen

Die Motivation von Schülern/innen, sich mit neuen Themen zu beschäftigen, um später bessere Chancen auf dem Ausbildungsmarkt zu bekommen, ist hoch. Schüler/innen, die in einer McMöhre-Schülerfirma mitarbeiten, bekommen im Zeugnis eine Bestätigung über ihre Tätigkeit. Auf Wunsch kann in der McMöhre-Geschäftsstelle auch ein Qualipass ausgestellt werden. Diese Bescheinigungen kommen bei Ausbildungsbetrieben gut an.

Für die Schulen erweist sich die Teilnahme am Projekt McMöhre als Standortvorteil. Sie haben bei der Bewerbung um eine Auszeichnung mit dem Berufswahl-SIEGEL Baden Württemberg „BoriS" gute Chancen. Das Berufswahl-SIEGEL wird in elf Bundesländern vergeben. In Baden-Württemberg liegt die Projektträgerschaft für „BoriS" in einer GbR. Die Gesellschaft setzt sich zusammen aus:

- Baden-Württembergischer Handwerkstag e. V.
- Baden-Württembergischer Industrie- und Handelskammertag
- Landesvereinigung Baden-Württembergischer Arbeitgeberverbände e. V.

Der Bereich Berufsorientierung und Chancen auf dem Arbeitsmarkt spielt bei Eltern, die eine geeignete Schule für ihr Kind suchen, eine große Rolle. In Baden-Württemberg sind die Eltern nicht gebunden an Schulempfehlungen, die von der Grundschule ausgesprochen werden. Durch den demografischen Wandel und die freie Schulwahl befinden sich einige Schulen im direkten Wettbewerb um zukünftige Schüler/innen.

Einige Ausbildungsbetriebe aus dem Bereich Gastronomie haben auch Nachwuchsprobleme und fragen inzwischen gezielt nach Schülern/innen aus Schülerfirmen. Denn sie wissen: Wer in einer Schülerfirma mitarbeitet, hat erste praktische Erfahrungen gesammelt und weiß, worauf es ankommt. Dort lernt man das Wirtschaften ebenso wie mit Geld und Kontoführung umzugehen. Diese Fähigkeiten können Schüler/innen später auch im privaten Alltag nutzen. Wer bei McMöhre mitmacht, kann zudem Bescheinigungen für Bewerbungsmappen erhalten.

Darüber hinaus ermöglicht McMöhre den Teilnehmern/innen, Vertrauen in ihre eigenen Fähigkeiten zu entwickeln. Frau Susanne Wackerhahn, eine Lehrerin, die das Projekt McMöhre an der Hans-Christian-Andersen-Schule in Stadthagen begleitet, formuliert es so: „In der Schülerfirma habe ich die Schülerinnen und Schüler ganz anders erlebt. Jeder konnte seine individuellen Stärken einbringen, und somit bekamen auch lernschwächere Schüler plötzlich viel mehr Selbstvertrauen."

Fazit: Fürs Leben lernen: praxisorientiertes Lernen als wichtige Ergänzung im Schulunterricht

Ernährung, Bewegung und Entspannung – dies sind die neuen Schlüsselbegriffe in der Gesundheitsprävention. Wie können wir in Zeiten des demografischen Wandels als Gesellschaft gut leben und gleichzeitig nachfolgenden Generationen gute Entwicklungsmöglichkeiten bieten? In ganz Deutschland machen sich Gesundheitsbehörden darüber Gedanken, wie die arbeitende Bevölkerung möglichst bis zum Renteneintrittsalter vital und leistungsfähig bleiben kann.

Längst wurde aber erkannt, dass wir auch über den eigenen Tellerrand schauen müssen, da sich unser gutes Leben offensichtlich nur auf Kosten anderer Menschen und Regionen aufrechterhalten lässt. Produkte aus biologischem Anbau, saisonale und regionale Produkte und fair gehandelte Erzeugnisse sind eine Lösung und ein aktiver Beitrag zum Klimaschutz.

Neben einer sinnlichen Erfahrung geht es aber auch um das Erlernen der Fertigkeit, Lebensmittel frisch zubereiten zu können. Doch wie lässt sich dies in der Praxis flächendeckend umsetzen?

Die Geschmacksbildung findet sehr früh statt. Das EU-Schulfruchtprogramm verfolgt hier einen interessanten Ansatz: Kinder sollen möglichst früh die Geschmacksvielfalt von Obst- und Gemüsesorten erleben. In einigen Bundesländern wie etwa Rheinland-Pfalz und Baden-Württemberg wurden sogar zusätzliche Förderprogramme für biologisch angebaute Produkte eingerichtet. Die Bereitstellung der Lebensmittel allein ist aber nicht ausreichend. Es gilt die Schüler/innen direkt miteinzubeziehen. Hier setzt das BUND-Projekt den Hebel an: Bei McMöhre lernen Kinder und Jugendliche nicht nur eine Menge über die Herkunft „ihrer" Nahrungsmittel und die Zusammenhänge von Produktion und Konsum. Sie sind vor allem direkt in die Umsetzung einbezogen.

Bei allen positiven Ansätzen und Erfolgen mit Projekten wie McMöhre gilt es dennoch, den gesellschaftlichen und vor allem ökonomischen Kontext nicht aus den Augen zu verlieren. Die Verwendung regionaler, möglichst naturbelassener Produkte ohne aufwendige industrielle Verarbeitung, im Idealfall in Bioqualität, läuft quer zur Marketingstrategie der Lebensmittelindustrie.

Denn die Lebensmittelindustrie ist erfolgreich: Sie entdeckte die junge Generation früh als finanzstarke Zielgruppe, die an der Ladentheke mit-oder sogar selbstständig entscheidet. Nach eingehender Erforschung der neuen Kunden werden die Produkte in Geschichten verpackt, die Emotionen wecken und vermeintlich oder real an der gefühlten Lebenswirklichkeit von Kindern und Jugendlichen andocken. Und siehe da, plötzlich bekommt der gefleckte Pudding einen coolen Namen und Fertigprodukte aus der Tüte oder dem Tiefkühlfach vereinen die Familie.

Realistisch betrachtet fehlen uns im Bildungsbereich die Finanzmittel für solch ausgeklügelte Kampagnen. Was wir von den Marketingstrategen der Industrie aber auf jeden Fall lernen können, ist die nüchterne Betrachtung der Verhältnisse. Wir müssen uns mit der eigenen Zielgruppe, ihren Erwartungen und Bedürfnissen und nicht zuletzt mit ihrer Lebenswirklichkeit intensiv beschäftigen.

In einer McMöhre-Schülerfirma geht es zwar primär um einen gesunden Pausensnack, aber eben auch um Bewusstseinserweiterung und die Möglichkeit für neue Erfahrungen. Die Firma wird für die Jugendlichen zu „ihrer" Firma, gehört früher oder später „einfach so" zu ihrer Lebenswelt, weil sie ihre individuellen Talente und Fähigkeiten einbringen können und sich sicher fühlen. Jeder Mensch braucht Aufgaben, möchte sich als wertvollen Teil einer Gemeinschaft begreifen und Anerkennung für sein Engagement erfahren. Dazu sollten und können wir alle beitragen.

Autorin
Birgit Eschenlohr wurde 1966 in Siegen, Nordrhein-Westfalen geboren. Sie ist Mutter von zwei erwachsenen Kindern und arbeitet seit November 2000 beim BUND-Landesverband Baden-Württemberg. Seit Juli 2011 hat sie die Projektleitung von McMöhre übernommen. Birgit Eschenlohr vertritt den BUND ehrenamtlich beim Runden Tisch der UN-Dekade „Bildung für nachhaltige Entwicklung" und ist in der Arbeitsgruppe „Biologische Vielfalt und Bildung für nachhaltige Entwicklung" engagiert.

Weiterführende Informationen
- www.mcmoehre-bawue.de
- Das „McMöhre-Handbuch" kann über Birgit Eschenlohr bezogen werden.
- E-Learning Center for Global Education des Entwicklungspolitischen Bildungs- und Informationszentrums (EPIZ). G+ Kurs für Bäcker/innen, G+ Kurs für Gastronomieberufe, u. a. mit den Themen globales Huhn und Überfischung: http://epizberlin.de/moodle/berufliche_bildung.php
- Quiz „Wer is(s)t fair" von der DUH Hannover: www.duh.de/3854.html
- Info zum Thema Ernährung und Klimaschutz: „Der Fleischatlas", siehe www.bund.net/fleischatalas
- Nachhaltige Ernährung, Handreichung zur schulischen und außerschulischen Bildungsarbeit: www.oeko-akademie.de

„Ilses weite Welt": Filme für Menschen mit Demenz

21

Claudia Sterrer-Pichler

Inhaltsverzeichnis

Zusammenfassung 259
Die Organisation in Kürze 260
Die Idee und ihre Umsetzung 263
    Funktionsweise der sozialen Innovation 263
    Schwerpunkt: Gefühle verbinden 264
    Ilses weite Welt erobert den Markt 265
Fazit: Markterfolg durch den Mut, die eigene Geschichte bewegt und bewegend zu erzählen .. 266

Zusammenfassung

Wir von Ilses weite Welt sind weltweit die Ersten, die Filme *für* Menschen mit Demenz machen und nicht über sie. Diese sind in unser völlig neuartiges, ganzheitliches Aktivierungs- und Beschäftigungskonzept eingebettet, das alle gängigen therapeutischen Ansätze integriert.

    Wir möchten mit diesem Beitrag Mut machen: Mut, auch Tabuthemen wie Demenz mit Leichtigkeit zu begegnen, sie neu zu besetzen und mithilfe der Medien, ganz besonders der Neuen Medien, positiv darzustellen und aufzuklären. Wir holen als Vorreiter das Thema jeden Tag aufs Neue aus der Tabuecke heraus und stellen es, auch mit der engagierten Unterstützung starker Partner, in ein neues Licht der Leichtigkeit. Dadurch ist es gelungen, das Image der Altenpflege deutlich anzuheben und den Pflegenden zu neuer Anerkennung zu verhelfen. Wir sprechen nicht nur über die Herausforderungen unserer Zivilgesellschaft,

---

C. Sterrer-Pichler (✉)
Ilses weite Welt GmbH, Salzstr. 1, 21335 Lüneburg, Deutschland
E-Mail: csp@ilsesweitewelt.de

wir packen sie an. Mit neuen Ideen, mit positiver Einstellung und mit der Kraft, die in uns als Gesellschaft steckt.

Mut aber ganz besonders, als Social Entrepreneur eine bessere Welt „zu unternehmen". Es gibt so viele Möglichkeiten, die man nur ausschöpfen muss, und Unterstützer, deren Hilfe man nur annehmen muss. Es gilt so viel zu bewegen – da sind wir als Jungunternehmer gefragt, die sich engagiert und mit Risikobereitschaft den wichtigen Themen dieser Ära annehmen.

Die Organisation in Kürze

Gründerin: Sophie Rosentreter

Sophie Rosentreter hat mit ihrer Familie ihre Großmutter Ilse, die im Jahr 2000 an Alzheimer erkrankt war, neun Jahre lang gepflegt. Sieben Jahre davon gelang es unter enormen Belastungen, die Großmutter zu Hause zu betreuen. Dabei ließ sich die Familie vom ambulanten Pflegedienst helfen, mehr aber auch nicht. Warum? Sophie und ihre Eltern waren überzeugt, es wäre ihre „heilige Pflicht", die Pflege zu übernehmen, weil sich das in unserem gesellschaftlichen Wertesystem so gehöre. Sie fanden nicht den Mut, Hilfe in Form von Beratung und Unterstützung anzunehmen, denn aus ihrer Sicht hätte das ein Versagen bedeutet.

Dies ist leider kein Einzelfall, sondern die Norm.

Aus Hilflosigkeit, Angst und Scham versuchen die meisten Familien, ihre Situation alleine zu meistern. Dies ist jedoch ein grober Fehler. Studien beweisen, dass Menschen, die sich voll und ganz in der häuslichen Pflege einsetzen, oft selber zum Pflegefall werden. Die Großmutter Ilse Bischof lebte die letzten zwei Jahre ihres Lebens im Heim, nachdem die Familie nicht mehr konnte. Im Heim beobachtete ihre Enkelin Sophie Rosentreter, dass Menschen mit Demenz oft vor dem Fernseher „geparkt" werden, aber mit dem herkömmlichen Fernsehprogramm völlig überfordert sind und sich dabei in ihre eigene Welt zurückziehen oder auch herausforderndes Verhalten an den Tag legen. Viel zu viele Inhalte, zu schnelle Schnitte, Werbung, Nachrichten mit Kriegsbildern u. v. a. m.

Da Sophie Rosentreter aus der Filmbranche kommt, machte sie sich auf die Suche nach Filmen, die auf die speziellen Bedürfnisse Demenzkranker abgestimmt sind. Sie fand nichts. Zudem entsetzte sie das Unterhaltungsangebot für Demenzkranke, dem sie bei ihrer Recherche begegnete. Es gab ein paar Bücher, ein paar wenige Brettspiele, mehr nicht.

Das war die Geburtsstunde von Ilses weite Welt: Es lag angesichts des Backgrounds von Sophie Rosentreter nahe, Filme für Menschen mit Demenz zu machen, die keine komplexen Handlungen aufweisen, sondern Bilder, die Erinnerungen wecken und zum Gespräch einladen.

Um in diesem Markt Fuß zu fassen, galt es, alle gängigen Methoden rund um die Beschäftigung von demenziell erkrankten Menschen zu erlernen. Sophie Rosentreter belegte Seminare und Kurse in Ergotherapie, Musiktherapie, Integrativer Validation und anderen wichtigen Therapieformen. Um den Markt besser einschätzen zu können, betrieb Sophie über ein Jahr lang entsprechende Recherchen und verbrachte viel Zeit in Heimen, Betreuungsgruppen und Tagesstätten, um die Zielgruppen und ihre besonderen Bedürfnisse kennenzulernen. Sie führte Interviews mit Experten der Branche, um so viel Input und Überblick wie nur möglich zu bekommen. Während dieser Zeit lernte sie den Gerontologen Dr. Jens Bruder, Mitbegründer und langjähriger Vorstand der Deutschen Alzheimergesellschaft, kennen, der ihr zeigte, was möglich ist, und ihr Mut machte, ihr eigenes Unternehmen zu gründen.

Vom ersten Film bis zur Firmengründung als Gesellschaft mit beschränkter Haftung 2010 sind dann über eineinhalb Jahre vergangen, da Sophie Rosentreter mit verschiedenen Experten, Gerontologen, Musiktherapeuten, Ergotherapeuten, professionell Pflegenden, aber auch Angehörigen und Betroffenen Schritt für Schritt ihre ersten Filme und das Beschäftigungskonzept rund um diese neuartigen Filme entwickelte. Die Filme wurden an den Zielgruppen in der unterschiedlichsten Form getestet: an großen bis kleinen Gruppen, an leicht bis schwer Betroffenen. Erst als die Ergebnisse so vielversprechend waren, dass Sophie sich der Wirkung ihres innovativen Angebotes sicher sein konnte, ging sie damit an den Markt.

Zu den ersten Unterstützern der Idee und Mitgesellschaftern gehörten Dr. Florian Langenscheidt und seine Frau Miriam, die beide seit Jahren mit Sophie Rosentreter befreundet sind und sie bestärkt haben, ihrer Mission zu folgen. Weitere Mitgesellschafter kamen hinzu. Besonders hervorzuheben ist unser Partner BonVenture, der 2012 als Investor hinzukam, um den Wachstumskurs monetär zu unterstützen, aber auch inhaltlich wertvolle Beiträge zur Skalierung zu leisten, um so mehr Profit und Wirkung zu ermöglichen. 2011 konnten wir den Innovations-Inkubator der Leuphana Universität Lüneburg, Schwerpunkt digitale Medien, Kompetenztandem Art & Civic Media dafür gewinnen, uns zum Thema neue Wertschöpfungsmodelle in der Produktion und Distribution von Bewegtbildinhalten wissenschaftlich zu begleiten.

Der Erfolg der letzten Jahre gibt uns recht: Mit einem Team von sieben Mitarbeitern haben wir uns einen Markt erschlossen, der in dieser Form vorher nicht existierte, und sind bereits dabei, unser Angebot in Richtung Schulungen, Aus- und Fortbildung sowie mit einem „Lebensfreude"-Siegel zu erweitern.

Unsere Mission: Demenz, ein Tabuthema in Deutschland, in die Mitte der Gesellschaft zu rücken, aufzuklären und über unser neuartiges Aktivierungskonzept Brücken zu bauen. Denn stimmen die Rahmenbedingungen, ist auch für Demenzkranke Lebensqualität möglich.

Wir entwickeln gemeinsam mit den Betroffenen und ihren Pflegenden die Kunst, durch Aktivierung und Beschäftigung Lebensfreude zu schenken.

Auch wenn in der Krankheit viel verloren geht, bleibt doch eines bis zum Ende erhalten – die Gefühlswelt. Diese ist unsere Brücke zwischen ihrer und unserer Welt: Über ihre Gefühle können wir Menschen mit Demenz erreichen, uns verständigen und uns so auf die Lebenswelt der Erkrankten einlassen.

Unser Credo: Demenz mit Leichtigkeit begegnen.

Wir möchten Hoffnung schenken, die andere Seite der Medaille aufzeigen und neue Möglichkeiten im Umgang mit der Krankheit aufzeigen. Wir möchten allen, die mit demenziell veränderten Menschen leben, arbeiten und Zeit verbringen, ermöglichen, ihnen auf Augenhöhe zu begegnen und empathisch zu reagieren, ihnen Erleichterung verschaffen und über diesen Weg das Tor zur Innenwelt von Demenzkranken öffnen.

Mit unserem Angebot der Film- und Fühlwelt und ganz besonders mit unserem Schulungsprogramm richten wir uns an Angehörige in der Häuslichkeit, an alle Mitarbeiter in stationären Einrichtungen, ambulante Pflegedienste, Krankenhäuser, Tagespflege, Betreuungsgruppen, Ehrenamtliche und nicht zuletzt die Betroffenen selbst.

Auch wenn wir als Unternehmen für unsere Investoren und Gesellschafter selbstverständlich darauf abzielen, stabile und nachhaltige Erträge zu erzielen, so ist in einem Social Business das Thema Wirkung ein ganz besonders wichtiger Maßstab unseres Erfolges.

Wir sind stolz darauf, dass wir es dank der intensiven Öffentlichkeitsarbeit von Sophie Rosentreter als Gründerin des Unternehmens geschafft haben, das Thema Demenz neu zu besetzen und es medienwirksam positiv darzustellen. Das „Produkt" Sophie Rosentreter und ihre Geschichte wurden schnell gefeiert. Endlich war da jemand, der aus seiner doch sehr belastenden persönlichen Story ein Happy End mit gesellschaftlichem Mehrwert machte und es schaffte, das Tabuthema Demenz positiv zu besetzen. Die Aufmerksamkeit der Presse und der Zuspruch der Zuschauer waren überwältigend.

Doch bedeutete dies nicht gleichzeitig, dass sich der Absatz der Filme ebenfalls kometenhaft entwickelte. Die Brücke von der medialen Aufmerksamkeit zum Markt zu schlagen, war nicht einfach und erforderte experimentelles Lernen. Unser Königsweg: Aufklärung. Ohne das Wissen, dass Beschäftigung notwendig ist, um Lebensqualität in den Pflegealltag zu bringen, wird die Zielgruppe der Angehörigen nicht kaufen. Das ist auch der Grund, warum wir 2013 unser Schulungsprogramm entwickelt haben, das auf die Bedürfnisse der einzelnen Gruppen eingeht und eine Basis schafft für den Umgang mit unserem neuartigen Aktivierungs- und Beschäftigungskonzept und damit unserer Film- und Fühlwelt.

Wir stellen den Demenzkranken mit seinen emotionalen Bedürfnissen in den Mittelpunkt und machen den Angehörigen Mut, sich sichtbar zu machen. Denn nur, wenn es den Menschen im Umfeld des Betroffenen gut geht, kann es auch den demenziell veränderten Menschen gut gehen.

Dieser Zugang war es auch, der unseren strategischen Kooperationspartner AOK überzeugte, mit uns als jungem Unternehmen zusammenzuarbeiten. Sophie Rosentreter als das „neue Gesicht der Demenz", das dieser Krankheit mit Leichtigkeit begegnete, war auch für die AOK eine einzigartige Gelegenheit, sich mit diesem neuen Zugang zu einem auch bei ihren Mitgliedern immer wichtiger werdenden Thema neu zu positionieren. Mehrere Ausgaben des hauseigenen Magazins wurden genutzt, um Sophie Rosentreter mit Coverstorys und Reportagen in Betreuungsgruppen zu begleiten, Video-Interviews mit ihr zu machen und viele andere PR-Aktionen zu unternehmen, um gemeinsam einen Beitrag dazu zu leisten, Demenz in die Mitte der Gesellschaft zu führen.

Mit den interaktiven Produkten unserer Film- und Fühlwelt, die wir gemeinsam mit der AOK über ein Jahr lang evaluiert haben und die wir mit hochkarätigen Experten und unseren Kunden laufend weiterentwickeln, schaffen wir es nicht nur, die Betroffenen auf ihrer Gefühlsebene zu erreichen und zu aktivieren, sondern geben auch Pflegenden Entlastung und Verständnis im Pflegealltag.

Die Praxis beweist: Mit unserem ganzheitlichen Aktivierungskonzept und unseren Produkten gelingt es uns, die Beziehung zu stärken und auf diese Weise mehr Lebensfreude zu schenken.

Die Idee und ihre Umsetzung

Funktionsweise der sozialen Innovation

Die Ausgangslage: Demenz ist in Deutschland ein Tabuthema, obwohl 1,4 Mio. Menschen unter dieser Volkskrankheit leiden. Rund 840.000 davon, also ca. 70 %, werden derzeit von ihren Angehörigen zu Hause betreut und versorgt. Doch nur ein Drittel nimmt dabei tatsächlich Hilfe in Anspruch. Weitere 360.000 Betroffene leben in den 12.000 Pflegeheimen unseres Landes. Jährlich erkranken in Deutschland rund 350.000 Menschen neu an Demenz, Tendenz steigend.

Problem 1: Die Angehörigen in der Häuslichkeit sind rund um die Krankheit nicht aufgeklärt.

Sie sind völlig überfordert mit der neuen Situation. In der Folge droht soziale Isolation – geboren aus Scham, Hilflosigkeit, Trauer finanzieller Überlastung und der familiär schwierigen Situation. Oft wird die angebotene Hilfe nicht angenommen. Vielfach fehlt das Wissen über die Hintergründe des Verhaltens der Betroffenen. Durch diese Unwissenheit verursachen die Angehörigen beim Demenzkranken unbeabsichtigt oft Gereiztheit, Aggressionen und einen kompletten Rückzug in die innere Welt. Die Folge: Die Beziehung zwischen den Beteiligten leidet. Die Angehörigen gehen an ihre physischen und psychischen Grenzen bis hin zu Burn-out und Depressionen. Studien beweisen: Angehörige werden oft selber zum Pflegefall.

Problem 2: Die Qualität der Ausbildung der Mitarbeiter sowohl im stationären als auch im ambulanten Bereich zeigt teilweise große Lücken.

In der Ausbildung der Pflegenden wird die Krankheit nicht ausreichend praxistauglich erklärt. Eingegangen wird nur auf die Aspekte der Pflege, während Kommunikation und die Welt der Gefühle weitgehend zu kurz kommen. So ist es nicht verwunderlich, dass Mitarbeiter von Pflegeeinrichtungen überfordert sind und nicht angemessen reagieren. Probleme innerhalb des Teams entstehen, die Kommunikation bleibt auf der Strecke. Die Folge: Auch unter den professionell Pflegenden kommt es zu dauerhafter Überlastung, Burn-out, Depressionen und einem verfrühten Ausstieg aus dem Berufszweig. Wen wundert es da, dass wir in Deutschland den Pflegenotstand ausgerufen haben?

Unsere Lösung:
Wie bereits eingangs gesagt: Wir von Ilses weite Welt sind weltweit die Ersten, die Filme *für* Menschen mit Demenz machen und nicht über sie. Diese sind in unser völlig neuartiges, ganzheitliches Aktivierungs- und Beschäftigungskonzept eingebettet, das alle gängigen therapeutischen Ansätze integriert.

Menschen mit Demenz sind nur noch über ihre Gefühle zu erreichen und leben meist in ihrer Vergangenheit. Genau diese Brücke nutzen wir mit unseren Filmen, die wir speziell auf die Bedürfnisse der Betroffenen abstimmen. Sie überfordern nicht mit langen Handlungssträngen, sondern laden mit einem bewegenden Bildteppich ein, sich fallen zu lassen und sich zu erinnern. Wir nehmen die kleinen und die großen emotionalen Themen des Lebens auf und bannen sie auf Film. Das sind zum Beispiel Kinder, die einen Tag im Tierpark verbringen, Hundewelpen, die den ersten Tag nach draußen kommen, eine Bäuerin, die im Garten Unkraut jätet, oder Rolf Zuckowski, der mit seinem Sohn altbekannte Lieder direkt in die Kamera singt und auffordert, mitzusingen.

Dies ist einmalig. Denn wir sind überzeugt: Es gibt nicht nur den einen Königsweg, sondern für jeden Menschen in jeder Situation eine neue Herangehensweise. Besonderes Augenmerk legen wir dabei darauf, unseren Zielgruppen die therapeutischen Ansätze alltagstauglich zu vermitteln und so echten Mehrwert zu bieten.

Unser Anspruch: auf Augenhöhe begegnen und Verständnis über Empathie vermitteln.

Schwerpunkt: Gefühle verbinden

Auch wenn in der Krankheit viel verloren geht, bleibt wie bereits erwähnt eines bis zum Ende erhalten – die Gefühlswelt. Diese ist unsere Brücke zwischen ihrer und unserer Welt: Über ihre Gefühle können wir Menschen mit Demenz erreichen, uns verständigen und uns so auf die Lebenswelt der Erkrankten einlassen. Mit unserem Aktivierungskonzept begegnen wir Menschen auf der Ebene der Gefühle, sprechen ihre Sinne an, berühren sie mit Bildern und schenken ein Stück Lebensfreude. Das ist unser Alleinstellungsmerkmal in unserer Film- und Fühlwelt, bei unserer Außenwirkung (Vorträgen, PR) und in unserer neuen Schulungswelt.

Aufgrund der Vorgeschichte von Sophie Rosentreter als Moderatorin von MTV und als Model gelingt es ihr sehr viel leichter, dem Thema Demenz ein neues Gesicht – mehr Leichtigkeit bei all der Schwere – zu geben. Dies macht Ilses weite Welt neben den neuartigen Aktivierungskonzepten aus.

Es ist erfolgskritisch für uns als Gesellschaft, dieses Thema annehmbarer, interessanter zu gestalten. Uns ist es deshalb ein Anliegen, Hoffnung zu vermitteln, ohne dem Thema das Gewicht und die Ernsthaftigkeit zu nehmen.

Aber: Wir zeigen auch die andere Seite der Medaille.

„Wir in unserer egomanen Gesellschaft können an dieser Krankheit gesunden! Lassen wir uns darauf ein, helfen wir, begreifen wir wieder was es bedeutet, Mensch zu sein." Es geht um Empathie, Mitgefühl, Teilen, Gemeinschaft und vor allem Lebensfreude, auch im Alter.

Wir haben Angst, über Krankheit, Alter und Tod zu sprechen. Das sind Lebensthemen, die wir aus unserem Alltag ausgeschlossen haben, sie finden in der Gesellschaft nicht statt, werden tabuisiert. Das ist das Kernproblem. Umso mehr werden uns diese Themen einholen, wenn sie aktuell werden. Aktueller als der demografische Wandel kann ein Thema zurzeit nicht sein. Pflegenotstand, Altersarmut, Image der Pflege, um nur einige zu nennen, sind die brennenden Herausforderungen unserer Tage.

Wir müssen hinschauen!

Menschen tendieren dazu, bei unangenehmen Themen wegzuschauen. Genau diese Hürde gilt es zu nehmen. Tabuthemen, die unangenehm sind, müssen positiv besetzt werden, damit sie „verdaubar" werden. Das erreichen wir über emotionale Geschichten, die berühren, die Angst nehmen und Hoffnung schenken. Wenn diese Geschichten mit Wissen gepaart werden, dann animieren sie zum Helfen und Nachahmen. Ein Vorgehen nach dem Motto „Tue Gutes und sprich darüber!" kann eine ganze Bewegung erzeugen. Macht man die helfenden Hände sichtbar und lässt sie als strahlendes Vorbild glänzen, so folgen andere.

Schauen wir uns um, welche kreativen Ideen es da draußen gibt und wie wir unsere Zukunft besser gestalten können! Wir müssen für Transparenz und Sichtbarkeit der Hilfsangebote sorgen. Wir müssen Nachbarschaftshilfe eine neue Bedeutung geben und dies für alle Altersgruppen attraktiv gestalten. Wir müssen eine Brücke zwischen den Generationen bauen.

Ilses weite Welt erobert den Markt

Der Markt der Pflege beruht fast ausschließlich auf Hilfsmitteln zur (Körper)Pflege, Medikamenten und Pflegedienstleistungen. Beziehung und Kommunikation sind kaum bis gar nicht auf dem Radar innovativer Ansätze zur Lösung unserer sich täglich verschärfenden Probleme. Doch es gibt sie: Von Begegnungsstätten mit Tanz über „Rent a Oma" bis hin zu Parkanlagen für demenziell Veränderte gibt es Pilotprojekte, die jedoch oft an der Akzeptanz durch die Gesellschaft oder der Finanzierung scheitern.

Wir befinden uns mit Ilses weite Welt in einem aktuell sehr „unemotionalen" Markt. Demenz wird hauptsächlich unter dem pflegerischen oder medizinischen Aspekt dargestellt. Wenn es um den Menschen an sich, also um sein seelisches Wohlbefinden, geht, dann nimmt man sich diesem aus therapeutischer Sicht an. Durch diese „Unemotionalität" wird jedoch eine Distanz und auch eine Fallhöhe zwischen Betroffenem und Pflegendem (Arzt, Therapeut, Pfleger etc.) aufgebaut.

Dieser Markt wird und muss sich schnell öffnen und kann für junge Unternehmen mit dem Anspruch von Profit und Wirkung eine Goldmine sein. Denn eines ist sicher: Kein anderer Markt wird so schnell und stetig wachsen wie der der alten Menschen.

Fazit: Markterfolg durch den Mut, die eigene Geschichte bewegt und bewegend zu erzählen

Als sich Sophie Rosentreter mit ihren neuartigen Filmen für Menschen mit Demenz in den Markt wagte, wusste sie, dass sie erst geben musste, um zu bekommen. Sie entschied sich, nicht den medizinischen Aspekt in den Vordergrund zu stellen, sondern den emotionalen und so ein Bedürfnis im Markt zu bedienen, das kaum bis gar nicht auf ein entsprechendes Angebot traf. Sophie Rosentreter war und ist überzeugt, dass es darum geht, selbst „aufzumachen" und den Betroffenen auf Augenhöhe zu begegnen, um diese zu erreichen. Und der Erfolg gibt ihr recht.

Das erforderte viel Mut, die eigene Geschichte mit all ihren Problemen zu erzählen, denn damit gingen Befürchtungen einher, durch das Offenbaren eigener Schwächen angreifbar zu werden. Aber wo Schwächen sind, können eben auch Stärken sein. Wenn wir zugeben, dass wir auch Fehler gemacht haben (und sie immer noch machen), dann können wir Menschen dort abholen, wo sie ihre Nöte und ihre Bedürfnisse haben. Erlangen wir ihre Aufmerksamkeit durch Verständnis, können wir sie öffnen für Wissensvermittlung und neue Wege.

Die Voraussetzung: Wir müssen daran arbeiten, teilweise tief verwurzelte Vorurteile abzubauen. Nicht jene gegenüber Menschen mit Demenz oder gegenüber dem Pflegepersonal, sondern jene gegenüber Unternehmern, dem dahinterliegenden Risiko und potenziellem Scheitern, aber ganz besonders jene gegenüber dem Social Business, das sich dem Thema Profit und Wirkung verschreibt. Hierzulande gilt es noch immer als suspekt, mit etwas „Gutem, das Hilfe bedeutet", Geld zu verdienen. Warum nicht lernen von den USA, wo die Kluft zwischen Ökonomie und Philanthropie durch Konzepte wie Blended Value überwunden wird?

Als Sophie am Sterbebett ihrer Großmutter Ilse deren letzte Stunden teilte, wurde ihr eines klar: Es kommt nicht darauf an, *was* man im Leben erreicht hat, sondern *wen*. Es ist nicht wichtig, was wir nach außen hin darstellen, was uns schmückt, sondern es ist das wichtig, was uns innen erreicht, bereichert und glücklich macht. Das sind die zwischenmenschlichen Beziehungen, die wir mit unseren Freunden, Partnern, unserer Familie, aber auch dem Bäcker oder der älteren, verwirrten Dame an der Straßenecke eingehen. Es ist wichtig, mit wachem, empathischem Blick durch die Welt zu gehen, denn das ist das, was uns reich macht, was uns erfüllen kann, was uns das Altern erleichtern kann.

Wir haben einen Weg gefunden, uns in einem unbequemen Markt zu platzieren.

Um in einem neuen Markt zu bestehen, muss man Durchhaltevermögen besitzen und damit auch Kapital sowie geduldige Investoren finden, die sich wie unser Investor BonVenture auf diesen Markt spezialisiert haben und somit mit den besonderen Rahmenbedingungen eines Social Business vertraut sind und an den entscheidenden Stellen durch Mentoring, aber auch durch ein hochkarätiges Netzwerk Hilfestellung leisten können.

Man muss Experten gewinnen, die ihr Wissen gerne teilen und sich gegen solche behaupten, die nur ihre Produkte und ihr Wissen für richtig halten. Das ist umso schwerer, wenn man selbst als Laie, der nicht aus dem Business kommt, durch Kompetenz zum Experten werden muss, um auf Augenhöhe wahrgenommen zu werden. Es braucht Beweglichkeit im Angebotsportfolio, um dicscs auf Basis der gemachten Erfahrungen laufend zu erweitern oder anzupassen.

Es braucht Reichweite über neu zu entwickelnde Vertriebswege und PR über eine Heldengeschichte oder eine Spokesperson mit Profil, denn eines ist sicher: Mit klassischen Vertriebsmodellen ist in diesem Markt nichts zu erreichen, das kostet nur Geld und bringt wenig Wirkung. Da braucht es Mut zum Experiment und Lernen aus Irrwegen, auch dann, wenn das Lernen Geld gekostet hat und den Investoren nicht immer leicht zu erklären ist.

Der Umgang mit Tabuthemen verlangt, die Schwierigkeiten zu benennen.

Diese liegen in Vorschriften und Gesetzen, die überaltert und hinderlich für ein gutes Miteinander sind (Dokumentationswut, Pflege im Minutentakt u. v. a. m.). In Heimen wird von außen auf die Betroffenen geblickt. Die Regeln werden von Menschen geschaffen, die keinen Einblick in den realen Pflegealltag haben und oft an den Bedürfnissen vorbei bestimmen. Das Problem: Die betroffenen Mitarbeiter haben keine Lobby und so gelangen ihre wahren Probleme nicht ausreichend an die Öffentlichkeit.

In der Häuslichkeit sind ganz andere Probleme Ursache für das Schweigen. Unwissenheit, Scham, Hilflosigkeit, Überforderung, Wut, Depression und Trauer.

Diese eine Krankheit kennt mindestens zwei Betroffene.

Eine Kommunikation über die Sprache ist oft schnell nicht mehr möglich, da die Dinge, die gesagt werden, vom Erkrankten nicht mehr behalten werden können. Die Person und ihr Charakter und damit auch ihr Handeln verändern sich auf unvorhersehbare Weise. Dies zu benennen, bedeutet hier, die positive Flucht nach vorne anzutreten. Denn was passiert mit den Angehörigen? Bei ihnen machen sich Überforderung, Hilflosigkeit, Scham, Aggression, Wut, Isolation breit. Das heißt, es geht darum, unangenehme Dinge auszusprechen, auch wenn das für viele von uns viel Mut erfordert, um dann dort anzusetzen und Möglichkeiten aufzuzeigen, wie den Herausforderungen entgegengewirkt werden kann.

Diese unermüdliche Ansprache der gesellschaftlichen Öffentlichkeit, aber ganz besonders des Einzelnen hat am Ende das Tabuthema Demenz aus seiner Ecke des Vergessens geholt. Spätestens dann, wenn ein solches Thema die politische Agenda erreicht, ist das ein klares Signal, dass der Damm der Verleugnung gebrochen ist. Mittlerweile werden Kampagnen gemacht, Bürgerinitiativen gebildet, um sich diesem Thema anzunehmen. Umso mehr, als drastisch steigende Zahlen als Weckruf dienen und die Krankheit quer durch alle gesellschaftlichen Bereiche und Generationen auftritt.

Der Weg aus der Tabuisierung führt immer vom Einzelnen über die Gesellschaft in die Politik. Das Bewusstsein und die Hilfsbereitschaft, darüber zu reden, müssen aber von jedem Einzelnen kommen. Doch die reine Kommunikation ist noch nicht der Weisheit letzter Schluss. Es bedarf konkreter Angebote, sich zu engagieren, zu integrieren und Hilfe anzubieten. Es braucht Vorzeigemodelle aus dem wahren Leben, die funktioniert haben und durch Erfolge Ängste abbauen helfen. Diese Geschichten gilt es unermüdlich zu erzählen.

In den letzten Jahren sind viele positive Beispiele entstanden, wie man anders mit dem Thema in der Öffentlichkeit umgehen und damit auch Akzeptanz erfahren kann. Die Kampagne „Konfetti im Kopf", der Film „Vergiss mein nicht", Clowns in Heimen, Ehrenamtliche für die Häuslichkeit, Reisen für Demenzkranke und ihre Angehörigen, Heime mit integrierten Kindergärten – all diese spannenden Initiativen sind ein wichtiger Beitrag, um Hoffnung zu machen und eines unserer zentralen Themen aus der Demografieentwicklung in die Mitte der Gesellschaft zu bringen.

Aus Fehlern zu lernen, ist die eine Sache, beweglich in seinem Geschäftsmodell zu sein, die nächste. Und last, but not least geht es vor allem um eins: darum, niemals den Glauben an die Sache zu verlieren.

Wir tanken jedes Mal „literweise" Energie, wenn wir mit Menschen mit Demenz Zeit verbringen, sie erreichen, einen gemeinsamen schönen Moment teilen. Wir blühen auf, wenn wir Pflegende aufklären oder Mut machen können. Wir sind bewegt, wenn wir Jugendliche in einem Workshop dazu bewegen können, sich das erste Mal Gedanken über Demenz zu machen. Unser Herz geht auf, wenn wir sehen, wie sich andere Menschen trauen, neue Wege zu gehen, um zu helfen. Genau diese Aufgabe mit so viel Sinn und Wirkung gibt uns die Kraft, Mut zu haben, aufzustehen, die Dinge auszusprechen und somit zu einer Weiterentwicklung beizutragen.

Mittlerweile gibt es Studien, die belegen, dass sich unser Leben verlängert, wenn wir anderen Menschen helfen. Dies ist die beste Motivation, um täglich und immer wieder helfen zu wollen. Bei diesem Tabuthema geht es auch um unsere Zukunft. Es geht um Menschenwürde, die zurzeit stark antastbar ist. Es geht aber ganz besonders auch um das Image derjenigen, die für und mit den Betroffenen arbeiten.

Mit jedem Tag mehr haben wir deshalb weniger Angst, alt zu werden. Wir geben die Hoffnung an eine humanere Gesellschaft nicht auf!

Gründerin

Sophie Rosentreter wurde am 19. Dezember 1975 in Hamburg geboren. Sie erreichte 1992 das Finale des Modelwettbewerbs im Rahmen der Late-Night-Show von Thomas Gottschalk und arbeitete anschließend hauptberuflich als Model in London, Athen und Paris. Sophie Rosentreter holte 1998 in Hamburg ihr Abitur nach und moderierte anschließend beim Musiksender MTV. Sie wechselte dann 2004 hinter die Kamera und produzierte Reportagen für SternTV, Leute Heute, Brisant und Explosiv.

Ab 2011 pflegte Sophie Rosentreter ihre an Demenz erkrankte Großmutter Ilse neun Jahre lang bis zu deren Tod am 18. Juni 2009. Im Pflegeheim, in dem ihre Oma zuletzt betreut wurde, erlebte sie, wie der Fernseher als „Babysitter" eingesetzt wird, und entwickelte daraufhin filmische Konzepte für Menschen mit Demenz. Im November 2011 gründete sie ihr Unternehmen „Ilses weite Welt".

Autorin
Claudia Sterrer-Pichler ist seit 2012 Mentorin & Begleiterin der Ilses weite Welt GmbH. Sie verantwortet die strategische Geschäftsentwicklung an der Seite der Gründerin Sophie Rosentreter und vertritt die Interessen der Investoren und Mehrheitsgesellschafter.

Nach mehr als 22 Jahren Executive-Erfahrung in internationalen Konzernen und öffentlichen Institutionen gründete Claudia Sterrer-Pichler, eine aus einer Unternehmerfamilie stammende Österreicherin mit Wohnsitz in Potsdam, 2009 ihre eigene Beratungsboutique The Architects of Value und spezialisierte sich auf die Chancen der digitalen Transformation für Geschäftsmodelle mit oft jahrhundertelanger Tradition in den Segmenten Private Wealth Management und Family Offices sowie Stiftungen & Philanthropie.

Weiterführende Information
www.ilsesweitewelt.de

Teil V
Herausforderung Ressourcenverbrauch

Einführung: Wir haben nur eine Welt! Ressourcenverbrauch ist auch eine Frage der Verhaltensänderung

Hartmut Kopf, Susan Müller, Dominik Rüede, Kathrin Lurtz und Peter Russo

Das Problem unseres weltweit viel zu hohen Ressourcenverbrauchs zulasten der nachkommenden Generationen ist schon lange keine Frage mehr des Machbaren, sondern vielmehr des menschlichen Willens zur Verhaltensänderung: „Technik allein bringt's nicht. Ohne soziale Innovationen wird der Klimawandel nicht zu beherrschen sein."[1]

Aufgrund der öffentlich immer deutlicher und heftiger geführten Diskussion um den Klimawandel wurde unter anderem eine Debatte über den Umgang mit fossilen Rohstoffen entfacht. Nimmt man beispielsweise die Energieversorgung, so ist spätestens seit 2011 mit der durch die Reaktorkatastrophe im japanischen Fukushima eingeleiteten Energiewende zumindest in Deutschland ein politischer Richtungswechsel hin zu erneuerbaren Energien erkennbar. Zudem hat sich in den letzten Jahren weltweit ein stärkeres Bewusstsein für die Risiken von Technologien zur Energiegewinnung gebildet – Stichworte sind eben Fukushima oder auch „Fracking"[2].

---

[1] Prof. Dr. Uwe Schneidewind, Präsident und wissenschaftlicher Geschäftsführer des Wuppertal Instituts für Klima, Umwelt, Energie in der ZEIT ONLINE 02/2012.

[2] „Beim Fracking werden Wasser, Sand und Chemikalien unter hohem Druck in tief liegende Gesteinsschichten gepresst, um Gas oder Öl zu fördern. Die eingesetzten Chemikalien können zu einer Verunreinigung des Trinkwassers führen, die Bohrungen können Erdbeben auslösen und die Entsorgung des verunreinigten Abwassers stellt oftmals eine unüberwindbare Hürde dar." http://www.bund.net/themen_und_projekte/klima_und_energie/kohle_oel_und_gas/fracking/ Zugegriffen: 08. Oktober 2013.

H. Kopf · S. Müller (✉) · D. Rüede · K. Lurtz
World Vision Center for Social Innovation,
EBS Business School, Oestrich-Winkel, Deutschland
E-Mail: susan.mueller@gmx.com

P. Russo
Institute for Transformation in Business and Society (INIT),
EBS Business School, Oestrich-Winkel, Deutschland

Doch die Energiegewinnung ist nur ein Teil der Herausforderung, eine auf Wachstum angelegte wirtschaftliche Tätigkeit mit der begrenzten Ressourcenverfügbarkeit in Einklang zu bringen. So kommt auch bei der Gewinnung und Verwendung anderer Ressourcen Bewegung ins Spiel. Die „Seltenen Erden" sind ein gutes Beispiel, warum ausgediente Elektrogeräte nicht einfach auf den Müll gehören, sondern bestenfalls in einem Kreislaufsystem immer und immer wieder verwendet werden. Im Gegensatz zu einem linearen Modell von der Produktion bis zum Müll steht beim Kreislaufsystem die Betrachtung eines Produktes entlang seines Lebenszyklus bzw. das Prinzip „Von der Wiege bis zur Wiege" („Cradle to Cradle") im Vordergrund, bei dem sich schon der Produktentwickler frühzeitig darüber klar sein muss, was mit dem entsprechenden Produkt nach der Nutzenphase geschehen soll. Der Anspruch dabei ist, ein Produkt von Anfang an so zu konstruieren, dass im Endeffekt kein Abfall entsteht, vielmehr das Produkt am Ende so zerlegt wird, dass sämtliche Materialien wieder als Ausgangsstoffe für neue Produkte verwendet werden können.

Die technologieoptimistische Position zum Thema Ressourcenverbrauch wird von der Überzeugung gespeist, dass wir mit erhöhter Effizienz, „grüneren" Produkten und einer Optimierung der Produkte über den Lebenszyklus hinweg unseren Ressourcenverbrauch entscheidend mindern können. Dem gegenüber steht die eher sozialpsychologisch-realistische Position, dass wir, egal was wir technologisch anders und besser machen, uns stärker einschränken und insgesamt unseren Verbrauch senken müssen. Experten nennen das den „Rebound-" und „Backfire-Effekt". Rebound-Effekt meint, dass Fortschritte hin zu einem ressourcenärmeren Verbrauch teilweise wieder kompensiert werden. Ein verbrauchsarmes Auto zum Beispiel lädt dazu ein, mehr zu fahren, weil es ja nicht mehr so teuer ist – und schon ist ein Teil des Effizienzgewinnes durch den Mehrkonsum aufgebraucht. Tritt nun der Fall ein, dass so insgesamt ein höherer Verbrauch entsteht (die zusätzlich gefahrenen Kilometer also die Effizienzgewinne überkompensieren), so spricht man vom Backfire-Effekt.[3]

Im Folgenden werden zwei Lösungen vorgestellt, die den Verbrauch von Ressourcen eindämmen: Zunächst geht es zu den „Stromrebellen" nach Schönau in den Schwarzwald, welche die Energiewende in Deutschland vorbildhaft und engagiert mitgestalten, um dann die Geschichte eines 19-jährigen gebürtigen Ungarn zu schildern, der von den USA aus ein Re- und Upcyclingunternehmen namens TerraCycle aufgebaut hat, das mittlerweile in 21 Ländern aktiv ist.

Hervorgegangen aus einer Anti-Atomkraft-Bürgerbewegung, versorgen die Elektrizitätswerke Schönau heute bundesweit ca. 140.000 Privathaushalte mit Ökostrom und 8.000 Kunden mit Erdgas. Schon vor gut 15 Jahren gelang es engagierten Bürgerinnen und Bürgern in Schönau, sich im Rahmen einer politischen Bewegung zu organisieren und später wirtschaftlich tätig zu werden, indem das örtliche Stromnetz übernommen und betrie-

---

[3] Santarius, T. (2012). *Der Rebound-Effekt – Über die unerwünschten Folgen der erwünschten Energieeffizienz. In Impulse zur WachstumsWende Nr. 5 der Wuppertal Institut für Klima, Umwelt, Energie GmbH.* http://wupperinst.org/publikationen/details/wi/a/s/ad/1668/ Zugegriffen: 08. Oktober 2013.

ben wurde. Interessant ist hier vor allem, zu sehen, wie eine Organisation politisch aktiv sein kann, ohne sich parteipolitisch vereinnahmen zu lassen. Damit einher geht auch die Umsetzung von basisdemokratischen und selbstorganisationalen Prinzipien, die einen entscheidenden Einfluss auf die Entwicklung des Unternehmens hatten und weiterhin haben. Somit stellt der Beitrag vor allem dar, wie die Energiewende konkret im Spannungsfeld visionärer Überzeugung, politischer Teilhabe und wirtschaftlicher Tätigkeit ganz bürger- und lebensnah aussehen kann.

Tom Szaky verkörpert den amerikanischen Traum eines Entrepreneurs – er verfolgt jedoch ökologische statt finanzielle Ziele. Tom Szaky geht es darum, aus Abfall etwas Neues zu schaffen. Erreicht wird dies durch die Organisation von Recyclingprogrammen, bei denen sowohl Unternehmen als auch Konsumenten das Sammeln von wiederverwertbaren Produkten unterstützen. Neben der Vorstellung des Geschäftsmodells von TerraCycle wird auch auf das besondere und für Start-ups so typische Zusammenspiel zufälliger Ereignisse und geplanter Unternehmenslenkung sowie das Einhalten der Balance zwischen dem Verfolgen und Anpassen der Idee eingegangen. Im Ergebnis konnte TerraCycle eine wiedererkennbare Marke schaffen, die sich ständig neu und weiter erfindet und weltweit immer bekannter und damit auch erfolgreicher wird.

23 EWS Schönau: Die Schönauer Stromrebellen – Energiewende in Bürgerhand

Sebastian Sladek

Inhaltsverzeichnis

Zusammenfassung	277
Die Organisation in Kürze	278
Die Idee und ihre Umsetzung	279
Funktionsweise der sozialen Innovation	279
Schwerpunkt: Politisch sein, ohne sich in parteipolitische Niederungen begeben zu müssen: die „Stromrebellen" und der Kampf ums Netz	282
Wirkung der Gründungsgeschichte auf die Entwicklung der EWS	286
Fazit: Wirklich überzeugend ist nur der, der selbst von etwas überzeugt ist	288

Zusammenfassung

Der nachfolgende Beitrag handelt davon, wie die Elektrizitätswerke Schönau (EWS) ihre politische Vision basisdemokratisch legitimierten und sich von einer Bürgerinitiative zu einem Netzbetreiber und bundesweiten Ökostromanbieter entwickelten. Die Darstellung fokussiert sich zum einen auf die Frage, wie es einer Gruppe von Menschen gelingen konnte, eine politische Mehrheit für ein zukunftsweisendes, jedoch freilich auch sehr umstrittenes Projekt zu organisieren. Dabei werden Schlaglichter unterschiedlichste Spannungsfelder streifen – Bürgerinitiative vs. Unternehmen, progressiv vs. konservativ oder professionelle PR-Strategie vs. den Charme der Überzeugung. Die Gründungsgeschichte der EWS nimmt dabei keineswegs für sich in Anspruch, sozialpolitische Gesetzmäßigkeiten zutage gefördert zu haben, sondern versteht sich vielmehr als ein Beispiel, wie

S. Sladek (✉)
Elektrizitätswerke Schönau Vertriebs GmbH, Friedrichstraße 53/55,
79677 Schönau, Schwarzwald, Deutschland
E-Mail: s.sladek@ews-schoenau.de

eine zukunftsweisende Vision, demokratische Gesinnung und Überzeugungskraft gegen den erklärten Widerstand des parteipolitischen Platzhirsches und die Finanzkraft eines Energieversorgers zum Erfolg führen können. Zum anderen soll gezeigt werden, wie diese Erfahrungen der Gründungsgeschichte die weitere Unternehmensentwicklung beeinflussten und heute ein zentrales Element der Marke EWS und ihrer Vision von einer demokratisch-dezentralen Energiewende darstellen.

Die Organisation in Kürze

Initiatoren: Eine Schönauer Bürgerinitiative unter der Beteiligung von Michael und Ursula Sladek

Die Netzkauf EWS eG ist aus einer Anti-Atom-Bürgerinitiative hervorgegangen, die sich nach dem Reaktorunfall von Tschernobyl 1986 formierte. Das Unternehmen wurde 1991 zunächst als Netzkauf GbR mit dem Ziel gegründet, die Konzession zum Betrieb des örtlichen Stromnetzes zu erlangen. Nach zwei Bürgerentscheiden und einer bundesweiten Spendenkampagne konnte die Tochtergesellschaft der GbR, die Elektrizitätswerke Schönau GmbH, den Betrieb des Stromnetzes in Schönau im Schwarzwald am 1. Juli 1997 übernehmen. Mit der Liberalisierung des Strommarktes im darauffolgenden Jahr gingen die EWS an den Markt.

Die Umwandlung der GbR in eine Genossenschaft erfolgte im September 2009, um sich einerseits engagierten Bürgern zu öffnen und ihnen die Teilhabe am Projekt „Energiewende" zu ermöglichen und um andererseits basisdemokratische Prinzipien bereits in der Rechtsform verankert zu wissen. Die Genossenschaft fungiert als Muttergesellschaft mehrerer GmbHs, die als operative Einheiten die Felder Netzbetrieb, Stromvertrieb und Errichtung und Betrieb regenerativer Stromerzeugungsanlagen abdecken.

Die Genossenschaft und ihre Tochtergesellschaften betreiben gegenwärtig im südlichen Schwarzwald neun Strom- und zwei Gasnetze und versorgen bundesweit mehr als 140.000 Kunden mit Ökostrom und mehr als 8.000 Kunden mit Erdgas. Das Unternehmen startete 1997 mit 650 Gesellschaftern und einem festangestellten Mitarbeiter. Heute bietet die von 3.400 zum 31.12.2013 getragene Genossenschaft 93 Menschen / 31.12.2013 Arbeit und Einkommen.

Mit der erfolgreichen Netzübernahme haben die EWS zwei wesentliche Bestandteile der Energiewende vorweggenommen bzw. mitinitiiert: den gegenwärtig wieder aufblühenden Trend zur Rekommunalisierung und die Rolle und Bedeutung der Bürger für das Projekt Energiewende. Auch hinsichtlich des Erneuerbaren Energien Gesetzes (EEG) dürfen die EWS in gewisser Weise als Vorreiter gelten, führten sie doch bereits mit Netzübernahme 1997 in Schönau eine erhöhte Einspeisevergütung für Strom aus Fotovoltaik und Kraft-Wärme-Kopplung ein, um Anreize für die Bürger zu schaffen, selbst Kraftwerksbetreiber zu werden.

Dementsprechend versteht sich die Netzkauf EWS eG auch heute noch als „Zwitter zwischen Wirtschaftsunternehmen und NGO", wie es Ursula Sladek, Mitglied des Vorstandes, ausdrückt. Das Unternehmen strebt nicht nach Gewinnmaximierung, sondern nach Dezentralisierung und Demokratisierung der Energieerzeugung und -verteilung.

Die Idee und ihre Umsetzung

Funktionsweise der sozialen Innovation

Was heißt „politisch sein"? Was heißt überhaupt Politik? – Das könnte man in Zeiten allseits attestierter Politikverdrossenheit durchaus fragen. Dem auf die griechische Polis zurückgehenden Wortsinn folgend möchte ich „politisch" im Sinne von „sich mit dem Gemeinwesen befassend" auffassen. Natürlich ist die Welt heute „ein Dorf", beide Aspekte verbindend ließe sich „politisch" also auch mit der Parole „Global denken, lokal handeln" umschreiben.

Erklärtes politisches Ziel der Netzkauf EWS eG ist das Gelingen der Energiewende. Um dieses Gelingen sicherzustellen, gilt es einerseits zu verhindern, dass die Energiewende, über deren Notwendigkeit mittlerweile ein breiter gesellschaftlicher Konsens besteht, in der Gemengelage von Politik und Wirtschaft, Interessen- und Lobbyverbänden zerredet wird und letztlich scheitern muss. Andererseits sind die EWS davon überzeugt – und zahlreiche Studien geben ihr recht –, dass die Energiewende nur gelingen kann, wenn sie von einer breiten Bürgerbewegung getragen wird. Der Bürger ist derzeit der Hauptakteur der Energiewende und muss dies auch bleiben. Mit dieser Überzeugung – aber nicht nur mit dieser – befinden wir uns im Widerspruch zu einem Großteil der parteipolitischen Ansichten.

In ihrem eigenen Aktionsradius versuchen die EWS auf vielfältige Weise, bürgerschaftliche Teilhabe zu ermöglichen. Teilhabe ist bereits ein zentrales Element der gewählten Rechtsform. Die Genossenschaft steht grundsätzlich jedem Interessierten offen und dies auch grenzüberschreitend. Die Netzkauf EWS eG zählt auch einige Schweizer, Italiener, Österreicher und Franzosen zu ihren Genossen, eine notwendige zukünftige Entwicklung gleichsam vorwegnehmend, dass nämlich die deutsche in eine europäische und schließlich in eine globale Energiewende münden muss. Auch aus diesem Grund ist die Genossenschaft Mitglied des Projektkonsortiums eines EU-Projektes mit dem Titel REScoop 20-20-20, das u. a. das Genossenschaftsmodell in den EU-Staaten bekannt machen soll.[1] Als ein zweiter, ebenfalls bereits in der Rechtsform verankerter Aspekt ist sicherlich das basisdemokratische Prinzip der Genossenschaft anzusehen: In der jährlichen Hauptversammlung wird gleichberechtigt nach Köpfen abgestimmt, unabhängig von der eingebrachten Einlage.[2]

---

[1] www.rescoop20-20-20.eu.

[2] An dieser Stelle scheint der Hinweis angebracht, dass in einer Genossenschaft die Eigentümer egalitär und demokratisch Einfluss nehmen können, bereits mit der Wahl des Aufsichtsrates aus ih-

Dieses Prinzip der gleichberechtigten Teilhabe setzt sich in nahezu allen Aktivitäten der Genossenschaft und ihrer Tochtergesellschaften fort. So hat die Netzkauf EWS eG gemeinsam mit der Stadt Titisee-Neustadt (12.000 Einwohner) einen neuen Typus von Netzgesellschaft gegründet. Die Energieversorgung Titisee-Neustadt GmbH (EvTN) befindet sich im Besitz der Kommune (60 %), des genossenschaftlich organisierten Energiepartners EWS (30 %) und einer lokalen Bürgerenergiegenossenschaft (10 %), die mit Unterstützung der Netzkauf ins Leben gerufen werden konnte. Neben einer starken Gemeinwohlorientierung wurden mittels dieser Konstruktion den Interessierten und Engagierten lokale Gestaltungsspielräume eröffnet.

Die Netzkauf stellt der gemeinsamen Gesellschaft durch eine Tochtergesellschaft umfangreiche energiewirtschaftliche Dienstleistungen zur Verfügung, denn seit der Liberalisierung des deutschen Elektrizitätsmarktes 1998 haben die zugrunde liegenden Regelwerke und Verordnungen kontinuierlich an Umfang und Komplexität zugenommen. Die Bundesnetzagentur (BNetzA) verabschiedet als oberste Regulierungsbehörde des Energiesektors im Halbjahrestakt Neuregelungen für bestimmte Teilmärkte, die in aller Regel auch erhebliche EDV-technische Anpassungen und Mitarbeiterschulungen erforderlich machen. Die Politik ist selten um die Einführung einer neuen Abgabe oder Umlage verlegen, die es kalkulatorisch zu berücksichtigen gilt; zugleich müssen andere Marktakteure und verschiedenste staatliche Stellen regelmäßig mit ungeheuren Datenmengen befriedigt werden. Die stetig anwachsenden Anforderungen, die ich in ihrer Sinnhaftigkeit zu einem guten Teil überhaupt nicht bestreiten möchte, stehen natürlich einem Konzept der Dezentralisierung entgegen. Gerade vor diesem Hintergrund wollen die EWS mit ihrem Dienstleistungsangebot dezentrale Strukturen gleichermaßen in ihrer Entstehung wie in ihrem Erhalt ermöglichen. So erbringen die EWS beispielsweise seit 2010 umfangreiche und kostengünstige Dienstleistungen für einen kleinen kommunalen Energieversorger (1.000 Einwohner), der andernfalls längst hätte aufgeben müssen.

Auch bei der Errichtung und dem Betrieb regenerativer Stromerzeugungsanlagen legt die hiermit beauftragte Tochtergesellschaft EWS Energie GmbH großen Wert auf die Beteiligung des Bürgers. Bürgerbeteiligung meint den offenen Dialog über das Vorhaben selbst; dazu gehören Transparenz und Kompromissfähigkeit sowie die grundsätzliche Bereitschaft, nicht mehrheitsfähige Projekte aufzugeben. Darüber hinaus meint Bürgerbeteiligung aber natürlich auch finanzielle oder eigentumsrechtliche Teilhabe und dies nicht nur im Sinne einer Kapitalanlage, sondern verbunden mit entsprechenden Einflussmöglichkeiten. So hat die EWS Energie GmbH das kommunalpolitische Mandat zur Errichtung zweier Windparks im südlichen Schwarzwald bis Ende 2014 erhalten. Die Entscheidungen

---

rer Mitte jedoch Organisationsgewalt übertragen, die sich in den weiteren Unternehmensstrukturen fortsetzen muss. Unklare Verantwortlichkeiten können für Organisationen zur tödlichen Bedrohung werden, je nach Größe, aber auch Branche sind hierarchische Strukturen für das Funktionieren einer Unternehmung notwendig. Die Hierarchie innerhalb der Netzkauf und ihrer Tochtergesellschaften darf sicherlich als „flach" bezeichnet werden, vorhanden ist sie gleichwohl. Viele strategische und operative Entscheidungen können nicht basisdemokratisch getroffen werden, jedoch sind alle Mitarbeiter zugleich Genossen der Netzkauf mit den entsprechenden Mitspracherechten.

waren durchaus umkämpft, im Wesentlichen dürften zwei Aspekte des EWS-Angebots entscheidend gewesen sein: Die EWS übernehmen das Explorationsrisiko und sind bereit, sich auf eine Minderheitsbeteiligung von 25,1 % zurückzuziehen und die Antcile zu fairen und transparenten Konditionen den Kommunen und lokalen Bürgerenergiegenossenschaften zu überlassen.

Das Explorationsrisiko besteht vor allem in (umwelt)schutzrechtlichen Genehmigungen und der Windhöffigkeit, also der Frage, ob an den Standorten überhaupt ausreichende Winderträge erwartet werden dürfen. Beide Risiken würden ggf. mit hoher Wahrscheinlichkeit zur Aufgabe eines Standorts führen, können zu diesem Zeitpunkt aber bereits ohne jedes schuldhafte Zutun hohe Geldbeträge verschlungen haben. Für neu gegründete Genossenschaften – entsprechende Bestrebungen sind rund um die potenziellen Standorte bereits im Gange – bedeutet eine solche gestrandete Investition in der Regel das Aus. Das eingesammelte Kapital ist ohne jeglichen Gegenwert deutlich an-, wenn nicht gar aufgezehrt und die Genossen sind verärgert. Viel schlimmer noch ist jedoch die Frustration, die aus einer solchen Erfahrung dauerhaft gegen die Energiewende erwachsen mag. Entsprechend dient die Übernahme solcher Risiken durch eine etablierte Genossenschaft wie die Netzkauf EWS eG dem Schutz dezentraler Strukturen in ihrer Entstehungsphase. Gleichwohl werden die neuen Genossenschaften mit Übernahme ihrer Anteile auch ins wirtschaftliche Risiko eintreten, die „Rundum-sorglos"-Variante gibt es bei den EWS nicht. Mitentscheiden heißt schließlich auch Mitverantworten.

Die intensivste Kommunikation mit dem Bürger hat zweifellos die Vertriebstochter der Genossenschaft, die EWS Vertriebs GmbH, zu leisten. Ihre 65 Mitarbeiter betreuen via Telefon und E-Mail ca. 145.000 Kunden in der ganzen Republik, beraten potenzielle Neukunden und gehen auch der energiepolitischen Grundsatzdebatte nicht aus dem Weg. Ohne Frage wird hier auch Umsatz generiert – Mitarbeiter wollen bezahlt, Projekte finanziert werden und die Genossen sollen auch ihren Teil bekommen; dennoch muss wieder bewusster werden, welch ungeheure politische Macht im Konsum schlummert. Ob bewusst getroffen oder nicht, die Entscheidung für ein Produkt ist auch immer die Entscheidung für ein Unternehmen und eine bestimmte Unternehmenspolitik.

Die EWS tragen dieser Tatsache bereits in ihrem Stromprodukt Rechnung: Sie kaufen Strom nur aus solchen regenerativen Kraftwerken, deren Betreiber weder direkt noch indirekt mit der Atom- oder Kohleindustrie verflochten sind. Auf diese Weise fließt nicht länger Geld in Strukturen, die man durch den Bezug eines Ökostromproduktes ja gerade überwinden möchte. Zugleich leistet das Produkt aber auch seinen Beitrag zur Energieerzeugung der Zukunft und dies auf zweierlei Weise: Zum einen stammen zwei Drittel des Stroms aus sogenannten Neuanlagen, die nicht älter als sechs Jahre sind. Durch diesen gezielten Ankauf „junger" Kapazitäten wird ein ständiger Zubauimpuls in den Erzeugungsmarkt gegeben. Zum anderen werden von jeder verkauften Kilowattstunde mindestens 0,5 Eurocent dem Förderprogramm „Schönauer Sonnencent" zugeführt.

Mit dem „Schönauer Sonnencent" treiben die EWS ihr politisches Ziel, die demokratisch-dezentrale Energiewende, voran. Das Programm fördert seit 1998 regenerative Stromerzeugungsanlagen der Kunden durch eine zusätzliche Einspeisevergütung und ist bis heute an der Errichtung von etwa 2.500 Kundenanlagen mit einem Gesamtinvestitionsvolumen von ca. 35 Mio. € und einer Jahresproduktion von 22 Mio. Kilowattstunden beteiligt, ohne freilich an den Erträgen dieser Anlagen zu partizipieren, die ausschließlich von den Betreibern dieser „Rebellenkraftwerke" vereinnahmt werden. Aus dem Fördertopf wird auch ein Effizienzprogramm zum Austausch von Heizungsumwälzpumpen finanziert, mit dem sich der Strombedarf dieser Pumpen um 80 % reduzieren lässt, außerdem finanziert der „Schönauer Sonnencent" verschiedene Aufklärungskampagnen zu den Themen Atomkraft, Klimawandel und Energiewende. Mit hohem persönlichem Einsatz berichten die EWS in über 80 bundesweiten Vorträgen jährlich zu aktuellen Entwicklungen auf dem Energiemarkt. Die mündige Beteiligung an der Energiewende bedarf der Information, und die EWS stellen Informationen bereitwillig zur Verfügung. Ohne Frage vertreten sie dabei ihre Sicht der Dinge, ihren politischen Standpunkt. Eine Entscheidung für den EWS-Strom ist auch ein Bekenntnis zu diesem politischen Standpunkt. Nicht selten bezeichnen sich Kunden daher auch in E-Mails oder am Telefon als „Mitglieder" oder „Mitstreiter".

Schwerpunkt: Politisch sein, ohne sich in parteipolitische Niederungen begeben zu müssen: die „Stromrebellen" und der Kampf ums Netz

Ich hoffe im vorhergehenden Kapitel deutlich gemacht zu haben, dass die EWS gleichermaßen Wirtschaftsunternehmen wie aktiver Teil einer politischen Bewegung sind. Beide Kompetenzen, die ökonomische wie die politische, mussten sich bereits früh in der Unternehmensgeschichte ersten Bewährungsproben stellen.

Ihren Kern hat die Netzkauf EWS eG in einer Gruppe von Menschen, Mitgliedern der Bürgerinitiative (BI) „Eltern für atomfreie Zukunft" (EfaZ), gegründet in Reaktion auf den Reaktorunfall von Tschernobyl 1986. Die Initiative hatte mit Infoständen zur Atomkraft und der Tschernobyl-Hilfe, einer eigenen Kabarettruppe und Stromsparwettbewerben bereits einige, manchen damals vielleicht suspekt dünkende Aktivitäten entfaltet, als sie in die Konfrontation mit den Kraftübertragungswerken Rheinfelden (KWR) eintrat. Aus der Rückschau kann man sicherlich die These vertreten, dass gerade im Gruppencharakter die Gründe für den letztlichen Erfolg in diesem Konflikt zu suchen sind.

Ausgangspunkt waren Überlegungen, die die Gruppe zum Nutzen des Gemeinwesens anstellte: Der Netzbetreiber sollte eine geringe Einspeisevergütung für Fotovoltaikanlagen bezahlen oder doch zumindest den Anschluss derselben erleichtern und er sollte das Energiesparen durch niedrige Grund- und dafür etwas höhere Kilowattstundenpreise belohnen – in den Monopolzeiten vor 1998 war der Betreiber eines Stromnetzes automatisch auch der Lieferant aller Netzanschlussnehmer. Gerne wollte man sich auch für die Erprobung dezentraler Stromerzeugungskonzepte zur Verfügung stellen. Doch diese Vorschläge prallten auf eine Philosophie der Absatzsteigerung und Gewinnmaximierung. PR-Aktionen zu bürgerschaftlichem Engagement, wie sie heute für Energieversorgungsunternehmen (EVU) so wichtig, wenn auch selten ehrlich sind, spielten in Zeiten des Monopols keine Rolle. Entsprechend brüsk waren die Reaktionen der KWR – und weckten damit den sprichwörtlichen „südbadischen Widerstandsgeist".

Die KWR hatten der Stadt Schönau im Schwarzwald 1990 die vorzeitige Verlängerung des Konzessionsvertrages für den Betrieb des örtlichen Stromnetzes angeboten. Der eigentlich noch bis zum 31.12.1994 gültige Vertrag sollte um weitere 20 Jahre bis zum 31.12.2014 verlängert werden, im Gegenzug sollte die Restlaufzeit mit 23.300 DM pro Jahr vergütet werden, einem Gesamtbetrag also von rund 100.000 DM. Für eine ländliche Kleinstadt mit 2.500 Einwohnern ein verlockendes Angebot, zumal man 1974 das damals defizitäre Stadtwerk an die KWR verkauft hatte. Die EfaZ-Gruppe hingegen trug sich seit der Zurückweisung ihres Kooperationsangebotes an die KWR längst mit dem Gedanken, selbst als Netzbetreiber eine eigene, dezentrale und ökologische Stromversorgung auf die Beine zu stellen. Um die Machbarkeit zu prüfen und ein eigenes Angebot abgeben zu können, musste Zeit gewonnen und die vorzeitige Vertragsverlängerung verhindert werden. Schnell wurde die Netzkauf GbR (Gesellschaft bürgerlichen Rechts) gegründet, eine einfache Personengesellschaft mit gegenseitiger Haftung, die ihrerseits der Stadt Schönau 100.000 DM anbot, wenn sie die Offerte der KWR ausschlage. 282 Gesellschafter aus Schönau und Umland gaben jährliche Garantien über 32.000 DM. Dieses Risikokapital galt als Einlage in eine zukünftige Netzgesellschaft. Sollte diese Erfolg haben, würden die Gesellschafter ihr Geld im Laufe der Zeit zurückerhalten – andernfalls wäre es verloren. Längst war ein weiteres Umfeld der Bürgerinitiative von deren Ideen zur Energiezukunft infiziert.

In einem kleinen Schwarzwaldort wie Schönau sind die Mehrheitsverhältnisse im Gemeinderat bei wichtigen Abstimmungen mit einiger Klarheit vorhersehbar, erst recht, wenn das Angebot einer Bürgerinitiative bereits überregionale Aufmerksamkeit erregt.[3] Eine vorzeitige Vertragsverlängerung mit den KWR hätten die CDU-Fraktion (5 Stimmen) und eine gespaltene SPD (1) befürwortet, dazu noch der Bürgermeister. Für das Angebot der GbR hätten die Freien Wähler (4) und zwei Drittel der SPD gestimmt. Das Abstimmungsergebnis war vorherseh- und nicht verhinderbar, konnte aber mittels eines Bürgerentscheides – damals eine Besonderheit des baden-württembergischen Kommunalrechts – wieder gekippt werden, wie der Jurist der Gruppe entdeckt hatte.

Mit der Einleitung des ersten Schönauer Bürgerentscheides wurde der Konflikt auf ein basisdemokratisches Niveau übertragen. Damit eröffneten sich zugleich die Spielräume, in denen die Gruppe ihre Stärken ausspielen konnte. Musikanten musizierten und Redner redeten, man grub nach juristischen Spitzfindigkeiten, entwarf Flugblätter und konzipierte Veranstaltungen, ständig „umsummt" von einer Schar von Helfern, die willig ausschwärmten, Posteinwürfe zu verpacken und zu verteilen, Zapfanlagen anzuschließen und Bierbänke aufzustellen, um mit Menschen ins Gespräch zu kommen und sie von den Chancen für die Bürger zu überzeugen – so jedenfalls empfinde ich im Rückblick einen großen Teil meiner Kindheit und Jugend. Sicherlich, die strategischen Entscheidungen und ihre Umsetzung erfolgten in einem kleineren Personenkreis, der regelmäßig 20 bis 30 Teilnehmer umfasste, aber grundsätzlich jedem offenstand. Die Motivation, die aus der

---

[3] Janzing, B. (2008). *Störfall mit Charme. Die Schönauer Stromrebellen im Widerstand gegen die Atomkraft*. Vöhrenbach: doldverlag. Die im Weiteren genannten Zahlen und Daten sind dort ebenso belegt wie die Bezüge auf mediale Berichterstattung.

konkreten Möglichkeit erwächst, gemeinsam mit anderen ein politisches Ziel zu erreichen, und sei es auch nur eine Etappe, kann gewaltig sein. Die EfaZ und ihre GbR gewannen den Bürgerentscheid mit 55 %.

Der Bürgerentscheid hatte der Gruppe nicht nur zu ihrem ersten politischen Erfolg verholfen, der das Selbstbewusstsein natürlich beflügelte, längst waren bundesweite Medien auf die Ereignisse im Süden der Republik aufmerksam geworden. Der Plot „David gegen Goliath" machte sich gut und so berichteten 1991 u. a. Die ZEIT und die ARD-Sendung „Report" über die Vorgänge im Südschwarzwald. Mit dem Medieninteresse wurde auch die linke Energieszene auf Schönau aufmerksam. Ihr Input an energiewirtschaftlicher Expertise war in den folgenden Jahren dringend vonnöten: Gutachten mussten beauftragt, Machbarkeitsstudien erstellt, die Investition kalkuliert und finanziert und Auflagen für benötigte Genehmigungen erfüllt werden. Schließlich wurden 1994 die Elektrizitätswerke Schönau GmbH (EWS) als Tochter der Netzkauf GbR gegründet. Bei den im selben Jahr stattfindenden Kommunalwahlen gewannen die Freien Wähler ein Mandat hinzu, in der Abstimmung über die Konzessionsangebote von KWR und EWS im November 1995 konnten Letztere nun mit einer Ein-Stimmen-Mehrheit obsiegen. Doch die Gegenseite hatte dazugelernt: Die Bürgerinitiative Pro Bürgerentscheid Schönau leitete einen Bürgerentscheid ein, um die Entscheidung des Gemeinderats zugunsten der KWR zu kippen.

Die KWR bedienten sich nicht nur des gleichen kommunalrechtlichen Werkzeugs, das vier Jahre zuvor die Netzkauf genutzt hatte, über das Vehikel der Bürgerinitiative versuchten sie nun ebenfalls, ein lokales Netzwerk zu schaffen und zu nutzen. Dabei konnten sie auf die Unterstützung der örtlichen CDU bauen, in den kleinen konservativen Landgemeinden Baden-Württembergs ein unschätzbarer Vorteil. Auf dieser Seite sammelten sich der Wille zum Festhalten am Bestehenden – ein Konservativer würde es wohl eher als „Wertschätzung des Status quo" bezeichnen – und die (geschürte) Sorge um Zuverlässigkeit und Bezahlbarkeit der Stromversorgung. Gleichwohl waren aber auch die Niederlage im ersten Bürgerentscheid und der Verlust eines Gemeinderatsmandats zu kompensieren sowie die ein oder andere persönliche Abneigung zu pflegen.

Die Menschen, die über die Jahre den „harten Kern" von EfaZ, EWS und Netzkauf bildeten, lassen sich kaum in parteipolitischen Kategorien fassen; ich bin einigermaßen sicher, dass das Wahlverhalten all jener Leute, die über die Jahre bei uns ein und aus gingen, nahezu das gesamte Spektrum der politischen Parteien abdeckte und -deckt, mit Schwerpunkt auf linkskonservativ. Ebenso vielfältig gestaltet sich das vertretene Berufsspektrum – Elektrotechniker und Jurist, Fernmeldetechniker und Hausfrau, Industriearbeiter und Arzt, Lehrer und Handwerksmeister, Kindergärtnerin und Rentner. Dazu eine größere Gruppe von Kindern und Teenagern. Die tiefen Verwurzelungen beider Lager spiegelten sich damals in der Härte der Auseinandersetzung wider.

Der Wahlkampf zum Bürgerentscheid im Frühjahr 1996 erfüllte Schönau mit berstender Spannung, die bis in jeden Winkel des Städtchens zu spüren war, zusätzlich befeuert durch die Aufmerksamkeit der Medien. Der Kampf um das Schönauer Netz hatte längst auch den Status eines „Stellvertreterkonfliktes" erlangt: auf der einen Seite die im Monopol eingerichtete Energiewirtschaft, auf der anderen Seite die politische Bewegung für die demokratisch-dezentrale Energiewende. Beide Seiten spielten ihre Trümpfe aus. In steigender Frequenz – in der letzten Märzwoche vor der Abstimmung täglich – tauschten sie auf Flugblättern die Argumente aus. Das war freilich die harmloseste Seite der Auseinandersetzung. Der Bürgerinitiative Pro Bürgerentscheid Schönau stand mit den KWR ein Partner zur Seite, der hinsichtlich finanzieller Mittel, politischen Einflusses und professioneller Kampagnenfähigkeit über erhebliche Potenz verfügte. Entsprechend wurde die „komplette Klaviatur" gespielt: Die KWR präsentierten auf dem Wochenmarkt die zum Netzbetrieb notwendige Ausstattung im Hinblick auf Fuhrpark und Ausrüstung, versehen mit Preisschildern, und höhnten in Anzeigen, „Klein Fritzchen" wolle sich als Installateurmeister aufspielen;[4] Teile der örtlichen Industrie drohten per Zeitungsanzeige mit Abwanderung, sollten die EWS den Netzbetrieb übernehmen; das BI-Vehikel flankierte diese Maßnahmen mit einem Crescendo auf sämtlichen verfügbaren Kommunikationskanälen, die Furcht vor einer teuren und unsicheren Energieversorgung evozierend.

Die Schönauer Energie-Initiativen enthielten sich emotionaler und persönlicher Angriffe – eine Strategie, die ich als 18-Jähriger damals als zu weich empfunden habe. Statt in Offensive übte man sich in Rücksicht. So hielt sich etwa, wer nicht in Schönau wohnte oder erst vor nicht allzu langer Zeit dorthin gezogen war, im Wahlkampf sehr zurück. Damit reagierte die Gruppe auf die Versuche der Gegenseite, die Auseinandersetzung zum Konflikt zwischen Zugezogenen und Alteingesessenen zu stilisieren. Ebenso verzichtete die Gruppe auf jede Form der parteipolitischen Unterstützung. Zwar darf man die Freie Wähler Vereinigung in jenen Jahren sicherlich als den parlamentarischen Arm von Netzkauf und EWS bezeichnen, bereits der Name der Vereinigung macht jedoch deutlich, dass sich die hier Versammelten explizit als parteipolitisch ungebunden betrachteten. So wurde dann auch eine Abordnung der Grünen, die sich zum Solidaritätsbesuch angekündigt hatte, kurzerhand wieder ausgeladen. Man wollte für alle ansprechbar bleiben.

Einer Partei nicht unähnlich profitierte die Gruppe von ihrer auf ein Ziel hin fokussierten ideellen Geschlossenheit. Ihre Überzeugungen versuchte sie jedoch nicht effektheischend oder emotionsgeladen zu vermitteln, sondern der sachliche Diskurs stand im Vordergrund. Natürlich zogen aber auch die Schönauer Energie-Initiativen sämtliche verfügbaren Register: Informationsveranstaltungen und Vorträge mit hochkarätigen Referenten wurden angeboten, Altennachmittage organisiert und Kabarett veranstaltet, für die EWS spielten Rockbands ebenso auf wie ein Volksmusikduo – die EWS können auch heute noch unglaublich gut feiern. Vor allem aber wurde der Kontakt zu jedem Schönauer Bürger gesucht, ganz gleich, wo man diesen parteipolitisch einordnete. Dieses „Klinkenputzen" erforderte nicht nur einen hohen Einsatz der Befürworter, auch so manche persönliche Hemmung musste überwunden werden, schließlich wollte man keine Stimme von vornherein verloren geben. Dabei kam der Gruppe ihre heterogene Zusammensetzung zugute,

---

[4] Zu sehen im Film „Das Schönauer Gefühl", Dir. Frank Dietsche/Werner Kiefer, DVD, FuSS e. V. 2008.

konnte so doch jedes Milieu von einer Person mit entsprechendem Bezug „bearbeitet" werden.

Die Mobilisierungsbemühungen der Befürworter wie auch die Diffamierungskampagne der Gegner trugen Früchte: Am Vorabend des Bürgerentscheids präsentierte sich Schönau als ein gespaltenes Städtchen. Der Riss ging durch Unternehmen, Institutionen und Familien, die Auseinandersetzung beherrschte die Debatten an Stammtischen, in Vereinen und auf der Straße. Der 10. März 1996 brachte die Entscheidung: Bei einer Wahlbeteiligung von weit über 80 % konnten die EWS den Bürgerentscheid mit einer hauchdünnen Mehrheit von 52,5 % zu ihren Gunsten entscheiden.

Die EWS hatten nun also die Konzession zum Stromnetzbetrieb zugesprochen bekommen, das Netz befand sich aber weiterhin im Eigentum der KWR, die einen Kaufpreis von 8,7 Mio. DM aufriefen – die Nennung eines deutlich überhöhten Preises ist auch heute noch eine beliebte Strategie des Altkonzessionärs bei einer Konzessionsneuvergabe. Die Ereignisse rund um den Kauf des Netzes – wie z. B. mit der Spendenkampagne „Ich bin ein Störfall" innerhalb weniger Wochen über 2 Mio. DM eingesammelt werden konnten oder wie der Netzpreis unter dem Druck der EWS und im Zuge einer Reihe aufgedeckter Bewertungsfehler immer weiter bröckelte – sind eine eigene Geschichte wert. An dieser Stelle möchte ich jedoch mit der Feststellung schließen, dass die EWS zum 1. Juli 1997 den Betrieb des Stromnetzes in Schönau im Schwarzwald übernahmen. Das Unternehmen war damit nicht nur der erste Netzbetreiber, der der Anti-AKW-Bewegung entstammte, sondern mit zwei gewonnenen Bürgerentscheiden im Rücken fraglos auch der demokratisch legitimierteste.

Wirkung der Gründungsgeschichte auf die Entwicklung der EWS

Welchen Wert hatten die Erfahrungen einer harten politischen Auseinandersetzung für die weitere Entwicklung der EWS? Nicht hoch genug kann sicherlich der im Laufe der Gründungsgeschichte erlangte Bekanntheitsgrad eingeschätzt werden, der mit der Störfall-Kampagne einen vorläufigen Höhepunkt erreicht hatte. Aus der ganzen Republik flatterten die Gratulationsschreiben in den Südschwarzwald. Die „Stromrebellen aus dem Schwarzwald"[5] standen und stehen für eine klare politische Position. Wofür andere Unternehmen millionenschwere Imagekampagnen anschieben, das hatten sich die Schönauer in einem zehn Jahre andauernden Konflikt erkämpft. Und als im darauffolgenden Jahr mit der Umsetzung einer EU-Richtlinie der deutsche Strommarkt liberalisiert wurde – nun konnte jeder Stromverbraucher seinen Stromlieferanten frei wählen – konnten die EWS mit ihrem bundesweiten Ökostromangebot bereits einen bundesweiten Kreis von Sympathisanten ansprechen, allen voran die Tausenden Spender der Störfall-Kampagne, die mit ihrer Spende den Netzkauf und damit die Überwindung der letzten Hürde ermöglicht hat-

---

[5] Janzing, B. (2008). *Störfall mit Charme. Die Schönauer Stromrebellen im Widerstand gegen die Atomkraft.* Vöhrenbach: doldverlag.

ten. Diese Menschen sind mehr als nur Kunden, sie sind begeisterte Multiplikatoren, die für die EWS bis heute unzählige weitere Kunden aus ihrem Umfeld geworben haben.

Die Strommarktliberalisierung war für die EWS eine Steilvorlage. Für die Kundenversorgung mit Elektrizität galten nun völlig neue Spielregeln, neu für alle Marktteilnehmer. Der Wissensvorsprung der etablierten Versorger in diesem energiewirtschaftlichen Teilmarkt war dahin. Die mit der Gründungsgeschichte aufgebaute Imageposition – hier redet man nicht nur von der Energiewende, hier wird sie demokratisch und dezentral angegangen – ließ sich nun ökonomisch nutzen, das war so nicht vorhersehbar gewesen. Ein Markt war geschaffen worden, in dem das Unternehmen von einem festangestellten Netzmeister und etwa 1.700 versorgten Stromzählern langsam auf den heutigen Stand anwachsen konnte. Der ökonomische Erfolg der EWS Vertriebs GmbH erwächst zu einem nicht unbedeutenden Teil aus der Unternehmensgeschichte.

Dieser politische Konflikt hatte freilich nicht nur einen ökonomischen Wert. Die EWS haben gelernt, dass sich auch globale politische Ziele nur in Etappen verfolgen lassen. Die Zeitspanne vom ersten Bürgerentscheid bis zur Netzübernahme am 1. Juli 1997 lässt sich in diesem Sinne als eine Abfolge von Etappenzielen darstellen. Jedes einzelne Zwischenziel hätte bei Nichterreichen das Scheitern des Projektes zur Konsequenz gehabt. Das bedeutet keinesfalls, dass auf übergeordnete Ziele verzichtet werden soll, doch muss klar sein, dass man sich auch einem übergeordneten Ziel in einzelnen Schritten nähert. Die EWS haben dies in den Jahren seit ihrem Bestehen stets beherzigt: Auf die Kundenversorgung im eigenen Netz folgte ein bundesweites Stromangebot mithilfe externer Dienstleister, dann ein Gasversorgungsangebot in Baden-Württemberg, das zuerst auf Bayern und dann auf Bremen ausgedehnt wurde. Für die Gasversorgung wurde eine eigene EDV implementiert, die schließlich auch für den Stromvertrieb nutzbar gemacht wurde und die externen Dienstleister abgelöst hat; der nächste Schritt wird ein bundesweiter Gasvertrieb sein. Ähnlich vollzog sich die Entwicklung des Netzbetriebs. In den letzten Jahren konnten die EWS sukzessive weitere Konzessionen benachbarter Gemeinden gewinnen. Mittlerweile betreiben die EWS alle neun Strom- und zwei Gasnetze im Gemeindeverwaltungsverband Schönau.

Das Herunterbrechen großer Ziele auf einzelne Etappen und das Arbeiten am Erreichen dieser Zwischenziele soll die Bedeutung eines großen Unternehmensziels, der Unternehmensvision, nicht schmälern. Ich halte eine solche Vision für die Motivation und für die Fähigkeit, Rückschläge wegzustecken, für enorm wichtig – und wir reden hier nicht über so banale Zielsetzungen wie die Steigerung des Umsatzes oder des Gewinns. Klar muss aber auch sein, dass eine deutliche politische Positionierung und ihre konsequente Umsetzung als Unternehmensaufgabe immer dazu führen werden, dass sich manche Milieus und Personenkreise angesprochen fühlen, andere dagegen abgeschreckt werden oder feindselig reagieren. Feindselig sind wir nicht, das habe ich im Wahlkampf zum zweiten Bürgerentscheid gelernt, dafür sind unsere Argumente viel zu gut. Wenn man von seiner Position und Vision überzeugt ist, kann man überzeugend sein, ohne mit verbaler Kraftmeierei auf einen Reflex der Unterwerfung setzen zu müssen.

Zu einer solchen Haltung gehört ebenso, bei aller Freude über das Erreichen eines großen Zieles auch eine gewisse Demut zu spüren und sich nicht etwa in Demütigungen oder übermäßigem Triumphgeheul gegenüber dem unterlegenen Gegner zu ergehen. Zu einem in die Zukunft gerichteten politischen Wirken gehört immer auch eine Versöhnungshaltung, das Mitwirken am Gemeinwesen muss jedem möglich sein. Die Mäßigung ist dabei nicht nur ein Gebot zwischenmenschlichen Anstands, sondern auch politischer und ökonomischer Klugheit. Ohne das Zugehen auf ehemalige Gegner hätten die EWS in den Folgejahren niemals neun weitere Stromkonzessionen aus Nachbargemeinden hinzugewinnen können.

Fazit: Wirklich überzeugend ist nur der, der selbst von etwas überzeugt ist

Wenn ich die zentrale Erkenntnis unter ein Motto fassen sollte, hätte ich die Qual der Wahl – „Geht nicht, gibt's nicht" – „Hart in der Sache, höflich im Ton" – „Keine Angst vor großen Zahlen" – „Global denken, lokal handeln" – „Viel Feind, viel Ehr" – würde alles passen. Ich möchte an dieser Stelle aber noch einmal auf den Unterschied zwischen politisch und parteipolitisch eingehen. Denn genau genommen beschreibt die Geschichte der EWS gar keine soziale Innovation, sondern vielmehr die Wiederentdeckung basisdemokratischer Prinzipien, die dort zum Tragen kommen müssen, wo die den Staat repräsentierenden Parteien keinen Handlungsbedarf erkennen oder sich diesem verweigern.

Wir parteipolitisch ungebundenen Bürger haben das große Glück, frei von Partei- oder Fraktionszwängen denken und unsere Ziele und Visionen entwickeln und verfolgen zu dürfen. In den Schönauer Wahlkampfjahren habe ich dies als einen großen Vorteil empfunden. Die Gegner der EWS haben – gerade weil diese Gegnerschaft im Großen und Ganzen von einer Partei getragen wurde – eine Argumentationslinie, eine Haltung der Partei festgelegt, an die man sich zu halten hatte. Schönauer Parteimitglieder, die mit Vertretern der EWS gesprochen haben, konnten wegen eines solchen Gespräches schon Probleme bekommen. Die offene EWS-Haltung, sowohl was den Gesprächspartner als auch was den Inhalt angeht, hat vielen Schönauer Bürgern damals gezeigt, dass die EWS Wert auf mitdenkende, mündige Bürger legen, fernab von jeder eventuellen Parteizugehörigkeit. Der Stromnetzkauf von Schönau war immer ein überparteiliches Projekt, nur deswegen konnte er letztlich gelingen. Unsere ständige Gesprächs- und Diskussionsbereitschaft hat vielen Schönauern gezeigt, dass unsere Seite – pathetisch gesprochen – die Seite der Freiheit und der Gestaltung ist. Wer sich auf diese Seite stellt, muss sich nicht den Sprachregelungen von Parteigremien unterwerfen, sondern darf frei von der Leber weg sprechen. Die Hauptinstrumente der CDU Schönau – Druck auf Parteimitglieder auszuüben und Angst in der Bevölkerung zu schüren – haben gerade dazu geführt, dass sich viele Schönauer abgewandt haben, um auf die „Seite der Freiheit" zu wechseln. Das ändert freilich nichts daran, dass die CDU in Schönau bei Land- und Bundestagswahlen nach wie vor stabile Mehrheiten einfährt – der ländliche Schwarzwald eben.

Offen sein, sich von Paradigmen genauso lösen können wie von der Vorstellung, die Politik würde es schon richten, sich von ihren Vertretern nicht einschüchtern lassen und nach Fehlschlägen wieder aufstehen – all das kann man sicher aus der Schönauer Geschichte lernen. Klar ist aber auch, dass jede politische Vision am Ende einer Mehrheit bedarf. Solche Mehrheiten kann man leider auch mit Druck und Einschüchterung organisieren, der in Landes- und im Bundesparlament herrschende Fraktionszwang ist deutlicher Ausdruck dessen. Nachhaltiger sind Mehrheiten jedenfalls, wenn sie aus freiem Willen und aus Überzeugung für eine Sache zustande kommen. Wirklich überzeugend ist nur der, der selbst von etwas überzeugt ist.

Autor
Sebastian Sladek wurde 1977 im südbadischen Schopfheim geboren und ist in Schönau aufgewachsen und zur Schule gegangen. Seine Eltern waren stark in den Schönauer Energie-Initiativen engagiert, er und seine vier Geschwister haben die Schönauer Wahlkampfjahre intensiv miterlebt, der zweite Bürgerentscheid war die erste demokratische Wahl, an der Sladek 18-jährig teilnehmen durfte.
Nach dem Abitur 1997 und anschließendem Zivildienst studierte Sebastian Sladek Klassische Archäologie, blieb den EWS aber nicht nur als Kunde, sondern auch als eifriger Werber erhalten. Seit 2008 arbeitet für die Elektrizitätswerke Schönau, seit 2011 ist er Geschäftsführer der EWS Vertriebs GmbH.

Weiterführende Informationen
- www.ews-schoenau.de
- EWS-Kampagne „100 gute Gründe gegen Atomkraft": www.100-gute-gruende.de
- Der Film *Das Schönauer Gefühl* zeigt die Geschichte der Schönauer Energie-Initiativen. Der Film ist bei youtube.com zu sehen und kann bei den EWS Schönau bestellt werden.
- *Das Schönauer Gefühl*, Dir. Frank Dietsche/Werner Kiefer, DVD, FuSS e. V. 2008.

TerraCycle: Abfall abschaffen – Recyclingkreislauf anstatt Müllhalde

24

Wolfram Schnelle

Inhaltsverzeichnis

Zusammenfassung 291
TerraCycle schafft den Abfall ab 292
Die Idee und ihre Umsetzung 294
    Funktionsweise der sozialen Innovation... 294
    Schwerpunkt: Vom Dünger aus Wurmkot zum gesponserten Recyclingprogramm 298
    Die Vision bleibt – das Geschäftsmodell kann sich verändern 303
Fazit: Wer braucht schon eine Million Dollar und einen Universitätsabschluss? 304

Zusammenfassung

Der Beitrag zeigt, wie es dem 19-jährigen Universitätsstudenten Tom Szaky gelang, seine ursprüngliche Idee eines Pflanzendüngers aus Bioabfällen zu einer weltweiten Mission weiterzuentwickeln: zur Idee, den Abfall abzuschaffen. Heute ist sein Umweltunternehmen TerraCycle Spezialist im Upcycling und Recycling von Konsumgüterabfällen und bietet in 24 Ländern Lösungen für deren Wiederverwertung an. 2001 in den USA gegründet, ist TerraCycle seit 2011 auch in Deutschland tätig.

In Zusammenarbeit mit großen Konsumgüterherstellern und mithilfe der Konsumenten bietet TerraCycle sogenannte Sammel- und Recyclingprogramme an, um Abfälle zu recyceln, die zuvor auf Mülldeponien landeten oder in Müllverbrennungsanlagen vollständig vernichtet wurden. Szakys Ziel ist es, das Konzept Abfall neu zu denken und nach dem

---

W. Schnelle (✉)
TerraCycle Germany GmbH, Oudenarder Strasse 15–16, 13347 Berlin, Deutschland
E-Mail: wolfram.schnelle@terracycle.com

Vorbild der Natur einen Kreislaufprozess für Rohstoffe zu schaffen. Über 30 der bekanntesten Konsumgütermarken konnte er bereits von seinem ungewöhnlichen Geschäftsmodell überzeugen und als Partner gewinnen.

Der Schwerpunkt des Beitrags liegt auf der Weiterentwicklung der ursprünglichen Geschäftsidee, die sich durch verschiedene Schlüsselereignisse zu einem soliden Geschäftsmodell verfestigt hat, das nun weltweit expandiert. Es wird erläutert, wie die verschiedenen Stakeholder überzeugt werden konnten, sich für Recycling, Nachhaltigkeit und Umweltschutz zu engagieren und gemeinsam das Abfallproblem der heutigen Konsumgesellschaft zu lösen.

TerraCycle schafft den Abfall ab

Leicht, stabil, formbar und billig: Die praktischen Kunststoffverpackungen oder Kunststoffprodukte in Supermärkten und Kaufhäusern sind längst zum Symbol unserer heutigen Konsumgesellschaft geworden. Kostengünstige Produktion und hoher Gebrauchskomfort trugen seit Mitte des 20. Jahrhunderts zu ihrem weltweiten Siegeszug bei – zulasten der Umwelt. Heute produzieren wir deutschen Konsumenten mehr als 4,4 Mio. Tonnen Kunststoffabfall im Jahr[1], von dem selbst in einem hoch entwickelten Industrieland wie Deutschland nur ein Bruchteil recycelt wird. Im Jahr 2009 konnten weniger als die Hälfte, rund 42 %[2], der Kunststoffverpackungen aus Haushalten tatsächlich werkstofflich zu neuen Rohstoffen verwertet werden. Weltweit entstehen Tag für Tag Tonnen von Abfällen, die auf Deponien oder in der Verbrennung landen, statt recycelt zu werden, und auf diese Weise die Umwelt belasten.

Genau hier setzt die Idee des 2001 in den USA gegründeten Start-ups TerraCycle an: In mittlerweile 24 Ländern weltweit bietet unser Umweltunternehmen Wiederverwertungslösungen für Konsumentenabfälle an, die über die bestehende Infrastruktur bisher nicht recycelt werden konnten. Das Ziel von TerraCycle ist es, das Konzept Abfall zu überdenken und nach dem Vorbild der Natur einen Kreislaufprozess für Rohstoffe zu schaffen. Denn im Gegensatz zur Konsumgesellschaft existiert die Idee von Abfall in der Natur nicht. Hier werden alle Elemente, vom welkenden Blatt bis zum Tierexkrement, wieder in einen biologischen Kreislauf zurückgeführt. Aus dieser Perspektive wird Konsumentenabfall aus Plastik zur Ressource, die durch Recycling wieder zurück zu ihrem Ausgangspunkt findet: Ein Sekundärrohstoff für neue Kunststoffprodukte entsteht.

---

[1] Umweltbundesamt (2013). Aufkommen und Entsorgung von Kunststoffabfällen. http://www.umweltbundesamt-daten-zur-umwelt.de/umweltdaten/public/theme.do?nodeIdent=2321. Zugegriffen: 10. Juni 2013.

[2] Recyclingnews (2013). Bundesumweltministerium weist auf „Übererfüllung der Recyclingquoten" hin. http://www.recyclingnews.info/artikel.php?aid=723&sid=9016bc1b9567efa69cf27e785b90509d. Zugegriffen: 10. Juni 2013.

Umsetzen können wir diese Idee einerseits nur mithilfe der Konsumenten, bei denen der Abfall anfällt, andererseits mithilfe großer Konsumgüterunternehmen, die diese Produkte oder Verpackungen herstellen. Durch sogenannte Sammelprogramme motivieren wir Konsumenten dazu, ihre Verpackungen oder Produkte nicht in den Abfall zu werfen, sondern separat zu sammeln und kostenlos zum Recycling an TerraCycle zu schicken. Für jede eingesandte Abfalleinheit erhalten die teilnehmenden Konsumenten, die sich zuvor auf der Webseite registriert haben, Punkte, die sie in Spenden für gemeinnützige Zwecke umwandeln können. Die Abfälle lassen wir durch Recycling oder Upcycling zu neuen, ressourcenschonenden Plastikprodukten verarbeiten und verleihen den Abfallmaterialien dadurch ein zweites Leben. Beim Upcycling wird sowohl das Material des Abfallprodukts als auch seine ursprüngliche Form genutzt, um daraus einen neuen Gegenstand zu machen. So kann zum Beispiel aus dem Fabrikabfall, der bei der Herstellung von Chipstüten anfällt, eine Tragetasche entstehen. Beim Recycling hingegen wird das Abfallmaterial zerkleinert und in Sekundärrohstoff umgewandelt, aus dem neue Plastikprodukte wie Gießkannen, Parkbänke oder Mülleimer produziert werden. Mithilfe der Sammelprogramme garantiert TerraCycle eine hundertprozentige Wiederverwertung der eingesammelten Materialien, die sonst auf der Mülldeponie landen oder in Müllverbrennungsanlagen vollständig vernichtet würden. Sowohl Versandkosten und Spendengelder als auch die Kosten für den Recyclingprozess werden durch die Konsumgüterhersteller übernommen, die zu Sponsoren unserer Sammelprogramme werden. Auf diese Weise übernehmen nicht nur die Hersteller unternehmerische Verantwortung im ökologischen und sozialen Bereich. Auch TerraCycle kann so das eigene Geschäftsmodell entlang der „Triple Bottom Line" ausrichten: Für uns stehen in erster Linie Umweltschutz und Nachhaltigkeit im Vordergrund. In zweiter Linie übernehmen wir durch die Unterstützung gemeinnütziger Organisationen soziale Verantwortung und stärken so die Zivilgesellschaft. In dritter Linie sind wir aber auch als gewinnorientiertes Unternehmen organisiert, da wir glauben, unsere Ziele auf diese Weise am effektivsten realisieren zu können.

Heute arbeitet TerraCycle mit 30 der weltweit größten Firmen wie L'Oreal, Kraft, Colgate-Palmolive, BIC, Nestlé oder Mars zusammen. Seit 2011 ist TerraCycle auf dem deutschen Markt tätig und konnte 2012 durch Beteiligung der Landbell AG, eines unabhängigen Entsorgungsdienstleisters, ein Büro mit vier Mitarbeitern in Mainz eröffnen. Von hier aus werden die bisher bestehenden vier deutschen Sammel- und Recyclingprogramme organisiert: ein Sammelprogramm für Zahnpflegeprodukte in Kooperation mit der Marke Colgate, ein Stiftesammelprogramm in Kooperation mit dem Schreibwarenhersteller BIC, ein Zigarettenstummelsammelprogramm in Kooperation mit Philip Morris International. Insgesamt beteiligen sich über 160.000 Personen in Deutschland an den verschiedenen Sammelprogrammen und konnten gemeinsam bereits mehr als 364.000 Abfalleinheiten recyceln und damit über 13.000 € an Spendengeldern für gemeinnützige Organisationen generieren.

Die Idee und ihre Umsetzung

Funktionsweise der sozialen Innovation

Ob Deutschland, die USA oder Brasilien – alle westlich geprägten Konsumgesellschaften teilen das gleiche Problem: Tonnen von Abfällen, die nicht oder nur schwer recycelt werden können. TerraCycle löst diese gesellschaftliche Herausforderung durch ein einzigartiges Recyclingsystem, das in allen 24 Ländern und für alle Abfallarten gleichermaßen funktioniert. Abbildung 24 verdeutlicht diesen Prozess: Konsumenten, die sich gemeinsam mit Familie, Freunden oder Kollegen zu einem Sammelteam zusammenschließen, melden sich kostenlos auf der Webseite an und richten ihr persönliches Nutzerkonto ein. Sie treten einem oder mehreren Recyclingprogrammen bei und sammeln die Abfälle getrennt in einem beliebigen Karton, den sie zu Hause, im Büro oder in der Schule aufstellen. Sobald der Karton voll ist, laden sie sich über ihr persönliches Nutzerkonto eine kostenlose Versandmarke herunter, kleben sie auf den Karton und geben ihn als Paket bei der Post auf. TerraCycle empfängt die Pakete in einem Lagerhaus, wo sie gewogen werden, um festzustellen, wie viele Abfalleinheiten sich in einem Paket befinden. Je nach eingeschickter Menge werden dem Absender des Pakets Punkte auf seinem Nutzerkonto gutgeschrieben, die er einlösen und in eine Auswahl an Spendengeschenken oder eine Bargeldspende an eine gemeinnützige Organisation seiner Wahl umwandeln kann. Sobald durch diese Art des Einsammelns ein ausreichendes Volumen einer Abfallsorte im Lagerhaus zusammengekommen ist, kann der Recyclingprozess beginnen. TerraCycle nutzt dabei die bestehende Recyclinginfrastruktur des jeweiligen Landes, um das Material weiterzuverarbeiten. Von diesem System profitieren alle: die Umwelt, die Zivilgesellschaft und die Wirtschaft (Abb. 24.1).

Die Innovationskraft dieses Recyclingsystems besteht nicht nur darin, dass am Ende ein Produkt entsteht, das vollständig aus Abfall hergestellt wurde. Erst die spezifische logistische Organisationsstruktur dieses Systems macht es überhaupt möglich, dass die eingesammelten Abfälle tatsächlich recycelt werden können. Zwei Aspekte sind hierfür verantwortlich: Zum einen schafft TerraCycle eine eigene logistische Infrastruktur mit einem darauf ausgerichteten Finanzierungssystem für das Recycling der Abfälle. Zum anderen sorgt TerraCycle für eine kooperative und kommunikative Einbindung von Konsumenten und Konsumgüterunternehmen, die den Abfall verursachen. Zunächst möchte ich auf die Besonderheiten des TerraCycle-Systems und seine Stärken im Vergleich zur bestehenden Infrastruktur eingehen. Anschließend möchte ich aufzeigen, welche kommunikativen und kooperativen Synergieeffekte zwischen verschiedenen Stakeholdern durch unser System geschaffen werden können.

Zum besseren Verständnis müssen zuerst die strukturellen und technischen Dimensionen des Abfallproblems erläutert werden. Abbildung 24.2 zeigt, dass Verpackungsabfälle, die bei Konsumenten anfallen, über lineare oder zyklische Wege entsorgt werden können, die unterschiedliche Ökobilanzen aufweisen. Zu den linearen Abfallentsorgungswegen zählen die Mülldeponie und die Müllverbrennung. Ihnen wird die schlechteste Umweltbilanz zugeschrieben. Bei der Müllverbrennung kann zwar Energie gewonnen werden, diesen

24 TerraCycle: Abfall abschaffen – Recyclingkreislauf anstatt Müllhalde

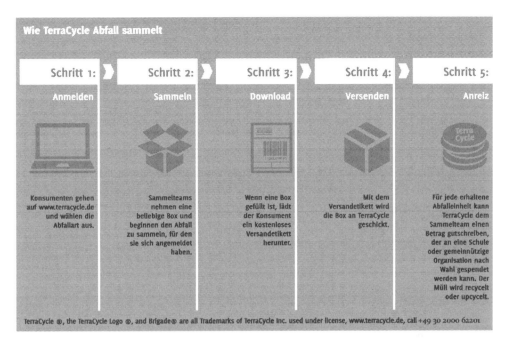

Abb. 24.1 Wie TerraCycle Abfall sammelt

Nutzen aus dem Abfall erhält man jedoch nur ein einziges Mal und bei der Verbrennung wird zudem CO_2 produziert. Eine wesentlich bessere Umweltbilanz weisen alle zyklischen Lösungen auf, zu denen Recycling, Upcycling und die Wiederverwendung zählen. Beim Recycling, das aus Abfall neues Sekundärmaterial herstellt, müssen im Gegensatz zur Neuproduktion keine neuen Rohstoffe aus der Erde extrahiert und verarbeitet werden, der Energieverbrauch ist geringer und es entsteht weniger CO_2. Eine noch bessere Ökobilanz hat Upcycling, da das Material und die Form genauso für die Herstellung neuer Produkte verwendet werden können. Am umweltfreundlichsten ist das Wiederverwenden, da hier keinerlei Veränderung oder Bearbeitung des Materials notwendig ist (Abb. 24.2).

Deutschland zählt zu den Ländern mit der weltweit höchsten Recyclingrate. Mittlerweile haben auch Politik und Wirtschaft den Nutzen von Recycling für die Zukunftsfähigkeit des Landes erkannt, denn im Abfall stecken wertvolle Rohstoffe, die durch ressourceneffizientes Wirtschaften als Sekundärrohstoffe zurückgewonnen werden könnten. Die gesetzlich vorgeschriebene Recyclingquote für Kunststoffverpackungen liegt in Deutschland derzeit bei 36 %[3]. Der restliche Anteil kann und wird in Müllverbrennungsanlagen energetisch verwertet, d. h. verbrannt, um daraus Energie zu gewinnen. Trotz aller Bemühungen der Branche und der Politik, nicht zuletzt durch eine Novelle des Kreislaufwirtschaftsgesetzes im vergangenen Jahr, müssten ökonomische Zwänge überwunden und die Infrastruktur

---

[3] Verpackungsverordnung, Anhang I zu § 6, Absatz (2).

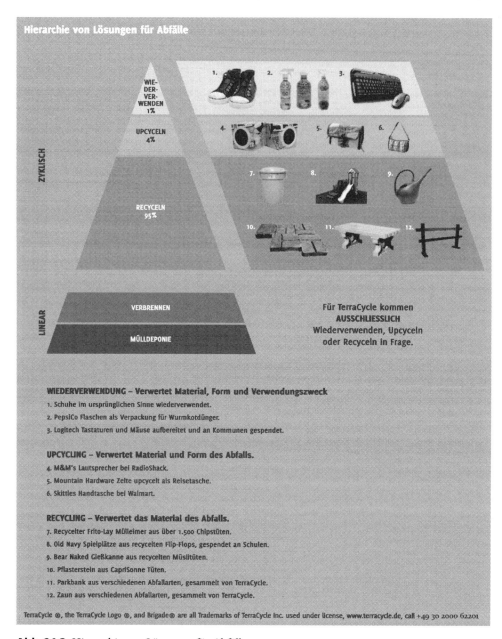

Abb. 24.2 Hierarchie von Lösungen für Abfälle

verbessert werden, um die Recyclingquote in Deutschland über das heutige Niveau zu heben. Das System von TerraCycle garantiert eine hundertprozentige stoffliche Wiederverwertung der über unser System eingesammelten Verpackungen. Diese Recyclingquote von 100 % können wir gewährleisten, da wir die Materialien bei den Konsumenten bereits getrennt voneinander einsammeln und einem separaten Recyclingprozess zuführen, über den wir vollständige Kontrolle behalten und der nicht von Kosten-Nutzen-Rechnungen geprägt ist. Für TerraCycle bedeutet Recycling ausschließlich eine stoffliche Wiederverwertung des Materials. Eine energetische Wiederverwertung und Gewinnung von Energie durch das Verbrennen des Materials wird von uns nicht unterstützt.

TerraCycle macht sich die Tatsache zunutze, dass technisch jedes Kunststoffmaterial, vom Zigarettenstummel bis zum Kaugummi, recycelt werden kann. Die Grenze des Recyclings liegt allein in der wirtschaftlichen Rentabilität. Bei vielen Materialien, die recycelt werden könnten, sind die Kosten des Recyclingprozesses höher als der Wert des aus dem Recycling resultierenden Sekundärmaterials. Diese Kostendifferenz gilt vor allem für Kunststoffe, von denen es eine Vielzahl an Sorten und Verbundstoffen gibt, die das Recycling erschweren. TerraCycle kann diese Art von Abfällen trotzdem recyceln, da wir die Konsumgüterhersteller als Sponsoren für unsere Programme gewinnen und die Kostendifferenz dadurch begleichen können. Mit den Recyclingprogrammen erschließt TerraCycle ein völlig neues Geschäftsfeld, das kein anderer Marktteilnehmer in dieser Form verfolgt. Aus diesem Grund sehen wir uns nicht als Konkurrent des Dualen Systems Deutschland oder der acht weiteren privaten Entsorgungsdienstleister für Verpackungsabfälle, sondern vielmehr als Ergänzung des bestehenden Mülltrennungssystems in Deutschland.

Wenn wir ein Recyclingprogramm für eine Abfallkategorie ins Leben rufen, gehen wir eine einzigartige Symbiose mit Konsumgüterherstellern und Konsumenten ein, durch die wir verschiedene Stakeholder direkt in den Recyclingprozess einbinden. Am Anfang eines Programms steht immer die Bereitschaft eines Herstellers bzw. einer Konsumgütermarke, das Recyclingprogramm für eine spezifische Abfall- bzw. Produktkategorie zu sponsern. So wird der Zahnpflegehersteller Colgate-Palmolive mit seiner Marke Colgate zum Sponsor eines Recyclingprogramms für Zahnpflegeprodukte, von der Zahnbürste über die Zahnpastatube und Zahnseidendose bis hin zur Plastikverpackung der Produkte aller Hersteller und Marken. Der Mehrwert, den Unternehmen wie Colgate-Palmolive im Sponsoring eines Recyclingprogramms sehen, liegt in den Möglichkeiten, dieses Programm im Marketing und in der Kommunikation zu nutzen. Da der Aspekt der Nachhaltigkeit für Unternehmen immer wichtiger wird, können unsere Sponsoren die Programme mit TerraCycle gerade wegen der positiven Ökobilanz des Recyclings sehr gut in ihre Nachhaltigkeitsstrategie integrieren und die Zusammenarbeit damit sowohl intern als auch extern begründen. Darüber hinaus bietet ein Recyclingprogramm neue Möglichkeiten, für Produkte des Unternehmens zu werben, neue Wege der Kommunikation mit dem Konsumenten aufzubauen und Kunden an die Marke zu binden. Vier Themenbereiche können wir dabei als zentrale Ansatzpunkte der Kommunikation rund um das Programm identifizieren: 1) Nachhaltigkeit des Unternehmens sowie Aufruf zum nachhaltigen Handeln aufseiten der Konsumenten, 2) das Angebot einer innovativen und umweltfreundlichen

End-of-Life-Solution für die Produktkategorie, 3) Herstellung und Vermarktung eines neuen Produkts aus den gesammelten Abfällen, das auch öffentlichkeitswirksam in Szene gesetzt werden kann (z. B. Upcyclingprodukte oder die Herstellung eines Spielgeräts aus recyceltem Material, das dann an eine Schule oder Gemeinde gespendet wird) und 4) der Aspekt der Spende an gemeinnützige Organisationen.

TerraCycle nimmt jedoch nicht nur die Unternehmen in die Verantwortung, sondern gibt auch den Konsumenten die Möglichkeit, einen Beitrag zum Umweltschutz zu leisten. Für immer mehr Menschen auf der Welt spielen Nachhaltigkeit und Umweltverträglichkeit eine Rolle bei der Kaufentscheidung. 22 % der Konsumenten in Deutschland, Großbritannien und den USA gaben in einer Studie[4] an, dass sie Produkte eher kaufen, wenn sie sozial- und umweltverträglich sind. Zudem sind 26 % der Befragten bereit, mehr Geld für nachhaltige Produkte auszugeben und 34 % empfehlen sogar anderen Konsumenten, Produkte von Unternehmen zu kaufen, die ökologische und soziale Verantwortung übernehmen. TerraCycle bedient mit seinen Programmen dieses Bedürfnis nach Nachhaltigkeit im Alltag, ganz ohne moralischen Fingerzeig und ohne Einschränkung des Konsumverhaltens. Unser Ziel ist es nicht, den Konsumenten zu erziehen, sondern seine Sichtweise auf Abfall sowie den Umgang mit natürlichen Ressourcen zu verändern und über die Vorteile des Recyclings in Bezug auf Nachhaltigkeit und Umweltschutz aufzuklären. Deshalb sind unsere Sammelprogramme so konzipiert, dass sie den Konsumenten spielerisch einbinden: Durch die Vergabe von Punkten für jede Einsendung schaffen wir ein Belohnungssystem für die Teilnehmer, Wettbewerbe mit attraktiven Preisen motivieren zum Sammeln und Einsenden, kreative Ideen rund um die Trendthemen Upcycling, DIY und Basteln mit Abfall binden Konsumenten über die sozialen Medien ein. Alle Faktoren zusammen zeigen dem Konsumenten, dass Recycling Spaß macht, und werten ein eher unattraktives Thema wie Abfall zu einem facettenreichen Trendthema auf.

Vor allem das Image eines angesagten, jungen und kreativen Start-ups, das sich TerraCycle seit seiner Gründung erarbeitet hat und das zu Titeln in internationalen Medien wie „The Coolest Little Start-up in America", „Google of Garbage" oder „Der grüne Marc Zuckerberg" führten, trägt heute maßgeblich zum Erfolg unserer Programme bei und steigert unsere Popularität sowohl gegenüber Konsumenten als auch gegenüber Sponsoren.

Schwerpunkt: Vom Dünger aus Wurmkot zum gesponserten Recyclingprogramm

Die Geschäftsidee von TerraCycle basierte von Anfang an auf dem Konzept, aus Abfall etwas Neues zu schaffen. Geschäftsstrategie und Umsetzung dieser Idee hingegen haben sich über die Jahre hinweg aufgrund eines Zusammenspiels zufälliger Entwicklungen und bewusster Managemententscheidungen bis zum heutigen Modell grundlegend

---

[4] BBMG, GlobsScan und SustainAbility (2012). Re:Thinking Consumption. Consumers & The Future of Sustainability. http://theregenerationroadmap.com/research/consumer-study/. Zugegriffen: 10. Dezember 2012.

weiterentwickelt. Im Folgenden möchte ich zunächst die Anfänge der Idee beschreiben und anschließend darauf eingehen, welche Entscheidungen und Ereignisse als zentrale Weichenstellungen für die Unternehmensentwicklung galten.

Alles begann 2001 in dem amerikanischen Universitätsstädtchen Princeton, unweit von Trenton im Bundesstaat New Jersey, wo TerraCycle heute noch seinen Hauptsitz hat. Die Gründungsgeschichte des Unternehmens ist eng mit der amerikanischen Kultur verknüpft und verkörpert exemplarisch eine Version des amerikanischen Traums: Der 19-jährige Kanadier Tom Szaky, der 1986 als Kind mit seinen Eltern aus Ungarn geflohen war, schmeißt sein Studium an der renommierten amerikanischen Princeton University hin, um Unternehmer zu werden und seine eigene Firma aufzubauen, die 13 Jahre später 110 Mitarbeiter zählt, in 24 Ländern weltweit arbeitet und stetig weiter expandiert. Sein Weg dorthin war geprägt von dem Glauben daran, unternehmerischen Erfolg zu haben, und den Willen, diesen Glauben nicht aufzugeben.

Bereits das erste Produkt des jungen Start-ups war äußerst ungewöhnlich: ein organisches Düngemittel hergestellt aus dem Kot von Würmern. Auf die Idee kam Szaky während eines Besuchs bei Freunden in Montreal, die ihre Bioabfälle an Kompostwürmer, Eisenia foetida, verfütterten, um mit den Wurmexkrementen ihre Pflanzen zu düngen. Die Vorstellung, Küchenabfälle in ein neues Produkt zu verwandeln, faszinierte ihn und er beschloss, im Rahmen seines Wirtschaftsstudiums in Princeton gemeinsam mit einem Studienfreund einen Businessplan zu entwickeln, um die Produktion des Düngemittels in größerem Stil aufzuziehen. Um diesen Plan auch praktisch umsetzen zu können, benötigten sie eine Maschine, die eine Verfütterung von Bioabfällen an die Würmer in großen Mengen automatisierte. Bei Recherchen stießen sie schließlich auf einen Unternehmer aus Florida, der sich auf Wurmkompostierung spezialisiert hatte und in der Lage war, einen Prototyp einer Kompostiermaschine zu bauen. Gemeinsam gelang es den beiden Studenten, aus eigener Tasche 20.000 $ für die Maschine zusammenzutragen und die Universität zu überzeugen, Kantinenabfälle zukünftig über die Kompostiermaschine zu entsorgen. Die massenhafte Produktion des organischen Düngemittels aus Wurmkot konnte beginnen. Nun musste jedoch ein Investor gefunden werden, um die Kosten zu decken, den Dünger zu verkaufen und damit Geld zu verdienen.

Damit sie den Dünger auch mit geringem Budget auf den Markt bringen konnten, füllten die beiden Studenten ihn zunächst in einfache Plastiktüten, was sich aber schnell als wenig benutzerfreundlich herausstellte. Daher entwickelte Szaky das reine Wurmexkrement zu einem neuen Produkt weiter, das in Grundzügen bereits sowohl das Abfallkonzept als auch den Umweltgedanken in sich trug: einem flüssigen Pflanzendünger aus organischen Abfällen, der in Sprühflaschen verkauft werden sollte und eine rundum umweltfreundliche Alternative zu konventionellen Düngemitteln darstellte. Aus Mangel an Kapital konnten sich die Jungunternehmer eine professionelle Verkaufsverpackung nicht leisten und sammelten daher leere Plastikflaschen aus Mülleimern in der Umgebung, die als Behälter für den flüssigen Dünger dienten. Auf diese Weise schufen sie das erste Produkt, das sowohl komplett aus Abfall hergestellt wurde als auch in Abfall verpackt war – ein grünes Produkt zu einem erschwinglichen Preis.

Mediale Berichterstattung über das Start-up TerraCycle und die Teilnahme an verschiedenen Gründerwettbewerben trieben die Entwicklung des Unternehmens voran. Doch die Suche nach einem Investor war zunächst von zahlreichen Rückschlägen gezeichnet. Trotz Interesse einiger Investoren an der Geschäftsidee scheiterten die Deals an unterschiedlichen Vorstellungen darüber, wie TerraCycle sich als Unternehmen entwickeln sollte. Ein bezeichnendes Beispiel hierfür war die Teilnahme an der „Carrot Capital Business Plan Challenge", einem renommierten Gründerwettbewerb, der von der Risikokapitalgesellschaft Carrot Capital ausgerichtet wurde. 2003 gewann Szaky mit TerraCycle den ersten Preis und damit ein Investment der Kapitalgesellschaft von einer Million Dollar in sein Unternehmen. Das Preisgeld war genau die Finanzspritze, auf die der junge Unternehmer gewartet hatte. Mit dem Investment waren jedoch weitreichende Einschnitte in seine Entscheidungsbefugnis und sein Geschäftskonzept verbunden, die er so nicht übernehmen wollte. Während Szaky den Kern seines Geschäfts mit dem Wurmdünger mittlerweile darin sah, dass die Verwertung von Abfall einen positiven Effekt auf die Umwelt hatte, wollte Carrot Capital dem Abfallkonzept lieber den Rücken kehren. Da Szaky jedoch die Herstellung eines Produkts aus Abfall als Alleinstellungsmerkmal seines Unternehmens definierte, schlug er das Preisgeld von einer Million Dollar aus, und das, ohne einen alternativen Investor zu haben.

Aufgrund dieses Schlüsselerlebnisses konzentrierte sich Szaky fortan auf die Abfallidee. Nicht nur sein Produkt und die Verpackung wurden aus Abfall hergestellt, auch seine Büromöbel stammten vom Sperrmüll: Ihm wurde schnell klar, dass nicht die Herstellung eines Düngers aus Wurmexkrementen, sondern das Konzept, aus scheinbar wertlosen Abfallmaterialien neue Produkte für Konsumenten herzustellen, das Revolutionäre an seiner Geschäftsidee war. Doch um sein Produkt endlich massenhaft verkaufen zu können, musste Szaky zunächst genügend gebrauchte Plastikflaschen als Verpackung für seinen Wurmdünger organisieren. Aus rechtlichen Gründen konnte er die Plastikflaschen nicht aus den kommunalen Müllcontainern einsammeln. So entwickelte er das erste Sammelprogramm für Plastikflaschen, das in den Grundzügen bereits den heutigen Recyclingprogrammen entsprach: Schulkinder sollten ihre leeren Getränkeflaschen für TerraCycle sammeln. Als Belohnung erhielten sie ein paar Cent pro Flasche und eine Unterrichtsstunde über den Wurmdünger und seine ökologischen Vorteile. Eine größere Produktion und viel Hartnäckigkeit ermöglichten TerraCycle schließlich, den Dünger erst im Online-Angebot der amerikanischen Baumarktkette Home Depot zu platzieren und wenig später in allen Walmart-Filialen Kanadas. Die Bestellung von Walmart brachte das Geschäft ins Rollen, sprengte aber fast die Produktionskapazitäten des jungen Unternehmens. Obwohl die Menge der über das Schulsystem eingesammelten Plastikflaschen nicht zu reichen drohte, hielt Szaky weiterhin an der Ursprungsidee einer Verpackung aus Abfall und damit an der Innovation seines Geschäftsmodells fest. Das Pfandsystem für Plastikflaschen im nahegelegenen Staat New York half ihm schließlich, die nötige Menge an gebrauchten Plastikflaschen von dem dortigen Recyclingunternehmen abzukaufen. Der Walmart-Bestellung folgten weitere und erstmals konnte TerraCycle mit dem Verkauf seines Wurmkotdüngers Umsatz erzielen.

Nicht nur Investoren und Einzelhändler, auch die Medien konnte TerraCycle mit der Idee begeistern, aus Abfall ein neues Produkt herzustellen. Mit steigender Aufmerksamkeit hatte sich der Abfall zu einer Art Ware entwickelt und TerraCycle verstand es wie kein anderes Unternehmen, mit dieser Ware zu handeln. Daher begann auch Szaky Abfall nicht länger als solchen zu sehen, sondern vielmehr als Rohmaterial, das man beliebig verwandeln konnte. Was ihm mit Wurmkot und gebrauchten Plastikflaschen gelungen war, sollte auch mit anderen Abfällen möglich sein. Diese Umdeutung des Abfalls stellte den nächsten Schritt in der Weiterentwicklung des Geschäftsmodells dar. Um die Grenzen des kleinen Pflanzendüngermarktes zu überwinden, suchte Szaky nach Möglichkeiten, die Produktpalette des Unternehmens zu erweitern. Dabei lag der Schwerpunkt zunächst auf dem Upcycling. Die ersten Produkte aus Abfall neben dem Wurmdünger waren ein Komposter und eine Regentonne, die TerraCycle auf Anfrage von Walmart aus gebrauchten Weinfässern aus Holz entwickelte. Auch der Discounteinzelhändler Target bat TerraCycle, eine Uhr aus Abfall zu kreieren. Hierfür nutzte TerraCycle alte Vinylplatten. Mit diesen ersten Upcyclingprodukten gelang es dem Unternehmen, preiswertere, umweltfreundlichere, attraktive und zudem einzigartige Alternativen zur Plastikware anzubieten. Aufgrund dieses Erfolgs wurden andere Firmen auf TerraCycle aufmerksam und trieben die Entwicklung weiter voran.

2007 kam der Biogetränkehersteller Honest Tea mit einer Bitte auf TerraCycle zu, die den Kern des Abfallproblems unserer heutigen Konsumgesellschaft repräsentiert: Honest Tea wollte ein konkurrenzfähiges Kindergetränk für unterwegs auf den Markt bringen, das alle Verbraucheransprüche an eine praktische Verpackung erfüllt und trotzdem umweltfreundlich ist. Das Kindergetränk konnte wegen der Konsumentenfreundlichkeit nicht in recycelbare Glas- oder Plastikflaschen gefüllt werden, sondern sollte in sogenannten Standbodenbeuteln verkauft werden. Diese Trinkbeutel sind zwar für Kinder praktisch zu handhaben, können aber aufgrund ihres Materials aus Verbundstoff, der aus aneinandergeschmolzenem Aluminium und Plastik besteht, nicht recycelt werden. TerraCycle sollte nun eine Lösung für dieses Abfallproblem finden. Diese Lösung bestand darin, die Trinktüten nach dem Prinzip des Upcyclings zu neuen individuellen Taschen zusammenzunähen. Das Einsammeln der Trinktüten erfolgte in Anlehnung an die bewährte Sammlung von Plastikflaschen über Sammelteams an Schulen, die eine kleine Spende pro Trinktüte erhielten. Fast zeitgleich trat der Joghurthersteller Stonyfield mit einer ähnlichen Bitte zur Entsorgung seiner Abfälle an TerraCycle heran. Für Tom Szaky bedeuteten diese Aufträge eine Weiterentwicklung seines Abfallkonzepts: Konsumgütermarken waren bereit, Geld zu zahlen, um den Abfall mit ihrem Markennamen sauber entsorgen zu lassen und somit ihr Markenimage nicht zu beschmutzen.

Das erste Sammelprogramm für Trinktüten in Kooperation mit Honest Tea, das noch im selben Jahr an den Start ging, stellte einen zentralen Wendepunkt für die Unternehmensentwicklung dar. Bereits 2008 wurde die Upcyclingidee für Trinktüten auf andere Marken ausgeweitet: Kraft, Hersteller der Capri-Sonne-Trinktüten und damit einer der größten Anbieter in diesem Marktsegment, erklärte sich bereit, ein Sammel- und Upcyclingprogramm für Capri-Sonne zu sponsern. Weitere Marken und Produkte kamen hinzu: Oreo, Chips Ahoy!, Clif Bar und Nabisco. TerraCycle hatte nicht nur die Abfallentsorgung in den USA revolutioniert, sondern konnte sich auch als kreatives, grünes Upcyclingunternehmen etablieren.

Die positive Reaktion sowohl der Sponsoren als auch der Einzelhändler und der Konsumenten auf die Upcyclingprodukte aus Abfall führten Szaky vor Augen, welches Marketingpotenzial in seinen gesponserten Programmen steckte. Um den Konsumgüterherstellern und potenziellen Sponsoren einen Mehrwert bieten zu können, arbeitete er verschiedene Strategien aus, wie die Sponsoren ihr Programm am besten in der Kommunikation nach außen einsetzen konnten, um den Verkauf ihrer Produkte zu steigern. Je mehr Konsumgüterhersteller jedoch den Marketingvorteil einer Kooperation mit TerraCycle erkannten, desto mehr Abfallströme musste TerraCycle verarbeiten. Wurden zu Beginn noch alle eingesammelten Trinktüten im TerraCycle-Büro in Trenton eigenhändig ausgewaschen, auseinandergeschnitten und wieder zu Taschen zusammengenäht, musste die Produktion der Upcyclingprodukte bald ausgelagert werden, um die Masse bewältigen zu können. Es wurde klar, dass die Herstellung von Upcyclingprodukten in mühevoller Handarbeit kaum auf Massenproduktionsniveau zu heben war und das Unternehmen wirtschaftliche Verluste einfuhr. Einige Investoren und Aufsichtsratsmitglieder forderten nicht nur die Abkehr vom Upcyclinggeschäft, sondern auch Szakys Rücktritt. Überzeugt von seiner Vision, Abfall abzuschaffen, wehrte sich Szaky gegen diese Kritik und baute das Geschäftsmodell um: TerraCycle konzentrierte sich in Zukunft ganz auf das Einsammeln des Abfalls und lagerte, durch die Bereitstellung von Prototypen und Designideen, die Herstellung der Upcyclingprodukte an lizenzierte Hersteller aus. Und ein weiterer Wandel vollzog sich: vom Upcycling zum Recycling des Abfalls. TerraCycle ließ, aufgrund der immer größer werdenden Mengen nun einen Teil des Abfalls von Recyclingunternehmen in Sekundärrohstoffe verwandeln, die dann an Hersteller von Plastikprodukten verkauft wurden.

Die neue Strategie zahlte sich aus und der Umsatz des Unternehmens stieg. Vorangetrieben durch Anfragen von Konsumgüterherstellern aus anderen Ländern, die das Sammel- und Recyclingsystem im eigenen Land aufbauen wollten, expandierte TerraCycle 2009 auf dem amerikanischen Kontinent und nach Europa. In Brasilien starteten Programme mit PepsiCo und Frito-Lay, in Kanada und Mexico mit Kraft Foods. Das erste europäische Büro für Großbritannien und später ganz Europa wurde 2009 in London eröffnet. Anfang 2011 kamen weitere Länder wie Frankreich, Deutschland, Spanien, die Schweiz und die nordischen Staaten hinzu. Getrieben wurde diese Entwicklung von der Firma BIC, die gleich in acht europäischen Ländern zum Sponsor eines Sammel- und Recyclingprogramms für Stifte wurde.

Durch eine Minderheitsbeteiligung der Landbell AG, eines unabhängigen deutschen Entsorgungsdienstleisters, konnten Anfang 2012 die Büros für den Markt in Deutschland, Österreich und der Schweiz ihren Sitz von London nach Mainz verlegen. Im Januar 2014 hat TerraCycle sein Büro nach Berlin verlegt und ist jetzt Mieter in der Green Alley, einer Anlaufstelle für Start-ups und Neugründer im Bereich Recycling und Kreislaufwirtschaft.

Die Vision bleibt – das Geschäftsmodell kann sich verändern

Die bisherige Unternehmensentwicklung führte Szaky zwei Dinge vor Augen: Erstens, die nachhaltige Entsorgung von Abfällen war ein weltweites Problem, das auch internationalen Konzernriesen wie Kraft Foods ein wichtiges Anliegen war. Zweitens, seinen Erfolg verdankte Szaky letztendlich der klaren Konzeptionierung und Weiterentwicklung seiner Kernidee, Lösungen für Abfälle von Konsumgüterunternehmen zu finden. Diese zentralen Erkenntnisse beeinflussen auch die weitere Entwicklung von TerraCycle, zum einen in Richtung einer weltweiten Expansion bzw. eines Exports des Geschäftsmodells, zum anderen hin zu neuen Angeboten der Abfallverwertung.

Als das Geschäftsmodell endlich definiert und die grundlegenden Strukturen des Unternehmens festgelegt waren, konnte die Vision, Abfall abzuschaffen, in der Welt verbreitet werden. Für Landbell stellt das Sammel- und Recyclingsystem von TerraCycle eine hervorragende Ergänzung des deutschen Abfallentsorgungssystems dar. Bereits 2003 hatte der Entsorger eine Innovation in der deutschen Abfallwirtschaft vorangetrieben, indem er das Monopol des Unternehmens Duales System Deutschland bei der Entsorgung von Verpackungsmüll aus Haushalten aufbrach. Mit TerraCycle kann Landbell seinen Kunden in Deutschland neben dem verpflichtenden Rücknahmesystem eine freiwillige Alternative für das Recycling von Verpackungen oder Produkten anbieten.

Während Deutschland mithilfe eines Investors als Standort eröffnet werden konnte, möchte TerraCycle mit einer klaren Expansionsstrategie weitere Märkte erschließen: Ein in allen Ländern gleichermaßen replizierbares Geschäftsmodell und einheitliche Organisationsstrukturen sorgen dafür, dass TerraCycle überall auf der Welt die Arbeit aufnehmen kann, sobald mindestens ein Konsumgüterhersteller gefunden wurde, der ein nationales Recyclingprogramm sponsert. Während grundlegende Prozesse wie IT, Webseitenentwicklung oder Forschung und Entwicklung von Lösungen für Abfälle zentralisiert wurden, kümmert sich in jedem neu eröffneten Markt zunächst ein „Country Manager" um die Umsetzung des Systems vor Ort, vom Business Development über PR und Account Management bis hin zum Customer Service. In Kanada, Brasilien, Mexico und UK arbeiten bereits größere Teams direkt im Land, andere europäische Länder haben ihr Personal im europäischen Büro in London gebündelt. Die Zukunftsmärkte für TerraCycle heißen heute Neuseeland, Australien, Japan und Indien. 2014 hat TerraCycle diese Märkte erobert und ist jetzt auch in Neuseeland, Australien und Japan aktiv.

Nicht nur geografisch, auch inhaltlich möchte TerraCycle den Kern seines Geschäftsmodells weiterentwickeln. Zum einen sollen in allen Ländern mehr Abfallarten hinzukommen, die bisher noch nirgendwo auf der Welt recycelt wurden. So arbeitet die Forschungs- und Entwicklungsabteilung in den USA, die erkundet, wie verschiedene Abfallarten weiterverarbeitet werden können, gerade an Lösungen für extreme Abfälle wie Zigarettenstummel, Kaugummis und gebrauchte Windeln. Zum anderen wird das Kernkonzept mit seinem spezifischen Sammelsystem für Konsumentenabfälle durch weitere Angebote im Business-to-Business-Bereich ergänzt. Ganz nach dem Kerngedanken, Abfalllösungen für einen bestimmten Kunden zu finden und sie als Marketingvorteil auszuspielen, sollen die verschiedenen Unternehmen bei TerraCycle in Zukunft ganz auf ihre Bedürfnisse und ihren

Abfallstrom zugeschnittene Lösungen erhalten. So soll ein Unternehmen zum Beispiel die Möglichkeit haben, zusammen mit dem Produkt gleich eine Recyclinglösung als Dienstleistung von TerraCycle an den Endverbraucher mitzuverkaufen. Außerdem sollen Unternehmen, bei denen regelmäßig große Mengen eines bestimmten Abfalls anfallen, direkt bei TerraCycle eine Recyclinglösung bestellen können.

Mit steigender Abfallmenge hat sich auch der Verkauf des recycelten Sekundärmaterials an Hersteller als wichtiger Geschäftsbereich des Unternehmens entwickelt. Hier besteht die Aufgabe darin, ein Material auf den Markt zu bringen, mit dem Hersteller zuvor noch nie gearbeitet haben. Dieses Material etabliert TerraCycle als umweltfreundliche und kostengünstige Alternative zum herkömmlichen Rohmaterial und schafft somit eine steigende Nachfrage nach diesem Sekundärrohstoff. Genauso wie TerraCycle Lösungen für Abfälle finden konnte, für die es zuvor noch keine Lösungen gegeben hatte, gelang es dem Unternehmen auf diese Weise, die Nachfrage nach Rohmaterial zu verändern und neue Wertstoffströme zu schaffen.

Fazit: Wer braucht schon eine Million Dollar und einen Universitätsabschluss?

Obwohl die Erfolgsgeschichte von Tom Szaky stark von der amerikanischen Kultur geprägt sein mag, lassen sich einige Aspekte ausmachen, die auch für erfolgreiche Unternehmungen in Deutschland und der ganzen Welt gelten können:

1. Kein Risiko scheuen und an einer Vision festhalten

Möchte man etwas ganz Neues wie eine soziale Innovation ins Leben rufen, für die es keine Vorbilder oder vorhandenen Modelle gibt, muss man bereit sein, ein hohes Risiko einzugehen. Während die Vision zweier Studenten, mit einem Düngemittel aus Wurmkot Geld zu machen, zwar ein verrücktes, aber zunächst wenig folgenreiches Vorhaben war, ging Szaky mit der Entscheidung, sein Studium an einer renommierten Eliteuniversität abzubrechen und eine Million Dollar Kapital für sein Start-up auszuschlagen, ein hohes persönliches und unternehmerisches Risiko ein. Dieses Risiko zahlte sich letztendlich aus. Trotz zahlreicher Rückschläge und chronischen Kapitalmangels hielt er an seiner Vision fest und gab auch bei Misserfolgen nicht auf. Stattdessen war er bereit, die Umsetzung seiner Idee immer weiter zu verbessern und sich von Elementen zu verabschieden, die nicht praktikabel waren. Da er selbst stets tief von seiner Idee überzeugt war, schaffte er es auch, andere zu überzeugen und zu begeistern.

2. Vorhandene Strukturen überwinden und Konventionen brechen

Niemand war zuvor auf die Idee gekommen, einen Pflanzendünger aus Wurmkot herzustellen und zu einem massentauglichen Supermarktprodukt zu machen. Ebenso war niemand zuvor auf die Idee gekommen, Abfälle zu recyceln, deren Wiederverwertung sich ökonomisch nicht lohnte und infrastrukturell neu organisiert werden musste. Doch nur weil es niemand zuvor versucht hatte, bedeutete dies für Szaky nicht, dass es unmöglich war. Eingefahrene Strukturen standen der Innovation im Weg und neue Lösungen außerhalb der Normen des Systems mussten gefunden werden. Auch das Brechen von Konventionen war ein Erfolgsrezept für TerraCycle: Dünger aus Wurmkot oder Produkte aus Abfall versprachen aus konventioneller Sicht zunächst wenig Erfolg. Doch genau dies machte ihren Charme und ihre Beliebtheit aus. Das Unkonventionelle und Innovative zeichnet TerraCycle bis heute aus und ist zum Markenkern des Unternehmens geworden. Auch zwölf Jahre später ist die Unternehmenskultur so ungewöhnlich und informell wie in den Anfangszeiten als Start-up. Selbst bei hochrangigen Geschäftstreffen tritt Szaky heute noch gerne in Jeans, T-Shirt und Baseball-Kappe auf und verdeutlicht damit, dass er auch ohne grauen Business-Anzug in der Liga der internationalen Großkonzerne mitspielen kann.

3. Einen Markenkern aufbauen

Um ein effektives Markenimage aufzubauen, ist es wichtig, sich auf eine Kernidee zu konzentrieren, die als roter Faden dient und auf die man sich immer wieder zurückbesinnen kann. So hatte Szaky aus seinen Erfahrungen gelernt, wo seine Stärken lagen: Lösungen für Abfälle finden und vermarkten. Sobald er sich auf diese Kernidee beschränkt und alle anderen Prozesse – die Herstellung des Wurmkots, das Upcycling von Verpackungen – ausgelagert hatte, konnte TerraCycle wachsen, sein System ausbauen und stetig verbessern. Mit der Konzentration auf das weltweite Abfallproblem konnte sich TerraCycle als globale Marke etablieren und schließlich weltweit expandieren.

4. Sich ständig neu erfinden

Eine starke Idee und einen klaren Markenkern benötigt man als solide Basis, als Fixpunkt, um den herum sich alles bewegen kann. Dennoch muss man offen und kreativ sein, um notwendige Umstrukturierungen und Weiterentwicklungen bewältigen zu können. Vor allem bei Rückschlägen prüfte Szaky, wie er die Grundidee weiterentwickeln und ihre Umsetzung verbessern konnte. Hierzu zählte auch, einfach selbst Hand anzulegen und Dinge auszuprobieren: Als er den Auftrag von Honest Tea bekam und eine Lösung für die Trinktüten finden musste, kaufte er kurzerhand eine Nähmaschine und nähte über Nacht den ersten Prototyp einer Upcyclingtasche aus Trinktüten zusammen. Genau dadurch gelang es ihm immer wieder, sein Unternehmen voranzubringen.

Bis heute braucht Tom Szaky weder einen Universitätsabschluss noch die eine Million Dollar von damals, um mit TerraCycle erfolgreich zu sein.

Gründer
Tom Szaky, Gründer und Vorstandsvorsitzender von TerraCycle, wurde 1982 in Ungarn geboren und wuchs in Toronto, Kanada, auf. 2001 verließ der damals 19-jährige Student ohne Studienabschluss die renommierte Princeton University, um sich ganz seinem „Social Business" zu widmen. Sein Umweltunternehmen TerraCycle entwickelte er zu einem weltweiten Spezialisten für das Upcycling und Recycling von Konsumgüterabfällen.

Autor
Julia Linz arbeitet seit 2012 als PR- und Account-Managerin für TerraCycle Deutschland, Schweiz und Österreich. Nach ihrem Studium der Politikwissenschaft, Soziologie und Anglistik absolvierte sie ein Volontariat in der Presse- und Öffentlichkeitsarbeit einer öffentlichen Einrichtung. Den Wechsel in die freie Wirtschaft verdankte sie einem Zufall: Auf der Suche nach einem PR-Job im Non-Profit-Bereich stieß sie auf TerraCycle, das alle Aspekte, vom ökologischen bis zum gesellschaftlichen Engagement, erfüllte, ohne selbst eine Non-Profit-Organisation zu sein.

Weiterführende Informationen
- Szaky, T. (2013). *Revolution in a Bottle. How TerraCycle Is Eliminating the Idea of Waste*. Revised and expanded edition. New York: Penguin.
- www.terracycle.de

25 Schlusswort: „Was nicht zur Tat wird, hat keinen Wert."

Hartmut Kopf, Susan Müller, Dominik Rüede, Kathrin Lurtz und Peter Russo

Uns als Herausgebern war es ein Anliegen, Menschen eine Plattform zu bieten, die mit ihren Ideen eine gesellschaftliche Wirkung erzielen. In 18 Beiträgen haben unsere Autorinnen und Autoren gezeigt, wie aus ihren Ideen Wirklichkeit wurde und wie ihre sozialen Innovationen Nutzen stiften. Wir hoffen, dass dabei klar wurde, dass es für die Initiierung und Umsetzung sozialer Innovationen weder Superhelden noch Übermenschen braucht – wohl aber eine gute Idee, Engagement, Durchhaltevermögen und den Willen und die Lust, etwas zu verändern. Wir hoffen, dass Sie sich davon haben anstecken lassen. Und zwar nicht nur in den vorgestellten Bereichen *Bildungsgerechtigkeit, Fachkräftemangel, Langzeitarbeitslosigkeit, Zivilisationskrankheiten und Ressourcenverbrauch,* sondern in den Bereichen, die *Sie* interessieren.

Nun stellt sich die Frage, was Sie aus der Lektüre für sich mitnehmen konnten und was für Sie daraus folgt. Nehmen Sie sich doch die Zeit und lassen Sie das Gelesene nochmals Revue passieren. Was ist Ihnen besonders in Erinnerung geblieben? Was hat Sie überrascht? Was hat Sie nachhaltig beeindruckt? Machen Sie sich ruhig Notizen dazu und, falls Sie kein Blatt zur Hand haben, schreiben Sie es gern hierhin – dann haben Sie Ihre Gedanken zum Buch auch immer an der richtigen Stelle:

H. Kopf · S. Müller (✉) · D. Rüede · K. Lurtz
World Vision Center for Social Innovation, EBS Business School,
Oestrich-Winkel, Deutschland
E-Mail: susan.mueller@gmx.com

P. Russo
Institute for Transformation in Business and Society (INIT), EBS Business School,
Oestrich-Winkel, Deutschland

Meine Gedanken zum Buch:

-
-
-
-
-
-
-
-

Was uns als Herausgeber überrascht hat, war die Vielfalt. Diese kam durch unterschiedliche Dinge zum Ausdruck. Da wäre zum einen die Vielfalt der Probleme. Auch wenn es uns in Deutschland im Vergleich zu vielen anderen Regionen der Welt recht gut geht, finden wir, wenn wir nur aufmerksam genug hin- und nicht wegschauen, doch „quasi an jeder Ecke" gesellschaftliche Herausforderungen, die es lohnt, anzugehen. Und zwar *für uns*, nicht für „irgendeinen anderen" – immer gerne gefordert sind in diesem Zusammenhang „der Staat", „die Kirche" und „die Wohlfahrt". Ein weiterer Aspekt der Vielfalt: Der Impuls, tätig zu werden, kann sich an ganz unterschiedlichen Dingen entzünden. Im einen Fall sind es private Erfahrungen der Sozialinnovatoren, in anderen Fällen war der berufliche Bezug ausschlaggebend. Die Vielfalt spiegelte sich aber auch in der Umsetzung wider. Soziale Innovationen können von Individuen, von Teams oder einer Bürgerbewegung vorangetrieben werden. Sie können in unterschiedlichen Rechtsformen „auf die Straße gebracht werden", als Verein, als Stiftung oder als Unternehmen – je nachdem, was zu der sozialen Innovation passt. Bei all der Vielfalt eint alle Sozialinnovatoren jedoch eine Eigenschaft: Sie gehen mit offenen Augen durchs Leben, interessieren sich für ihr Umfeld und wollen etwas Positives für ihre Mitmenschen erreichen – gemäß dem Leitsatz der Caritas: „Not sehen und handeln."[1]

Wäre das nicht auch etwas für Sie? Warum denn nicht? Spricht wirklich etwas dagegen? Doch wie stellt man das an? Zunächst einmal gilt es, sich selbst in Bezug zur Gesellschaft zu sehen. Überlegen Sie doch einmal, was Sie ganz persönlich besonders aufregt. Was würden Sie als Erstes ändern, wenn Sie die Bundestagswahl im September 2013 gewonnen hätten? Mit welcher Ungerechtigkeit kommen Sie überhaupt nicht zurecht? Welche

---

[1] Die katholische Caritas, mit rund 560.000 Mitarbeitern in rund 25.000 Einrichtungen der größte Trägerverband sozialer Dienstleistungen in Deutschland, führt ihren Leitsatz als konstitutiven Bestandteil sogar im Logo. www.caritas.de.

Personengruppen sind aus Ihrer Sicht die schwächsten Glieder in unserer Gesellschaft? Ist unser Lebensstil noch zeitgemäß?

Fragen wie diese werden Ihnen Möglichkeiten aufzeigen, wo noch Bedarf für soziale Innovationen besteht. Was ist mit der Verstädterung, die Lebensraum in der Stadt (zu) teuer macht und auf dem Land für vereinsamte Dörfer sorgt (in denen übrigens noch diejenigen leben, die anderswo keine Perspektive sehen bzw. haben)? Wie sieht es aus mit der Begegnung zwischen Menschen aus unterschiedlichen gesellschaftlichen Schichten? Wenn Sie Hauptschüler sind, wie viele Gymnasiasten kennen Sie? Wenn Sie Gymnasiast sind, wie viele Hauptschüler kennen Sie? Das Gleiche gilt für das Zusammenleben von Alt und Jung. Für eine Gesellschaft ist es aber äußerst wichtig, dass sie Menschen zusammenbringt und integriert. Wo fehlen uns also gelebte Vielfalt, Wertschätzung füreinander und gegenseitige Unterstützung? Wo herrschen separatistische oder egoistische Tendenzen, die am Fundament unserer Gemeinschaft rütteln? Machen Sie sich eine Liste mit den Themen, die Sie unzufrieden werden lassen und die Sie sich eigentlich anders wünschen:

Meine Liste mit Themen:

-
-
-
-
-
-
-
-

Ist ein Anliegen identifiziert, können Sie sich nun fragen, welche Kenntnisse, Fähigkeiten und Kontakte Ihnen bei der Umsetzung von Nutzen sein könnten. Diese können, wie wir in den Beiträgen der Autorinnen und Autoren gesehen haben, sowohl aufgrund beruflicher als auch privater Erfahrungen und Tätigkeiten vorhanden sein. Vielleicht stellen Sie auch fest, dass Sie eigentlich (noch) keine Ahnung von einem Thema haben, aber eine tolle Idee dazu. Dann sollten Sie unbedingt herausfinden, warum diese Idee noch nicht umgesetzt ist. Beschäftigen Sie sich mit dem Thema, durchdringen Sie es, um zu verstehen, warum da etwas schiefläuft. Reden Sie mit Ihrer (zukünftigen) Zielgruppe und den Experten, die sich momentan mit Ihrer Zielgruppe beschäftigen. Ihr Vorteil: Als Außenseiter denken Sie quer und anders. Sie leiden nicht an „Betriebsblindheit". Sie können nicht sagen: „Haben wir alles schon probiert!"[2]

---

[2] Wie erfolgreich Menschen sein können, die von etwas (noch) überhaupt keine Ahnung haben, belegt ein erfrischend ehrliches Zitat von Martin Elwert, einem der drei Co-Founder von Coffee Circle, einem Berliner Start-up, das sehr erfolgreich fair gehandelten Kaffee über das Internet vertreibt: Im

Wie Ihnen in den verschiedenen Beiträgen vielleicht aufgefallen ist, hat jeder Sozialinnovator einen sehr engen Kontakt zu seiner Zielgruppe. Machen Sie sich also vor allem Gedanken darüber, wie Sie Ihre Zielgruppe auf dem Weg von der Idee zur gesellschaftlichen Wirkung einbinden können. Soziale Innovationen kommen nicht nur dadurch zustande, dass Sozialinnovatoren etwas für jemanden machen, sondern oftmals gerade dadurch, dass sie andere dazu befähigen, etwas mit ihnen gemeinsam zu schaffen.

Zu guter Letzt noch zwei Tipps für alle potenziellen Sozialinnovatoren: Erstens, rechnen Sie mit Widerständen. Wie jeder Innovator stellt auch ein Sozialinnovator bestehende Verfahren und Systeme infrage. Das kann Kritiker auf den Plan rufen. Der Vorteil des Sozialinnovators ist jedoch, dass sein Anliegen die Verbesserung gesellschaftlicher Zustände ist – das kann andere inspirieren und dazu führen, dass Sie auf Ihrem Weg zur gesellschaftlichen Wirkung Unterstützer finden. Zweitens, arbeiten Sie nicht bis zum „Sankt-Nimmerleins-Tag" an dem perfekten Plan. Überlegen Sie sich stattdessen, wie Sie Ihre Idee und die dahinterliegenden Annahmen überprüfen können. Entwickeln Sie einen ersten „Prototypen". Bieten Sie einen ersten Workshop zu Ihrem Thema an. Fangen Sie einfach an, um früh Erfahrungen zu sammeln, mithilfe derer Sie dann Ihr Konzept verbessern können. Testen Sie verschiedene Herangehensweisen.[3] Denn der bereits im Vorwort von uns zitierte Leitsatz Gustav Werners gilt auch zum Schluss: „Was nicht zur Tat wird, hat keinen Wert."

Rahmen der EBS-Intel Sommer School for Social Innovators (vom 29. bis 31.07.2013 vom Institute for Transformation in Business and Society (INIT) für junge Sozialinnovatoren durchgeführt) stellte er sich den Studierenden aus ganz Europa mit den Worten vor: *„When we started, we didn't have any clue about coffee."*

[3] Gute Tipps gibt Lars Gustavsson, der bei World Vision International, der größten privaten Kinderhilfsorganisation der Welt, als Global Leader Innovation das Thema Innovation in den letzten Jahren vorangetrieben hat: *5 Tips to implement innovation within an organisation: 1) Precision creates false confidence – overanalysis often leads to paralysis 2) Be proactive – „Just do it"; failing is an acceptable part of learning; often the best results come from trying and failing and trying again; lack of action and proactiveness leads to guaranteed irrelevance 3) It must be plausible – don't spend time, money and effort on things that likely have little potential; ask the „what if" questions multiples times; test everything 4) Explore what you can't control – if you don't, it may come back and bite you 5) No one can predict the future – but that does not mean we should not try.* Auszug aus: Meeting Report 2013 World Future Conference, Chicago, July 19–21, 2013 Key Takeaways Lars Gustavsson http://www.wfs.org/WorldFuture_2013_Exploring_the_Next_Horizon. Zugegriffen: 08. Oktober 2013.

Printed in Poland
by Amazon Fulfillment
Poland Sp. z o.o., Wrocław